ステップアップ編
人事の青本
JINJI no AOBON

人事担当者が知っておきたい、⑧の実践策。⑦つのスキル。

労務行政研究所 編

労務行政

は　し　が　き

　今日、グローバル経済の一層の緊密化や一体化、情報技術の飛躍的進歩などにより、環境変化のスピードは従来とは比較にならない勢いで加速を続け、これらが企業経営にもたらす影響もきわめて大きくなっています。加えて、少子高齢化の進行、労働力人口の減少など、過去からの蓄積や経験則だけでは対応困難な構造的な問題も企業経営に重くのしかかっています。

　こうした中で、最も重要な経営資源である「ヒト」を扱う人事部門には、経営全体を視野に含めた戦略的な視点から採用・処遇・育成の企画・立案・運用を図るとともに、これらを通じて企業活力を高める貢献が求められています。その役割を的確に果たしていくためにも、人事部門にとっては、求められる実務能力を備え、さらに経営を取り巻く環境と自社の実情を踏まえた幅広い視点から課題をとらえて行動することができる人事パーソンの育成が急務と考えられます。こうした人材育成ニーズにこたえるとともに、現に人事・労務の実務に携わりながら、さらにステップアップを目指す担当者の皆様を支援するため、本シリーズを企画・刊行することといたしました。

　本シリーズは、人事の仕事に携わる方を対象にした解説書で、入門編（緑本）、基礎編（赤本）とステップアップ編（青本）の3冊で構成しています。

　ステップアップ編の本書では、担当者として知っておくべき日本の人事管理の変遷、人事部門の役割と具体的な仕事内容について詳説するとともに、人事担当者として身に付けるべきビジネススキルや、法令や判例、各種データの情報を駆使して実務に生かしていくための必須知識、労使交渉の現場で課題となる事柄への対応策など、幅広い情報を取りまとめて紹介しています。

　入門編、基礎編と併せて、この3冊を人事部門における人事パーソン育成の定本として、また担当者の皆様が実務に取り組むうえでの座右の書として、多くの場面でご活用いただければ幸いです。

　2010年8月

労務行政研究所『労政時報』編集部

C o n t e n t s

●巻頭解説

日本の人事管理はどう変遷してきたか 　13

堀田達也　三菱 UFJ リサーチ＆コンサルティング㈱
コンサルティング事業本部　名古屋本部
組織人事戦略部　部長兼プリンシパル

　今日、グローバル経済の一層の緊密化や一体化、情報技術の飛躍的進歩などにより、環境変化のスピードは従来とは比較にならない勢いで加速を続け、これらが企業経営にもたらす影響もきわめて大きくなっています。加えて、少子高齢化の進行、労働力人口の減少など、過去からの蓄積や経験則だけでは対応困難な構造的な問題も企業経営に重くのしかかっています。

　こうした中で、最も重要な経営資源である「ヒト」を扱う人事部門には、経営全体を視野に含めた戦略的な視点から採用・処遇・育成の企画・立案・運用を図るとともに、これらを通じて企業活力を高める貢献が求められています。その役割を的確に果たしていくためにも、人事部門にとっては、求められる実務能力を備え、さらに経営を取り巻く環境と自社の実情を踏まえた幅広い視点から課題をとらえて行動することができる人事パーソンの育成が急務と考えられます。こうした人材育成ニーズにこたえるとともに、現に人事・労務の実務に携わりながら、さらにステップアップを目指す担当者の皆様を支援するため、本シリーズを企画・刊行することといたしました。

　本シリーズは、人事の仕事に携わる方を対象にした解説書で、入門編（緑本）、基礎編（赤本）とステップアップ編（青本）の３冊で構成しています。

　ステップアップ編の本書では、担当者として知っておくべき日本の人事管理の変遷、人事部門の役割と具体的な仕事内容について詳説するとともに、人事担当者として身に付けるべきビジネススキルや、法令や判例、各種データの情報を駆使して実務に生かしていくための必須知識、労使交渉の現場で課題となる事柄への対応策など、幅広い情報を取りまとめて紹介しています。

　入門編、基礎編と併せて、この３冊を人事部門における人事パーソン育成の定本として、また担当者の皆様が実務に取り組むうえでの座右の書として、多くの場面でご活用いただければ幸いです。

　2010 年 8 月

労務行政研究所『労政時報』編集部

Contents

人事部の仕事（ステップアップ編）　　33

西尾　太　株式会社フル・オフ・タイム　代表取締役

付録 人事部の仕事 課業別チェックシート 201

●スキルアップ編

1 人事担当者に求められるビジネスマインド・スキル 210

田代英治 ㈱田代コンサルティング 代表取締役 社会保険労務士

2 人事管理の現状分析の進め方 233

深瀬勝範 三菱ＵＦＪリサーチ＆コンサルティング㈱
コンサルティング事業本部 シニアコンサルタント

3　コミュニケーション・スキルを高める　258

高橋俊樹　グローバルナレッジネットワーク㈱
人材教育コンサルタント／産業カウンセラー

4　労働関係法律はどのようにしてできるのか　290

吉田利宏

5 労働法の見方・読み方 　317

吉田利宏

6 労働判例の見方・使い方 　342

廣石忠司　専修大学経営学部　教授

7 労働組合・労使関係対応の基礎知識 372
向井　蘭　狩野・岡・向井法律事務所　弁護士

「人事担当者のお役立ち情報源」ダウンロードのご案内

　人事・労務にまつわる実務では、さまざまな機関が公表する、賃金ほか人事管理・処遇条件等の実態を調べた調査データが必要不可欠です。また、規程の作成・見直しや諸制度の運用、社内トラブル対応などのケースでは、労働関係法令や判例情報を参照・収集する必要が出てきます。

　こうした情報収集にお役立ていただくため、定例的に発表される各種実態調査の概要と、法令・判例情報が検索・入手できる web サイト（URL）を Excel 形式の一覧に整理した『人事担当者のお役立ち情報源』をご用意いたしました。

　次の二つを下記 URL にてご用意しておりますので、ぜひダウンロードしてご活用ください。

＜お役立ち情報源①＞　主要機関発表の人事・労務関連調査一覧

　　…定例的に発表される、賃金・労働条件等の実態調査の調査名、公表機関、調査のポイント等を一覧で紹介。ホームページで公開されているものについては、調査名をクリックしてリンク先のデータを参照することができます

＜お役立ち情報源②＞　法令・判例情報お役立ち web サイト

　　…厚生労働省や裁判所など公的機関が提供している、法令・判例情報が検索可能な web サイトの URL を一覧で紹介しています

ダウンロード URL

http://www.rosei.jp/static.php?p=yakudati

日本の人事管理はどう変遷してきたか

再確認—職能から職務へ、日本企業とともに歩む人事管理の歴史

堀田達也 （ほった　たつや）

三菱 UFJ リサーチ＆コンサルティング㈱

コンサルティング事業本部　名古屋本部　組織人事戦略部　部長兼プリンシパル

Profile

経営計画・人事戦略を得意分野とし、企業変革・人事改革の
コンサルティングを数多く手掛けている。主な著書に『等級
制度の教科書』(労務行政)、『人事再考』(共著、文芸社)、『戦
略達成型人材マネジメント—自律する人材が会社を変え
る！』(共著、かんき出版)、『企業変革 人事革新』(文芸社)
のほか、『労政時報』(労務行政研究所編集、労務行政)への
解説寄稿として、「環境激変期の賃金交渉において物価上昇
をどうみるか」(第 3741 号—09. 1. 9)、「再点検・自社に適
した等級制度を考える」(第 3657 号—05. 7. 8)、「諸手当の
再編・改廃—その実務と留意点」(第 3621 号—04. 2.20) な
どがある。

1 はじめに

　目まぐるしく変化する経営環境の中で、「ヒト」こそが企業で最も重要な経営資源である。今後の企業経営においては、経営と現場をつなぐ機能・役割を有する「人事部門」が自己変革を遂げ、社員一人ひとりのやる気を引き出すとともに、「働く人の成長」に貢献し、企業、ひいては職場に活力をもたらすことが重要になる。

　本書は、こうした認識を踏まえ、「人事担当者に役立つ、これまでとは違った情報提供」というコンセプトに基づき、人事担当の中堅から管理職を対象に、社会全体の動きの中で、自社の状況を客観的に把握・分析できるスキルを身に付けていただこうというものである。

　本稿では、本書【ステップアップ編】の巻頭解説として、「日本の人事管理の変遷」について取り上げる。人事管理の変遷を語ろうとすると、次のようにさまざまな切り口を挙げることができる。

■人事制度のタイプ
　　年功型人事制度から能力主義人事制度、成果主義人事制度への移行・浸透と揺り戻し、自律的人材創出につながる、「役割」を重視した人事制度の広がり
■人事制度の骨格
　　社員の職務遂行能力により等級区分する職能資格制度から、職務価値・役割価値の大きさにより等級区分する職務等級制度・役割等級制度への移行
■賃金制度（基本給）
　　年功的基本給＋属人的手当から、職能給＋属職的手当へ、さらに職務給・役割給の広がりと手当の削減
　　――上記のほか、賞与、退職金、人事評価、人材配置・育成、福利厚生等、いろいろ考えられる。

　本稿では、人事制度の骨格である等級制度を中心に、賃金制度との関連を整理しながら、人事管理の変遷を記載し、さらに人事評価、人材配置・育成等の流れを俯瞰（ふかん）して解説する。

2　時代別にみる人事処遇制度の流れ

1　明治時代：能力主義の時代

　明治時代は、江戸時代の伝統的産業から、欧米資本主義にならい工業化が進められるなど、産業構造の急速な転換が図られた時期である。したがって、この時代の人事制度には、江戸時代の身分制と工業化新時代における能力主義という、両面を持つ複合的な処遇が存在した。

　一方、賃金は、「技倆刺激的等級別能力給」が主流で、「社員」「職工（しょっこう）」という身分制が前提となっていた。昇給には、「技倆」が上達し、成績が抜群である必要があった。

　明治時代後期には、さらなる工業化とともに、職工の中でも熟練工が重視され、ジョブホッピング的な転職が行われるとともに、横断的な職能組合の組成がなされた。

2　大正時代：年功的要素の加味

　第一次世界大戦への参戦に伴い、職工の労働需給が逼迫（ひっぱく）したが、一方で、物価上昇によるインフレが起こり、国民の生活が苦しくなった。大手企業を中心に、人事管理に関し、次のような変更が行われた。

- 親方に任せていた職工の管理を、企業による直接管理とした
- 有能な職工に対して定年制を適用し、雇用を継続した
- 新卒者を採用、企業内で養成し、基幹工として定着に努めた
- 賃金の項目として勤続給を新設した
- 住宅手当・通勤手当等を新設した

　このように、賃金は、労務管理的機能として定着が奨励された勤続給的年功給となり、ここに各種手当の新設も加わって、その体系を複雑にしていったのも、この時期である。

15

❸ 昭和初期～第二次世界大戦下：終身雇用・年功賃金の確立

　昭和初期には、世界的大不況により、人件費削減・賃金合理化等が行われた。また、退職金制度も、昭和11（1936）年制定の「退職積立金及び退職手当法」により普及し、定年制も導入されていった。

　戦時下では、昭和17（1942）年施行の「労務調整令」等により労働移動が禁止され、解雇が制限され、終身雇用が法制化された。このように、日本的雇用慣行である終身雇用は、戦時下の法制化による産物なのである。

　一方、賃金体系は、大正時代の勤続給的年功給から、年齢給的年功給に転化した。

❹ 戦後：身分制撤廃と生活給賃金体系

　第二次世界大戦後は、労働力需要が非常に小さく、大幅な供給過剰となった。占領統治下となり、身分制撤廃という前提で、絶対的に低い賃金水準の下、生計費を重視する賃金体系が広まっていった。具体的には、加齢に伴う標準的な生計費の増加をカバーするために、「年齢・勤続による昇給を基本給に反映させ、標準的な生計費を超える部分は、各種手当で加算支給する」という体系に移っていったのである（いわゆる「電算型賃金体系」）。

　昭和21（1946）年に、米国の労働諮問委員会から、職務を重視した賃金制度への移行に努めるよう勧告がなされた（これは、昭和30年代に、日本に職務等級制度・職務給が導入される契機となった）。まずは、公務員の給与制度に職階給が採用された。続いて、当時の労働省等の指導により、一般企業に職階制度と職階給が導入された。

　昭和27（1952）年ごろには、賃金水準も徐々に回復し、生活給的な賃金体系を基本としながら、学歴別賃金管理が一般化した。

　昭和27～30（1952～1955）年にかけてデフレとなり、企業側団体が一律ベースアップを否定し、安定的な昇給制度を提唱し、制度化した。このように、定期昇給制度のきっかけはデフレであり、企業側の提案によるものだったのである。

　「終身雇用」「年功賃金」といった用語は、昭和30年前後に確立したといってよいだろう。

５ 昭和 30 年代後半：職務等級制度・職務給の登場

　いわゆる高度経済成長が始まり、労働力不足・賃金上昇・人件費増が深刻な問題となった時期である。各企業は、技術を高度化し、生産体制の確立に努めたが、労務構成は大きく変化して、賃金は大幅に上昇したため、生活給的な賃金体系を大きく揺るがした。

　年功的賃金を揺るがすに至った主な要因は、次のとおりである。
- 労働需給が逼迫する中、特に、新卒若年層の採用が集中して、初任給が大幅に上昇し、低い初任給を前提とした年功賃金の見直しが必要となった
- 技術革新により、生産はオートメーション化して、労働が単純化し、技能向上に必要な年数と職務経験年数が合わなくなった
- 賃金と職務内容の関係性が希薄となり、高い技能を発揮する者と、あまり技能のない若年層において不満が出た

　こういった要因から、人事制度の骨格として「職務等級制度」が、賃金制度として「職務給」が導入され始めた。

　昭和 30 年代の中ごろになると、企業側団体は、年功的賃金から脱皮するため、職務給の導入を提唱し、
- 基本給を年功賃金と職務給に２分割する「併存型」職務給
- 基本給の全部を職務給とするが、同一の職務にとどまっていても、大幅な昇給は認める「混合型」職務給
——の二つの型にまとめて、方向性を示した。

　日本的な慣行である年功賃金が根強く残っている当時の状況においては、職務等級制度・職務給が一気に浸透することは無理であり、年功賃金との共生が必要だったのである。

　しかしながら、職務等級制度および職務給の普及は、大手企業の現業部門の技能職が中心であり、それほどの広がりはみせなかった。職務給の普及には時代が早すぎた、といってよいだろう。

６ 昭和 40 ～ 50 年代：職能資格制度・職能給の広がり

　昭和 38（1963）年になって、企業側団体は、職能給に関する評価を見直し、これを賃金体系近代化の方式として取り上げた。前述の併存型職務給、混合型職

務給に、職能給を加えた三つを、基本給合理化の方向とした。

　昭和 40 年代になり、経済が高度成長から低成長に移るにつれ、人事管理も、次のようにさまざまな影響を受け始めた。

- 経済が拡大しない限り、企業の組織拡大・ポスト増も期待できず、等級が上がる昇格、役職が上がる昇進が停滞するため、等級制度・賃金制度の見直しが迫られた
- 低経済成長の下では、労働力が過剰気味になるので、終身雇用が前提であれば、賃金を弾力的にしておく必要があった
- モノが売りにくい時代になり、等級制度・賃金制度にインセンティブを持たせ、社員から工夫・改善等を引き出すことが重要になった
- 低経済成長下では、ベースアップが大幅に削減され、賃上げそのものより、等級制度・賃金制度の在り方に対する関心が強くなった
- 高学歴社員に納得して仕事に邁進してもらうには、昇格・昇給の実施に当たり、明確な基準が必要になった

　一方で、このころに広がり始めた職務等級制度・職務給の課題が、以下のように浮き彫りになった。

- 米国から導入された職務等級制度・職務給制度には、たしかに合理性があるが、弾力性が乏しいことが分かってきた。例えば、日本の企業では、社員の育成を考慮した人事異動がよく行われるが、「人事異動による職務の変更に伴い、賃金（職務給）がその都度変更になり、ときには低い価値の職務の担当に変更になり、賃金が下がる」といったことが起こり、社員にとって納得性がなくなってきた。
- 社員の意識が高まり、単調な職務や、自分の能力を十分に発揮できない職務を担当することを嫌がるようになった。これは、特定の職務を担当することが、職務の拡大や能力の向上を阻害しているのではないかと、社員が考えるようになったからである
- 昭和 40 年代の目覚ましい技術革新により、社員が生み出す成果がどんどん大きくなり、職務の価値で等級区分する職務等級制度、職務の価値で基本給の高さを決定する職務給では対応しにくくなった
- 日本の一般的な企業には、個人の職務の価値、成果の大きさを厳密には追求し

ない曖昧さがあった。すなわち、曖昧さを許してしまう風土が、多くの日本企業にはあったのである

• 職務等級制度を導入する際に必須の「職務記述書」（ジョブディスクリプション）の内容が十分でなかったため、または作成されなかったため、職務等級制度を運用し続けることには無理があった

このように、経済環境の変化がもたらす人事管理への影響、および職務等級制度・職務給の課題が明確になり、昭和40〜50年代において、職能資格制度・職能給が広がりをみせた。

職能資格制度は、職務を遂行するのに必要な能力（職務遂行能力）の大きさ等に応じて、等級区分する制度である。「能力の発展段階を等級区分する」という言い方もできる。同制度には、主に次のメリットがある。

• 人事異動・職務変化に適し組織の柔軟性が保てる
• 資格重視であり、ポスト不足に対応しやすい
• ゼネラリスト育成に適する
• 職務評価なしでも運用可能である
• 社員にとって安心感がある

前述のとおり、日本企業は、人材育成のための人事異動をよく行い、社員自身が職務の拡大や能力の向上を求める傾向にある。こういった面でも、職能資格制度は適しており、現在まで主要な等級制度と位置付けられている。

７ 昭和60年代：職群制度の進展

昭和61（1986）年に、いわゆる男女雇用機会均等法（「雇用の分野における男女の均等な機会及び待遇の確保等女子労働者の福祉の増進に関する法律」。現在は「雇用の分野における男女の均等な機会及び待遇の確保等に関する法律」）が施行された。当時は、募集・採用、配置・昇進について、女性を男性と均等に取り扱う努力義務を課すとともに、教育訓練、福利厚生、定年・退職および解雇について、女性であることを理由とした差別を禁止したものであった。

これを契機に、職群制度の導入が盛んになった。職群制度は、期待する役割、職務範囲等により区分し、処遇する制度である。当時は、総合職と一般職の職群制度が広く普及した。両者の一般的な区分は、次のようなものであった。

- 総合職：基幹的業務・非定型的業務を中心に担当し自ら業務の広がりを目指し、統括・管理・監督等の役職に就くことがあり、どんな勤務地も命じられることがある
- 一般職：定型的業務を中心に担当し、効率的な業務運営・推進の戦力となることが期待され、原則として、転居を伴う異動はない

　総合職・一般職による職群制度は、コース・職群制度の中では初歩的な段階であり、その後、コース・職群制度等は以下のように進化していくことになる。

- グローバル勤務型・全国勤務型・特定エリア勤務型・地域限定勤務型の職群制度
- ライン管理職・専門職・専任職のコース制度
- 一層細分化した本格的なコース制度
- 職種別人事制度

8 1990 年代：成果主義人事制度の普及

　職能資格制度・職能給は広く普及したが、必ずしも、どの企業にも適するものではないことが理解されてきた。

　職能資格制度・職能給が最も適する企業は、企業業績が継続的に良好で、組織が徐々に拡大する企業である。こうした企業では、社員は、諸先輩のよい活動を手本としながら、企業全体・各職場の課題を明確化し、改善等による課題解決を繰り返して、徐々に実力を向上させていく。

　しかし、各社の経営環境の変化等に伴い、職能資格制度・職能給の課題が、次のとおり浮き彫りになった。

- 企業の業績が上がらなくなっているのに、人件費が高めに維持されている
- 賃金が高い割に成果が出ていない層があり、とりわけ、賃金の高い中高齢者の人員割合が大きくなっている
- 年功的に運用して、甘く昇格させることになるため、社員が資格等級にふさわしい能力を発揮できていない
- 社員の資格等級が求める能力と実際に担当する職務の内容との間に、ずれが生じている

　いわゆるバブル経済が崩壊し、経済が混沌とする中、業績の回復・向上を目指

した各社は、成果主義人事制度を時代にマッチしたものと受け止め、多くの企業が導入に踏み切った。

　成果主義人事制度が導入された目的は、主に以下のとおりである。

【企業業績の側面】

• 社員の意欲を引き上げ、企業の業績を向上させたい

• 企業業績と人件費を連動させたい。すなわち、企業業績がよくなれば、従来の人事制度より人件費は大きくなり、企業業績が悪くなれば、従来の人事制度より人件費は小さくなる

【社員の意識・行動の側面】

• 社員に対し、成果に着目させ、成果を上げることを志向させたい

• 組織目標の達成、個人目標の達成への意識を高めたい

【社員の処遇の側面】

• 大きな成果を上げる社員に報いたい

• 小さな成果しか上げられない社員には、小さな成果に応じた処遇をしたい

　成果主義人事制度が広く普及したのは、目標の達成度である成果が目に見えるものであるため、企業・社員双方にとって、納得感が得られやすいからでもあった。

❾ 2000年代：成果主義の制度疲労

　成果主義人事制度は、企業・組織の業績が大きい場合は、企業にとって運用しやすい制度である。企業・組織の業績が大きければ、個人の成果も大きいので、社員の処遇にしっかり反映されるだけだからである。この場合は、多くの社員の成果が大きくなり、処遇がよくなるので、多少の問題があっても、それが表面化することはあまりない。

　しかし、企業・組織の業績が小さいと、さまざまな問題が表面化することになる。

　本来、成果主義人事制度（①）は、従来の人事制度（②）と比較すると、企業業績がよい場合は人件費が大きくなり（①の人件費＞②の人件費）、企業業績が悪くなれば人件費は小さくなる（①の人件費＜②の人件費）はずである。すなわち、個人が大きな成果を上げれば、②より①のほうが高い賃金を受け取れる。逆

に、個人の成果が小さいと、賃金は①のほうが低くなり、②のほうが高い水準がもらえる、ということである。

ここに、成果主義人事制度の真意がある。社員は、成果が上がって賃金が高くなることばかり意識してしまい、「成果が小さくなり、賃金が従来の人事制度より下がってしまう」ことまでは、考えていないものである。そもそも、成果主義人事制度の導入時には、企業はよいことばかりではなく、こうした点についても、しっかりと説明しておくべきである。

成果主義人事制度は、成果を中心に処遇する仕組みなので、目標管理制度とともに導入した企業が多く、成果主義人事制度の課題の多くは、目標管理制度の制度上・運用上の課題が占めている。

［図表1］は、目標管理制度が陥りやすい傾向と、その克服方法を整理したも

図表1 ● 目標管理制度が陥りやすい傾向とその克服方法

目標管理制度が陥りやすい傾向	克服方法
短期的な成果を追い求め、本質的な生産性向上を怠る	本質的な生産性向上に当たる目標を設定すること
中長期的な成果のための、いわゆる将来への種まきをしなくなる	中長期的な成果について期間を区切った達成度を目標として設定すること
プロセスを軽視し結果に着目しすぎるため、逆に成果が出にくくなる	必要に応じてプロセスそのものを目標として設定すること
成果を出しやすい簡単な目標だけを設定するようになる	成果を出すべき重要な目標を設定すること
組織全体の業績を上げるための協調的活動をしなくなる	協調的活動をするような組織目標を個人が分担すること
部下・同僚等の指導に関心が薄くなり、人材育成が軽視される	人材育成の目標を必ず設定すること

資料出所：『戦略達成型人材マネジメント─自律する人材が会社を変える！』（堀田達也・船引英子 共著、かんき出版）

のである。成果主義人事制度の課題としても、［**図表1**］左側の「目標管理制度が陥りやすい傾向」が取り上げられることが多い。

さて、三菱UFJリサーチ＆コンサルティング㈱が、2010年3月に発表した「労働力人口減少時代の人事戦略・人事制度に関する調査」によると、目標管理制度は、約8割の企業で採用されている。また、等級制度として、約6割が職能資格制度を採用している。

ここで、別の課題が浮かび上がってくる。約8割の企業が目標管理制度を採用しているが、一方で、職能資格制度を運用している企業もまた、約6割に上るということである。

［**図表2**］のとおり、職能資格制度と目標管理制度の相性はよくない。両制度を基に、成果主義人事制度を運用しようすると、さまざまな課題が表面化するおそれがある。［**図表3〜4**］のとおり、目標管理制度をうまく運用しようというのであれば、等級制度は職務等級制度または役割等級制度である必要がある。成果主義人事制度をうまく運用しようとする場合も、同様である。

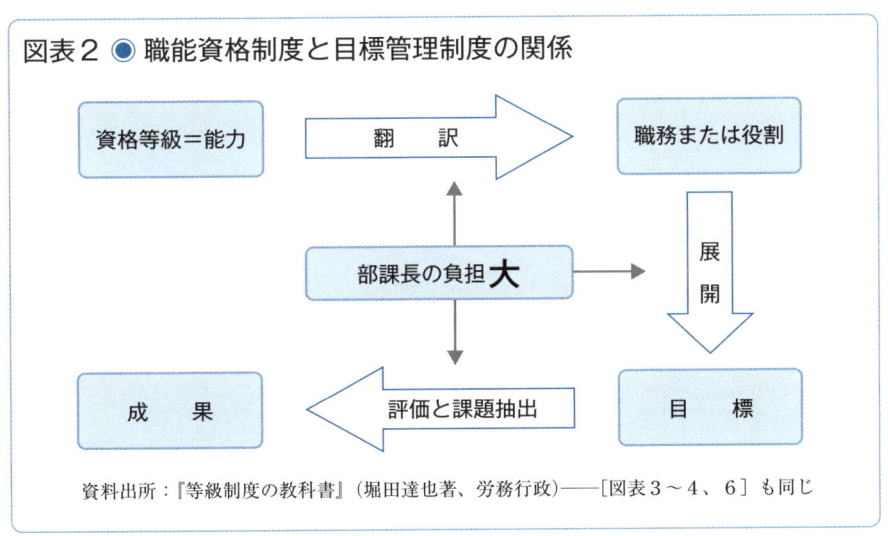

図表2 ● 職能資格制度と目標管理制度の関係

資料出所：『等級制度の教科書』（堀田達也著、労務行政）——［図表3〜4、6］も同じ

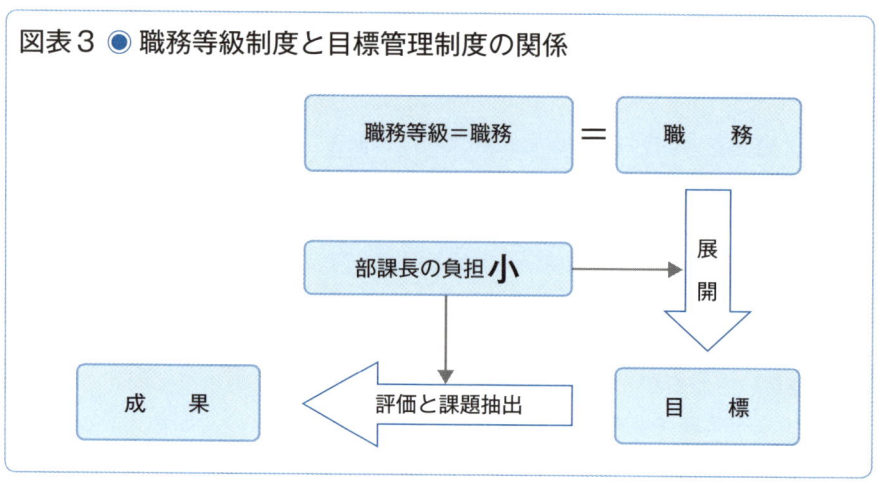

図表3 ● 職務等級制度と目標管理制度の関係

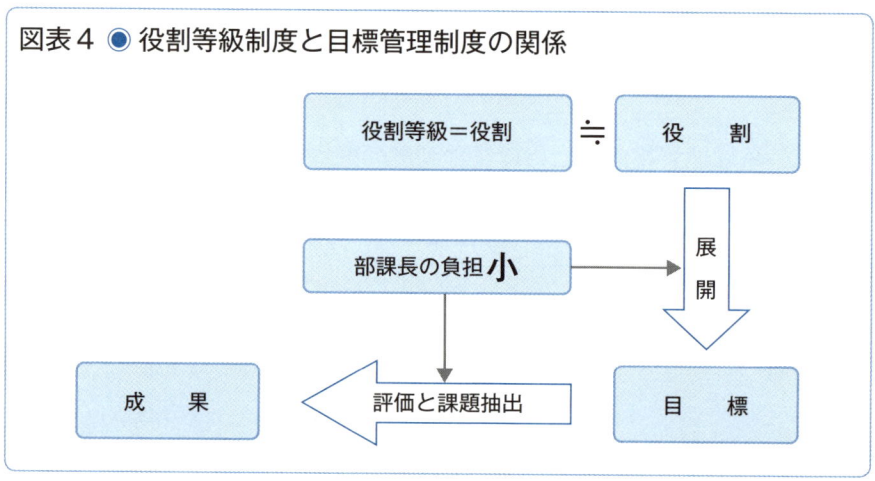

図表4 ● 役割等級制度と目標管理制度の関係

3 各人事管理制度の変遷

——賃金・賞与、退職金制度から評価、教育、福利厚生まで

1 賃金・賞与

1 職能資格制度における賃金・賞与

前述のとおり、賃金は、明治時代からさまざまな変遷をみせてきた。

職能資格制度での基本給は職能給で、通常、「定期昇給あり」を前提とした、等級ごとの範囲職能給が中心である。範囲職能給は、等級ごとの能力の高さを示している。手当は、役職手当が必須で、家族手当・住宅手当等、いわゆる生活関連手当を含め、手当が多くなる傾向がある。

賞与支給（配分）水準の決定方法は、企業によりさまざまであるが、次の計算式が比較的多い。

$$賞与支給額＝（個人の職能給＋個人の役職手当）\times 支給月数$$
$$\times 等級別乗率 \times 人事評価率$$

しかし、職能資格制度であっても、賞与については、企業業績・組織業績・個人成果を重視して支払いたいと考える企業が増えており、上記計算式の人事評価率に、そういった要素を複雑に織り込んでいるケースが出てきている。

2 職務等級制度における賃金・賞与

職務等級制度での基本給は職務給で、職務評価に基づく職務価値の大きさにより、水準が決定される。本来は、一つの職務に対して価値は一つであるため、シングルレートであるべきである。しかし、職務経験により熟練度が高まり、職務価値が高まるということであれば、レンジレート（範囲給）になる。

手当については、少なくなる傾向にあり、通常、役職手当は職務給の中に含まれる。職務等級制度を採用しながら、生活関連手当を支給している企業も一部にはあるが、職務給は、あくまで職務を基準として賃金を支給するものであるため、あまりフィットしない。

職務等級制度・職務給における賞与の計算式も、企業によりさまざまであるが、次の形が比較的多くみられる。

> 賞与支給額＝個人の職務給または職務等級ごとの固定額×支給月数
> ×等級別乗率×人事評価率

上記をさらにシンプルにすると、次のようになる。

> 賞与支給額＝職務等級別・評価結果別の絶対額

3 役割等級制度における賃金

　役割等級制度の基本給は役割給で、基本的に役割評価により、役割の大きさに応じて水準が決定される。年功的要素は少なく、担当する役割を拡大・縮小することにより、役割給を変動させることがある。したがって、役割給は、等級ごとに定額を設定するシングルレートより、等級ごとに下限額・上限額を設定するレンジレート（範囲給）が多い。

　役割給の水準は、役割の大きさにより設定されるので、通常、手当は少なくなる。役職手当は、役職ごとの役割の大きさに基づく補完的手当なので、支給しないことが多いが、同じ役割等級でも、役職間の賃金に差を設けたい場合は、支給することがある。また、生活関連手当を支給している企業もあるが、職務等級制度・職務給と同様に、あまりフィットしない。

4 業績連動賞与

　業績連動賞与とは、全社・事業本部等の統制単位における賞与総原資を、特定の業績指標に基づき、一定のルールにより決定する賞与をいう。

　企業業績向上への意識高揚、社員がそのための具体的施策を打ち出すこと等を目的として、採用する企業が増加している。

　賞与総原資の算出方法、組織配分の方法、個人配分の方法に、さまざまな工夫を凝らすことにより、社員にインパクトを与えるだけでなく、賞与の算定に客観性・公開性をもたせることができる。

2 退職金制度

　退職金制度は、以前は「功労報奨説」「賃金後払い説」「生活保障説」「労務管理機能説」といった諸説のどれに当たるかが、よく議論された。最近では、そういった議論より、月例賃金・賞与に次ぐ第3の報酬として、抜本的に見直すべき

制度ととらえるのがよい。

　伝統的な企業では、「基本給×勤続年数別支給率×退職事由別乗率」といった基本給算定基礎額方式や、基本給と一定の関係を持たせた第2基本給方式が継続してとられている。

　最近では、以下のとおり、等級制度の基軸（きじく）に応じてポイントを設定し、単価にそのポイントの総点数を乗じて算出する「ポイント制」が主流である。

> 退職金額＝1点単価×Σ（毎年付与されるポイント）×退職事由別乗率

　ポイントの種類は、職能資格制度では、資格等級ごとに設定する職能ポイント、職務等級制度では、職務等級ごとに設定する職務ポイント、役割等級制度では、役割等級ごとに設定する役割ポイントがあり、以上に加え、勤続ポイント（特に職能資格制度）、人事評価ポイント等がある。

　企業年金制度は、退職金制度と切っても切れない関係にある。採用する企業年金制度に応じて、退職金制度を設計する必要性も高まっている。

　［図表5］に、経営パラダイムと退職給付制度の基本フレームを示した。企業の経営パラダイムの段階により、採用すべき企業年金制度は異なる。したがって、退職金制度も異なってくるわけである。

③ 人事評価制度

　伝統的な職能資格制度では、人事評価は、①職務遂行実績、②職務に関する意欲・態度・関心、③能力（保有能力と発揮能力）の三つの大項目で構成される。それぞれ、①成績評価、②情意評価、③能力評価に対応する。若干無理はあるが、職能資格制度において目標管理制度を導入し、成果評価を採用している企業もある。

　職務等級制度では、上記の成果評価と、高業績者の行動特性・思考であるコンピテンシーに基づく行動評価の2本立てが増えている。

　役割等級制度は、社員に役割の拡大を期待するので、①自主的に目標を設定し、自己評価する目標管理制度に基づく成果評価と、②役割の拡大を引き出す評価項目を設定する行動評価──の2本立てとすることが多い。これら二つの評価は、役割等級制度と相性がよい。

こうした人事評価制度に加え、上位役職等への適性を判定するアセスメントが昨今、重要性を増している。観察する方法・審査の方法等はさまざまであり、企業により、その目的等に応じて工夫がなされている。

④ 人材配置・育成

日本企業において、人材配置はこれまで、人材育成と関連づけて実施されてきた傾向がある。さまざまな職場を経験し、ゼネラリストとして育てることは、多

図表5 ● 経営パラダイムによる退職給付制度の基本フレーム

区　　分	第1段階	第2段階	第3段階	第4段階	第5段階
企業の経営パラダイムの段階	独占的シェア　安定・現状維持　方法論重視　重層化組織　←		〈市場動向〉　〈企業風土〉　〈経営管理〉　〈組　織〉	→	生き残り競争　変化を創り出す　成果重視　柔軟な組織
[退職給付の視点]　人事戦略の視点				自律的人材の育成	
			目に見える改革		
			人材の流動化		
企業財務の視点				退職給付債務の縮減	
税務の視点		退職給与引当金の廃止、内部積立→外部積立			
社会保障の視点	老後資金の準備重視				
退職給付制度のポートフォリオ（企業年金と一時金）	一時金	DB（確定給付年金）		前払い退職金　　　DC（確定拠出年金）　　CB（キャッシュ・バランス・プラン）	

資料出所：『労政時報』別冊『先進企業の人事制度改革事例集』（労務行政研究所編　2004年）16ページ　　　　［図表4］より
［注］　「経営パラダイム」とは、企業風土、経営管理、組織、人材活用、情報活用のほか、市場成長性・　　　　業界競争等を考慮した企業経営の指針。

くの企業が実施してきた。

　スペシャリストを養成する必要が出てきたことから、昨今では、職種別人事制度が広がっている。それでも日本企業では、狭い範囲の専門職とならないよう、専門軸を複数持てるような配置・育成が中心になっているといってよい。

　ここで、人材育成の面から、教育体系について取り上げたい。主な体系は、

• 組織横断的に、等級・役職ごとに、受講すべき研修等を整理した階層別教育体系
• 部門・職種等に応じて、等級・役職ごとに受講すべき研修等を整理した専門教育体系

──の二つが挙げられる。

　各社とも、教育体系については、さまざまな工夫をし、自社に適したものを設計しようとしてきた。しかし、日本企業の教育体系には、「どの等級・役職で、どんなスキル（知識・技術・技能等）を身に付ける必要があるのか」を整理したものは非常に少ない。

　例えば、大きなスキルとして、若年層は「①ビジネス基盤」、中堅社員の段階で「②日常業務のオペレーションスキル」「③経営施策へと展開し、日常業務に織り込むスキル」、管理職になる段階では「④経営課題の解決スキル」、上級管理職・役員は「⑤トップマネジメントスキル」を身に付ける必要がある。さらに、これら"5大スキル"につき、それぞれに詳細スキルを設定する。詳細スキルを身に付けるために、教育研修を受け、段階を踏んで自分のものとし、それを実践することにより、実力が向上し、上位の等級・役職に就くことができる。このような活きた教育体系の設計をお勧めしたい。

5 福利厚生

　福利厚生は、企業にとっては業績の配分であり、社会的責任であり、人材競争力を高める要因でもある。一方、社員にとっては、報酬の一部であり、労働条件であり、セーフティネットでもあり、また、教育の機会ともいえる。

　歴史的には、時代により、さまざまな位置付けがなされてきた。ある時期には、福利厚生を非常に厚くする企業が現れ、またある時期には、「ミニマムの福利厚生とは何か」という議論が活発になった。

その後、一部の施策について、福利厚生から撤退し“賃金化”したり、カフェテリアプランのようにサービスの定額化や社員選択化が浸透したり、アウトソーシングによる外部化が進んだりしている。これらは、社員の高齢化、転職等の人材流動化等が進行したことにも起因している。

成果主義が浸透すると、福利厚生よりも、報酬面に大きく焦点が当てられてきた。成果主義の揺り戻しとともに、福利厚生の在り方が、ふたたび企業で議論されるようになっている。

上記のように、福利厚生は、企業にとっては社員への投資であり、コストでもあるが、社員にとっては教育機会であり、労働条件である。前述した企業の経営パラダイムの段階［**図表5**］によって、また、各社の歴史的な背景によって、「どの程度、福利厚生に重点を置くべきか」「どの項目を選択すべきか」について、今後ますます違いが出てくると考えられる。

4 これからの人事管理

ポスト成果主義について、各所でさまざまな議論がなされてきた。

その前に、いま一度、成果主義人事制度を見直してみる必要がありそうである。成果主義は、一部企業で運用等のまずさに焦点を当てられ、揶揄されたが、実際にうまく運用している企業も多くある。

そのポイントは、（イ）目的に沿った制度をつくり、目標管理制度を含め、制度と運用方法について、社員に十分に理解・納得してもらうことである。また、（ロ）「人事制度の運用の中心は、人事部門ではなく、各部署のマネジャーである」という認識に立ち、所属員も含め、人事制度を仕事にうまく活用しようとすることである。以上が正しい成果主義の考え方であり、正しい成果主義の運用である。

それでは、「ポスト成果主義」とは、どのようなものになるだろうか。そのポイントとして、筆者は次の二つを挙げる。

①**社員を自律的人材にする人事制度であること**

「自律的人材」とは、「自分が何をなすべきかの方向性を定め、他者から逐一指示・コントロールされることがなくても、責任感をもって主体的に仕事を進めて

いく人材」(『戦略達成型人材マネジメント―自律する人材が会社を変える！』堀田達也・船引英子 共著　かんき出版）である。こういった自律的人材を多く抱えれば、企業として成長・発展する確率は高くなる。

②**経営効果をもたらす人事制度であること**

　以下のように、企業の経営戦略等と人事制度の関係をつなぐのが望ましい。

　経営理念→経営ビジョン→経営戦略→人事戦略→基本フレーム→

　人事評価制度→賃金制度→人材育成

「経営効果」とは、人事制度の改定等により、経営課題が解決され、その結果、企業運営上もたらされる効用のことである。

　本来、人事制度は、経営戦略の実現を支援するものである。[**図表6**] のよう

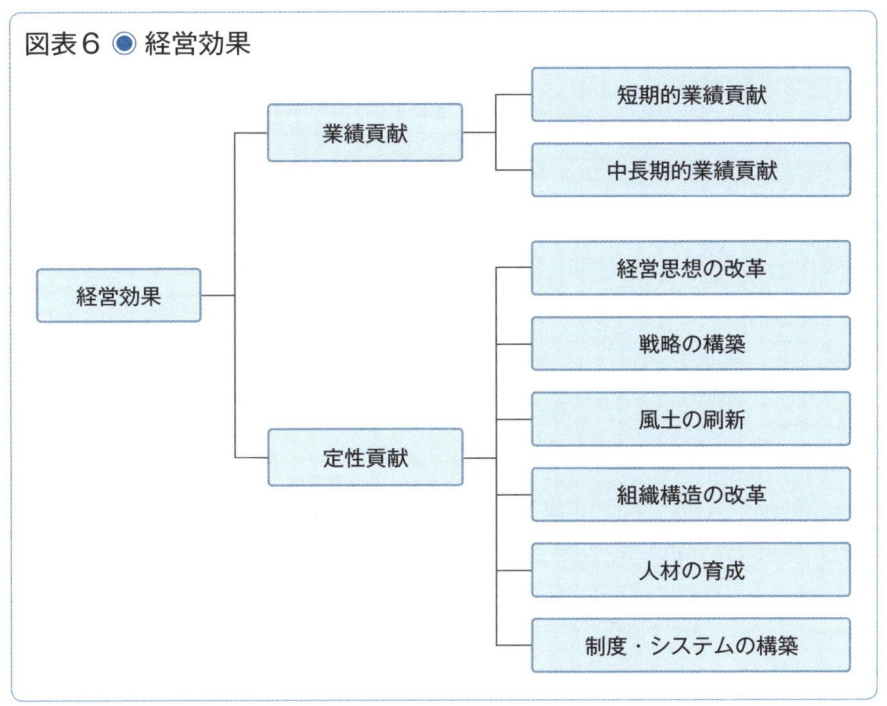

図表6 ● 経営効果

に、人事制度により「どんな課題が解決できるか」「どんな経営効果をもたらすことができるか」といった視点で、人事制度を改定することが望まれる。

❺　最後に——人事部門の役割とは

　従来、人事部門は、最も重要な経営資源である「人」を取り扱う部署であり、有能人材が集められていた。人事パーソンは、いわゆる"エリート"と称されることもあった。現在も、そういった取り扱いをしている企業はあるだろう。しかし、人事部門の役割は、次のとおり徐々に変わってきた。

- 中央集権的な統制型人事管理から、分散型の合理的人事管理へ
- 自ら制度を立案・運用・廃止する管理役から、企業変革を支援するサポート役へ

　企業に必要な人材も、「人ができている調整型人材」から「仕事そのものができ、創造性を発揮し、変化を自ら創り出す人材」へと変化している。

　21世紀を勝ち残る企業は、自律的人材を多く抱える企業である。人事部門は、企業変革を支援するとともに、そういった人材づくりに大きく貢献したいものである。

人事部の仕事（ステップアップ編）

西尾 太 （にしお　ふとし）

株式会社 フル・オフ・タイム　代表取締役
人事プロデューサークラブ　主宰

Profile

早稲田大学政治経済学部経済学科卒業。いすゞ自動車労務部門、リクルート人材総合事業部門、教育関連ベンチャーを経て、1998 年カルチュア・コンビニエンス・クラブに入社、人事採用課長、給与厚生課長、人事部長を歴任。2005 年クリーク・アンド・リバー社入社。人事・総務部長。2008 年株式会社フル・オフ・タイム設立、代表取締役。2009 年株式会社 To Be Next と共同で成長企業の人事担当者の相互交流と学びの場「人事プロデューサークラブ」「人事の学校」創設、主宰。採用・配置・代謝の人材フロー、労務・勤労、各種人事制度の企画・実施の現場において、悲喜こもごもの実践的な人事機能構築と運用を行う。

1 はじめに

　人事部門が、人事戦略立案に参画し、施策を企画、実行、運用、管理していくためには、人事としての考え方をできるだけしっかりと持つことが大切である。

　人事としての考え方は、企業のビジョン・ミッション・バリューから導かれる。「何のために働いているのか」「なぜその事業をしていくのか」「どこに向かっていくのか」「何を大切にしているのか」が明確な企業は「いい企業」といえる。人事戦略は、企業の戦略から導かれるものだ。そして人事として明確にしていくものは、「会社の社員に対する考え方」を明示する人事ポリシー、給与を決めるための施策としての人事制度の方針、求める人材像の明示と育成の方向性の策定、人材育成のための異動配置・ローテーションの考え方の明示、教育体系構築の考え方などである。

　過去どうだったか、現在はどうか、そしてあるべき姿はどうか。あるべき姿と現状のギャップ（乖離）により課題が明確になり、解決のための企画と実行が行われる。施策が一過性に終わらず、継続的に効果を生むためにも、この一連の構造を意識しておかなければならない［**図表 1-1**］。

　人事施策は、単なる世間の流行の施策を取り入れるだけでは効果を生まない。会社の人に対する考え方や、企業の成長ステージ、管理職や社員の人事的な成熟度に合わせて企画されないと、その施策は運用に行き詰まる。結果として徒労に終わり、経営と社員に多大な労苦をかけるだけに終わってしまう。

【**ステップアップ編**】としての本稿では、人事部門としてとらえておきたい考え方のフレーム、運用を見据えた企画、運用時の留意事項など、戦略立案と企画の実際について考えていく。

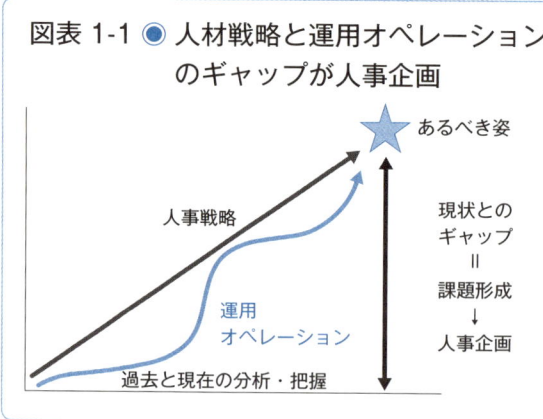

図表 1-1 ● 人材戦略と運用オペレーションのギャップが人事企画

あるべき姿

人事戦略

運用オペレーション

過去と現在の分析・把握

現状とのギャップ
＝
課題形成
↓
人事企画

2 人事部門の構築と機能

人事部の仕事

1 人事部門の構築

1 人事部の形成過程

　【基礎編】『人事担当者が知っておきたい、10 の基礎知識。8 つの心構え。』において、企業における人事は、経営と社員の方向性を合わせていく仕事であると述べた。そして、企業内における人事の領域は、[図表 2-1] のようになる。

　ここでは企業の成長段階を踏まえた人事部門の構築について考える。企業成長と人事領域の職務を大まかに想定すると [図表 2-2] のようになる。

　まず、創業期から成長期にかけては、創業社長や経営陣が、人事の職務の多くを担当している。また、給与計算などのオペレーション業務は、社外の専門家、例えば社会保険労務士などに依頼する場合も多い。

　社員数がおおよそ 30 人を超える規模となってくると、組織が形作られ、職制

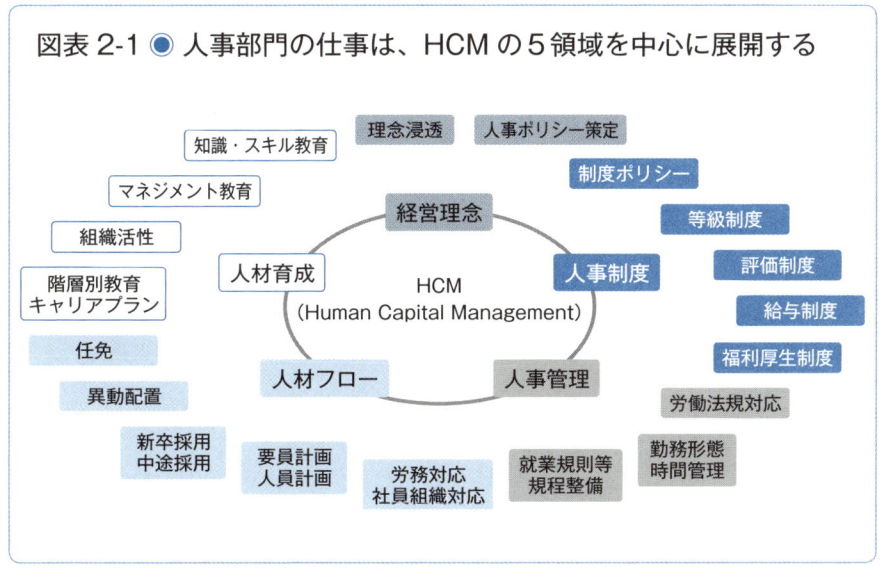

図表 2-1 ● 人事部門の仕事は、HCM の５領域を中心に展開する

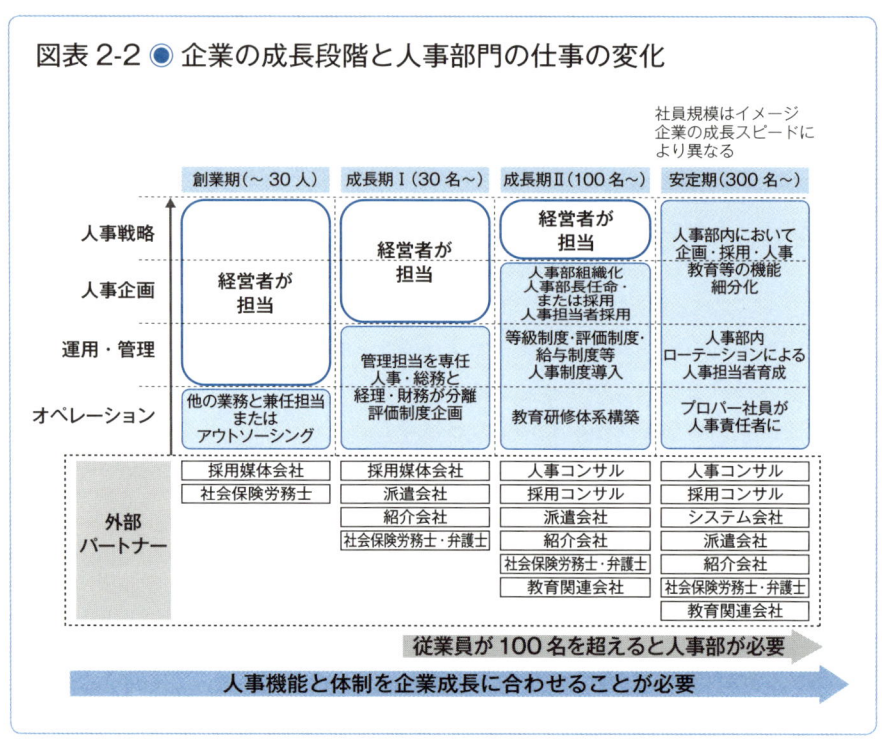

図表 2-2 ● 企業の成長段階と人事部門の仕事の変化

社員規模はイメージ
企業の成長スピードに
より異なる

	創業期（〜30人）	成長期Ⅰ（30名〜）	成長期Ⅱ（100名〜）	安定期（300名〜）
人事戦略	経営者が担当	経営者が担当	経営者が担当	人事部内において企画・採用・人事教育等の機能細分化
人事企画			人事部組織化人事部長任命・または採用人事担当者採用	
運用・管理		管理担当を専任人事・総務と経理・財務が分離評価制度企画	等級制度・評価制度・給与制度等人事制度導入	人事部内ローテーションによる人事担当者育成
オペレーション	他の業務と兼任担当またはアウトソーシング		教育研修体系構築	プロパー社員が人事責任者に
外部パートナー	採用媒体会社 社会保険労務士	採用媒体会社 派遣会社 紹介会社 社会保険労務士・弁護士	人事コンサル 採用コンサル 派遣会社 紹介会社 社会保険労務士・弁護士 教育関連会社	人事コンサル 採用コンサル システム会社 派遣会社 紹介会社 社会保険労務士・弁護士 教育関連会社

従業員が100名を超えると人事部が必要

人事機能と体制を企業成長に合わせることが必要

（組織の長、ライン・マネジメント）が整備される。合わせて人事制度（評価と給与制度）の必要性が高まってくる。経営者が個々の社員の仕事ぶりを把握しにくく、評価できなくなってくるため、給与を仕組みで決めていくステージになる。

　この段階になって、人事専任の担当者が配置され、また人事領域全般に詳しい経験者の外部調達（中途採用）を行う必要性も出てくる。そして、人事（呼び方は企業によってさまざまであり、総務部門と分離していないケースもある）としての機能が形作られることになる。

　さらに企業規模が大きくなり、100人以上になると、独立した組織として人事部が必要になり、部員を増やし、採用や給与計算など人事部内での職務分担が明確になってくる。

　さらに社員が 300 人以上になってくると、人事部門が、人事部、人事企画部、教育研修部などに分離していき、さらに職務の専門化が進んでいく。

　大まかにいえば、以上のような変遷を経て人事部門は組織として独立し、規模も大きくなっていく。

　ここで、あらためて人事部門が担う職務や分野を確認すると［**図表 2-3**］のようになる。企業規模や人事部門の組織の状況にかかわらず、おおむね 30 人を超えた段階で、このすべての機能は必要になってくる。人事部門は、［**図表 2-3**］のすべての分野と職務を想定して仕事を行うことが基本である。

　人事部門の構築は（優先順位、重要度、緊急度があるにせよ）、これらすべてを想定しなければならない。［**図表 2-3**］のように、分野と職務で分けると 10 のボックス（仕事）がある。10 人でそれぞれの仕事を担えれば、それに越したことはないが、企業の成長段階、規模にもよるが、成長期にある企業にとって、人事部門に 10 人の人員を割くことはまずあり得ない。そこで、何人でこの 10 の仕事を行い、どのように分担するかを決めていくことが必要となる。

図表 2-3 ● 人事部門が担う職務や分野

区　分		分　野		
		人事・採用	給与・厚生	育成・評価
職務	戦略 Strategy	理念浸透・人事ポリシー構築 人事制度ポリシー構築・人事制度企画 採用・配置戦略、人材育成戦略 給与・福利厚生戦略		
	企画 Planning	定員計画・要員計画・ 人員計画・採用・代謝計画 人件費等計画・精査 人材配置案起案	人事システム企画・導入 人事関連規程起案 給与制度・退職金制度整備 福利厚生企画	格付制度・キャリアパス設計 評価制度設計 教育体系設計 教育プログラム企画
	運用・管理 Management	採用活動（新卒・中途） 人事異動調整 人件費／要員管理 各種労務案件・リスク対応	規程整備・改訂 人事システム運用 給与制度・退職金制度運用 福利厚生運用	格付・評価制度運用 評価調整・確定 昇降格運用 教育プログラム実行
	オペレーション Operation	選考オペレーション 発令業務 各種申請処理 契約更新	給与計算・支給実務 社会保険手続き 福利厚生実務 入退社手続き・ 異動対応手続き	格付・評価制度運用資料作成 評価集計 研修オペレーション

2 経営、人事、職制、社員の相互の関わり

　ここで、①給与・厚生、②人事・採用、③評価・育成の三つの分野の相互と、経営、職制、社員との関わりを示すと、[**図表 2-4**] のようになる。

　経営と密接に関わり、経営戦略の翻訳的役割である人事戦略領域があり、これを担うのが通常「人事部門長」である。経営との接点を持ち、その動きと中長期的な戦略を見据えながら、人事の戦略を立案し、方針を示し、方向性を明示し、目標を作る。その配下に、①給与・厚生、②人事・採用、③評価・育成の三つの分野が形作られる。

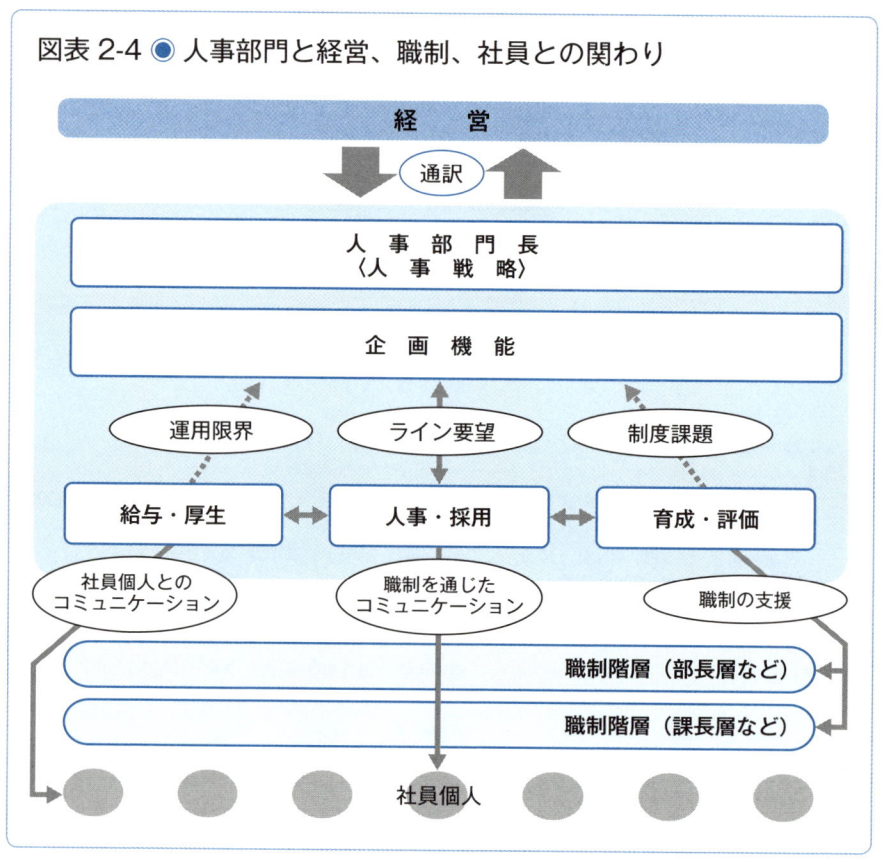

図表 2-4 ● 人事部門と経営、職制、社員との関わり

■1給与・厚生

社員個々との接点を持つ。社員のプライベート情報を各種申請などによって最もとらえられる位置にある。結婚・離婚・転居・出産・弔事などの情報はまずここに入る。また、経験上、メンタルヘルスやセクハラなどの職制を通じない情報も、給与担当者に入ることが多い。これら個別情報をとらえ、必要なものを人事・採用担当に伝え、一方で、社員個別の状況に対応できない規程やルール、そして職制の問題などについて人事・採用担当や人事部門長に伝えたり、また評価や育成に関する社員個人の不満などの問題も評価・育成担当に伝える役割を持つ。

■2人事・採用

社員の配置と採用を担うが、特に定性的で、かつ一つひとつの決断が重要であるため、最も戦略と密接に関わる分野ともいえる。そして人事・採用は、必要な人員や社内で起こっている諸問題に対して、職制と特に密接に連絡を取り合う。経営・人事部門長と、職制を結ぶ接点に「人事・採用」はある。

■3評価・育成

職制を支援する分野といえる。人材育成課題や制度運用の問題点などを通じて顕在化していない組織的な問題をとらえ、人事企画に「ラインの要望」としてフィードバックする機能を持つ。

③　人事部門の"三権分立"

別の視点からみると、上記■1〜■3の分野は、［図表 2-5］のように整理することもできる。人事部門には、「立法」「司法」「行政」の機能がある。

■1立法＝人事企画

人事企画（立法）は、現実の状況を見据えながら、将来を想定して、経営の考えを確認しながら、ルールや決まり事、仕組みを構築する機能である。制度企画、規程策定・改訂、採用などの基準策定などである。

■2司法＝人事運用

人事運用（司法）は、制度や規程に基づき、現実を運用し、規程が及ばない個別事情に対して都度対応を判断する。また、採用基準に基づいた選考活動、人事制度の運用などを行う。

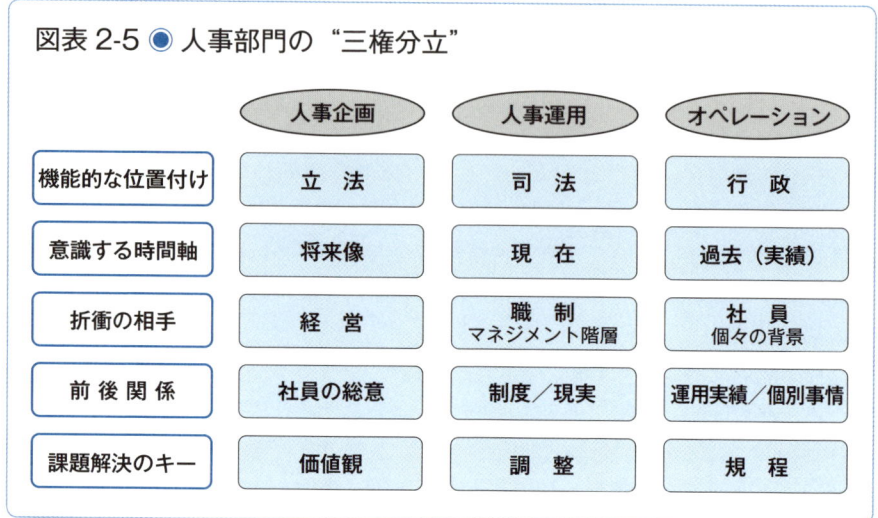

図表 2-5 ● 人事部門の"三権分立"

機能的な位置付け	人事企画	人事運用	オペレーション
機能的な位置付け	立 法	司 法	行 政
意識する時間軸	将来像	現 在	過去（実績）
折衝の相手	経 営	職 制 マネジメント階層	社 員 個々の背景
前 後 関 係	社員の総意	制度／現実	運用実績／個別事情
課題解決のキー	価値観	調 整	規 程

3 行政＝オペレーション

　オペレーション（行政）は、規程などの決まり事に従って、給与計算、社会保険手続き、採用活動進捗、教育実務などを運用していく。

　規程が現実にそぐわなくなれば、行政から司法に個別事象に対する判断を委ねながら、個別事情にとどまらない場合には規程そのものを変えたり、新たなルールを策定する立法の機能を担ったりすることになり、新たなルールは、行政にそのとおり実務を運用していくことを求めるというサイクルとなる。

2　企業成長と人事機能

　人事機能の関連と企業成長について、［図表 2-6］を使って、企業の成長と人事機能の変遷を再確認しておきたい。

　まず企業の創業期は、給与計算と支払いがメインである。社会保険労務士にアウトソースするケースも多い。その後、企業成長に従い、おおむね社員が30人を超えたぐらいから、当初社長が決めていた社員の給与を、仕組みで決めなければいけないステージがくる。給与支払いから、支払う給与の根拠を明確にするこ

Column

人事部門の三権分立においてはそのバランスが大切だ

　「立法」に偏りすぎると、「変わること」「新しい制度を入れること」などに偏重し、「変えることありき」として混乱を招いてしまう。役職者や担当者が変わることにより、とにかく「変えたがる」傾向はよくみられるものである。ほんとうに適切なタイミングで適切な「制度変更」なのかを慎重に見極めるべきだ。「制度を変更したが運用されずに、また制度変更」ということを繰り返さないように留意いただきたい。

　「司法」に偏りすぎると、「現状に対処していく」ことに注力しすぎて、根本的に何が問題なのか、が見えなくなる。その場しのぎの対応が続く。これが頻繁であれば、「立法」により仕組みを変えていくことを考える時だ。

　「行政」に偏りすぎると、各論に陥りすぎ、また前例にこだわりすぎて、全体が見えなくなる。「変化」に抵抗し、かつ手続きを重視しすぎるあまり、本来なんのためにそれが必要だったのか、を見失わないようにしなければならない。

とが求められ、それが人事制度の構築につながる。

　人事制度が構築されるということは、社員を評価する基準を整備するということである。評価基準が明らかになると、その基準に対しての社員教育が求められる。また、社内の業務が多種多様になり、人事部門が制度に関連する教育だけ行うわけにはいかなくなる。そして、部門ごとに OJT をはじめとする教育が必要となり、職制（組織の長、ライン・マネジメント）の整備によって、現場で人材育成が行える仕組みを作ることになる。これが発展すると、人事部門とは別に、教育のみを行う「人材開発部」「教育研修部」という部門ができるようになる。また職制の整備は、組織編成と密接な関係にあり、組織、職務権限、職務分掌を定める経営企画業務につながっていく。

　さて、職制が整備されると、採用・配置・異動という人の流れが複雑化してくる。そして、この複雑化に伴い、さらなる給与の根拠の明確化が求められるとい

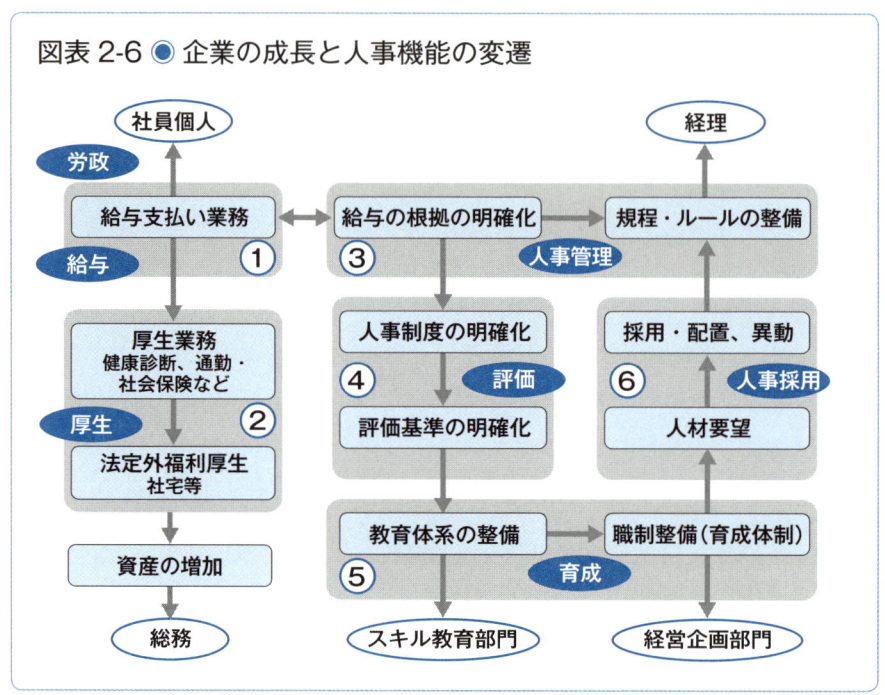

図表 2-6 ● 企業の成長と人事機能の変遷

うサイクルができてくる。

　また、給与だけではないが、社員組織とマネジメントとしての職制との関係性ができる。社内に労働組合がないとしても、社員の総意をどうとらえるか、組織をどのようにマネジメントするかという個と組織双方との関連を作る（これをここでは労政という）。

　一方、給与支払いは、直接給与の問題だけではなく、フリンジベネフィットとしての福利厚生という側面も持つ。この部分が総務部門の業務領域へとつながるところだ。今、自社がどの成長段階にあるのか、管理職や社員の人事的な成熟度などを想定しておくと、次に何が問題になってくるのか、事前に見えてくる部分がある。

3　人事部門と他部門・社外との関係

社内における人事部門と他部門との関係について確認しよう［**図表 2-7**］。

1　経営との関わり

人事は企業経営の一部ともいえる。ヒト・モノ・カネ・情報という経営資源のうち、人を司るのが人事である。

この「人」という分野に関して、人事部門は経営（オーナー社長、創業社長、経営陣）からの要請に基づいて、経営的視点によって職務を遂行する。また必要な戦略・施策を、経営の一部として担う。

一方、（労働組合がある会社は若干異なるが）成長企業の多くが、人事部門

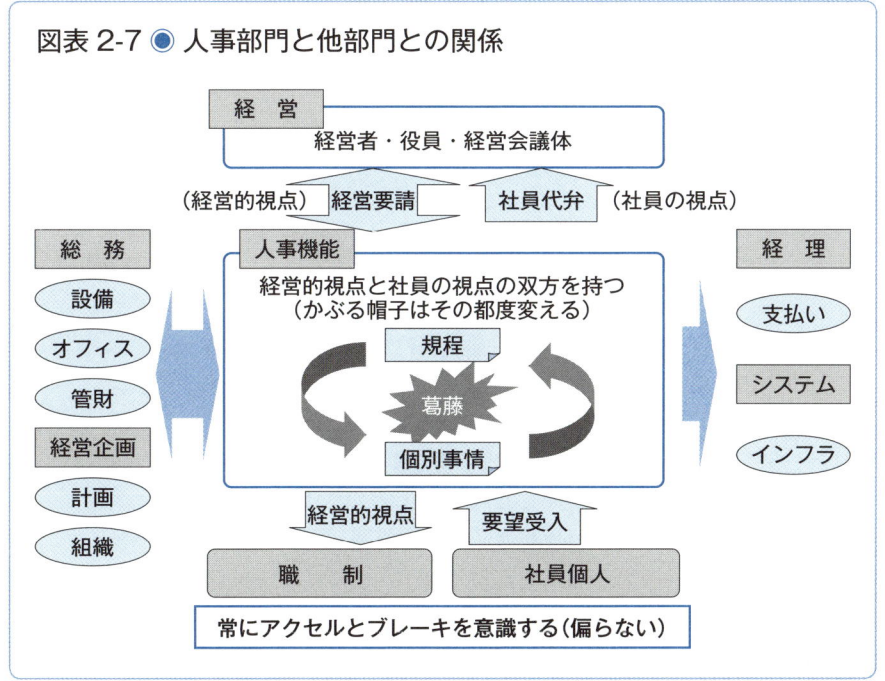

図表 2-7 ● 人事部門と他部門との関係

に、経営に対して社員の状況・意見を伝える役割を求めている。個別の案件に関する情報や、総意としての情報提供を行い、経営の意思決定を求めることも職務である。経営との関連においては、「経営的視点」と「社員的（組合的）視点」の両方が必要である。人事部門は組合ではないので、一方的に社員の代弁をするものではない。要求を突きつける部門でもない。経営の要請と社員の状況を総合的に鑑み、経営に対して必要な施策を提議し、その承認を持って施策を実施する、二面的な職務を持っているのである。

2 職制・組織との関わり

人事部門は職制に対して、人事的側面における経営の意思・施策を伝え、現場での展開をサポートする。企業の価値を高めるための職制の編成、任命時における任命者への情報提供などがこのカテゴリーに入る。また配置、評価、教育などの場面においても、経営的視点に基づき職制と関わることとなる。そしてマネジメントを適正に実施するための各種の支援も行い、個別人事案件におけるサポートや代行も行う。

Column

仕事の領域

その仕事は人事部門が行うのか、職制（この場合、管理職の総称の意）が行うのかについて、よく議論になることがある。この点は早期に明らかにしておくべきである。管理職の役割と権限を明らかにする。一方で人事の権限・職務を規定しておくことである。例えば、勤怠データに基づく給与計算は人事が行うが、勤務時間管理は管理職の職務である。評価の集計や最終結果の通知書は人事が作成するが、被評価者にフィードバックするのは管理職の職務である。異動の内示資料は人事が作るが、内示そのものは管理職の職務である……等。また、管理職がその職務の遂行が十分でない時に、支援・指導を行うことも、人事の重要な役割である。

❸ 社員個人との関わり

　社員はそれぞれさまざまな事情を抱えている。会社として支援できるものもあれば、そうでないものもある。しかし、個々の社員の問題や要望に対応し、必要であれば経営に伝える、あるいは規程などの決まり事を作ったり、変えたりすることも人事の大事な職務である。

　通常、人事部門は、社員個人の要望や問題については職制を通じて人事部門にもたらされるのが普通である。しかし、きわめてセンシティブな問題（職制自身に問題がある場合や、社内に知られたくないもの）については、人事担当が直接その声を吸い上げる必要がある場合も多い。そのため、人事部門は、社員から直接話を聞くルートも持っておくべきである。ここでも、職制と人事部門の職務については規定しておくことが望ましい。

❹ 他の管理部門との関わり

　企業規模によっては、人事部門以外の経営企画、総務、財務、経理といった各部門の機能を人事担当者が兼務している場合も多い。それを踏まえながら、人事と他の管理部門の機能を混在させずに、それぞれについて認識しながら業務を進めていくことが大切である。

　ここでは、経営企画、総務、財務、経理のそれぞれの機能が別組織になっていることを前提として記述する。他の管理部門の機能と人事機能の役割の違いや分担、関連を想定しておくことがとても大切である。

■1 経営企画部門

　上場企業では一般的に「経営企画部門」を持っている。しかし、新規事業を行う部門だったり、秘書機能だけを持っていたりと会社によって大きく異なる。経営企画部門の業務は、主に経営計画立案を司り、これに基づく組織設計（職務分掌・職務権限の規定）、予算実績管理、役員に関する事項、各種規程の改編などを行う。

　人事は経営企画と非常に密接な関係にあり、経営企画部門が行うことと、人事が行うことは、はっきりと切り分けて役割分担しなければならない。経営計画は経営戦略から導かれ、組織は経営計画に基づくので、組織作りは経営企画部門が担う領域といえる。経営企画が組織を作り、そこに人事が人を配置するというの

が基本的な役割分担といえよう。

　規程の取りまとめについては、総務・法務部門が行うこともあるが、全社的な規程の在り方、経営計画やIR（Investor Relations＝企業が株主や投資家に対して財務状況など投資の判断に必要な情報を提供していく活動全般）や会社全体としての法令遵守などの課題については、経営計画を担当する部門が行うのが合理的といえる。

　人事関連規程は人事が司るが、職務分掌規程や職務権限規程を含め、全体を管理するのは経営企画部門といえる。また、人事部門が組織と人事を担当してしまうと、非常に力が大きくなり、牽制（けんせい）が効かなくなるというおそれもある。健全な組織運営においては権力の分散化は必要な要素といえよう。

　また、人員計画といわれる範疇（はんちゅう）の中には「定員計画」がある。この定員計画も経営計画に基づく予算に基づいて決定される。どの部門がどの程度の売り上げを見込み、それに対する経費をどのくらい見込むかは経営計画そのものである。経費のうち、人件費をどのくらい見込み、その人件費予算に基づき定員計画がある。いわば、何人でその仕事をするのかということである。定員計画を経営企画部門が策定し、それに基づき人事部門が要員計画を立案し、人員計画を策定して配置を行うという役割分担が基本である。

　これら経営企画の機能と役割については、ぜひ確認し、一度整理しておきたい。

2 総務部門

　総務と人事は、同じ部署であるケースも少なくない。しかし、本質的には、「ヒト」を管理する人事と「モノ」を管理する総務、「社員」を管理する人事と「株主」を管理する総務は、似て非なるものといえる。

　総務部門は、人が働く物理的な環境を整える仕事（オフィスや設備など）、株主総会をはじめとする株主に関する仕事を主な職務とする。人事とは密接であるが、本質的には、求められる機能、スキルは別物であるととらえておく必要がある。

3 経理部門

　カネを扱う経理部門。給与計算に関連する人事の仕事の最終的なアウトプットが経理に集約される。人事にとっての経理は後工程になる。人事がいい加減な仕事をしてしまうと、経理に多大な迷惑をかけることになる。また、人件費の状況などについては、経理から数値情報を得ることになる。

　経理は、ほとんどの仕事の最後の砦である。経理担当者の「最終ライン」として
の気持ちを鑑みながら、人事は仕事をしなければならない。

4 システム部門

　人事情報や給与計算などの情報をシステムで司るのが、システム部門である。
イントラネットなどの環境を整備する。人事部門とシステム部門は、社内システ
ムの構築・運用において密接である。

　全社的なシステムにおける人事的なシステムの必要性について、常に情報交換
し、人事のシステムをシステム部門に委ねるのか、切り離して人事部門独自に構
築するのか、その際の経理システムとの連携はどうするのかなど、システム部門
の動きは人事の業務運営に強く影響を及ぼすことを認識しておくべきである。

5 その他の部門

　法務部門：契約関連において人事と関係する。また危機対応、弁護士対応など
　　　　　　において関連する。規程を司るケースもある。

　財務部門：管理部門の中で、人事と財務との関係性は大きくない（退職給付債
　　　　　　務についてなど限定的である）。財務は資金調達を主に行う。

　内部監査：人事の業務遂行を監査する。

6 採用の困難度合い

　企業の成長課程によって法務、財務、内部監査の専門家採用のニーズは、人事
の採用担当を悩ませる。これとシステムの部長クラス、総務の管理職クラスの採
用が、とても苦労する分野である。企業法務ができる法務部長は、その数がきわ
めて少ない。

　財務については、銀行出身者など金融業界経験者を採用することが多い。経理
と財務は、人事と総務のように似て非なるものである。採用担当者は、ここを
しっかり見極めていかなければならない。

　システム部門については、人事が最も分かりにくい領域である。各論に詳しい
システムエンジニア経験者などはなんとか採用できるが、（人事と同じく）全体
像を描けるシステム責任者の採用はきわめて困難だ。法務や経理は、スペック
（専門性）を把握できれば、戦力化をある程度予見できるが、システムについて
は、今の企業ステージにおいて経営戦略に基づきながら、どのくらいの予算で、
どのようなシステムを、どの期間かけて作るのかといった絵を描けるシステム部

門の管理職はきわめて少ない。

　経営企画部門は、前述のとおり、会社によってその役割と機能がさまざまである。特に「組織づくり」に精通した経営企画経験者はきわめて少ない。採用担当は常に、これらを意識して網を張っておく必要がある。

❺ 社外との関わり

　人事は、社外とも多方面につながっている。むしろ、つながらなければならない。具体的には、採用媒体企業、コピーライター、デザイナー（求人広告、採用ホームページなど）、教育研修会社、派遣会社、人材紹介会社、各種アウトソーサー、社会保険労務士、弁護士、そして他社の人事担当者などである。有益な情報をもたらしてくれるネットワークを、うまく構築していくことが必要である。

　人事は、すべてを深く理解しておくに越したことはないが、時間的にも効率的にも効果的にもこれには限界がある。「あれ、なんかおかしいぞ」「これで本当にいいんだろうか」という「匂い」を嗅ぎ分ける"スイッチ"が入るようにしていくことが必要で、いざとなれば専門家に相談すればいい。一つの分野に深くなるよりも、スイッチが入ることが大切である。スイッチが入れば、然るべき人に聞くことができる。そういったネットワークを持っていなければならない。

3 人事ポリシーの明確化

1 人事ポリシーとは何か

　会社の理念が明確であればいいが、そうでないケースは多い。しかし、仮に理念が不明確だとしても、人事部門は何とかしなければならないのである。

　ミッション、ビジョン、バリューおよび戦略が明確な企業ならば、人事の機能として制度構築、採用・配置、教育、人事管理においてのポリシー構築と施策の展開を明快に行いやすいが、不明確な場合は、人事は何を拠り所にすればいいのか。なければ、作ればいいのである [図表 3-1]。そして、経営に対してそれを確認すればよい。

1 人事ポリシーの構築

　理念が明確な場合でも不明確な場合でも、人事が各施策を企画・実施するにおいて拠り所となる考え方を明確にしなければならない。これがないと、各施策は一貫性に欠け、また個別問題においても不整合を起こしやすくなる。人事ポリシーとは、企業の社員に対する考え方である。企業としての社員の考え方をポリシーとして明確にしたものが人事ポリシーである。

　例えば、次に掲げる項目として自社ではどのように考えているだろうか。

・長く働いてほしい ←→ 短期的に成果を上げてほしい

図表 3-1 ◉ 人事ポリシーとは

Human Capital Policy

企業の目指す「ビジョンやミッション」を実現するための
《組織や人に対する企業組織の取り組みの方向性》
で、人事の仕組みを構築していくうえでの大方針となるもの

「会社の社員に対する考え方」

49

- 管理監督を重視する ←→ 自発的発想を重視する
- チームプレーを重視する ←→ 個人プレーを重視する
- 優秀層を引き上げる ←→ 非優秀層を底上げする

　人事は、このポリシーを明確にしたうえで、採用、育成、配置、制度構築・運用、個別人事問題への対応の場面において各種施策を展開しなければならない。通常は、「なんとなく」形成されたりしているが、人事部門としてできるだけこのポリシーを明確にすべきであり、そのことが人事担当者の拠り所にもなる。

❷ 人事における継続性

　人事においては「継続性」はきわめて重要である。人によって極端に対応を変えてしまったり（変えるなら変えるなりのポリシーがあれば別であるが）、場当たり的な対応をし、後ほど不整合を起こしたりすることが、最も社員からの信頼を失う。

　社員からの人事部門の信頼は、すなわち会社への信頼である。人事部門が信頼されていなければ、会社が信頼されていないということになる。したがって、経営からの信頼も失う。

❸ 経営とのコミュニケーション

　人事ポリシーの策定に際して、経営層とのコミュニケーションは、人事の大切さを理解してもらう絶好の機会にもなり得る。さらに、これを策定しておけば、経営にぶれが生じたとき、それを思いとどまらせたり、いさめたり、あるいは再度確認してポリシーを変更するにしても、人事にとっては経営への強力な牽制材料となり得る。

❷　人事ポリシー明確化のためのフレーム例

❶ 人事ポリシー策定の手順

　通常は、経営層（オーナー社長、創業社長、経営陣）に対して、フレームを中心に確認していく。[図表 3-2] の人事ポリシー構築フレーム例を基に考え方を整理し、選択していくと策定しやすい。

　経営の選択した内容を受けて明文化し、再度、経営の承認を受けることとな

図表 3-2 ● 人事ポリシーのフレーム

① 成果主義／能力主義／職務主義／行動主義
② 資本／資源
③ コア／スペシャリスト／マネージャー／オペレーター
④ エキスパート／ゼネラリスト
⑤ Do ／ How To Do ／ What To Do ／ Why
⑥ ピラミッド組織（△）／"逆" ピラミッド組織（▽）
⑦ リーダーシップ／マネジメント
⑧ X 理論／ Y 理論
⑨ モチベーションリソース—仕事型／組織型／職場型／生活型
⑩ Pay For Performance ／ Attraction & Retention
⑪ 個人プレー／チームプレー
⑫ 長く働く／代謝を求める
⑬ 2：6：2の重視する層（格差／底上げ）
⑭ 同質性／多様性
⑮ 報酬水準
⑯ 求める人物像
⑰ 組織
⑱ 評価

［注］　それぞれ詳しくは本文参照。

る。また、明確な経営の承認を得なくても、人事部門内の統一の考え方として
持っておくことも価値がある（その場合、経営の価値観・意思に反しないように
することは当然だ）。

　明文化の方法は決まったものはないが、分かりやすくしておけばよい。このフ
レームは「これだけ」「これがすべて」というものではなく、各社が工夫して構
築していくべきだが、おおむねこのフレームを経営に確認することにより、その
会社の人に対する考え方が理解できる。

　このフレームは、「選択」を伴うが、必ずしもどちらかに決めるというもので
はない。ただ、それぞれのフレームで経営と議論することは、とても意義のある
ことであり、経営が人事ポリシーを明確に意識するきっかけにもなる。また、こ
れらは人事を担当していくうえでの基礎的知識ともなるので、しっかりと理解し
ておく必要がある。

2 フレームごとの考え方

1 人事の方針―主義

　自社の人事における今大切にする考え方は何か。大きくは成果主義、能力主義、職務主義、行動主義に分けられる。世の中の人事制度はほぼこれらに基づき、これらを単独あるいは組み合わせて作られている。そして企業成長とともに変化していくことも想定したい。

Ⅰ　成果主義：一定の期間における成果・業績を重視する。

Ⅱ　能力主義：人事制度においては「職能主義」ともいわれる。人の潜在的な能力を含めた仕事をする能力に焦点を当てる。能力は積み重なっていくという考え方が根底にあることが多く、年功序列がなじむ。

Ⅲ　職務主義：仕事（職務）に値段をつけるともいえる考え方。例えば、人事部長はいくら、営業部長はいくらなどと、ポストにお金をつけて処遇すると考えてもよい。外資系企業に多く取り入れられている考え方である。ジョブ・ディスクリプション（Job Description：職務記述書）に基づき、仕事の内容を明確にする必要がある。効能も多いが、ポストごとに記述しなければならず、組織変更などへの対応が煩雑になる。

Ⅳ　行動主義：コンピテンシー（成果を出すための欠かせざる行動）を根幹に据える考え方で、顕在化した行動に焦点を当てる。

Ⅴ　その他：上記以外にもさまざまな考え方、主義がある。

Ⅵ　年齢主義：年齢給に代表される年齢を重視する考え方。

Ⅶ　勤続主義：勤続年数を重視する考え方で、長期雇用を前提としており、意外と企業に根付いている。退職金は勤続主義を前提に設計されているケースが多い。休職期間や年次有給休暇の付与日数も勤続年数をベースに決まってくる。

Ⅷ　年功主義：毎年の功績の積み上げを重視する考え方で、年齢を重視する年齢主義ではない。能力主義に近いが、能力よりも功績を重視する点が異なる。

　以上のように、自社は、人の何を重視するのか、その方針を明確にしていくことで、人事ポリシーの"軸"が決まってくる。最近の傾向としては、行動主義＋成果主義を選択する企業が多いようである。

2 資本／資源

人を「資本」とみるか「資源」とみるかの違いである。「資本」は投下し（無駄になることもあるが）、リターンを期待する。「資源」は使い果たすもの、あるいは他のものに形を変えて価値を生む。

資本とみるほうがよさそうだが、全従業員（その企業で働く、あらゆる雇用形態の人）を資本とみなすかについては議論が必要だろう。ある経営者は、「社員にはエンジンとタイヤの種別がある」と言っていた。この場合、総合職と一般職や技能職を分けて考えると方向性が見出しやすいだろう。

3 コア／スペシャリスト／マネージャー／オペレーター

人事においてとても重要な考え方として「人材ポートフォリオ」がある［**図表3-3**］。

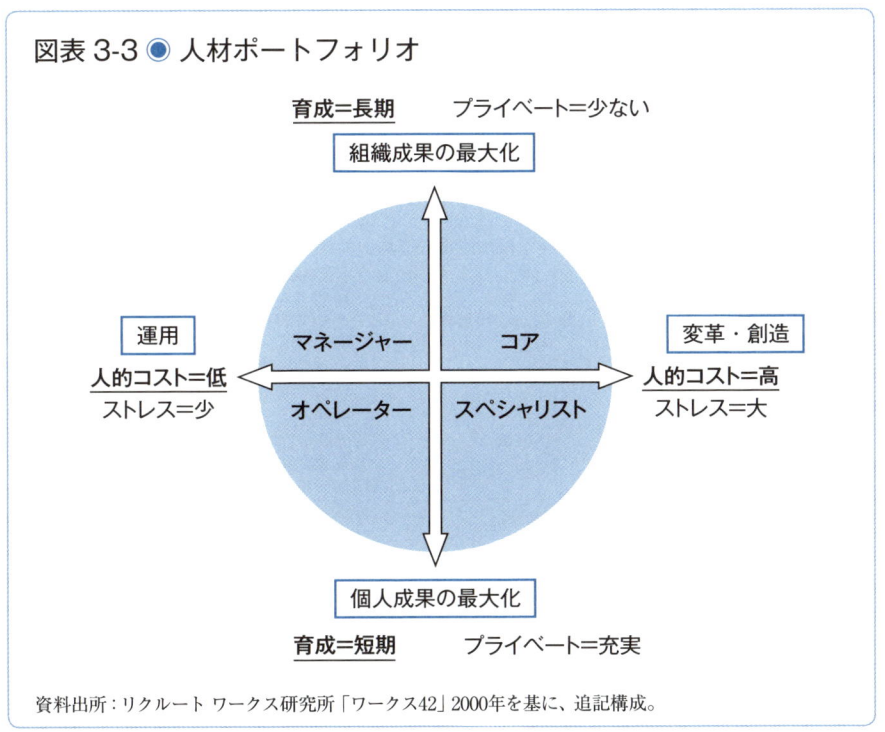

図表3-3 ● 人材ポートフォリオ

育成＝長期　　プライベート＝少ない

組織成果の最大化

運用

人的コスト＝低
ストレス＝少

マネージャー　　コア

オペレーター　　スペシャリスト

変革・創造

人的コスト＝高
ストレス＝大

個人成果の最大化

育成＝短期　　プライベート＝充実

資料出所：リクルート ワークス研究所「ワークス42」2000年を基に、追記構成。

「人材ポートフォリオ」とは、職務内容や職務ごとに求められる成果を基に人材のマッピングを行い、異動・配置、育成に活用するツールである。キャリアプラン、ライフプランをこのフレームで考察でき、社員が「どのように働きたいか」「仕事をどのようにとらえるか」について、分かりやすく整理することができる。

人材ポートフォリオは、採用、社員面談、育成の各場面において「何を目指すか」「どのように働くか」を社員一人ひとりに考えさせ、明らかにする際にも有効に機能する［**図表 3-4**］。詳細は第5章で解説。

図表 3-4 ● ポートフォリオ別にみた仕事の内容

ポートフォリオ の位置	左下	左上	右下	右上
区　　分	オペレーター	マネージャー	スペシャリスト	コ　ア
仕事内容	決められたことを指示どおりに実行する	• マニュアルどおりに組織を運営する • オペレーターを取りまとめる	専門領域において、高い付加価値を提供する	企業組織を変革し、新たな価値を創造する
キャリア スタイル	• 学卒〜数年間の見習い期間 • お金のために働く • プライベート優先	• オペレーターの延長 • 組織をとりまとめたい。責任ある仕事をしたい • 主任⇒課長⇒部長…	専門家志向 資格志向 クリエイティブ志向	経営志向 変革志向
ライフ スタイル	• ON と OFF を切り分けて生きていきたい • 残業したくない • 自分の時間を大切にしたい	ON 優先。やることはある程度決まっており、ストレスは小さい	• 組織でなく、個人としての価値を大切にする • 自分の時間を大切にするが、OFF も勉強	• キャリアをメインとしたライフスタイル • ON 優先
雇用形態	一般職 アルバイト・パート 派遣	正社員 一部契約店長など	専門職 業務委託契約 契約社員	正社員 委任契約
賃　　金	時給制 （安く）	月給制 （概して安い）	契約制 （職種によるが高い）	年俸制など （概して高い）
育　　成	短期	長期 （数年）	採用時即戦力	長期 （数年以上） 多領域の経験
例	フリーター パート レジオペレーター 店舗スタッフ	店長 従来の管理職	弁護士 医師 クリエイター 外部招聘取締役	経営者 経営スタッフ 事業企画スタッフ

②資本／資源

④エキスパート／ゼネラリスト

　人材ポートフォリオにおけるスペシャリストとコアに近い概念である。専門的人材の育成と配置を重視するのが「エキスパート」、いろいろな分野の知識や経験を持つ人材の育成を重視するのが「ゼネラリスト」である。

　エキスパートを重視するならば、専門職制度などを用意すべきであり、ゼネラリストならばジョブローテーションを重視するといったように、育成や処遇の仕方も変えていかなければならない。

⑤ Do ／ How To Do ／ What To Do ／ Why

　どの層が仕事として何を重視する（価値を置く）か。階層別、職種別に確認するとよい。

Do 重視：言われたこと、決められたことをきっちり遂行することに価値を置く。

How To Do 重視：どのように進めていくべきか、やり方を自ら考えて行うことに価値を置く。

What To Do 重視：何をすべきか自ら考えることに価値を置く。

Why 重視：なぜそれをするのか、何を目指すのかを考えることに価値を置く。

⑥ピラミッド組織（△）／"逆"ピラミッド組織（▽）

　これは組織の形態と意思決定の在り方を示したもので、一般的なピラミッド組織か"逆"ピラミッド組織かを表す［図表 3-5］。

　　ピラミッド組織（△）：なぜそれをするのか(Why)、何をすべきなのか(What)については経営層が考え、ミドルがどのように進めていくべきか(How)を、現場がきっちり遂行する（Do）という組織体。

　　"逆"ピラミッド組織（▽）：顧客接点に一番近いところが、何をすべきか(What)を考え、ミドルと経営がそれを支援する組織体。

　"逆"ピラミッド組織（▽）の場合は、問題意識が高く、課題抽出力、対策立案力のある、いわゆる"考える"人材を採用の時点から想定しなければならず、権限委譲も進めていく必要がある。そのためミドル以上が、相当の発想の転換をしなければならない。

⑦リーダーシップ／マネジメント

　リーダーシップとマネジメントとは、違った概念である。リーダーシップは、「動きを作る」ものであり、マネジメントは「固める」ものともいえる。別の言

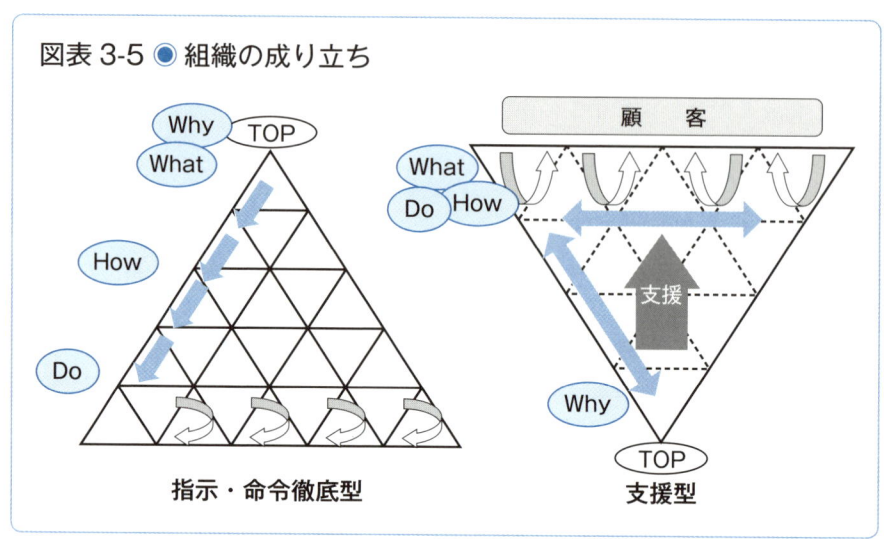

図表 3-5 ● 組織の成り立ち

Why TOP
What
How
Do
指示・命令徹底型

顧　客
What
Do How
支援
Why
TOP
支援型

い方としては「風呂敷を広げる」「風呂敷を畳む」ともいう [図表 3-6]。

[図表 3-7] のように企業や事業にはサイクルがある。特に企業の成長ステージと求められるリーダーシップ、マネジメントの要素は変化する。この成長ステージの変化は人材の代謝（入れ替え）にもつながる。安定成長した企業は、[図表 3-7] の左上、または右上に位置し、すなわちマネジメントを重視するステージ（仕組みを整え、効率的に回す）にいることが多い。

8 X 理論／ Y 理論

経営者や管理職の従業員観を大きく二つに分類した X 理論／ Y 理論は、D. マグレガーが唱えた有名な理論である [図表 3-8]。彼は、従業員を未成熟な子供のように見て扱う方法を X 理論、一人前の大人として見て扱う方法を Y 理論とした。

工業化社会における工場労働は X 理論に立脚することが多かった。現在でも、根底では X 理論である会社も多い。自社が、どちらに基づいて社員をとらえるかは、社員を活用していくうえできわめて重要な考え方を示している。

図表 3-6 ● リーダーシップとマネジメント

リーダーシップ	マネジメント
ビジョンに向かって、自ら働き掛け、周囲を動かすこと	目標に対し、経営資源を活用し、最大の成果を挙げること
資源を勝ち取る＝自らリスクを背負う	与えられた資源の配分＝選択、戦略
インフォーマルな権力　－　私的な影響力	公的な権力　－　職務権限
強制力ない……人心に訴える⇔人間関係	強制力……職務権限⇔権限依存
情緒的、共感性、動的、柔軟、臨機応変	論理的、合理的、静的、固定的、計画的
自立変革型組織	計画管理型組織
鼓舞、人間、気持ち中心	統制　仕組み、システム中心
方向づけし、共感性を育む能力	目標達成のため徹底・継続する能力
人間性、洞察力	論理性、分析力
理想的、有効性重視、価値観・納得、可能性のある方法	現実的、効率性重視、成果・結果、確率の高い方法
全体、流れを見る	部分、細部を見る
目的重視、使命重視	手段重視、経験重視

資料出所：コッターの『リーダーシップ論』より作成。

図表 3-7 ● 事業サイクル

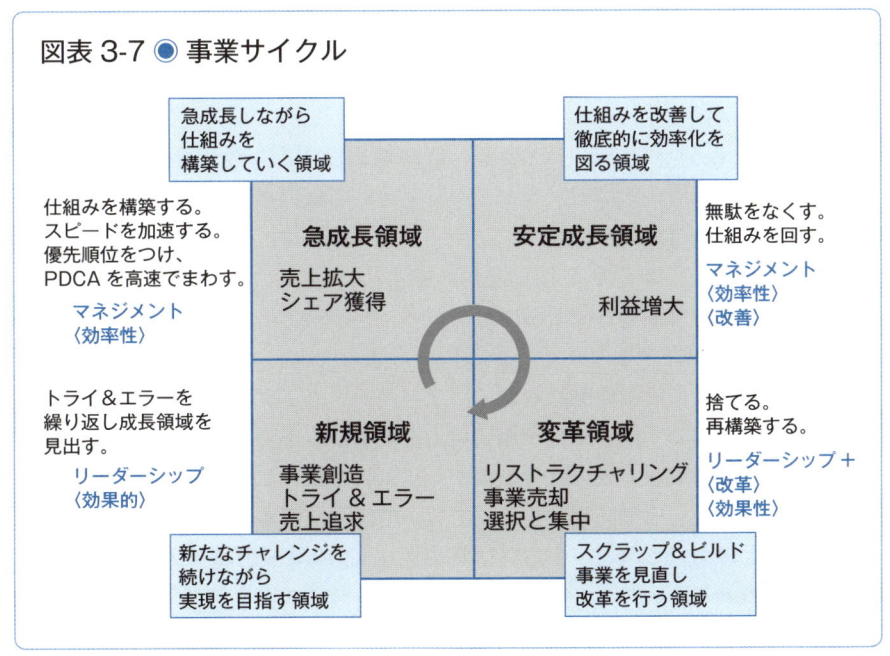

図表 3-8 ● X 理論／Y 理論

X理論・Y理論とは？
アメリカの行動科学者 D. マグレガーが経営管理について名づけたもので、
人間に対する本質的な見方を二つの異なる理論として対比させたもの

X 理論（本質説）	Y 理論（性善説）
人間は仕事をするのが嫌いで仕事はしたくないものだ。 企業目標達成のためには、統制・命令・処罰による脅しが必要である。 人は金のために働く。 普通の人間は命令されるほうが好きで、責任を回避したいと思っており、安全を望んでいる。	仕事で心身を使うのは娯楽や休息と同じように自然なことである。普通の人間は生来仕事が嫌いというわけではない。 人は自らをゆだねた目的に役立つためには自ら命令し、自ら統制するものだ。 最も重要な報酬は、自我の欲求や自己実現の欲求の満足といったもので、これらは組織目的に向けて努力すれば直接得られるものである。 普通の人間は責任を引き受けるだけでなく、自ら進んで責任をとることを学習する。 組織的問題の解決に際して、比較的高度の想像力、工夫力、創造力を働かせる能力は多くの人に備わっている。

9 モチベーションリソース―仕事型／組織型／職場型／生活型

　社員にどのようなモチベーションリソース（やる気の源泉）で働いてほしいかを想定する ［図表 3-9］。
- 仕事型：お客様にありがとうと言われてうれしいなど、仕事そのものが好きで、やりがいを感じる
- 組織型：会社が好きなど、その組織にいることを誇りに思う。組織内での役割・責任でやる気になる
- 職場型：組織型の一類型で、職場にいる仲間と仕事をするのが楽しい
- 生活型：稼いだお金で得られるものがやる気の源泉。家族、趣味、買い物が目的

　生活型であれば、労働時間が少なく、賃金や福利厚生が充実していることに関心が高いことが想定される。あるいは賃金よりも余暇という場合もある。昨今希薄になりつつあるといわれる組織型・職場型は、会社のステータス、あるいは理念への真の共感、会社の雰囲気・仲間意識などを高めていく施策が必要になる。

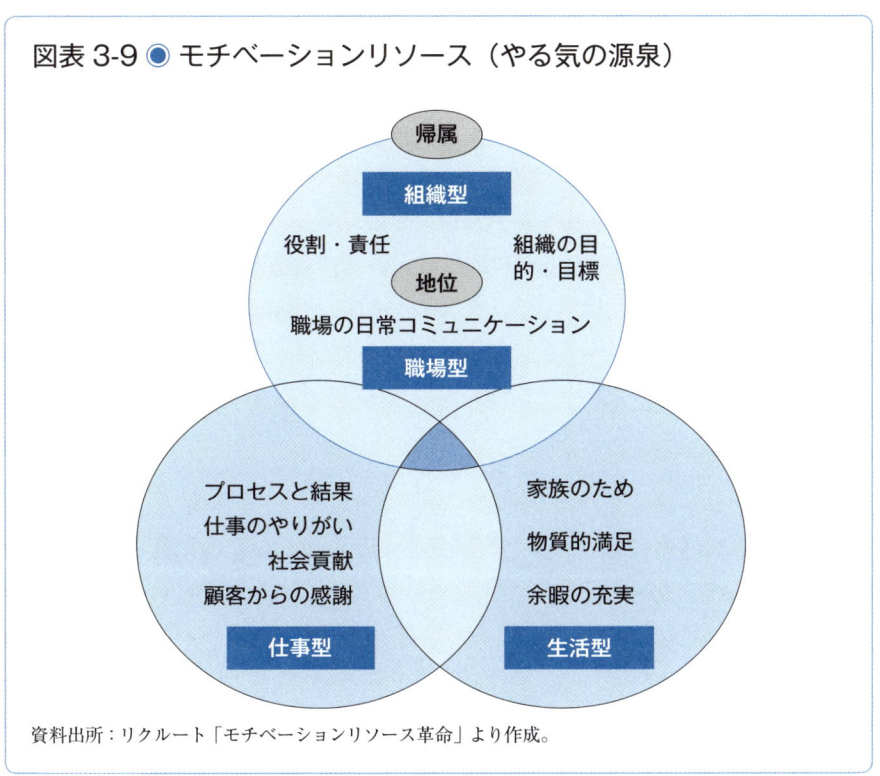

図表 3-9 ● モチベーションリソース（やる気の源泉）

帰属

組織型

役割・責任　　　　　組織の目的・目標

地位

職場の日常コミュニケーション

職場型

プロセスと結果
仕事のやりがい
社会貢献
顧客からの感謝

家族のため

物質的満足

余暇の充実

仕事型　　　　　　　生活型

資料出所：リクルート「モチベーションリソース革命」より作成。

仕事型については、自らの判断で仕事をする裁量が認められるなどの施策が重要となってくる。

🔟 Pay For Performance（PFP）／ Attraction & Retention（A&R）

バブル経済崩壊後、成果主義人事の風潮の中で叫ばれていたのが、Pay For Performance（PFP）である。Pay For Performance とは、社員個々の成果を正当に評価し、報酬を支払うという考え方で、たとえ能力があっても、勤続年数が長くても、成果に結び付かなければいい処遇は受けられない。

最近では、行き過ぎた成果主義への反省から Attraction & Retention（A & R）を重視する人事施策が増えてきている。

Attraction & Retention とは、人材の惹きつけと引き止めに重点を置く考え方で、自社に人材を惹きつけ、優秀な人材を辞めさせないことを重視する。給与やボーナスよりも、その企業自体の魅力・理念・ミッションや、社員が成長できる環境を重視する。考え方としては、将来の仕事の成果を期待する未来軸ともいえる［図表 3-10］。

モチベーションに関する代表的な基礎理論を提唱したハーズバーグによれば、金銭や人間関係などの衛生要因は満たされなければ不満を感じるが、それだけではやる気を引き出すことはできず、仕事のやる気は仕事そのものに対する興味・関心によってもたらされると説いた。給与が高ければモチベーションが高まるわけではなく、給与は衛生要因（それが不足しているとやる気がなくなる）に過ぎない。

高い給与を払えば、社員はやる気を高めて、さらに頑張るだろうと考える経営者は少なくない。そうとは限らないことを人事は想定しておかなければならない。人事制度の構築においてきわめて重要な考え方である。業態の特性や労働時間の長さに関する認識により、PFP か A & R かをよく検討することが重要である。

［図表 3-11］は、PFP を短期的志向、A & R を中長期的志向としてとらえた

図表 3-10 ● 動機付け要因と衛生要因（ハーズバーグの二要因理論）

職務満足度事象	職務不満足度事象
動機付け要因	衛生要因
達成	会社の方針と管理
達成に対する承認	監督
仕事そのもの	給与
責任	対人関係
昇進	作業条件
「やる気」になる要因	「やる気」をなくす要因

図表 3-11 ● 人事制度の方向性―短期的志向か中長期的志向か

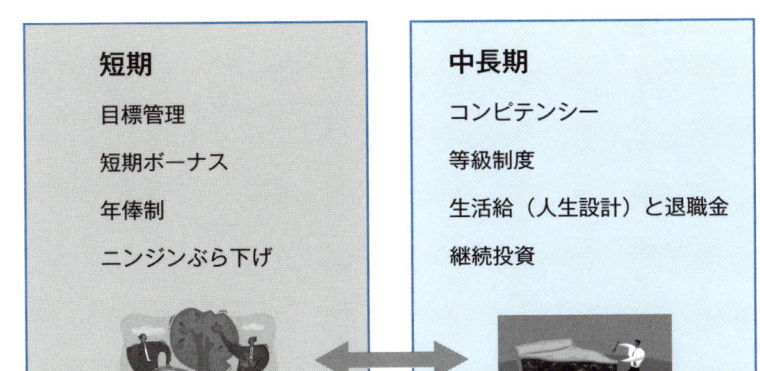

ものである。方向性の違いで人事制度が変わってくることを示している（多くの企業は、これを組み合わせていることが多い）。

⓫個人プレー／チームプレー

個人で実績を上げることを重視するか、チームでの実績を重視するかである［図表 3-12］。個人プレー重視ならば、個人インセンティブ・賞与などの比率を高めることになる。一人ひとりの業績が明らかになりやすい仕事ならばこちらを重視である。

チームで役割を分担して実績を上げることを重視するならば、チームインセンティブ、部門評価などの施策の重要度が増す。また、採用すべき人材も、一匹狼型か協調型か変わってくる。

⓬長く働く／代謝を求める

社員に長く働いてほしいのか、適度に代謝を繰り返してほしいのか、この本音は重要である。

成果主義は、代謝を求めているといっても過言ではない。長く働いてほしいなら積み上げ型の処遇、いわゆる年功序列に近いものが適するだろう。

大量採用で千尋の谷に突き落として、はい上がってきた者だけを長く育てる、

図表 3-12 ● 人事制度の方向性―個人プレー重視か
　　　　　　チームプレー重視か

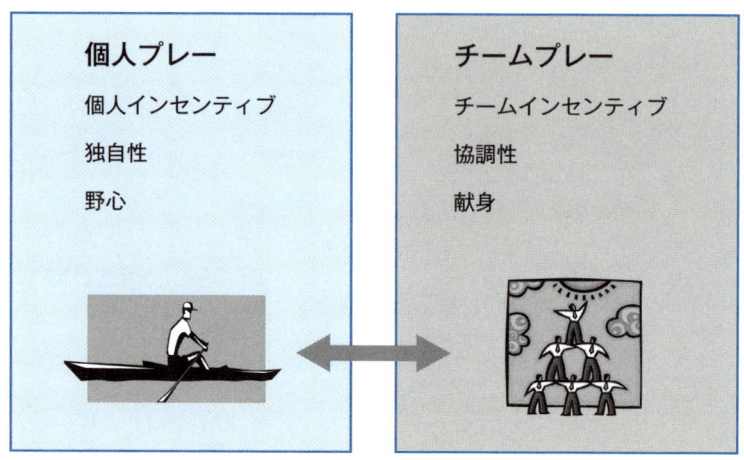

というやり方もある。また、少数厳選採用で手塩にかけて育てるという在り方も
あるだろう ［図表 3-13］。

13 2：6：2の重視する層（格差か底上げか）

　組織については、よく「2：6：2」という経験則が語られる。組織は優秀層
で利益に多大な貢献をする上位2割、一般的で普通（中間層）の6割、業績が悪
いあるいは足を引っ張るのが下位2割で構成されるというものです。この2：
6：2について、どう考えるかは経営者によってさまざまである。

　とことん上位2割を引き上げるなら、格差を大きくする施策を展開することに
なる。この場合、中間層6割と下位2割の双方に代謝圧力がかかる。

　中間層6割を重視するのが最も無難だが、この場合、上位2割はそれに飽き足
らず会社を去るおそれがある。下位2割を含めた全社員だという場合もある。こ
の場合は、下位2割へのパワーのかけ方次第で、上位2割と中間層6割が去って
いくこともあり得る。もしくは、みんなが頑張らなくなるおそれもある。

　このフレームは経営とすり合わせが必要になる。総花的では有効な人事施策が
打てない。人事はメリットとデメリットのバランスを見極めることが重要である。

図表 3-13 ● 人事制度の方向性—長く働く／代謝を求める

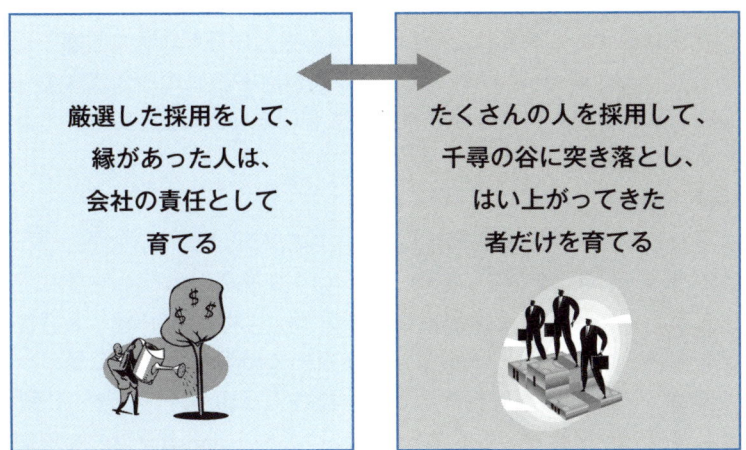

14 同質性／多様性

　企業が人材に求めるものは、その企業風土に大きく影響を受ける。

　過去の成功体験にとらわれ、既存の秩序を維持しようとすると、組織は同質化していく。同質化するほど組織効率は高くなる。一方、多様性を認め、異質な個人や組織との相互作用で、より多様な視点を組織に取り込んでいくことも重要になってくる。しかし、うまくコントロールできなければ、誤解や軋轢（あつれき）を生じかねない。

　多様性を重視するといいながら、実は同質性を重視したり、異端を排除したりする会社は現実にある。多様性を重視すると、マネジメントや教育の難易度が高まる。理念に共感した多様性がどこまで実現できるのか、多様性を持つ人材を同じ方向性に向けられるのか慎重に吟味しなければならない。

15 報酬水準

　経営の本音として、報酬水準は高いほうがいいと考えているかどうかである。定型業務中心の業態であれば、報酬水準は、ある程度抑えたいところだろう。コア人材重視であれば、ある程度高い水準でなければ、いい人材を集められないだろう。

63

人事は経営に対して、「高い報酬水準を目指す」という言質をとることも大切である。それが社員に希望を与える。また、企業理念の浸透が進んでいる会社では、報酬水準は必ずしも高くはないケースがある。社員が理念に共感し、働く意義を見出しているからだ。「お金で買えない価値がある」ことも認識すべきである。社員に「お金」以外のやりがいを持ってもらえるような仕掛けを用意しておくことも大切である。

16 求める人物像

求める人材については、経営に対して「どんな人がほしいですか」と、そのイメージをストレートに聞くのもよい。いろいろな要素が出てくるだろう。ただし、すべては両立しないことは想定しておかなければならない。「協調性があって、自律的に考えて行動し、独自の信念を貫いて結果を出す」などという人材は、なかなかいないだろう。自社として求める人材像のスペック（仕様）を定め、それに優先順位を付けていくことが必要になる。人事ポリシーを策定する際には、とかく総花的になりやすいが、それが逆にポイントを分かりにくくし、特徴がないものになりやすいことに注意すべきである。

17 組織

ここでいう組織とは、重視する組織があるか。組織の形態はどうかということである。

組織には、ツリー型（ピラミッド型）、文鎮型（フラット型）、マトリックス型などがある。成長企業においては文鎮型からピラミッド型に移行したステージが多いはずである。その場合、組織の結節点として機能するミドルマネジメントの育成は欠かせない。その視点を経営に与えるのも人事の役割の一つである [**図表3-14**]。

18 評価

経営にどんな人を評価するのか、そのイメージをヒアリングするのもよい。だいたい「頑張った人」という答えが多く挙げられるが、「頑張った」とはどういう状態なのかを、ぜひ突っ込んで聞いてほしい。

結局、業績を上げた人なのか、運が悪くて業績は上がらなかったが、プロセスで成果を上げた人を評価するのか、チームワークに優れている人を評価するのか——など視点と基準を決めておく必要がある。また、視点は階層別に異なってい

図表 3-14 ● 組織形態の例

文鎮型組織

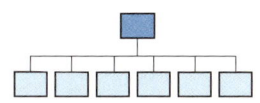

中間層がない形態。
ツリー型と比べて、上から下へ指示がスピーディに伝達されるメリットがある。
企業創業期に多い形態。

ツリー型組織

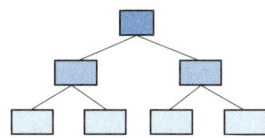

組織が拡大し、それを管理するための縦に長い階層を持つ組織形態。
そのため、中間管理職の層を多く持つ。
指示・命令は常に上から下へ降りてくるのが一般的。

マトリックス型組織

	支店A	支店 B	支店 C
商品 1			
商品 2			
商品 3			
商品 4			

複数の軸をマトリックス的に組み合わせて編成した、組織形態。1人のメンバーが複数の担当を持つことが多い。
縦割り組織にありがちな非効率性・不透明性がない反面、メンバー管理など運用面での難しさがある。

る場合もある。部長層については何を評価するか、課長層、メンバー層ごとの違いをそれぞれ確認することが望ましい（汎用的な、階層別の求める要件については、後掲、第6章「人事制度の企画・運用」で解説する）。

3 人事ポリシーの明文化と活用

1 人事ポリシーの整理

　以上のフレームを確認したら（あるいは自ら決めたら）、ぜひ明文化してほしい。明文化は多くの会社で行われており、インターネットにおいても各社の会社概要の中で紹介しているケースがあるので参考にしてほしい [**図表 3-15**]。

2 人事ポリシーの活用

　人事ポリシーは、すべての人事施策の根幹である。制度構築、採用、教育などの場面で、必ずポリシーに立ち返って、それに外れていないか、マッチングしているかを、その都度確認してほしい。

　また、経営に対しては、人事ポリシー策定時のヒアリングを通じて「こうおっしゃっていましたよねぇ」という一言は効く。それでもポリシーとは違う施策なり対応を求められた際には、「例外的にそうするのか」「以後、その対応をスタンダードにするのか」を明確にすることができる。それも人事の価値である。

　「今回だけですね？」「今後はこうするのですね？」という会話における確認は、経営および職制の人事的育成にも役立つ。例外対応を例外対応と認識して対処することが重要なのである。

　人事を担当するに当たっては、会社の人事ポリシーと、環境変化への対応を検証しながら戦略と施策を検討していくことになる。

　一方で、他社が行っているから、ということだけでいたずらに単発的施策を導入してしまっても定着しない場合が多い。会社独自の考え方を吟味していないからである。人事ポリシーと環境変化をよく見据えていってほしい。

図表 3-15 ● 人事ポリシーの例

(1)　人事制度は、行動主義＋成果主義に基づき設計します。

(2)　社員を、より高い価値を生み出していく「資本」と考えます。

(3)　社員の成長の方向性を、「組織を動かし、変革を起こし新たな価値を生み出すコア人材」と、「個人として、高いパフォーマンスを発揮し、新たな価値を生み出す「スペシャリスト」の二つのキャリアを目指すこととします。

(4)　社員には顧客に何を提供すればいいのかを考え、実行する「What To Do」を求めます。
マネジメント層においては、メンバーに対し、「なぜそれをするのか」「我々はなぜここにいるのか」「我々は何を目指すのか」について、自分の言葉で語ることができる「Why」の追求を求めます。

(5)　社員は仕事をするということが好きである、という前提に立ちます。社員は、会社の目的に役立つためなら、本来は他者からの指示・命令からではなく、自ら考え行動するものであると考えます。

(6)　社員は、仕事そのものにモチベーションを感じる存在であると考えます。

(7)　会社は社員に対し、より多くの経験を積み、成長し、より大きな価値をお客様に提供してもらいたいと考え、できるだけ長く働いてほしいと考えています。

(8)　社員の大多数が、成長していくための人事施策を実施していきます。

(9)　周りを巻き込んで新たな価値を作るリーダーシップを重視します。ただし、前提には、目標に向かって徹底していくマネジメントがあります。
マネジメントは、社員自らが強制によってではなく自己統制できることを前提とします。

(10)　チームプレーを重視します。

4 人材配置

1 人員計画

1 定員計画・要員計画・人員計画・代謝計画の立案

【基礎編】でも触れたが、個別の人事（ここでいう人事は配置・異動を意味する）の前提として、定員計画・要員計画・人員計画・代謝（採用）計画がある。ひとまとめにして「人員計画」と呼ぶ場合があるが、概念として確認していただきたい [図表 4-1]。

2 要員計画・人員計画の策定

経営計画から導かれる定員計画に基づき、要員計画を立てる [図表 4-2]。計画策定には、経営計画からのアプローチと組織の現状からのアプローチがあり、双

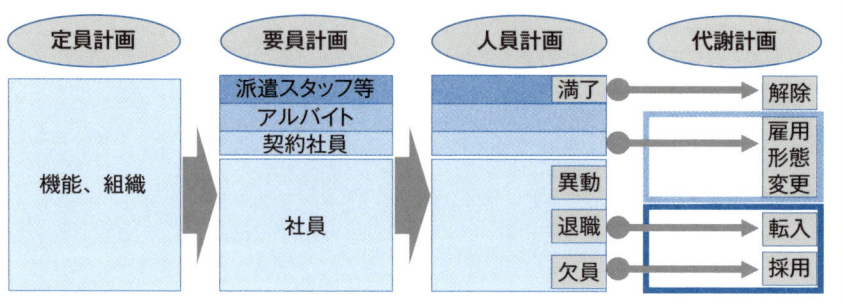

図表 4-1 ● 人員計画

- 定員計画……目標の達成・業務遂行に本来必要な機能・組織・人員数
- 要員計画……予算、現状に見合う構成員の設定（社員、派遣など）
- 人員計画……要員計画に対する人員（だれを）の配置、期間内の変動予測
- 代謝計画……要員計画と人員計画のギャップを埋める施策

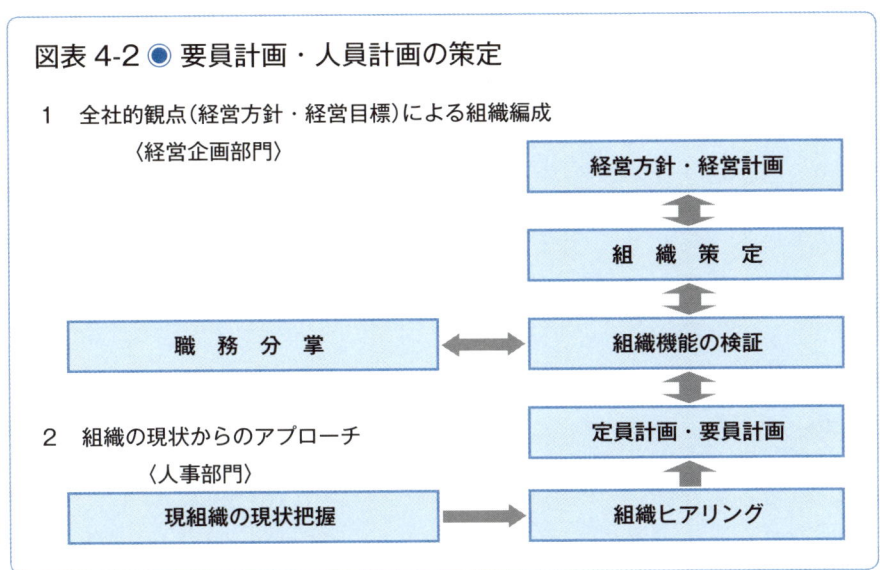

図表 4-2 ● 要員計画・人員計画の策定

1　全社的観点（経営方針・経営目標）による組織編成
　　　〈経営企画部門〉

経営方針・経営計画

組　織　策　定

職　務　分　掌　⟷　組織機能の検証

2　組織の現状からのアプローチ
　　　〈人事部門〉

定員計画・要員計画

現組織の現状把握　→　組織ヒアリング

方を検証しながら、具体的な要員計画と人員計画につなげていく。

　組織の現状の把握は職制へのヒアリングによって行うが、定員計画・要員計画策定シート［図表4-3］、人員計画・代謝計画策定シート［図表4-4］を使うと便利である。

3　計画策定時の留意事項

　人員数としては、職制が増員を要望してくるケースが多い。時間外労働の増加や業績が伸び悩んでいるなどの問題の解決策として戦力増加を求めているのだ。一方で経営からは人員の抑制の方針が示されることも多い。現場の増員要望と経営の抑制要望を、どのように折り合いをつけていくかが人事部門のミッションといえる［図表4-5］。

　一つは効率化の観点。現場において仕事をより効率化し、増員しなくても現状またはそれ以上のパフォーマンスを発揮できる可能性を探る。この際には、経営効率という点において労働分配率や人件費生産性（【基礎編】　59ページ参照）

図表 4-3 ● 定員計画・要員計画策定シート例

| | | 現員申告（現業務機能を担当者別に記入） | | | | 人　　員 | | | | 2010 年 4 月案 |
組織名	業務区分	機能・業務内容	経験値	雇用形態区分	現人員	雇用形態区分	現業務	2010 年 4 月案	対応等
人事部	部長	人事部門マネジメント	人事業務経験 5 年以上	正社員	山田太郎	正社員		正社員	
	グループアシスタント	部アシスタントおよび予算管理・伝票管理業務	事務経験あれば可	正社員	山上花子	正社員		派遣	
	人事課長	特命事項担当。採用業務・異動業務含む社内調整、折衝機能	社内経験 3 年以上	正社員	山口一郎	正社員		削減	採用・異動担当へ集約
	渉外担当	人的支援に関する各外部折衝およびM&A案件等特命事項担当	営業関連業務経験 3 年以上	正社員	山下次郎	正社員		削減	機能集約のうえ営業セクションへ統合を
	休職者			正社員	山本三郎	正社員		別枠管理	
上記集計	雇用形態区分別集計								
	正社員			4					
	契約社員							1	
	派遣							1	
	アルバイト								
	業務委託受入								
	出向受入								
	その他								
	別枠			1				1	

70

図表4-4 ●人員計画・代謝計画策定シート例

●グループ集計

2010年度	定員	社員・契約社員	15	名	備考
現人員数 (1月1日現在)		正社員	10	名	
		契約社員		名	
		派遣	3	名	
		アルバイト		名	
		業務委託受入	1	名	
		出向受入	1	名	
		その他		名	
		別枠		名	
定員差異事由	・○○業務の急激な増大 ・○○さんの退職予測による事前補充 ・ ・ ・				
10月1日定員修正申告					
修正申告 無			15	名	
				名	
申告内容(理由)					

●グループ集計

2011年度	定員数	社員・契約社員	17	名	備考
2011年度 要員計画		正社員	11	名	
		契約社員		名	
		派遣	4	名	
		アルバイト		名	
		業務委託受入	1	名	
		出向受入	1	名	
		その他		名	
		別枠		名	
2011年度定員に 向けての対応策					
申告内容(要望)					

図表 4-5 ● 人員数および要望・定員の集計表例

部	課	2009年10月1日 人員数				2010年3月末 予測人員数				2010年4月 要望人員数				ギャップ				2010年4月 定員・要員数			
		社員	契約社員	アルバイト	派遣	社員	契約社員	アルバイト	派遣	社員	契約社員	アルバイト	派遣	社員	契約社員	アルバイト	派遣	社員	契約社員	アルバイト	派遣
A部	A課	4			1	4			1	4			1	0				4			1
	B課	4			2	3			2	4			2	-1				3			3
	計	8	0	0	3	7	0	0	3	8	0	0	3	-1	0	0	0	7	0	0	4
B部	A課	2				1				2				-1				2			
	B課	1				1				2				-1				1			
	C課	1				1			1	1			1	0				1			1
	計	4	0	0	0	3	0	0	1	5	0	0	1	-2	0	0	0	4	0	0	1
C部		2				2				2				0				2			
	計	2	0	0	0	2	0	0	0	2	0	0	0	0	0	0	0	2	0	0	0
D部		7	0	1	0	7	0	1	0	7	0	1	0	0	0	0	0	6	0	1	0
	計	7	0	1	0	7	0	1	0	7	0	1	0	0	0	0	0	6	0	1	0

の推移をみておくことが重要だ。

　また、増員することによって、時間外労働の削減に伴い時間外手当の割増賃金が減り、結果的に人件費が下がることもある。

　もう一つが効果性の観点である。増員に伴い、より高い売り上げや利益が見込める可能性である。

　人員計画は、一概に絞り込むのではなく、増員か維持か減員という判断については、経営および事業責任者との折衝が重要である。人事は、職制の代弁者として、現場の要望を事業責任者や経営に伝える役割も持つ。

　一方、逆のケースもある。経営が増員を要望しているにもかかわらず、現場がそれを望まないことだ。新卒採用数などにおいては、経営は中長期的な事業運営を展望して、多数の人員の採用を計画したいと考える。しかし、現場は、経験のない新卒者が大量に入社しても「育てられない」と拒否反応を起こす――といったケースである。

　階層別（年齢別）人員数、退職率のデータを基に、将来の人員数を予測することができる。この際、中長期売上計画による売り上げの推移予測と、採用数と退職率予測による人件費予測を大まかに作る。例えば、20人の新卒採用をした場合、おおよそ毎年何人退職するのか、彼らが30歳になった時に何人程度残っていることが理想かを予測する。なお、退職率は（1年間の退職者数÷期初人員数）で計算するとシミュレートしやすい。

　これらは計算自体は難しくないが、変数（売上計画や退職率推移）が多いので参考程度にしかならない。しかし、人事部門として将来予測のうえで、経営の考えの実現のロジックを構築し、それによって現場を説得していくという役割も持つことになる。

② 人材配置

　人材配置と人事異動は、組織パフォーマンスの極大化と個人の成長のために行われる。人材育成のためには計画的な異動が求められる ［図表4-6］。

　実際の異動実務は、職制（特に直属上司）の意向と本人の意向を中心にしながら、組織の要請に基づき実施していく。

図表 4-6 ● 配置と異動

配置とは
　配置は、①個人の能力・適性、②仕事の複雑さの度合い、③本人の意思、の３つを適合させ、公平性と効率性の両面から、企業の持つ人的資源が十分に機能するように、採用時や企業合併、組織再編の時などに、人員を計画的に分配し、適切な仕事を割り当てること

異動とは
　人材フロー・マネジメントのなかで、適正配置を具現化しようとすること

配置と異動の新しい仕組み
　自己申告制度：従業員が仕事やキャリアなどに関する希望を会社に申し出る仕組み
　社内公募制度：担当する業務内容をあらかじめ明示し、その業務に従事したい人材を社内から広く募集する制度

1 配置における組織要望の取りまとめ

　人員計画立案時に職制に要望人員数をヒアリングする際に、個別人事についても確認しておくとよい。所属メンバーそれぞれの現状や課題について情報交換をする。そのうえで上司からの要望として、以下の点をまとめておく。

- 異動させたいか：「異動させたい」「異動させたくない」「要検討」
- 異動させたい場合の異動先候補や想定する職種
- その理由

異動の現実：人事 vs 職制 — Column

　仕事が「できる」とされているメンバーを職制は異動させたがらない。人事部門としては、その人材の育成のためには、配置転換を働き掛けなければいけない時がある。したがって、職制の要望を聞くだけではなく、人事部門として「だれをどうすべきなのか」という考えを持たなければならない。その際の強力なツールとなるのが「自己申告制度」である。

2 社員本人の意向を確認

配置の際に本人の意向をどれほど重視するかは、会社によって違う。しかし、「やりたい仕事をする」時に、人はモチベーションが高まり、パフォーマンスが上がることを考えていけば、本人の意向をまったく容れない配置というのも問題である。

もちろん、いつも本人の意向どおりになることはない。基本は組織の要請が優先される。しかし、社員それぞれどのような仕事をしたいかをとらえておき、組織要請とマッチングさせることができれば効果は大きい。

3 自己申告制度

上記の意味において、本人から申告をもらうことは大切である。人は、自分で選んだり、自分の考えを表明したりしたものに対しては満足感、納得感が高く、自己責任の意識も生じる。

社員からの申告を得る方法は、「上司がヒアリングする」「人事がヒアリングする」「自己申告制度を導入する」などがあるが、マンパワーや本意を把握する意味においては、「自己申告制度」が有効だ。

自己申告制度は、多くの企業で実施されている施策の一つである。会社が一定の規模以上（おおむね50人以上）になったら、導入を検討するに値する。

自己申告の方法には、以下の二つのケースがある。

A：社員が職制を通じないで、人事部門に対して直接申告を行う
B：社員が職制を通じて申告を行う

Bについては、人事制度における評価面談などで行うように「仕掛け」をすることが可能である。事前に人事部門が行いたい「社員に申告させたい内容」を職制にヒアリングしてもらうようにすればよい。

ただし、多くの場合、例えば異動希望や、職場や仕事の不満、上司への不平など「上司に言えない・言いにくい」申告内容も多いのが事実であり、その意味において自己申告制度はAを指すことが多い。ここではAの方法を前提に話を進める。

1 自己申告の内容

自己申告の内容は、おおむね ［図表 4-7］ の設問が一般的である。

図表 4-7 ● 自己申告の設問例

①現在の仕事の内容
②現在の仕事に関する満足度等
③身上に関する申告
④キャリアプラン
⑤異動希望
⑥希望異動部署・職種（異動希望者のみ対象）
⑦勤務地変更希望
⑧異動希望理由
⑨自己申告に関しての、人事担当者の面談希望の有無
⑩（管理職のみ）自分の後継者候補とその理由

①と②…現在の仕事の状況を尋ね、満足度調査としての役割も持つ。また職場の環境がどういう状況なのかを把握することができる。

③…身上に関する申告は、社員が会社に知っておいてほしいことを申告してもらう。上司に相談できないことなどもある。また、住宅の購入予定、結婚予定、家族の教育や介護などの問題についても知っておくと、人事管理全般に有効になる（身上に関する申告はプライバシーに関わることでもあり、秘密が守れる環境で行わないと申告してもらえない。人事部門直通の申告とし、必要以外は人事部門外秘として扱う）。

④…キャリアプランは、どのような働き方を希望し、どのような将来の目標を持っているかを申告させる。中長期的な人材育成には欠かせない観点である。

⑤…異動希望の意向と希望時期を確認する。「すぐにでも異動したい」というのは、キャリアへの焦りや、現職場から離れたい、仕事を変えたいという切実な要望が含まれていることが多い。「3年以内」については、中長期的な観点からの希望であり、危機性は低いと判断もできる。「現在の職場のままで違う仕事をしたい」という意向は、職場自体に不満はなく、また良好な人間関係が推定できるが、仕事内容に満足していないと推定できる。

⑥…希望異動部署・職種（異動希望者のみ対象）を具体的に記述させる。

⑦…勤務地変更希望は、家族の状況等において、転勤が難しいかどうかを確認する。よく「マンションを買うと転勤になる」といわれるが、それでもあえて転勤させるかどうかの判断材料になる。家族の病気の世話、子供の教育・受験、本人や家族の健康状態を理由に異動命令が無効とされた判例もあるので注意が必要である。

⑧…異動希望理由については、ネガティブでない理由が記述されていることが望ましい。この記述に納得感があるかどうかは大切だ。

⑨…自己申告に関して人事担当者の面談希望の有無は、もし人事担当者に時間的余裕があれば、ぜひ設問に入れておきたい。申告書だけでは表れない要望や問題を話したい、人事担当者の耳に入れておきたいなど、有効な情報を収集できる。可能ならば、「人事部のだれと面談したいか」も記入させる。責任者と話したいのか、同年代と話したいか、同性と話したいかなど、社員の希望を反映させると、率直な申告が得られやすくなる。

⑩…管理職がだれを後継者と見ているか、どう育てていこうとしているかを確認する。育成の視点を持たせることと、次世代の人材発掘の情報として有用である。

　人事担当者は、申告されたすべての情報を読み込まなければならない。またデータベースに取り込み、いつでも確認できる状態にしておくことが望ましい。

❷自己申告制度の運用ポイント

　自己申告の情報は、経営と職制に対して人事部門の発言力を強くする"武器"になる。異動希望者の比率が高い職場は、なんらかの問題を抱えている可能性が高いなどの推論が成り立つ。人事部門にとっては、現場の状況を把握する有効なツールとなり得る。

　これらの情報は、原則として公開せず、人事部門内限定の情報とすべきである。でないと、申告が率直に行われず、自己申告制度自体が形骸化してしまう。しかし、だれにも伝えなければまったく意味をなさないので、制度としては、ルールを決めておくことが大切だ。ルール案は、以下のとおりである。

• 全体傾向は経営会議に報告する

- 身上に関しては必要な場合にのみ職制に個別に伝えるが、本人が開示を求めないものについては守秘とする。
- キャリア・異動希望については、本部長レベルに伝える。

4 社内公募制度、社内FA制度

社内公募は、新規事業の立ち上げや事業拡大に伴い人材が必要となった時、社内で人材を募集採用するシステムで、特定の部署の人材要望に対して、通常の異動ルートではなく、社内に公募することで人材の異動・配置を行うことをいう。大企業を中心に、多くの企業で実施されている。

ただし、後述するように異動の連鎖が起こり、社内的に混乱を招くこともあるため、安易な導入は勧められない（Column 「**異動の連鎖**」参照）。新規事業の立ち上げなど経営の最優先事項の場合にだけ実施するなど、なんらかのルールづけが必要になる（公募による異動者が出た部門の意向は配慮しない、後任の確保を異動の条件にしないなど）。

社内FA制度（社内フリーエージェント制度）は、社員が自分の意思でやりたい仕事をつかみとる、あるいは就きたいポストを選びとるという点が特徴である。社員が自ら手を挙げて、「こんな仕事がしたいので、私を採ってくれる部署はありませんか？」「希望のポジションと待遇は○○です！」、あるいは「あそこの部署のここでこんな仕事がしたい」など名乗りを上げて、人材が欲しい部署からの打診を待つ、あるいは直接その部署に自らを売り込むことを認める制度である。

企業の導入割合を1000人以上の規模でみると、社内公募制度は36.1%、社内FA制度は8.3%となっている（労務行政研究所「人事労務諸制度実施状況調査」2009年調査）である。両制度とも、多くの問題をはらむので、導入する際には慎重に検討することが必要である。

以上、人員計画から人事異動を述べてきたが、成長期の企業では、人事異動が適切に行われていない、あるいはまったく行われていないというケースが多い。

短期的な、目の前の仕事に追われる、変化が激しく、計画的な人員配置ができないという背景があるが、人材育成の観点からすると、ある程度の計画的な人事異動は必要である。特に定着率に悩む企業の多くは、人事制度の整備と並んで配

異動の連鎖

　「社内公募制度」や「社内FA制度」など、人事異動を促進するための施策を展開する場合に注意しておかなければならないのが、「異動の連鎖」である。

　社内公募や社内FAで異動が行われようとする場合、引き抜かれた部門の人員の補充をどうするかという問題がよく起こる。その補充ができないために、結局異動がご破算になり、制度への不満や人事部への不信を増幅しかねない事態が起こっている。

　一人を異動させると、引き抜かれた部門にだれかを異動によって補充する。そうすると、またそこに異動によって人を補充する……といったように玉突きに異動が発生する。一人の異動のために何人もの異動が起こってしまうことにもなりかねない。そうした事態を回避するためにも、臨時の異動については、一つの責任所在の中（本部の中、部の中など）に限定しておくほうが組織運営上は適切といえる。

置に問題があるところが少なくない。

　制度の整備と人事異動、特に自己申告制度の導入と配置への反映は、会社への社員の信頼度を高め、定着率を向上させることに寄与する。一方、職制からは、重要な戦力の異動については抵抗が想定される。それでもある程度の強権を発動し、異動を働き掛けていくのも、人事部門の重要な任務である。

③　人事異動の段取り

　定期異動・臨時の異動においても、ほぼ同様の進捗（しんちょく）としてプロセスを確定しておく必要がある。ルール外の人事異動の働き掛け（関係のない部署の職制が、あるメンバーを裏で口説く……など）を極力避けて、人事異動の秩序を守るために必要である。

1 人材要望申請

各職制から、どこの部門のだれが欲しいなどの要望を人事部門に伝える仕組みを確立しておく。

2 異動案策定

だれをどこに異動させるかの案を策定する。案の根拠となるのは、上司の評価、上司の意向、異動先の意向、本人の申告、現職の経験年数、これまでの職歴、評価履歴などである。人事はこれらのデータを収集しデータベース化しておくことが求められる。

3 異動案検討・確定

以下のように、だれがどのような場で決裁するのかを決めておく。

- メンバーレベル：現所属・異動先双方の部長の承認
- 課長レベル：現所属・異動先双方の本部長の承認
- 部長レベル：経営会議および社長

4 異動申請書の稟議

決裁者の承認を得たことを確定する書式等を用意する。口頭での異動確認は、後にトラブルになることがあるため、必ず書類などに残しておく。異動申請書には必要な情報を記入できる状態にしておくことが望ましい。

1 定期異動の段取り

年に１回、あるいは組織変更時に、大きな人事異動が行われることが多い。大まかにその段取りを ［図表 4-8］ に示した。

特に⑧異動人材の折衝の段階では、人事と職制の間には、以下のような "綱引き" が演じられることになる。

所属長：「彼（彼女）はこの段階で異動させたくない」

人事：「本人は異動したいと言っていますよ」

所属長：「抜けたら部が成り立たない、困る」

人事：「辞めちゃうかもしれませんよ」

所属長：「私が本人にしっかり話すから、今年だけは勘弁してくれ」

人事：「辞めさせないようにしてくださいよ。じゃあ、来年は異動させてくださいね」

　所属長：「分かった。ありがとう」

　そして、翌年「去年異動させるっておっしゃいましたよね！」と言って異動を迫ることになる（だいたい翌年も「まだ、だめだ」と言ってきたりする）。

　こうしたやり取りをしっかり覚えておいて、押さえておかないと、本人はいつまでたっても希望がかなえられず、やがて退職していくこともある。

　まさに人事異動に関する仕事は、組織全体の最適化と現場の職制との丁々発止による調整に明け暮れることである。

図表 4-8 ● 異動の段取り

手　順	備　考
①予算策定および組織編成	⇒経営企画部門が中心となって作成
②編成された組織に基づき、その新所属長（部長以上）を経営にて決定	
③新所属長の内示	
④定員計画の策定（経営企画部門）	
⑤要員計画策定（人事部門）	
⑥人員計画策定と異動案策定	⇒この段階で自己申告や、それまでの職制からの情報把握が役に立つ
⑦異動案を新所属長と折衝	⇒新所属長の下で、課以下の組織とその長の人選が行われる。その際の情報提供と示唆を行う
⑧異動人材の折衝	⇒異動元と異動先の所属長との折衝を人事部門が行う
⑨異動案完成・確認	⇒役員会レベルにおいて確認を行う
⑩組織人員表（組織図に人材をあてはめた表や図）を作成	
⑪現所属長より内示	
⑫新所属長との連絡開始	
⑬発令・通達	
⑭赴任	

　人事権が人事部門になくても、その行使については人事部には、常に「見てるぞ！」という人的資産を監督する姿勢も大切だ。

2 異動ルールの策定

　特に、異動後の補充をどうするのかについては、明確なルールを定めておいたほうがよい。ルールの例を挙げると以下のようになる。

1 新規プロジェクトなどの経営上の緊急かつ重要な案件

　まずは異動を優先し、補充ができなくても強行する。そのため、引き抜かれた部門を納得させるためにも組織的な手続きが重要となることから、役員会における決議を必要とする。そのうえで人事部門が異動案を策定し、役員会決裁を経て実施する。この異動においては現所属の職制の承認を必要としない。

2 社内公募

　これも緊急かつ重要な案件に限るべきだが、現状よりも優先すべき組織上の重要性がある場合に行う。この場合も補充より異動を優先する。この異動においても、現所属の職制の承認を必要としない。

3 人材要望申請

　期中における人員補充・強化に関して、職制が人事部門に対して要員を要請する。決裁者・決裁機関の承認を経て、異動人材をリストアップまたは採用を行う。異動の場合は、現所属長の意向を確認し、承認をもって異動を行う。

5 採用・選考

1 採用の前提

1 異動か外部調達か

　必要な人材を確保する手段として、社内異動によるか、外部調達によるかをまず判断しなければならない（【基礎編】参照）。

　外部調達は、コストがかかるので、本当に社内で調達できないのかを吟味しなければならない。急ぐのか、社内にいない人材なのかを検討し、どうしても外部から調達しなければならないという時に選択する。

　また、新卒採用では、自社の人員構成などを踏まえ、数年以上の先の見通しを立てたうえで決定していくことも大切だ。

2 雇用か雇用以外か

　外部調達という手段を選択した場合は、次に雇用か雇用以外かを検討する ［図表5-1］。雇用以外には、委任、準委任、請負、派遣という方法があることを念頭に置く。

　雇用して内部に人材を抱えることのメリットとデメリットをよく検証してほしい。一般論としてだが、昨今の事例では、雇用すれば忠誠心が高まるということ

図表 5-1 ● 雇用することの意義

区　　　分	雇　　　用	雇用以外
調達コスト	一般的に高い	低い
人的コスト	長期的に高い	短期的に高い
育成コスト	長期育成により高い	育成を想定しない
忠誠心	期待できる（？）	期待できない
柔軟性・多様性	無理が利く	契約内にとどまる
ノウハウの蓄積	期待できる	期待しにくい（ノウハウの移管はある）
契約解除リスク	高い。あるいは困難	低い

が必ずしも期待できるわけではないことを表している。状況に合わせながら、都度慎重に検討すべきだろう。

「雇用すれば使い勝手がよい」と考える人がいるが、現在では必ずしもそうでないこと、いったん雇用すればそう簡単には解雇できないことなど、人事管理上のリスクを常に想定しておいてほしい。

また、「有資格者を雇用する」動きもある。有資格者でなくてはできない仕事ならば当然であるが、有資格者でなくてもよい仕事、例えば経理、法務、人事などについては、税理士、公認会計士、弁護士、社会保険労務士を雇用以外で有効活用するほうが合理的な場合もあることを検討してほしい。会計士と経理部の仕事は違う、弁護士と法務部の仕事は違う、社会保険労務士と人事部の仕事は違うものだ。資格だけでなく、志向・経験・対人能力を見てほしい。

❸ 無期雇用か有期雇用か

雇用するとなった場合、無期雇用か有期雇用かを検証する。社会的に、"非正規雇用"とされる有期雇用に対しての風当たりは強くなっているが、必ずしも無期雇用である必要はない。

2　求める人材像の設定

❶ 採用計画の進め方

採用計画の立案に際しては、いくつかの要素を検証しなければならない。

①どのような人を、どの部門に、どのようなポジションで採用するか

- 雇用形態
- 人材ポートフォリオ

②どのように採用するか

- 募集経路
- 採用メッセージ
- 採用選考方法
- 処遇の決定

2 人材ポートフォリオによる採用戦略

　第3章の「人事ポリシーの明確化」でも触れたが、採用戦略を考える際に「人材ポートフォリオ」を知っておくことは重要である。人材ポートフォリオには、以下のように二つの軸がある。

①仕事軸

　まず、仕事に関しては、「組織を通じて成果を最大化する仕事」と「個人として成果を最大化する仕事」という軸。そして、「決められた業務を正しく効率的に行う仕事（運用）」と「新たな価値を創造したり、現状を変革したりする仕事（変革・創造）」の軸がある。さらに、これに以下の二つの軸を重ねる。

②人件費コストと育成期間

　「できるだけ人件費を抑えて人材を獲得したい」と「人件費は高くても仕方がない、それでもよりよい人材がほしい」という軸と、「育成期間を短くしたい」と「長期間かけて育成する」という軸。

　これを重ねたのが［図表5-2］のマトリックスである。一般的にマトリックスの上半分は組織で仕事をするパターンである。そのため、ある程度仕事中心になるだろう。またマトリックスの下半分は、個人で仕事をするため、プライベートを大切にしやすい。また、軸の左側（運用）は「結果が分かっている仕事」「求められた結果を出す仕事」であるのに対し、右側（変革・創造）は「付加価値を生む」「新たな価値を作る」「新たな変革を起こす」という仕事である。そのため、多くの情報を得て、自身の専門分野を常にブラッシュアップし、新たな企画を多く出して試行錯誤を繰り返す仕事である。ある意味で、これらの仕事にはきりがない。体は会社にいなくても、頭は常に仕事とその周辺の情報収集をしていなければ、新たな価値を生み続けることはできない。

　このように、このマトリックスは、キャリアスタイルとライフスタイルを考えるに当たって、非常に分かりやすいツールである。

　これをもとに自社内に、今どの象限の人材がどれだけいて、今後どの象限の人材が必要になるか、あるいは不要になるかを考え、そして、それぞれどの雇用形態をとるかを決めればいいのである。

1 オペレーター（第4象限）

　「育成段階の正社員」「契約社員」「アルバイト」「パート」が適している。ま

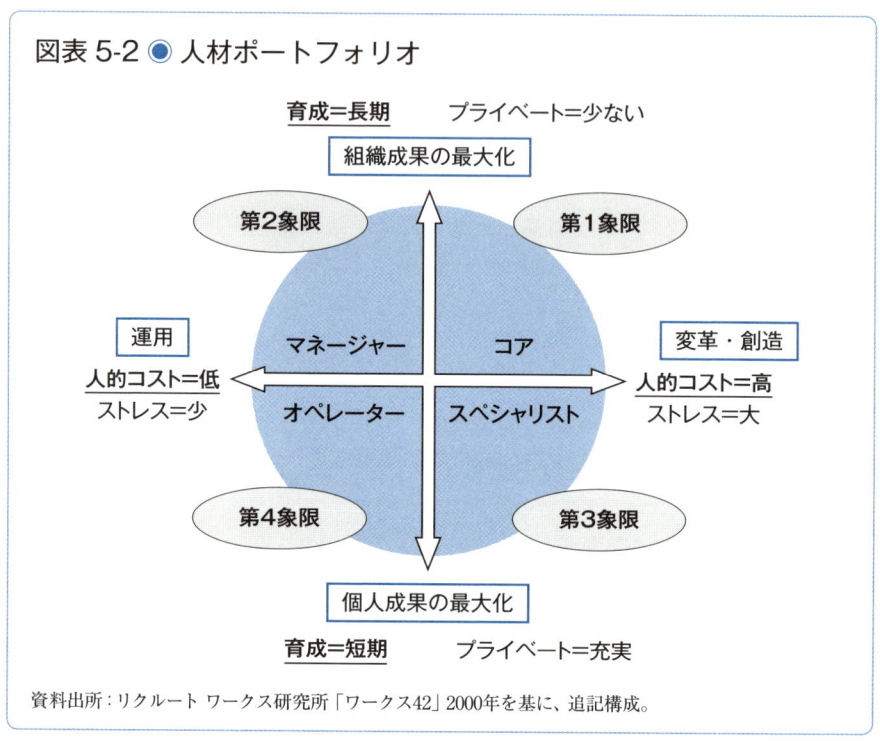

図表 5-2 ● 人材ポートフォリオ

育成＝長期　　プライベート＝少ない

組織成果の最大化

第2象限　　　　　　　　　　　　第1象限

運用　　　　　　マネージャー　　　コア　　　　　　変革・創造

人的コスト＝低　　　　　　　　　　　　　　　人的コスト＝高
ストレス＝少　　　オペレーター　スペシャリスト　　ストレス＝大

第4象限　　　　　　　　　　　　第3象限

個人成果の最大化

育成＝短期　　プライベート＝充実

資料出所：リクルート ワークス研究所「ワークス42」2000年を基に、追記構成。

た、「一般職」「技能職」という職群は、ここに入る。

2 マネージャー（第2象限）

　「オペレーター」を管理し、定型業務の進捗に責任を持つ。通常は正社員である。オペレーターとして一定の経験を持って、マネージャーに登用される場合が多い（「店長」「職長」など）。また、いわゆる「管理職」もこの象限に入るが、バブル崩壊後はリストラの対象にもなった。また流通業・飲食業などでは、この後のキャリアステップに悩む会社が多く、独立支援などの施策を展開している例もある。ただ、企業のマネジメントを支えるのは間違いなくこの人たちだ。ここの人材育成はきわめて重要である。

3 スペシャリスト（第3象限）

　特定の分野における専門性によって、付加価値を創造する。技術系の会社で

は、技術職・研究開発職などが正社員、特に専門職として処遇されているケースがある。人事は、専門性の陳腐化が想定されるため、スペシャリストの処遇には十分注意すべきである。また、多くの専門職制度は、実態として「マネジメントできない人の苦肉の策の処遇制度」になってしまうケースも多く、安易な専門職制度の導入には、慎重な検討が必要である。契約社員としての雇用や、公認会計士、弁護士、社会保険労務士など、雇用ではない契約で活用する場合も多い。事業の展開領域以外の分野では内部育成しない（例えば通常、会社は弁護士を社内で育成していない）ため、即戦力は外部から調達することが多い。

４ コア（第１象限）

いわゆる「総合職」が、オペレーター、マネージャー、スペシャリストなどを経て、組織を通じて付加価値を出すよう育成されてきた社員である。社内の実務の経験を持ち、特定分野では（専門職ほどでないにしても）一定の専門性を持ち、マネジメントも行いながら、会社の次の方向性を作り、新たな価値を創造する。経営幹部とその候補者である。必ずしも管理職とは限らないが、企業の成長・発展のために、変革や新たな顧客サービス・製品を企画し、実行し、その成果に一定の責任を求められる。この層の外部調達は容易ではない。なお、ベンチャー企業では、創業メンバーがこれに当たるが、コア人材を内部育成するのは難しい。したがって、長期的に考えて、新卒から育成するか、成功率は低いが中途採用を行うかを判断しなければならない。

以上のような要素を検証、確認し、採用計画を立案する。

③ 募集・採用のタイプ分け

採用計画は、どのような人材を、何人、どのようにして採用するかの立案である。人事部門が採用を行う場合は、以下の４点に分けられる。
①経営計画に基づいた計画的な新卒採用
②経営計画に基づいた計画的な中途採用
③欠員補充による短期的な採用
④突発的な人材ニーズによる採用

特に成長企業や中小企業の場合は、③と④が多くなる傾向にある。それでも、持続的な事業展開のためにも、①と②については経営層と十分すり合わせをし

て、「計画的に」実施していきたい。

④ 新卒採用・中途採用

1 新卒採用

　新卒採用の前提は、「計画的」であることである。業態の急拡大などによる新卒採用はあるが、いずれにせよ新卒採用は、実際の入社日の1年半以上前から動き出すため「計画的」であることが求められる。

　新卒採用数を毎年増減する会社が多くあるが、バブル期の過激な採用熱と、その後の氷河期を思い起こしていただきたい。バブル採用組の質・量の問題、また氷河期を経た社内の世代の断絶が、多くの企業にとって大きなダメージになっているのは事実である。また、最近でもリーマン・ショック前の2008年、2009年における採用の過熱と、2010年採用の急速な冷え込みという現象が起こっている。特に成長企業では過熱期にはいい人材を採りにくい。できるだけ、毎年コンスタントに採用することで、社内に適切な人材の層を作る努力をしていただきたい。

　また、新卒が入社3年で3割辞めるというのは、時節柄やむを得ないかもしれないが、企業側の教育・育成体制の不備、および人事制度の未整備によるところも大きいといえる。新卒採用を行う際には、人事制度の整備、特に等級制度などキャリアステップの整備は欠かせないと考えていただきたい。

　なお、新卒採用の手順については、採用媒体各社より情報を容易に入手できるので、ここでは省略する。

Column

留学生採用

　日本に来ていて日本で就職を希望する留学生は、政府の施策もあり、今後増加する。非常に優秀でかつ、日本語も堪能な留学生は多数いるため、今後の採用ルートの一つとして検討する価値はある。ただし、現状では、留学生は日本の学生の就職活動のタイムテーブルをよく理解していないなどの障壁があることを想定しておく必要がある。

2 中途採用

中途採用を行う際には、以下のように、いくつかの方法があるので、目的とコストを考えて選択する。

- 採用媒体（正社員求人媒体、アルバイト・パート求人媒体など）
- 人材紹介会社
- ヘッドハンター
- 公共職業安定所（ハローワーク）
- 派遣会社からの紹介予定派遣

いずれにしても人材ポートフォリオの観点から検証し、どのような人材を、何人、どのようにして採用するかを明確にすることが大前提となる [図表 5-3]。

図表 5-3 ● 外部採用と中途採用

経営幹部の外部採用	<ul><li>業界内の人脈を通じて進める場合以外は、ほとんどがエグゼクティブ・サーチ・ファームを用いて行われる</li><li>企業は職務要件および人材要件をサーチ・ファームに提出し、契約事項として採用活動を依頼する</li><li>活動の成否にかかわらず、サーチ・ファームには報酬が支払われる（通常、対象ポジションの初年度年俸の 20 ～ 40％程度）</li><li>報酬には最低保証が定められることも多い（「当該ポジション初年度年俸の 30％、もしくは 700 万円のいずれか高いほう＋必要経費」など）</li><li>個別の契約によってサーチ・ファームを雇うことから、リテイナー・ベース・サーチと呼ばれる</li></ul>
中堅社員の中途採用	<ul><li>リクルーティング・ファーム、就職雑誌・新聞の広告、インターネットのウェブ・サイト、ジョブ・フェアなどを用いて行われる</li><li>リクルーティング・ファームはエグゼクティブ・サーチ・ファームとは異なり、企業および求職する個人の双方が提供した情報に基づき、両者のマッチングを図っていく</li><li>リクルーティング・ファームには企業側から報酬が支払われる（通常、採用対象ポジションの初年度年俸の 20 ～ 40％程度）が、これは成功報酬であり、マッチングが成功しなければ報酬は支払われない</li><li>成功報酬ベースのため、サクセス・ベース・サーチと呼ばれる</li><li>従業員による推薦も有効な手段である</li></ul>

これまで見てきた前提の下で、選考における判定基準を作る。判定基準の主な視点は、[**図表 5-4**] のとおりである。（　）内のカテゴリーごとに判定基準を作っていく。

　中でも、「①会社の理念への共感」は、最も重要な判定基準である。どんなに能力が高くても、理念への共感なくしては戦力化に至らないし、経営陣や社員の支持も得られないだろう。真に共感し得るかどうか、判断しなければならない。

① パーソナリティ・性格 （スタイルの判定）

　パーソナリティは、行動の傾向（クセ）である。これは、会社に合うか合わないかを確認する。つまり、レベルではなくスタイルを見るということになる。

　明るく、素直で、元気で、しかも変革ができて、協調性もあって、信念まである人……という人材はいないものである。何かしらの強弱がある。

　協調性を重視するのか、独自性（信念の強さ）を重視するのか、または意見を強く言うことを重視するか、指示に従うことを重視するかなど、会社の社風と照らし合わせて、その人の傾向を見ていく。例えば、仕事に高い価値を置く会社に、私生活を重視する人は合わないといえるだろう。

図表 5-4 ● 採用基準のフレーム

(1)**会社軸**
　①会社の理念への共感（モチベーション）
　②会社風土とのマッチング（パーソナリティ・性格）

(2)**仕事軸**
　①想定する仕事ができる知識・能力があるか（ナレッジ・スキル）
　②想定する仕事への意欲があるか（モチベーション）

(3)**人物軸**
　①会社で仕事をするだけのエネルギーがあるか（エネルギー）
　②入社動機・転職動機は納得できるものか（キャリアプラン）
　③将来像を描いているか（キャリアプラン・ライフプラン）
　④仕事をする動機は備えているか（モチベーション）
　⑤リスクはないか（ディフェンス）

2　モチベーション（方向性を確認する）

　モチベーションを確認するといっても、単に「やる気があるか、ないか」を見るわけではない。何に対してモチベーションが働くかを見るのである。

　経営理念への共感により、それがモチベーションにつながるか。「なぜ仕事をするのか」ということについてのモチベーションは何か、仕事にモチベーションを持ち得るのか、仕事以外にモチベーションを求めているか――を見る。

　モチベーションは、基本的に「好き嫌い」に由来するものである。会社にあるものを、その人が好きになるかどうか、何を好きになってもらえばいいかを見るのである。

3　ナレッジ・スキル（レベルを確認する）

　想定する仕事に対しての知識やスキルがあるかを確認する。基本的には経験値を確認していく。本人に実体験を語ってもらうのがよいとされるため、人事担当だけでなく、想定する配属先の管理職にも面接に出てもらって判定するのがよい。

4　エネルギー（レベルを確認する）

　社員となる以上、少なくとも1日8時間以上働いてもらわなければならない。これを基本として、頑張り続けるだけのエネルギー総量があるか、ストレスがかかった時に対処できるか、不遇でも頑張り続けられるか、エネルギーの埋蔵量と必要な時に発揮できる産出量を見る。

　つらかった時にどのように対処したかや、長く頑張った経験などを聞き出して判定する。また、仕事をするうえで必要な知的レベルがあるかも確認する。

5　キャリアプラン・ライフプラン

　今回の応募が、その人の人生の中でどのような位置付けにあるのかを確認する。過去・現在・未来を踏まえてしっかり考えられているのか、また、これまでの流れを変えたいとしたら、将来どうなりたいと思っているのか。自分で道を切り開こうとしているか。明確なキャリア上のビジョンとプラン、ライフビジョンとプランを確認する。このプランがしっかり見えている人が、適した場に出会った時にモチベーションが維持・向上する。

図表 5-5 ● 採用基準例

採 用 基 準 例	
理念共感	理念について自分の言葉で語れること
	理念に関して納得感のある質問をしてくること
ナレッジ	当該職種に関して2年以上の経験を持っていること
	質問に対して的確な答えをしてくること
	当社の持つ知識を超える知識領域があること
スキル	当該職種に必要なスキルを持っていること
	基本的なPCスキルを持っていること
	一定のマネジメントスキルを持っていること
パーソナリティ	チームで仕事をした経験を有すること
	チームをリードした経験を有すること
	自らのアイデアを具現化して成果を出した経験があること
	「計画派＜アドリブ派」であること
	人の話を最後まで聞けること
	物おじしないこと
	自分の長所・短所について客観的に分析できること
エネルギー	通常業務を超えて頑張ったという経験を語れること
	長時間労働、休日出勤の経験があり乗り切ったこと
	その他、エネルギーを感じられること
キャリアプラン	キャリア上の自分の選択の理由を語れること
	これまでの経験に一貫性が見られること
	これまでの失敗を振り返り、適切な反省があること
	3年後のあるべきキャリア像を具体的に語れること
	5年後のありたい姿を語れること
ライフプラン	プライベートの安定感を感じられること
	守るべきものを持っていること
	5年後のライフプランを語れること
ディフェンス	基本的なコミュニケーション能力を有していること
	基本的なマナーを有していること
	過去に大きな病歴、長期欠勤がないか、その理由が明確なこと
	その他、リスクと想定されることがないこと

❻ ディフェンス

　人事的なリスクを抱えていないか、仕事を妨げる、あるいは会社に迷惑をかけるリスクがないかを確認する。

　また、社会人としての基本的な素養を持っているかも、欠かさずに確認すること。つまり、基本的なコミュニケーション能力やマナーである。[**図表 5-5**]は採用基準づくりの例である。

4　面接官の役割設定

❶ 選考の内容

　選考の内容を整理すると、おおむね次のようになる。

①企業 PR

　会社をアピールし、興味を示してもらう（選考の前段にある）。

②会社とのマッチング

　会社の理念・価値観に共感し受け入れられるかを確認する。

③意欲・志向

　仕事に対する姿勢・志向・目的意識（モチベーション）。

④パーソナリティ、エネルギー

　有用な働きを生み出すもととなる性質。

⑤スキル

　想定される職務に関する能力・適性。

⑥ファンづくり

　応募者に対する意欲づけ。人間関係の構築。

⑦ディフェンス

　社員として適さないリスクを持っていないか確認する。

　上記①〜⑦について、面接を担当するレイヤーごとに整理すると［**図表 5-6**]のようになる。一次面接、二次面接、役員面接……にかけてのそれぞれの役割・見るべきポイントを整理して、面接官に依頼することが、複眼的に選考を進めるために大切である。

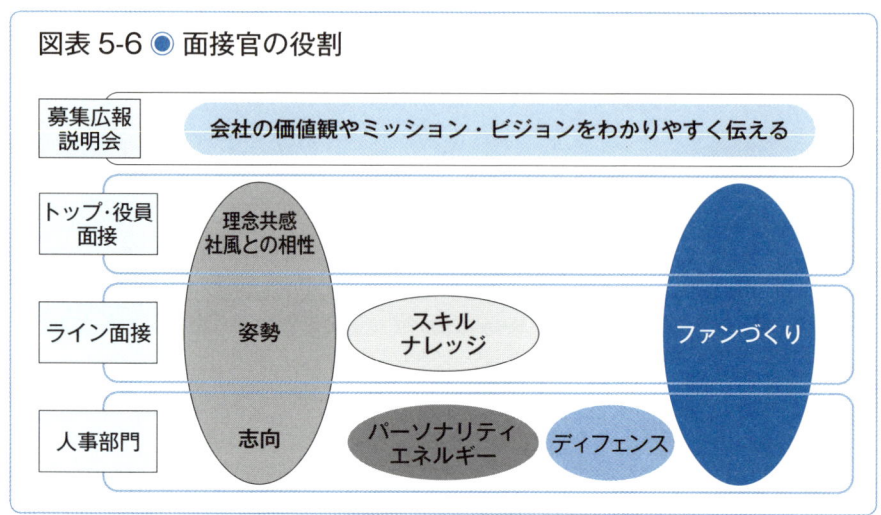

図表 5-6 ● 面接官の役割

| 募集広報説明会 | 会社の価値観やミッション・ビジョンをわかりやすく伝える |

トップ・役員面接 — 理念共感 社風との相性

ライン面接 — 姿勢 / スキルナレッジ / ファンづくり

人事部門 — 志向 / パーソナリティ エネルギー / ディフェンス

❷ ファンづくりの重要性

　ファンづくりとは、営業行為そのものである。来てほしい人に来てもらうためには、個人的な人間関係の確立が欠かせない。「なぜその会社に入ったのですか？」という質問をすると、「○○さんと一緒に働きたかったから」「人事担当の人が魅力的で」など、個人的な関係値を理由に挙げる人が少なくない。個人的な人間関係が、入社決定の要素になることを認識しておいてほしい。

　応募者が会社に入りたいと考える場合には、四つの価値観があるといわれる。
①仕事の意味と価値を追求する
②よい人間関係を求める
③社会的なステータスや安定感を求める
④仕事の見返りを求める

　応募者がどこに価値観を持っているかを見極めながら、その価値観に合わせて適切な情報を提供していく。そして人間関係を構築していくのである。「応募者のことを真剣に考える姿勢」「求めているものに対して、率直に（悪いことも含めて）伝えて納得させる」ことが、ファンづくりの基本である。応募者の信頼を得ることが、彼らの応募への強い動機づけになるのである。

❸ 人事部門が担当する採用選考要素

　学生向け会社説明会や、求人媒体への出稿などの企業 PR は人事部門が企画して仕切るが、その前提として経営者や各部門の管理職に協力を仰いで、全社的な動きとして行う。

　成長企業の人事部門は、マンパワーが足りないため、各部門に協力を仰ぐことが大切である。そして、人事部門は有効な企業 PR の内容について吟味しておかなければならない。

　特に人事部門が行う要素は、モチベーションのひもときと、エネルギー、パーソナリティ、キャリアプラン・ライフプランの確認とディフェンスである。

　特にディフェンスについては、履歴詐称、犯罪歴、多重債務、ねずみ講、精神疾患、会社業務に影響を与えるプライベートの人間関係・交友関係、趣味・嗜好・性癖などのリスクを想定しておく必要があり、確認が必要と考えられるものについては確実にチェックしておく。特に、履歴詐称については昨今非常に多いため、前職における源泉徴収票のコピーや卒業証明書の提出などは行ったほうがよいと考える。

❹ 推薦

　採用選考における人事の役割は、応募者を「上へ推薦するか否か」ということである。決して人事が採用を決定するわけではない。

　書類選考や面接は「情報収集のプロセス」と認識すべきで、採用の権限は企業にある。面接官（人事）の守備範囲は、客観的な情報を付した推薦（または非推薦）を行うことである。

　推薦には、次のような情報を添えるとよい。

①能力別、5 段階のカテゴリー評価
②カテゴリー判断の根拠
③根拠を証拠づける情報（面接中のコメント、行動）
④価値観に関する情報とその根拠
⑤パーソナリティに関する情報とその根拠
⑥エネルギーに関する情報とその根拠

人事担当者が行う一般的な面接の進行と留意事項について確認しておこう。

1 面接室のレイアウト

面接における部屋のレイアウトについて、応募者と面接官の距離は 1 〜 1.5 メートルぐらいが適切だろう。それ以上遠いと堅苦しくなり、それ以上近いと圧迫感を与える。

本当にリラックスした雰囲気で応募者の本質に迫りたければ、応募者に椅子だけでなく、机も配置するレイアウトが適している（面接官側だけ机があり、応募者は離れた所に椅子だけあるという設定は、応募者に負担感を与える）。

2 受け付け・案内

約束の時間に対して、どのタイミングで受け付けを済ませたかは重要である。
①約束の時間に 10 分以上早く来社

基本的に NG である。少しでも相手の都合を考えるならば、約束の時間より 10 分以上早く来ることが、いかに迷惑か考えが及ぶはずである。ここが分かってない応募者は、周囲への配慮に欠けると考えるべきだろう。もちろん、遅刻は論外である。交通機関の乱れなど致し方ない場合も考えられるが、その場合は「事前連絡」があったかどうかがポイントである。
②コートを脱いで、手に持っているか

冬、コートを着た状態で受け付けまで来てしまった人は、マナーを分かっていない。逆に夏であれば、上着を脱いだ状態で来社するのがマナー違反となる。帰る時も、会社の人に見えるところでコートを着てはいけない。
③案内担当者の印象

面接官ではなく、案内してくれた人が受ける印象がとても大事である。案内者にいい印象を与えない人に有用な人は少ない。意外と本質はそこにある。
④面接官入室時

面接官が後から入室した場合、応募者が椅子に座ったままなのはマナーとして NG。立ち上がるべきである。そもそも、人生経験が豊富な人は、最初から座ら

ず、面接官が入室するまで「立って待っている」ものである。

　ただし、このマナー違反は学生に多い。しかし、学生の場合は大目に見てあげるべきだろう。

3 対面、挨拶

　面接官よりまず自己紹介をする。そのうえで応募いただいたこと、面接に来ていただいたことへのお礼を述べる。そして、応募者の氏名などに間違いがないか確認する。

4 ラポール（共感性）の形成

　情報交換にしても人間関係構築にしても、まずお互いが本音で語り合う雰囲気が漂わなければ成り立たない。この本音で語り合う雰囲気をラポール（共感性）と呼ぶ。

　ラポールの形成は、態度、姿勢、言葉遣い、目線、声などの非言語情報と呼ばれるものに依拠する。豊かな情感、人情味といってもよいだろう。心の温度が、自然と態度に出て、それが伝染して、相手に伝わり、しみじみとした雰囲気が作られる。雑談の中から、（選考に直接関係なくても）相手との共通の話題のネタを見つけ、そこを広げていくことにより人間関係が作られていく。出身地、居住地、学校、好きな野球のチーム、好きな食べ物、おいしいレストランなど、話題はなんでもよい。

5 情報の提供

　会社の概要、募集の概要、目的、求める人材などを説明する。業界、会社、仕事あるいは自身について、応募者に適切な情報を提供するのが面接官の一つの役割である。応募者の募集に関する認識に、誤解や間違い、行き違いがある場合があるので、それがないかを確認する。

　情報提供が適切であるほど相手は信頼し、近づいてくる。もちろん、分かりやすく伝えることが大切である。概念が単純で理解しやすく、しかも聞いていて自然にイメージが湧いてくると、相手は理解できる。

　経験の少ない面接官にとって、業界、会社、仕事、自分を分かりやすく伝える

ことは難しい。プレゼンテーションの自己訓練を普段から積んでおく必要がある。この場合に留意すべきポイントは、次のとおりである。

①視線、態度、雑談等で相手の心をほぐす

②相手が何を求めているかを会話の中から探る

③理解力のレベルと理解の仕方の特徴を知る

　また、話す内容についても、日々、小ネタのモジュールを作っておかなければならない。社長の様子、社員の様子、エピソードなどを用意しておき、面接の種類や次元によって、そのモジュールを組み替えて使用するのである。

6　情報を取る

　採用で重要なことは、その応募者の急所（必要な情報）が押さえられていることである。そのためには、事前の情報を整理して、○×の方向を想定しておく。なぜ、何を、どう見て、最終確認をするか、確かめるポイントを整理しておくことだ。

　また、直接本人から情報を引き出すには、相手をリラックスさせる必要がある。そのための技術・手順を以下に示す。

①雑談の形式を続け、「情報を伝え合う」雰囲気を作る

②笑いがあるような雰囲気にして、応募者をくつろがせる

③面接官のことを伝え、面接官の失敗談なども伝えながら、よくない話でも気楽に話せるように仕向けて行く

④面接官個人として、応募者の話に興味関心があり、聞いているという姿勢を示す

⑤応募者の話を遮らない、否定的なコメントをしない

⑥くつろいだ雰囲気の中から、選考に大切なポイントを見つけ出す

⑦ポイントを見つけたら、できるだけ具体的に話をしてもらう

⑧そのポイントの話をしっかり記憶しながら、要点を記録する

⑨聞き漏れている情報がないかを確認する

⑩できるだけ多くの質問をしてもらう

⑪どのような質問をしてきたかを記録する

⑫面接終了後、記憶したことをあらためて記録する

　以下は、面接で情報を得る質問とその解釈の例である。

＜新卒・中途採用に共通して有効＞

1「中学高校時代は、どのように過ごしていましたか？」

「どのように」という拡大質問にはねらいがある。応募者が、「どのようにとは、勉強ですか？　部活ですか？」と尋ねてきたら、論理的だと考えてよいだろう。逆に、設問の範囲や意図をくまずにしゃべり出す人は、筆者の経験によれば、入社後、コミュニケーションでストレスを発生させることが多い。

さて、勉強にしろ習い事にしろ部活にしろ、何かに一生懸命に取り組んでいた人材は、おおむね安心感があるとみてよい。いわゆる帰宅部系であっても、「それについて今どう思いますか？」と質問し、本人から客観的な反省が聞かれるようであればよいだろう。

逆に、習い事や部活を頑張っていたとしても、「親の意図を強く受けすぎていた」「理由なく頑張っていた」ようでは、仕事を進める際に、「Why」と「What To Do」を考えられない傾向があるので注意が必要だ。

2「高校卒業時の進路はどのように考えていましたか？」

自分の考えか、親の考えか？　どのような考えで進路を選び、大学の場合は、大学と学部はなぜそこを選んだのかを聞く。

高校を卒業するぐらいの年代であれば、自らの意思があってしかるべきである。またそうでなくても、なぜそうしたのか語れなければならない。

3「大学時代はどのように過ごしていましたか？」

ここでは特にアルバイト歴と、稼いだお金の使い途を聞くとよい。アルバイトの経験は、社会を知る絶好の機会である。そこで何を考えたかを聞いていきたい。

ただし、家庭教師や塾講師は世界が狭い場合があるので要注意。遊んだということも大切である。遊んだことを認めて、それを自ら振り返ることができれば、それも信頼感へとつながる。

ここまでの質問は、中途採用でも有効である。その人の人生の流れを、本人が選択しだしたころ（中学校以降）からつかむことは、相手を理解するうえでとても大切だ。

<中途採用に有効>

4「**最初の就職活動は、どのような考え方で臨まれましたか？**」

　最初の就職はよく考えず、親の影響、周囲の影響などで決めてしまう場合も多い。就職を決めるということへの考え方と反省を確認したい。受けた会社の業界や職種、内定した会社と、入社した会社を選んだ理由は、その人を知るうえでとても重要な情報を持っている。

5「**（前職の）その会社で得たものを総括したらどのようなものでしょうか？**」

　まとめる能力はコミュニケーションの円滑さを予見できる。分かりやすく、総括できるかがカギである。

　長々と話している場合、「途中からあえて反応をしない」ことも有効だ。それに気づかず話を続けるようなら場が読めない、相手への配慮ができないと判断してよい。優れた人は、それでも語りたければ、「もう少し続けてもいいですか？」と尋ねることができる。

6「**退職された背景はどのようなものでしょうか？**」

　退職理由は必ず聞かれると応募者は事前に想定している。したがって、信じすぎないほうがよい。給与不満を「給与不満です」と答える人はまれである。

　事情を客観的に語れているか、何が問題なのかを構造的に、あるいは自己反省的に述べることができれば信頼感がある。しかし、これを見抜くのはなかなか難しい。したがって、退職後、次の会社を選択するに当たって重視したことを聞いたほうが効果的な場合もある。

　複数の会社を経験している人の退職理由は要注意である。会社都合やワンマン経営を理由とした退職が続くケースなどは、本人に「学習能力がない」とみてよいだろう。会社を見る目が養われていないのである。また、他責的なコメントばかり出る応募者にも要注意だ。

7「**今、なにか勉強していますか？**」

　向上意欲は年齢と関係ない。勉強しなければ成長しない。自らの成長を人任せにしてはならない。

　「最近勉強されていますか？」「これって参考になるなあ、って気づいたことはありますか？」「あなたの勉強法は？」などの質問は有効である。少なくとも本を読んだり、新聞を読んだりすることくらいはしていてほしい。さらに、「本を

読みます」という答えであれば、「なんという本ですか？　そしてその中で自分の成長につながったことはどのようなことですか？」など掘り下げて具体的に語ってもらうと、本当に勉強しているかがみえてくる。

⑧「次の会社に望む事柄を三つ挙げてください」

大切な価値観などを、優先順位を付けさせて、「三つ挙げてください」とするのは、答えをロジカルに組み立てられる能力をみるのに効果的である。

漠然とした事柄を三つや五つに集約する作業を、質問から回答までの短時間に組み立てる能力は、仕事でもとても重要である。

なお、エグゼクティブ層の採用であれば、「次の会社に望むもの」の中に、「経営者」がなければならないだろう。企業規模、想定しているポジションはあらかじめ分かっているはずである。したがって、「経営者」との関係がとても大切であることがあらかじめ想定されていなくてはならない。

同じく、「その会社の意思決定の方法」も重要である。「合議」「専制」かは、仕事を進めるのになくてはならない事項である。どこが最終決定機関か、どのように決議されるか、その際の社長の影響度合いはどうか——などに関心がない応募者は、そもそも会社が理解できていない。

⑨「5年後どうなっていたいですか？　目標はありますか？」

特に総合職の採用の場合、応募者のキャリアの将来イメージへの通過点に、次の会社がなければならない。

20代ならまだしも、30代以降の応募者については、できるだけ明確な「将来手に入れたいもの」があるべきであると考える。

○歳までには、「独立・起業したい」「公開企業の経営者になりたい」「管理部門を仕切りたい」「営業の責任者（本部長クラス）になりたい」。このようなものなら、その志向性と、会社のニーズが合致するかの判断をすればよく、具体的であればあるほど、面接官は適否の判断がしやすいのである。

ところが「マネジメントのポジションには就いていたい」「成長したい」「一人前と認められたい」「何かの分野ではあの人、と言われたい」程度の抽象的で漠然とした目標を口にする応募者も多い。この場合、この会社である必要があるのかどうかも判断できなくなる。

さらには、「家族を海外旅行に連れていきたい」「結婚していたい」「安定して

いたい」という「仕事によって自分が生活面で得られること」への望みが全面にくる場合は、そもそも「仕事の意味」が分かっていない場合が多い。

　職種や雇用形態にもよるが、何をもって社会に貢献していくのかの視点がまったく欠けている場合、いわゆる「やる気」を持続できないおそれがある。興味関心が、「自分が会社や社会に与えるもの」よりも、「得られること」に偏っている場合は要注意である。

10「次の会社には何年ぐらいいると思いますか？」

　この質問は、おそらく多くの応募者は想定していないだろう。辞めることを前提に採用する人事担当がいるとは思わないからである。それだけに、質問の仕方に気をつけないと、「あなた、ジョブホッパーでしょ？」という意味に聞こえてしまうので、要注意である。

　しかし、こちらの採用スタンスと、応募者の本音を引き出すのには有効な質問であることは間違いない。漠然としていたり、ただ単に「定年まで」という場合は、キャリアプランニングができていないとみていいだろう。

11「病歴・入院歴・休職歴」「履歴書・職務経歴書の確認」

　心身的に働けるかどうかが、実は面接の最大目的である。採用後、パフォーマンスを発揮できない可能性が小さければ小さいほどよい。病歴・入院歴・休職歴は必ず聞こう。そして「間違いないですね？」と念を押そう。履歴詐称もきわめて多い。「ご提出いただいた書類は、間違いないですね？」と念を押す。間違いありませんという確認署名をもらってもよい。

7　関係を作る

　面接は、プレゼンテーション、情報の入手、さらに人間関係を構築するといった三つの違った側面を持つ。しかし最も重要なのは人間関係を作る部分である。

　人間関係の作り方には三つのパターンがある。この中で、どれが自分の得意技にできるかを考えておこう。また、3パターンすべてを活用できたなら、全天候型の人間関係を持てるといえる。

①自分のパーソナリティを売り込む（個性）

②ひたむきな姿勢を買ってもらう（熱意）

③理にかなったアプローチが評価される（知恵）

⑧ 質問を受ける

　実は、面接官の質問に対する答えよりも参考になるのが、応募者側からの質問である。

　「質問はありますか？」という問いに対し、「大丈夫です」と答える応募者は「大丈夫ではない」。すでに興味関心がなくなっている、意欲がなくなっている場合ならば仕方がないが、そうでない場合において、有効な質問ができるかどうかは重要である。応募者が何に関心や不安を持っているか、仕事に対する認識のレベルはどうか、などについてみることができる。

　面接官として力が抜けるよくある質問としては、「社風はどうですか？」「風通しはいいですか？」「教育制度はどうですか？」「手当はどうですか？」「福利厚生はどうですか？」「意見は言ってもいいですか？」などがあるが、「風通しは」と聞かれて、「いいですよ」以外のどのような答えを求めているのだろうか。ただし、「いいですよ」の答えの後に、もっと掘り進んだ質問をしてくる時には、面白いコミュニケーションになっていく。筆者はよく「風通しですか？　びゅうびゅう風が吹いていますよ、暴風雨です」などと答えて、ベンチャーの雰囲気を伝えていた。

　「いい質問をするなあ」と思える問い掛けをどれだけしてきたかを、ぜひ重視してほしい。

⑨ 記録をとる

　面接官の記録を複数並べて比較すると、面接官の評価者としてのレベルの違いが出る。記録のとり方は重要であるが、これには面接の最中にとる記録と、面接が終わった時に作る記録の2種類がある。

　面接の最中は、事実関係、実際のコメントなどの記録をとる。印象的な言葉や数字などの符号をメモしておく。単純に備忘のためのメモである。

　面接が終わった後は、なるべく早めに記録を作る。情報価値があると思えるものは、順不同でどんどん書いていく。その時に、印象的・主観的な記述を排し、事実を並べていく。

　できるだけ細かいレベルの記録をとること。発言だけでなく、「身振り手振りが大きい」「質問に答える時、視線をそらすことがある」といった、スケッチす

これを言う応募者は疑ってかかれ

　以下は、ベンチャー企業にいた筆者の経験として、応募者が発する言葉としては「禁句（きんく）」と考えているものである。参考までに紹介しておこう。

「最後の転職にしようと思っています」

「できるだけ長くいたいと思います」

「定年まで働きたいと思っています」

　いずれも、長く働くことが「よいこと」だという世の価値観に基づくコメントである。しかしながら、30歳でこれを言ってしまうことの無責任さを自覚しているだろうか。「会社に入ってしまえば後は30年、会社が人生を決めてくれる」とでも思っているのだろうか。

　もし最後の転職にするのであれば、これから定年までの数十年をどのようなプランでキャリアを積んでいくのか聞いてみたい。それがあればよい。しかしながらそんなことをイメージできるほうがまれである。

　勤続年数とロイヤリティは比例しない。「ぶらさがる」ということは、社員にとっても会社にとっても最も不幸な事態である。長く働くというだけならば、「ぶらさがっている」ことも容易に想定できる。

　世の中は変わる。景気も変わる。企業のステージも変わる。創業期・成長期・変革期・第二成長期もしくは衰退期……。

　すべてのステージにマッチする人材は少ない。数十年を同じ会社で過ごすためには、強力な変化対応能力が必要である。個人が変化できなければ去るしかない。

　30年間同じ会社に対して、より高い貢献をしていくことの困難さは、これからの世の中、もっと厳しくなっていくだろう。

　この考えは、まだまだ理解されていない。おそらく当分理解されない。しかし、「定年まで……」と言って半年で辞めてしまう人をたくさん見てきた。逆に、「3年間でここまで実現したい」「5年間でこれだけのことをしたい」というキャリアのイメージを具体的に持っている人は、少なくとも3年・5年以上働くことが多い。

　　逆境に勝てるのはビジョンである。漠然とした勤続信奉では、つらく
なったら絶望してしまう。この逆説的な意味合いをぜひ踏まえてほしい。
　　さらにいえば、会社が本当に急成長していき、ポストがどんどん増え
ていけばよいが、そうでない場合、世代交代は比較的早くやってくる。
いつまでも同じ人が同じポストにいてはならない。上に行くか横にいく
か、去るしかなくなるこの現実を感じていてほしい。
　　特にキャリア入社者は、プロパーが育った時には、脇にどかなければ
ならないぐらいの覚悟がほしい。

るような視点で記録することが重要である。

🔟 能力と適性を評価する

　　能力や適性の評価で大事なことは、一つの角度だけから見ないでタテ・ヨコ・
ナナメから観察することである。どこから見ても一致した方向を示す場合は、能
力や適性の存在を予感してよい。

🔢 後味よく終わる

　　あらゆる面接は後味が大事である。自分の目的だけを果たしてさっさと帰るの
は、後味という面ではよくない。後味をよくするには、次のような点に気をつけ
るとよい。
①キャリアカウンセリング的な視点を持つ。自分の仕事経験を根拠にして、相手
　に合ったキャリアプランをアドバイスするとよい。
②時間を割いてくれたことへの感謝の気持ちを伝える。
③こちらが気づかずに言ったことで相手を不快にすることがあったら、許してほ
　しい旨を伝える。
④推薦、非推薦の方向が自分にはっきりある場合は、素直に自分の思うところを
　言う。縁がないと思う場合は特に「なぜか」をきちんと話しておく。
⑤こちらが相手を採りたいが、相手にまだ意欲が形成されていない場合はさらに

コンタクトをさせてほしい旨を伝える。

⑥自分も勉強になり、楽しかったことを伝える。

6 採用したい人材へのアプローチ

　前述のとおり、面接は企業 PR の場でもあり、メッセージを伝える場でもある。しかし、このことと入社の意欲形成とは異なる。企業 PR は、相手を消極的にさせているマイナスイメージを打ち消す努力を指す。実際に働いている立場から、実感していることを素直に伝えることが肝要である。

　一方、意欲形成は、いわばマインドコントロールに近い。採用したい応募者には、入社意欲を意識的に植え付ける。逆に、採用したくない応募者には、その意欲をダウンさせなければならないのである。

　推薦、非推薦の方向を決めて、このマインドコントロールを適切に行うことが重要である。その応募者にとって、プラスになる就職が実現し、同時に会社にとってもプラスになる採用が実現する——その理想的なマッチング時に、意欲形成は初めて意味を持つ。現実的で肯定的な意欲形成を行うことが重要である。

　意欲形成が必要な人に対して、必要なだけ意欲形成することが原則である。意欲を高めたい時には、会社のこと、会社の社員のこと、経営者のこと、そして自分のことを正直に伝えることである。良いことも悪いことも、できる限り伝える。率直さを相手が認めてくれた時、具体的な入社意欲に至る。

　そして、入社意思のクロージングに入る。

　「内定したら入社されますか？」と率直に確認しよう。そして入社を阻害する要因がないかを確認し、それを一つひとつ解決していく姿勢をみせる。応募者は、内定までと内定後に変化することはよくある。内定までは高い意欲を示していたが、いざ内定となると迷いをみせるものである。

　内定については書面で伝えるが、できれば直接会って通知書とともに内定を伝え、その際にどのような反応をみせるか、入社の確実性はどうかについて確認することをお勧めする。

7 入社前後のフォロー

基礎編で触れたが、入社が決まった内定者には、内定通知書を送るなど、スムーズに入社してもらえるようフォローを行う。

入社日まで定期的に連絡を取る、中途採用の場合は特に前職の退職状況を確認する。もし内定者が困っていることがあれば、適切にフォローする。

しかし、フォローという点でより重要なのは、むしろ入社後である。特に中途採用の場合、本人は「早く結果を出して認められたい」「前職での経験を活かして、活躍したい」という思いが強いものだ。これを"転職ハイ"という。

しかし、実際にはその意気込みが空回りしてしまうケースが少なくない。優秀な人材であっても、入社後1週間程度でこの壁に直面するものである。転職ハイが高ければ高いほど、戸惑った時のダメージは大きい。

なぜなら、会社の組織や文化、ルール、その会社の独自の用語などが分からないため、スムーズに仕事をこなせないのである。また、中途入社では同期がいないため、分からないことを気軽に相談できる相手もいない。聞けば周囲も教えてくれるかもしれないが、本人のプライドが邪魔をして、素直に質問ができないこともあるだろう。

このように分からないことを分からないまま放置し、真価を発揮できない状態が1〜3カ月も続くと、すっかり自信を失ってしまう。そのまま退職を選ぶこともある。このような悲劇的な結果にならないよう、人事はフォローをしなければならない。

入社時には、必ず以下のような言葉を掛けるようにしておこう。

「すぐには戦力にならないことは分かっています。だから自分を責めないでください」

「周囲をよく見てください。前職との比較やそれに伴う部署内での発言はしばらく控えてください（入社時に配属部署での人間関係をうまく運ぶコツの一つ）」

「困ったことがあったらいつでも人事部に来てください。1人で悩まないでください」

8　面接官として押さえておくべきポイント

1　面接の落とし穴

　面接における面接官の合否判定には、次のようなものが影響されているといわれている。

①第一印象（見た目、服装、声、態度、雰囲気）に関する好き嫌い

②自分と同じタイプかどうか

③能力が高いことを示すデータ（学歴・前職企業のブランド・前職年収など）

④面接官の先入観（固定概念）

⑤自分が好まないタイプの情報（ゼネラリストタイプの面接官に対する、スペシャリストタイプの応募者など）

⑥直前に面接した人の印象

⑦自分がつけた記録による増幅されたイメージ

⑧他の面接官の判定への配慮

　応募者の言動は、面接官の言動によって大きく左右されることを知っておくべきだろう。面接官が応募者に否定的な第一印象を持てば、どうしても面接態度は消極的になり、冷淡で批判的になる。結果、面接を受ける側の応募者は、おびえや不安に陥り、答えがしどろもどろになることがある。面接官は、そのような責任は自分自身にあることへの反省が必要である。

2　面接中の態度、姿勢の点検

①応募者との間に、1～1.5メートルの距離があるか

　それ以下だと圧迫感があり、それ以上だと堅苦しくなる

②姿勢はまっすぐか

　応募者に対して、少し前に体を倒した感じで向かうと熱心さが伝わる

③相手の目を見て話しているか

　強い真剣さを示すと同時に、相手の気持ちを読み取る

④相づちを打っているか

　共感性を伝えるためには、この動作に勝るものはない

⑤ジェスチャーが明確か

　情緒の安定性を補うのがジェスチャーである

⑥声の使い方

　言葉の内容とともに、このコントロールで制御する

⑦差別的言動

　言うまでもなく、差別的な言動は慎まなければならない。そうは分かっていても、自分で気づかないうちに口にしていることがある。

Column

面接官としてあまりお勧めしない質問例

①「自己紹介をお願いします」

　面接における応募者は、常に弱者である。弱者の緊張をほぐさない状態で、時間や範囲を限定せずに「自己紹介を」というのは、面接官の傲慢ではないだろうか。

　どうしても自己紹介を求めたいのなら、範囲を限定してあげるといいだろう。「あなたのご経歴を要約して3分程度でお話しいただけますか？」といった具合である。少なくとも応募者が答えやすい設問を心掛けるべきである。

②「志望動機を教えてください」

　単刀直入に志望動機を聞いてもあまり当てにならないと思ったほうがよい。特に中途採用には使わないほうがよいし、新卒採用であればマニュアルに書いてあるような答えが返ってくるかもしれない。

　「当社のホームページをご覧になりましたか？」「魅力に感じていただいたところはありましたか？」など、もっと分かりやすく、会話がしやすい聞き方を工夫しよう。

6 人事制度の企画・運用

　ここでは、人事制度を「給与を決定するための根拠となる決まり事」と定義して、等級制度、評価制度、給与制度の企画と運用について考える。

1　どのような人事制度を目指すか

　まず、日本における人事制度の変遷について確認しておく。日本の人事制度の変遷と、企業の成長段階過程における人事制度の変遷は非常に似ている [**図表6-1、6-2**]。したがって、自社の成長段階を確認すると、次にどのようなことが課題になっていくかが類推できる。

図表 6-1 ● 人事制度の変遷

	1945-1960 戦後復興期	1960-1975 高度成長期	1975-1990 安定成長期	1990 低成長期
人事制度	人事制度の模索	年功的職位制	職能資格制度	成果主義 行動主義 etc.
給与制度	生活給	職位的年功給	職能給 ＋ 年功給	能力給 業績給 年俸制
この時期の課題	生きていくための 給与の要求 基本給の上昇を 伴わない給与増 ⇒諸手当の支給	業容の急拡大 （特に若年） 労働力の不足 社員の定着化	ポストの不足 リストラや モラールの 維持が必要に	事業の再構築や 人員の削減 団塊世代の処遇 人件費の増大

＜第１段階＞生活保障主義

　労務の提供と賃金の支払いという雇用の根本に基づく処遇。「食うために働く」時代では日給制・日給月給制を主体とした。高度成長期を前に、企業が優秀な人材を確保しようという意欲が高まり、人事制度を模索する前段階の状態。この後、終身雇用の概念ができてきた。

＜第２段階＞年功賃金（勤続主義）

　高度経済成長期を迎え、多くの企業が年功賃金を取り入れる。年功は学歴・勤続を基本的な枠組みとし、それに個人別の考課を加味する。勤続は仕事の習熟を意味し、毎年習熟度が上がりそれに応じて給与も増えていくという考えである。経済成長とともに会社が発展している時代では妥当性があり、終身雇用制を生活保障という面から支えている側面がある。

＜第３段階＞年功的職位制（職階制、勤続・能力主義）

　職位（部長、課長、係長）に基づき、その責任の重さという観点で給与に結び付ける。背景には年功賃金があり、勤続＝習熟度の上昇＝ポストという図式で、長く働いた人を所定のポストに就け、その職位に応じた給与を払うこととした。

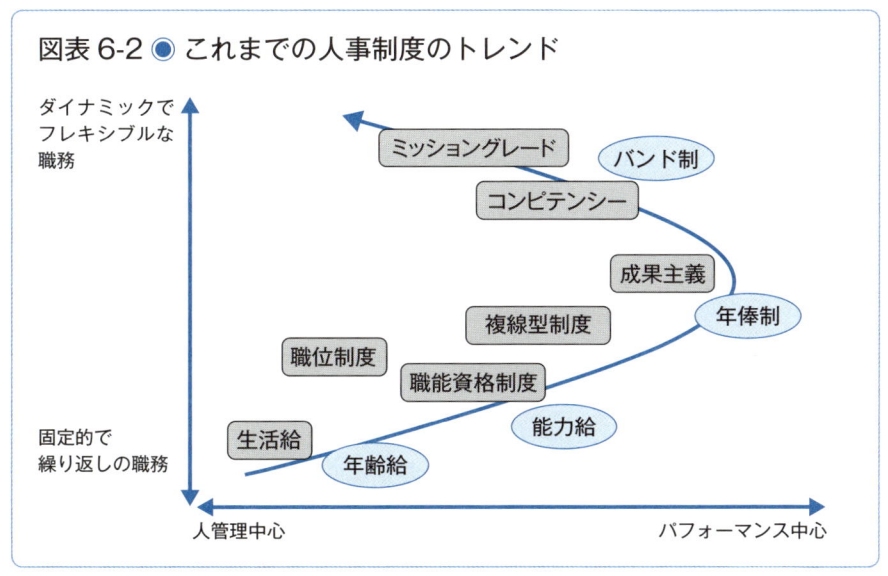

図表 6-2 ● これまでの人事制度のトレンド

111

経済や会社が成長・発展し、それに伴いポストも増えている時代では、年功で一定期間の勤続をした人をポストに就け、給与とモチベーションの向上を図るという考え方には妥当性があった。

＜第４段階＞職能資格制度（能力主義）

　1974年のオイルショック前後より、高度経済成長が収束し、企業におけるポストは増加しなくなってくる。ポストで処遇できなくなった企業は、ポストではなく、能力の程度を「資格」と読み替えて処遇しようとした。

　これを「職能資格制度」と呼び、現在でも多くの企業が採用している。ここでも能力≒習熟度の向上＝勤続という考え方が根底にあり、年功制的考え方は色濃く残った。

　職能資格制度そのものは間違いではないと思われる。ただし、年功的要素を排除できない、昇給するのが当たり前で、降給する仕組みがない（そもそも能力は高まることを前提としており、低くなることは想定しづらい）などの運用面の課題も少なくない。職能資格制度に基づく等級号俸制などの仕組みの問題か、運用面の問題かは、冷静に検証する必要がある。

＜第５段階＞複線型人事制度（能力主義）

　職能資格制度の矛盾を解決する手法として、複線型人事制度が挙げられる。一般的には管理職と専門職を分けて処遇するものである。年功的職位制では、ポストが上がることで処遇が高まった。しかし、ポストの数が増えなくなり、ポストに就けない人材を、ポストに見合うだけの「能力の程度」として処遇するのが職能資格制度である。

　しかし、ある特殊な能力だけが突出した人の処遇に窮したため、またマネジメントではなく、スペシャリストにも同等の処遇を実現するために設けたのが「複線型人事制度」である。専門的知識・技能を持つ人材を処遇するには有意であるが、一方で、その専門性の陳腐化・変化に対応できず、また、「マネジメントができないから専門職」という安易な制度運用が新たな歪みを生むことになる。

＜第６段階①＞成果主義型制度（成果主義）

　人の持つ能力に基づいて処遇するのではなく、達成した成果・業績に基づき給与を決める考え方。経済の伸びが停滞し、年功的要素を持つ職能資格制度に限界が表れ始めたところで、成果を重視するアメリカ型人事制度としてバブル経済が

崩壊した後に注目された。「ペイ・フォー・パフォーマンス」の考え方である。

とりわけ、年俸制は成果主義の具体例として広く浸透した。その考えの根本は、ペイ・フォー・パフォーマンスであるはずだが、「給与を下げることができる仕組み」として導入されたケースも少なくない。人事制度の企画では、年俸制の本質と意味を深く考えておく必要がある。

＜第6段階②＞職務主義型制度（職務主義、役割主義）

人の能力ではなく、仕事の価値・重さに応じて処遇しようというのが職務主義である。人材の流動が活発なアメリカ型の制度として、90年代後半から広く導入が試みられた。

例えば、総務部長700万円、人事部長800万円など、職務に値段が付いており、配置された職務によって給与が決まる。だれがその職務に就いても同じ給与となる。職務の重さ（職務の概要、責任、予算の範囲、上司や他部署との関係など）は職務記述書（ジョブ・ディスクリプション：Job Description）に基づいて決定される。

合理的な仕組みであるが、①その職務の重さをどのように測るのか、②組織変更時に職務記述書を書き換えるなどのメンテナンスに手間がかかる、③配置転換（ジョブローテーション）を基本的な人材育成法としてきた日本企業の慣習とどのように折り合いをつけるのか――が課題となる。運用に手間がかかることもあり、成功事例はそう多くない。

特に、成長期にある企業では組織変更が頻繁であり、そのたびに職務記述書を書き換えるだけのマンパワーはない。職務主義を導入する際には、自社にとってのメリット・デメリットを慎重に検討する必要がある。

＜第7段階＞コンピテンシー（行動主義）

成果主義は環境要因を織り込む結果主義である。成果を測定することも簡単ではないし、また職場内の人間関係などにも問題を引き起こす、短期的な考え方に偏るなど、行き過ぎた成果主義は多くの問題を投げ掛けた。

成果主義と前後して広まってきたのがコンピテンシーである。コンピテンシーは「成果につながるための発揮能力や行動特性」とされる。能力があっても発揮されなければ意味がない、成果には運不運といった環境要因を含む、そこで注目されたのが、成果に近く、発揮された能力としての"顕在行動"である **[図表6-3]**。

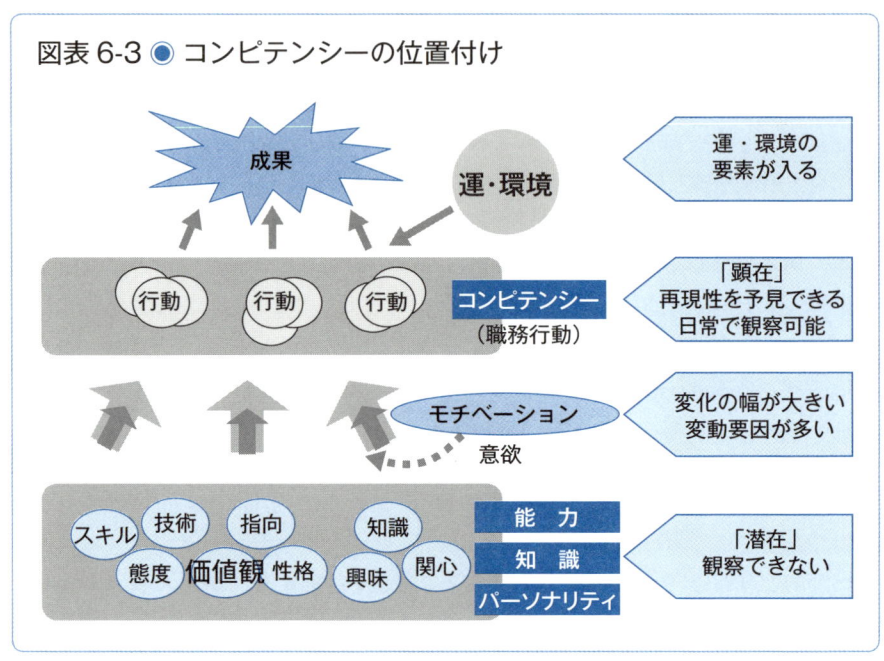

図表 6-3 ● コンピテンシーの位置付け

成果

運・環境

運・環境の
要素が入る

行動　行動　行動　コンピテンシー
（職務行動）

「顕在」
再現性を予見できる
日常で観察可能

モチベーション
意欲

変化の幅が大きい
変動要因が多い

スキル　技術　指向　知識
態度　価値観　性格　興味　関心

能　力
知　識
パーソナリティ

「潜在」
観察できない

　コンピテンシーは、「成績優秀者の行動モデル」を抽出して、そのように行動すれば成果が上がりやすいはずであるという前提に基づいた考え方で、コンピテンシーモデルといわれる。ただし、この行動モデルの抽出が容易ではない。しかしながら、顕在行動に焦点を当てることには、ある種の合理性があると考えられる。

＜第8段階？＞ミッショングレード制（役割型人事制度）

　職務主義に近い考え方で、役割型人事制度といわれる。企業のミッションを個人レベルの役割までに割り振り、その役割に基づいて格付け（グレード）や評価・処遇を行うもの。

　非常に合理的な考え方であるが、その都度グレードを見直す必要があること、そのグレードと処遇のバランスの合理性などの課題も多い。

2　人事制度の企画のポイント

1　会社が社員に求めるものの明確化

　人事制度は、次のことを整理することだといえる。

①会社が社員に求めるものを明らかにする（要件設定）[図表6-4]

②求めるものと社員個々人の発揮度合い・達成度合いのギャップを測定する（評価）

③評価により処遇を決定し、処遇に基づき給与を決定し支給する（給与）

④ギャップを埋めるための施策を展開する（教育・育成）

　評価制度を整備したいという会社の要望の多くは、「評価を公正にして、給与を適正に支給したい」ということだ。問題は「評価をどのように行えばいいか」という以前に、その前提として「何をもって評価するか」ということになる。「何をもって評価するか」は、「何を求めるか」が明らかにならなければ成立しないので、まず「会社は社員に何を求めるか」を明らかにすることが必要となる。

　さらに、給与を決定する場合には、「社員の何に対して給与を支払うのか」を明らかにしておく必要がある。成果か、行動か、能力か、職位（役職）か、職務か──などである。その際に基盤となるのは人事ポリシーである。人事ポリシーに基づき、求めるものを整理する。

　人事制度を企画する際に重要なのは、「会社は社員に何を求めるのか」と「何をもって社員の給与を決めるのか」の二つの観点を整理することである。

図表6-4 ● 人事制度を企画する前提としての要件設定

会社が社員に求めるもの	当社らしさ（価値観・理念共有）	階層別に求める能力・行動	職位・役職別に定める責任・権限・行動・能力	目標達成
要件整備	行動指針等	等級制度	職位制度	目標設定 目標管理制度
評価制度	行動指針評価（プロセス評価）	等級別評価（プロセス評価）	職位者に対する評価（プロセス評価）	目標管理制度（成果・結果評価）
給与制度	基本給		職位手当	賞与
教育制度	理念浸透教育 入社者教育	階層別教育	管理職教育	目標管理に関する教育施策 目標設定会議等

115

❷ 社員に求めるものの整理

1 経営理念の浸透

　経営理念に基づく社員行動指針は、会社が「うちの社員らしい行動」として明示するものの一つである。評価制度に社員行動指針が反映されていると、「うちの会社らしい評価指標」として経営層も理解しやすい。たとえ能力が高く、成果を上げていても、「うちらしくない社員」を過度に評価しないための備えにもなる。

2 階層に求める行動能力

　人事制度で行動を重視するか、能力を重視するかは会社や階層によって違うため、ここでは行動能力と表記する（なお、行動能力とは、「発揮された能力」「顕在化された能力」という意味合いもある）。

　経営層・本部長層・部長層・課長層・主任（リーダー）層・メンバー層などの各階層に何を求めるかを明示する。ここでは、あくまで「部長層」といった階層であって、「部長」という職位（役職）とは分けて考える。階層というのは、全社的観点を持つ者、部門全体への観点を持つ者、課やチームとしての観点を持つ者、一つのミッションのリーダーとしての観点を持つ者、実務遂行者としての観点を持つ者ということもできる。

　ただし、階層と職位（役職）を同一のものとして考えることもできる。しかし、組織変更が頻繁な成長企業では、特に分けて考えたほうが合理的である。なお、階層別に求めるものは汎用的である。A社の部長層とB社の部長層に求められるものは、企業規模が近ければ根本的には大きく変わることはない。

3 職位（役職）に求める行動能力

　管理職とは、組織上の権限を持つ組織の長（部長・課長など）を指す。組織の責任を持つ者であり、予算策定・実績管理および達成、部下の人事管理・評価・育成に責任を持つ者といえる。

　部長・課長（グループマネージャー、チームマネージャーなど名称は企業によってさまざま）などを「職位」と呼ぶ（「役職」と同義だが、役職は部付部長、担当部長などの呼称を含む場合があるため、あえて分けて表記する。なお、この職位者の総称を「職制」という）。

　会社によっては、職位は与えるものの、権限と責任を明示していない場合がある。株式公開企業ならば職務権限規程などで規定しているが、これも職位として

しっかりと明示されていない、あるいは認識されていない場合が多い。業績達成や人事管理は職位の重要な業務である。ここが疎かにならないように、職位に求めるものは明示しておくべきである。

　職位を給与決定の基軸に据えるかどうかは企業の判断である。ただし、その場合、本人の成果に関係なく、組織の都合で給与がアップダウンすることもあり得る。それを防ぐために結果的に、「担当部長」「部長代理」という役職を設けて処遇したりする。すると、責任と権限の所在があいまいになっていき、本来「組織の長」を示すはずの職位の運用が難しくなっていく。

　そのため、職位と給与との関係は、職位手当（役職手当）として対応する場合と、手当などの給与面でまったく考慮しない場合がある。

４職種に求められる行動能力

　営業・技術・管理部門などの職種別に求められる行動能力を明示する。特に知識・スキル（技能）は職種固有であり、この獲得を目的として人事制度に盛り込む会社も多い。

　ただし、前述の「２階層に求めるもの」や「３職位に求めるもの」と比べ、会社固有であったり、また変化がめまぐるしく、陳腐化が頻繁に起こったりする。また、職種を越えた人事異動時の実務対応が煩雑になるため、職種別に求めるものを人事制度に盛り込むのは慎重であってほしい。なお、この機能を目標管理制度で代替することが可能である。

５目標達成

　企業にとっては目標達成が最も重要であろう。経営計画・経営目標の達成こそが企業存続の条件であり、企業の目的そのものである。経営目標の達成は、各部門の目標達成によりもたらされ、各部門の目標達成は、各個人の目標達成によって実現される。

　企業は、各個人に目標を達成することを求めている。各個人の目標達成を管理する手法の一つが目標管理制度（MBO）である。また、比較的新しい手法としてバランス・スコア・カード（BSC）などがある。

　どの手法を用いるにせよ、目標を設定し、その達成度を振り返ることが企業活動できわめて重要である。その達成度の振り返りが評価であり、評価に基づいて処遇を決めるのが合理的である。

目標は個人個人で違い、またその期間によっても異なる。これを個別設定する必要がある。前述の「4職種に求められるもの」は、この目標達成のカテゴリーで個別に設定することが合理的であると考える場合もある。

以上が、ほぼ、企業が社員に求めるものである。これを網羅的に整理し、求めるもの（要件）として明示する。

■昇格・降格、任命・降職

等級の上下を昇格・降格、職位を任命・昇進・降職などという。

職位への任命＝等級の昇格、とすると、降職の際に等級を下げられない場合がある。分離しているほうが人事管理上運用しやすい。

これらの動きが、等級要件、職位要件に基づいて行われていれば、公正な制度運用といえる。

昇格、昇進の原則として、「卒業型」と「入学型」がある。卒業型は、現在の等級ないしは職位で十分な評価が得られている場合に、上位に上がることをいう。入学型は、上位等級や職位が「十分にできるであろう」と予見された場合にのみ、上位に上がることをいう。

職能資格制度では、また年功的な運用では、卒業型がメインであった。つまり、上位ができるかどうかの視点が欠けている時があった。

現状では、上位ができると何らかの方法で評価・判定された場合に上がるという運用が一般化しつつある。

この昇格で、マルチプル昇格アセスメント（面接・小論文、グループディスカッション・プレゼンテーションなど複合的な評価手法を用いる昇格審査）など、客観的な指標で昇格を決める方式がとられることもある。

3 等級制度の設計

1 等級制度の意味

等級制度は、何を担ってほしいのか、どのように行動してほしいのか、そのためにどのような能力が必要かなど社員に求める行動能力要件を示したものである。そして、等級制度は人材育成の指標となり、能力開発の方向性を示し、評価

制度の根拠となる。さらには、給与水準（レンジ）と連動し、配置の際の参考指標となるものである［**図表 6-5**］。

　［**図表 6-6**］は、ビジネスパーソンの成長モデルである。この変化は一つの延長線上に連続してあるものではなく、断絶しているとされている。等級制度は、この成長モデルを基本に設計されることが多い。

　また、求められるものは、企業内でのポジションが上がっていくにつれて変わっていく［**図表 6-7**］。例えば、上位等級に行くにつれて、コンセプチュアルスキルが重要になってくるとされているが、テクニカルスキルの延長上にコンセプチュアルスキルはない。

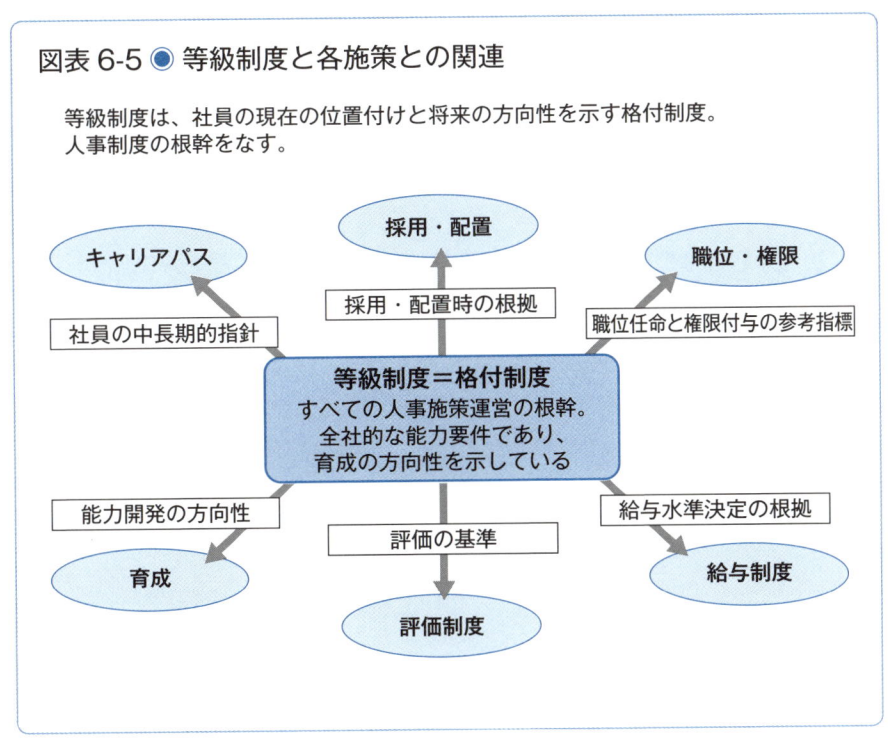

図表 6-5 ● 等級制度と各施策との関連

等級制度は、社員の現在の位置付けと将来の方向性を示す格付制度。
人事制度の根幹をなす。

採用・配置

キャリアパス

職位・権限

採用・配置時の根拠

社員の中長期的指針

職位任命と権限付与の参考指標

等級制度＝格付制度
すべての人事施策運営の根幹。
全社的な能力要件であり、
育成の方向性を示している

能力開発の方向性

評価の基準

給与水準決定の根拠

育成

評価制度

給与制度

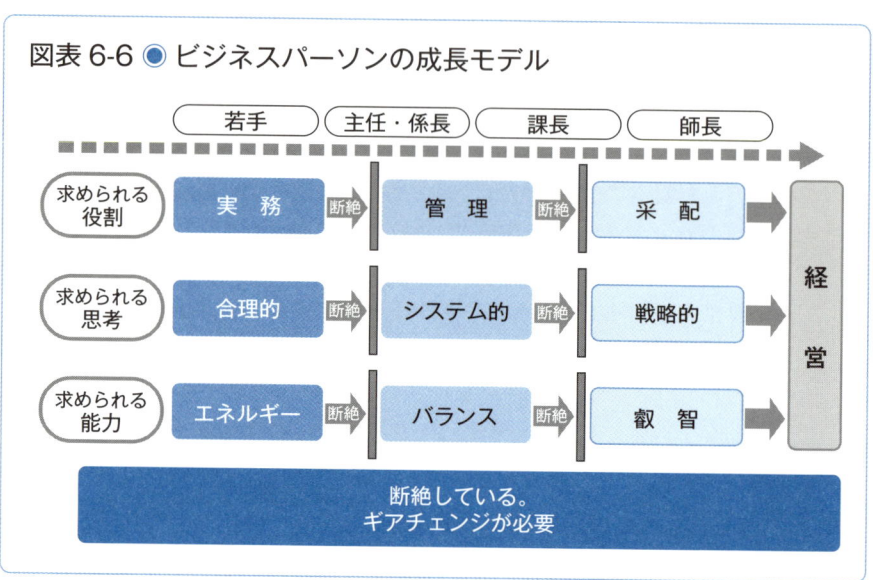

図表 6-6 ● ビジネスパーソンの成長モデル

図表 6-7 ● 組織ポジションによって求められるスキルの変化

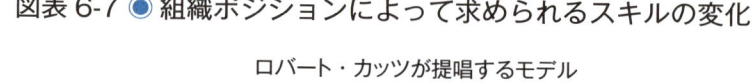

ロバート・カッツが提唱するモデル

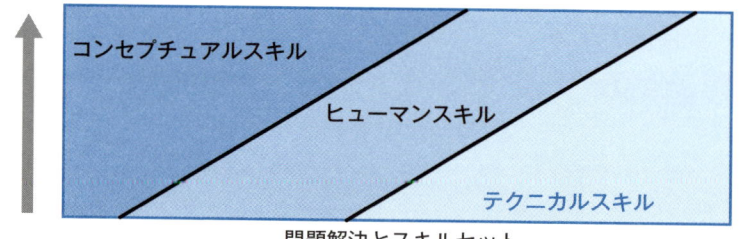

問題解決とスキルセット

コンセプチュアルスキル：知識や情報などを体系的に組み合わせ、複雑な事象を概念化することにより、物事の本質を把握する能力。

ヒューマンスキル　　　：対人関係能力ともいわれ、職務を遂行していくうえで他者との良好な関係を築く力を指す。具体的にはコミュニケーション力、ネゴシエーション力などが挙げられる。

テクニカルスキル　　　：その職務を遂行するうえで必要となる専門的な知識や、業務処理能力を指す。職務内容により、その内容は異なってくる。

2 階層別要件の設定

　等級制度は、社員のキャリアステップをも示す。このキャリアステップとは何年にも及ぶ道のりであり、年度ごとに変化したりすると、社員は何を目指してよいか分からなくなる。そのため普遍性を維持した等級要件を設定することが大切である。

　[図表 6-8] は、一般的な等級制度（職能資格制度）のケースである。これは従来型の大企業モデルともいえるもので、基準昇格年数には年功的要素を残しており、成長企業の規模からすると複雑すぎる感がある。

　成長企業のケースでは、運用のしやすさを考えると、階層設定は5段階ぐらいが合理的だろう。全社・組織・成果・自己・育成期間というステップで、各等級のキーワードを設定すると [図表 6-9] のようになる。細かく階層設定すると、場合によっては、その判定が難しくなってくる。さらに [図表 6-9] のキーワードを展開したものが、[図表 6-10] の等級要件である。

　そのような等級制度を階層別に要件を設定する際には、キーワードを作り、構成していけばよい。一から職場をヒアリングして作っていく方法もあるが、膨大な時間と労力、そして費用がかかる。

　人事担当者は、こうしたモデルの仮説を立て、それを検証していくことで、短期間で、長期的な運用に耐える汎用性のある要件を作っていける。

3 職種別に要件設定する場合の留意点

　職種別の要件設定には、[図表 6-11] の(A)パターンと(B)パターンの二つがある。

　営業や技術・管理ごと要件を設定したほうが合理的で理にかなっているようにみえる。しかし、運用が難しい。大手企業でも(B)パターンを完璧に運用しきれているところはまれである。

　それはひとえに、「普遍的でなく、汎用的でない」ことに起因する。変化の激しい時代にあって、経営環境の変化に伴う求められる要件も変化し、その都度メンテナンスが必要になる。また、より普遍的、汎用的にしようとすれば、スキル（潜在能力）に焦点が当たってしまうために評価が難しいという問題がある。

　例えば、人事部門では、「労働基準法の知識がある」などの要件がみられる。

図表6-8 ●一般的な等級制度設定サンプル

層	級	呼称	区分	職能資格定義	対応職位	初任格付け	理論モデル年数	昇格基準年数 最短	昇格基準年数 最長
管理専門職能	9	参与	統括管理	会社の基本的な政策や方針に基づき、部レベルの組織の運営を統括し、かつ会社の政策・方針の企画・立案・決定に参画するとともに、経営トップを補佐する	部長		－	－	－
管理専門職能	8	副参与	上級管理	会社の政策・方針についての概要の指示に基づき、部または課レベルの組織の業務について、自主的に企画・運営し、かつ実施上の責任をもって部下を管理するとともに、上司の補佐をする	次長		5	－	－
管理専門職能	7	参事	管理	会社の政策や方針についての概要の指示に基づき、課レベルの組織の業務について、自主的に企画・運営し、かつ実施上の責任をもって部下を管理する	課長		5	3	－
指導監督専任職能	6	副参事	指導監督	一般的な監督のもとに担当範囲の細部にわたる専門的知識と多年の経験に基づき、係（班）レベルの組織の業務について企画し、自らの運営に調整にあたるとともに部下を指導・監督する	係長		4	3	－
指導監督専任職能	5	主事	指導判断	担当業務の方針について部下を指導しながら、計画的に担当業務を実行し、自己の判断と創意によって指示を受け、専門的知識と経験に基づき、上司を補佐する	係長		4	2	－
指導監督専任職能	4	副主事	熟練定型	細部の指示または定められた基準により、高い実務知識・技能・経験に基づき、複雑な定型的業務については主導的役割を持ち、下級者を指導しながら、かつ自己の判断を要する熟練的（非定型も含む）業務を遂行する	主任		3	2	－
一般職能	3	社員1級	高度定型	細部の指示または定められた基準により、高い実務知識・技能・経験に基づき、日常定型的業務については主導的役割を持ち、必要によっては下級者を指導するとともに、一般定型的業務を遂行する	一般職	大学院修士卒	3	2	6
一般職能	2	社員2級	一般定型	具体的指示または定められた手順に従い、日常定型的業務に関する実務知識・経験に基づく業務を単独で遂行する	一般職	大学卒	2	1	6
一般職能	1	社員3級	定型補助	詳細かつ単純な定型的指示または定められた手順に従い、特別な経験を必要としない、補助的な業務もしくは見習い的補助的な業務を遂行する	一般職	高校卒／短大卒／大卒	4／2／2	4／2	6

122

図表 6-9 ● 各等級のキーワード

等級	レベル	主な役割行動		組織行動		人材・チーム	意思決定プロセス	姿勢
5	全社マネジメントレベル	戦略立案	戦略遂行	中長期戦略立案・遂行	事業部門運営	人材登用活用	決断・責任	人望
4	組織マネジメントレベル	目標設定	計画立案実行	部門年間計画立案・実行	部門運営	部門の人材育成	判断（選択肢）	変革
3	成果マネジメントレベル	進捗管理	目標達成	課題形成進捗管理計画修正	チーム運営	個々の人材育成	問題の分析	企画
2	自己完遂レベル	自己管理	後輩指導	自己目標達成	率先垂範	他者支援	情報収集	柔軟性提案
1	育成レベル	実務遂行	学習行動	実務遂行	確実性	チームワーク	問題発見	真摯さ

　確かに必要な要件かもしれないが、はたしてそれをどのように評価するのか。営業出身の社員が人事部長として着任することもあるが、その際にはどう評価するのかなど、設定した後のことを考えないと、制度が有名無実化するので要注意である。

　職種別に事業特性が違う、職種間の異動がまったく想定されないなどの場合は、職種による要件設定はあり得るが、安易な職種別展開は控えたほうがよい。まずは、(A)をしっかり運用してから、(B)に踏み込むべきである。

④ 等級の呼称

　等級の呼称は、「1等級・2等級……」「Fresh・Junior・Senior……」「Planner・Senior Planner……」など会社によってさまざまである。

　注意すべきポイントは、職位との違いを明確に表記できる呼称を選定すべきである。等級を名刺に表記する場合もあり、その場合は等級の呼称と職位の呼称の違いが明確でないと、いらぬ混乱を招くことがある。

図表 6-10 ● 等級要件

等級	等 級 要 件
5 全社マネ ジメント	全社に影響を与える高度な職責を担えることを想定します。理念・行動指針を全社的な影響力をもって十分に体現しています。 　会社の中長期戦略の立案に参画し、またこの戦略に基づき方針を示し、組織ビジョンをつくり、組織の力を最大限に引き出すべく舵取り、目配りをして、最終的な責任を担います。人材を発掘・育成し、仕事を任せていきます。適切なタイミングで決断を下し、その決断は全社的に信頼を得ています。成功を信じる信念と人間的魅力を持ち、人望があります。
4 組織マネ ジメント	会社の理念を十分に理解し、社内ルールの遵守について他の見本となり、組織に浸透させるような動きをしています。 　担当する組織の目標を明確に設定し、計画を立て、関連する部門を巻き込み、人材をマネジメントしながら結果を出すまでマネジメントを怠りません。また、上位者が決断をするための判断材料と根拠を論理的に導きます。自部門のメンバー個々の能力向上を図り、教え、育てます。 　また、新しい価値の創造に敏感で、数値的背景を持ちながら、現状を改革するアイデアを具現化することができます。
3 成果マネ ジメント	会社の理念を十分に理解し、社内ルールの遵守について他の見本となり、指導しています。 　困難な場面でも臨機応変に対応して、職場の目標に応じた成果を、高い品質を伴って具体的に出すことができます。特定の分野において専門性を発揮しながら、成果を求めるうえで、自分のスタイルや考え方にこだわらず、視点が高く、広い見方ができ、周囲を活気づけ、他者への影響力を持ちます。
2 自己完遂	会社の理念を理解し、社内ルールの遵守について他の見本となっています。 　組織や上長の指示を待つことなく、高い顧客志向に基づき必要な情報を的確に収集して、主体的に問題解決を図ることができます。強い緊張を伴う仕事においてもやり抜くことができます。 　専門分野を築くための自己研鑽・自己啓発を行い、自分の考えを的確に相手に伝えることができます。 　周囲を前向きに巻き込むことができ、動きをつくり、後輩を導くことができます。
1 育成	会社の理念を理解し、進んで社内ルールを遵守しています。 　社会人としての基本的能力を身に付け、上司、先輩の指示に基づき業務を遂行します。行動力、競争性、上昇志向、粘り強さといったエネルギー要素をベースに、チームとの協調を図りながら、素直に粘り強く物事に取り組む姿勢を重視します。ひたむきに取り組むことで経験値を積み、今後に必要なスキルや知識の習得を図ります。

🔟 職位との関係

　組織の長の呼称も会社によってさまざまだが、等級と同じような呼称は、混乱を招き、かつ、表見代理の問題もはらむため避けたほうがいい。「部長」という名刺で取り引きをすれば、相手方は相応の組織上の責任と権限を持って取り引き

図表 6-11 ● 職種別の要件設定

(A)

	全社
5	
4	
3	
2	
1	

(B)

	営業	技術	管理
5			
4			
3			
2			
1			

を行っていると思うだろう。したがって安易な肩書きは避けたほうがよい。

　ここでいう職位は、一つの組織に1人の長（＝責任者）を指す。一つの組織に何人もの部長がいる会社もあるが、だれがその組織の責任を負っているのか分からない。

　職位者には責任と権限がある。そこにどのような責任があり、どのような権限があるかを明示するのが、「職務分掌規程」と「職務権限規程」である。しかし、これだけでは不十分である。職位者の要件としては次のようなものがある。

- 予算編成
- 予算実績管理
- 予算達成責任
- 自部署の人事権
- 人事管理権限と義務
- 評価権限と義務
- 人材育成義務
- 上位者の補佐
- 他部署との連絡・連携責任

　すなわち、職位者は何をしなければならないかが明示されていないと、組織も人も混乱する。これら実務上の要件はぜひ整備しておきたい。

6 職位と等級

格付制度は、社員を人事上格付けする、または組織上格付けする制度である。人事上の格付制度は、等級制度、資格制度、グレード制度などさまざまな呼び方をされる。組織上の格付制度は「職位制度・役職制度」などという [**図表 6-12**]。

この人事上と組織上の格付けについては、同一で運用するにしても別々に運用するにしても、人事担当者としては分けて考えておくべきである。これらを分けて考える理由は、緩やかに変化するものと、頻繁に変化するものの時間軸の概念があるからである。

給与の急激な変動は、社員にとって受け入れ難いもので、ある程度の安定的推移が求められる。等級制度の根底はここにある。

一方で、企業における組織は頻繁に変更される。組織が新たに設定されたり、分化したり、統合されたりすることが多い。ポストの数も変化する。これらの変化が数カ月以内に起こることも多い。この組織の変更に伴い、その都度給与を変

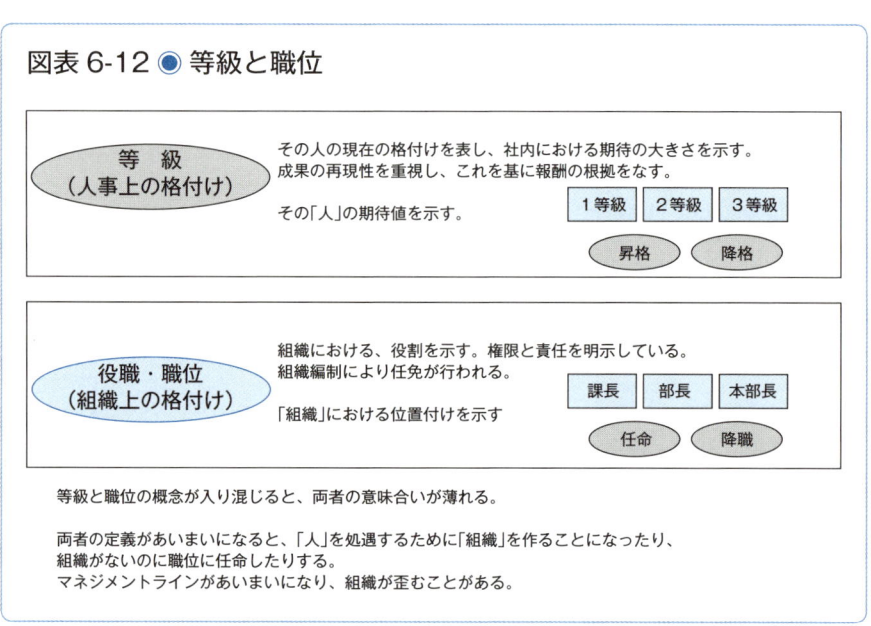

図表 6-12 ● 等級と職位

126

図表 6-13 ● 等級制度と職位制度の区分け

等級制度（社員の人事的な格付け）		職位制度 （組織における格付け）
等級	基本的な求める要件	
5	全社マネジメント 全社の方向性を作り、方針を伝え、業績に責任を持つ	本部長　部長　課長
4	組織マネジメント 組織を率い、結果を出す	
3	成果マネジメント 周囲を巻き込み成果を必ず出す	
2	自己完遂 任された仕事を確実にやりぬく	
1	育成 エネルギーを持って素直にひたむきに取り組む	

化させることは合理性に欠ける。

　また、分けて考えられていない場合、人を処遇するために組織を作ったりする。例えば、一人部長の部署などである。職務主義が機能しないのは、この組織の変化に制度がついていけないからである。成長期にある企業では、まずは職位制度的な考え方から人事が行われることが一般的である。その結果、組織の成長が一段落した時に（ポストが増えなくなった時に）、組織を持たない部長（担当部長、部付部長など）などが出現し、責任の所在と給与などの処遇に矛盾が起こってくる。

　等級と職位を分けて考えることは、年功的な運用になりがちな職能資格制度に近いイメージをもたれるが、これは運用の問題であって、成長企業こそ、この区分けについては十分留意しておかなければならない　[図表 6-13]。

④　評価制度の設計と運用

　評価制度は、本来は人材育成のためにある。社員を評価することにより、伸ばすべき点、改善すべき点を明らかにして成長を促す仕組みが評価制度である。そ

して、その結果が給与や賞与に反映される。

　「会社が求めるもの（行動指針・等級要件・目標達成）」と、社員それぞれの「現状」のギャップを判定するのが評価である。

　しかし、会社が求めるものには時間軸がある。評価制度はこの時間軸の視点を持つべきである。

① 時間軸「過去と将来」

　評価は、基本的には「これまでのもの」を観察し、結果を見て行われる。この意味でいえば、過去軸あるいは現在軸である。しかし、その視点や反映していくものには違いがある。いわば、「清算」と「投資」である **[図表 6-14]**。

①清算…これまで出した成果・業績をできるだけ正しく評価し、それに対して認めて何らかの報酬に結び付けること

②投資…成果とそのプロセスをできるだけ正しく評価し、今後も結果を出し続けられるかどうかを見極めて、何らかの報酬に結び付けること

　例えば、賞与という報酬に結び付けることは「清算」、基本給と、そしてより大きな責任のある新たなポジションを任せるなどの報酬に結び付けることは「投資」になる。人事は、その評価が「清算」なのか、「投資」なのかを確認しておくことが大切である。

図表 6-14 ● 給与制度への反映の考え方－清算と投資

1．期待に沿った成果を上げた人

過去の業績に対する『清算』→賞与

2．将来期待に応えてくれると予見できる人

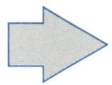

未来の成果に対する『投資』→給与

成果の再現性　Column

　成果の再現性とは、環境や運の要素に左右されず、再び今までと同じようなまたはそれ以上の成果を実現できるであろうと予見されることをいう。例えば、等級が示す行動能力要件を発揮することにより、将来の成果創出を期待できることを意味する。この期待成果が、給与制度における基本給の設定となる。成果の再現性は「投資」を意味し、その再現性を明示するものがコンピテンシーモデル（成果に結び付く行動）ともいえる。

2　時間軸の視点「長期的・中期的・短期的視点」

　投資と清算を評価する時間的の視点として、以下の3点を持つべきである。
- 長期的視点＜2～3年以上＞
- 中期的視点＜1年＞
- 短期的視点＜3カ月または半年＞

1 長期的視点

　昇格・降格など、将来にわたっての投資価値を評価する。昇格とは仕事の責任の範囲を広げていくことであり、役割の変化である。その役割を担っていけるかを評価する。これまでの短期・中期的視点の総合化による判定と、次の役割を担えるかの判定を合わせて行う。成果の再現性が将来にわたって発揮できるかを見ていくことになる。将来軸の評価である。

2 中期的視点

　現在の等級要件など、期待されている成果と行動を発揮できているかを評価する。1年に1回など現在求められているものと現状がどうかを評価し、これが昇給・降給に反映する。

3 短期的視点

　3カ月・半年など、求められた成果を達成したかどうかを評価する。成果をすばやく確認し、賞与などに反映させる。

　短期的成果をすぐに確認し反映しないと、「成果を出しても認められない」「成

果を出しても出さなくても変わらない」などのマイナスの影響が大きい。中期的視点により「いま求められているもの」を再確認しながら、将来を見据えていく、長期的視点によりキャリアプランを描くといったように、これらの時間軸による評価をバランスよく備えることが大切である [図表 6-15]。

3 短期的視点における評価

　3カ月（クオーター）または6カ月ごとに、主に成果を確認する評価である（行動や能力を確認することもできるが、例えば能力はそうそう短期では変化しない。行動の変化や能力の変化は1年程度の期間をもって確認すればよい）。

　この期間については、会社の業態や変化のスピードによるところもあるが、おおむね6カ月とし、半期ごとの賞与に反映するのが一般的である。

　成長期の企業では、3カ月という期間にも妥当性があるが、目標（成果の到達点）設定から評価までの期間が短いと、職制や社員に負荷をかけることになる。短期間での運用サイクルについては自社の状況を照らして検討いただきたい。

　ただし、6カ月で設定したとしても、中間の3カ月での検証や見直しをしなくていいというものではない。この短期的視点における評価で、目標管理制度（MBO）やバランス・スコア・カード（BSC）などのマネジメントツールを使うことが多い。これらの活用は、人事制度が会社の業績向上に直接的に結び付く施策となるため、非常に重要である。

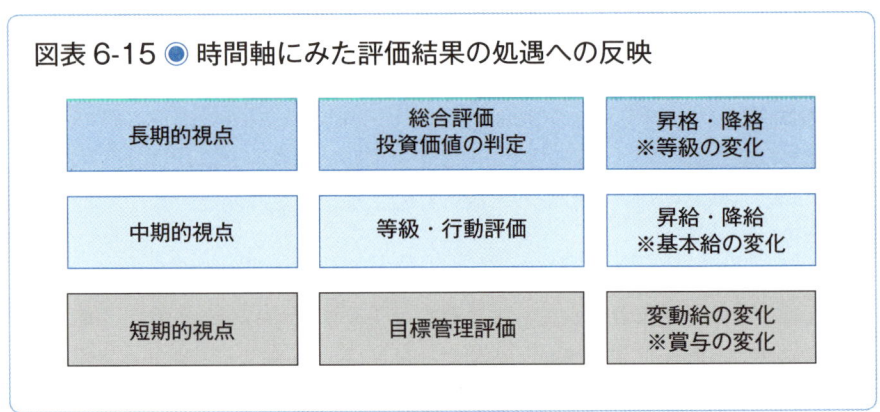

図表 6-15 ● 時間軸にみた評価結果の処遇への反映

長期的視点	総合評価 投資価値の判定	昇格・降格 ※等級の変化
中期的視点	等級・行動評価	昇給・降給 ※基本給の変化
短期的視点	目標管理評価	変動給の変化 ※賞与の変化

❹ 目標管理制度

❶ 目標管理制度とは

　目標管理（MBO：Management by Objectives and Self-Control）は、1956 年に経営学者ピーター・F・ドラッガーが「現代の経営」の中で初めて日本に紹介したマネジメント手法である。「目標と自己統制によるマネジメント」の意味で、命令や強制ではなく、自主性や自己統制に基づいて目標を達成するという仕組みである。

　日本での導入当初は、「目標の管理」というように誤解され、上司が部下の売り上げ目標を細分化して個人のノルマとして割り付け、その達成を厳しく管理するということが行われてきたが、本来的には「社員自らが目標を定め、そこに向けて自分でプロセスを管理して仕事をしていく」ためのものである。

　目標管理では、組織の中の一人ひとりが自分の所属する部署の目標を自分のものとして理解し、それを達成するために上司と相談しながら自分は何をしたらよいのかを考えて目標を立てる。そして、各人が自分で立てた目標を達成することにより、結果として、部署の目標も達成されることになる。

　これにより目標は上から押し付けられるのではなく、各人が自分で考え納得したものになるので、モチベーション高く取り組むことができるとされている。目標管理では、この「Self-Control」が忘れられていることが多い。社員が自ら目標を設定することがこの制度の肝である。そして、その目標は独りよがりのものではならない。部門目標を達成するために自らが何を目標として何をするのか、社員それぞれが考えて行動することが求められる。

　目標管理は、PDCA を回していくマネジメントの基本を実行するための制度でもある。半期ごとに PDCA サイクルを回していくことが基本となる ［図表6-16］。

　この PDCA サイクルを回すことは、マネージャーをはじめ社員が仕事をしていくうえで非常に大切である。たとえ評価制度がなくても、PDCA サイクルは回さなければならない。そのぐらいの重要なものであるという認識をしていただきたい。目標管理は広く多くの会社で導入されており、知的労働が主流となる企業では必須の制度といっても過言ではないだろう。

　しかし、この運用がしっかりとできている会社は少ない。その問題の大きな部

図表 6-16 ● 目標管理における PDCA の重要性

Plan	
成果イメージを計画として立てる （方法ではない）	上司⇔部下ですり合わせ 共有

Do	
成果イメージにたどりつく方法を考えて、 実行する	＜セルフコントロール＞ 上司はアドバイスする

Check	
成果イメージと、最終的に生み出された 成果の乖離度を測定	乖離度＝清算価値評価 課題点の抽出

Action	
課題点の克服のための、改善策、プロセス の変更点を明らかにする	次の Plan に結び付ける

分は「目標設定」にある。目標設定がしっかりと行われていないことが非常に多く、これが不十分であると目標管理は機能しない。その結果、評価も公正に行えないことになる。

　目標管理の運用や目標設定は、人事部門だけで行えるものではない。全社目標が明確になっており、それが部門ごとにブレイクダウンされ、さらにメンバーにブレイクダウンされる。特に、全社目標と部門目標の設定は、経営的課題であり、経営企画部門主導で行われるべきものである。人事では、経営企画をはじめとする社内の各部門と十分にすり合わせのうえで運用していただきたい [**図表 6-17**]。

2 目標設定

　目標とは、「期末（半期末）における成果イメージ」である。このイメージとは漠然としたものではなく、具体的でなければならない。「どのようになったら目標達成なのか」をできる限り明らかにすることである。数値目標のみならず、定性的な目標でも最終的な形を具体的にイメージしておかなければならない [**図表 6-18**]。

図表 6-17 ● 目標管理におけるブレイクダウンの方法

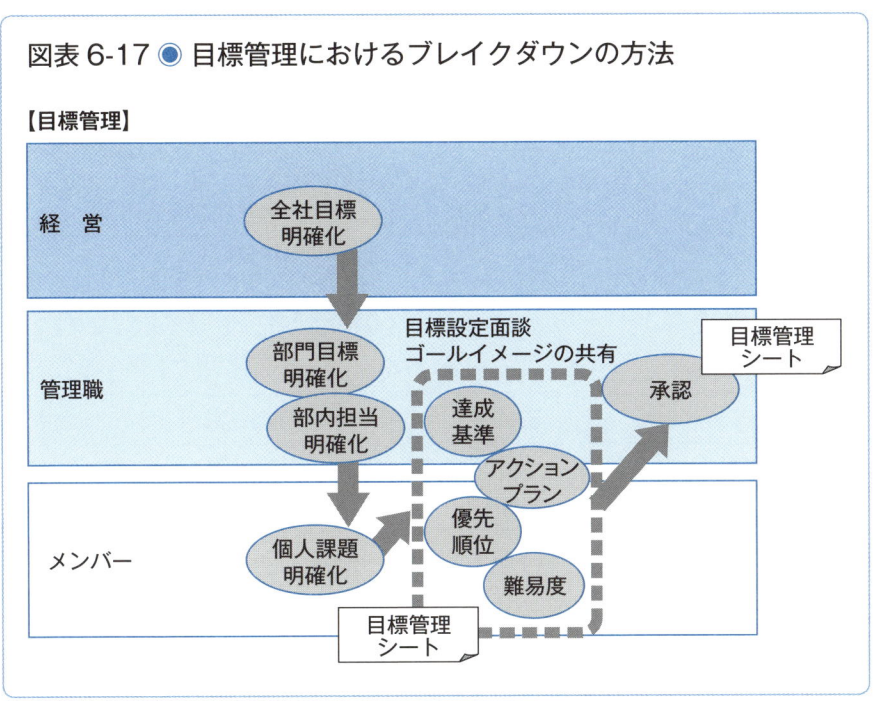

図表 6-18 ● 目標設定のキーワードは SMART

Specific 具体的で、

Measurable 測定可能で、

Attainable 実現可能で、

Relevant 組織目標にリンクしており、

Time limited 達成の期限が明確である。

図表 6-19 ● 定量的目標設定と定性的目標設定のポイント

なにを	目標	新規顧客開拓

どこまで	達成基準	売り上げ 3000 万円

2700 万円未満で評価「C」
3000 万円未満で評価「B」
3000 万円達成で評価「A」
3300 万円で評価「S」
3600 万円で評価「SS」
などと設定できれば BETTER。

いつまでに	達成時期	9月末までに

どのようにして	施策手段	○○業界に特化して

ここまで設定できれば、「セルフマネジメント」が機能しやすくなる。

長期目標、定性的な目標こそ、達成基準の設定が必要。

なにを	目標	人事データベース構築

どこまで	達成基準	要件定義を完了し発注

要件定義未達で「C」
要件定義完了までで「B」
発注完了で「A」
その他、コスト削減、納期短縮などの
著しい加点材料があれば「S」以上…

いつまでに	達成時期	9月末までに

長期目標であれば、プロセスを切って
目標設定する。

どのようにして	施策手段	プロジェクトリーダーとして

　また、人事評価では、「どうなったら、どのような評価を得られるのか」についても明らかにしておくと、評価の時点での誤解や認識のずれが少なくなる。

　定性目標ならば、マニュアルなどの成果物、役員会での承認などのプロセスの結果、あるいは「上司がその出来栄えを認める」などでもよい。とにかく「どのようにしてその達成を見極めるか」を明確にする [図表 6-19]。

　[図表 6-20 〜 21] は、目標設定のポイント、失敗例、改善策である。人事部門は、各個人の目標が設定された段階で、その達成基準についての検証を行うべきである。

　特に目標設定時で、職制が部門目標を意味と背景を交えてメンバーに説明していない場合もある。この意味で、マネジメントの目標管理に対する認識と理解、実行はきわめて重要である。

❸目標管理シート

　目標管理で使用する目標管理シートは、「達成基準」が明確なものを用意する必要がある [図表 6-22]。

　他の記述と分けて、「達成基準」だけの欄を設けるべきである。人事が検証す

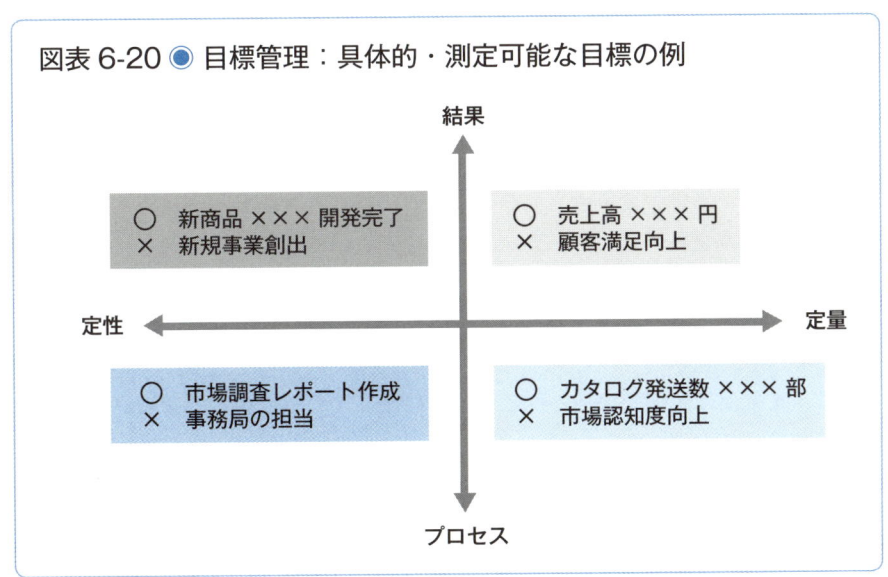

図表 6-20 ● 目標管理：具体的・測定可能な目標の例

図表 6-21 ● 目標設定の失敗例

期待目標が 入っていない	⇒日ごろのコミュニケーション不足を反省 ⇒期待する方向と範囲を示し、部下に主体的に目標設定・修正させる
目標が 簡単すぎる	⇒組織目標の背景・目的を説明 ⇒ランク相応（本人の現有能力より少し高めで、本人の創意工夫と努力によって達成できる）レベルとはどの程度か理解させる
目標が 難しすぎる	⇒目標達成のために予想される問題を聞く ⇒達成方法・問題解決方法を具体的に聞く 　✓具体策がなければ、再検討させる
目標が 曖昧である	⇒目標を定量化させる ⇒何を、どれだけ、いつまでに、といった目標の要素を明確に聞き出す

る際は、ここにだけ注目すればよい。

4 難易度と重要度

目標管理運用上の課題の一つが、難易度と重要度の設定である。

難易度は、社員の現在の等級と、設定された目標とを比較して設定されるが、この設定は容易ではない。社員本人のみならず、他の社員、他の部署に比べてどうなのかを本来検証して設定されるべきものである。

したがって、難易度については、マネージャーが集まったミーティングで、相互に難易度を検証する「目標設定会議」の設置が必要になってくる。しかし、1回の運用で目標設定をし、評価するだけでは適正な難易度設定は困難である。数回の運用を経て、達成度をみて、その達成度に応じた次の目標を設定していくといった取り組みを続けていく必要がある。すぐにはできないと認識しておくべきである。

難易度と達成度については、あらかじめ人事より［図表6-23］のような目安を示しておくとよい。

なお、重要度は上司が決めるべきで「何に優先して取り組んでほしいか」を示すものである。

5 目標管理のサイクル

一般的な目標管理制度による評価のサイクルは［図表6-24］のとおりである。
目標設定の段階の間に目標設定会議を、業績評価の段階の間に評価調整会議を

図表 6-22 ● 目標管理シート例

目標管理（MBO）シート
2010 年下期　　対象期間：　2010 年 9 月 1 日 ～ 2011 年 2 月 28 日

【個人目標設定】
※主たる業務目標を 3 から 4 つ程度記載し、5 つ目は期中に発生した新規成果目標等に対応するために用いる。
　ただし、マネージャー以上は 5 つ目の欄に「人材育成」を設定する。（必須）

所属			

社員番号	氏名

	目標設定（期初記入）						目標達成度（期末記入）			
	テーマ（何に取り組むか）	具体的目標（何を、いつまでに）	達成基準（どうなったら達成された状態か）	手段・手法（具体的なアクションプラン）	難易度	ウエート	自己達成評価	達成度	一次評価者達成度評価	達成度
	本人	本人	本人	本人	上長	上長	本人	本人	上長	上長
1					SS S A B	%		SS S A B C		SS S A B C
2					SS S A B	%		SS S A B C		SS S A B C
3					SS S A B	%		SS S A B C		SS S A B C
4					SS S A B	%		SS S A B C		SS S A B C
5					SS S A B	%		SS S A B C		SS S A B C
					計	0%				

①自己評価		②一次評価　一次評価者名：	③二次評価　二次評価者名：	④最終評価
評価ランク　SS2･SS1･S2･S1･A2･A1･B2･B1･C		評価ランク　SS2･SS1･S2･S1･A2･A1･B2･B1･C	評価ランク　SS2･SS1･S2･S1･A2･A1･B2･B1･C	評価ランク
《主な成果》	《評価コメント》	《評価コメント》	《評価コメント》	最終評価者　印

本人印	一次評価者印	二次評価者印

図表 6-23 ● 業績評価における難易度と重要度の関係

			目標達成の評定				
			目標を大幅に上回った	目標を上回った	目標どおり	目標を下回った	目標を大幅に下回った
			SS	S	A	B	C
目標の難易度	能力を大きく超えている	SS	SS	SS	S	A	B
	能力を上回っている	S	SS	SS	S	A	B
	能力どおり	A	S	A	B	C	C
	能力を下回っている	B	A	B	C	C	C
	能力を大きく下回っている	C	B	C	C	C	C

公式なものとして盛り込むと目標管理は機能しやすい。

6 バランス・スコア・カード（BSC）

BSC は財務的指標中心の業績管理手法の欠点を補う、戦略・ビジョンを四つの視点（財務、顧客、業務プロセス、学習と成長）で分類して、適切な指標・目標を設定しようというものである。これに「革新の視点」が加わることもある。

人事評価では、目標管理での目標設定の指標が数値に偏らず、当期のみならず中長期的視点を持ったバランスのある目標を設定するために使用される。目標管理でも、BSC の視点を用いることは有益である。営業の目標が数値のみになっているケースは多い。しかし、今期と来期に向けて顧客に対してどうなっていればいいのか、業務プロセスの改善をどのように進めていけばいいのか、組織と個人の成長をどのように図ればいいのか——などを目標に織り込むことは意義が大きい。

ただし、BSC の運用は容易ではない。この指標の導入には経営の主導が必要である。導入しても人事評価では部長クラス以上の管理職にのみ適用するケース

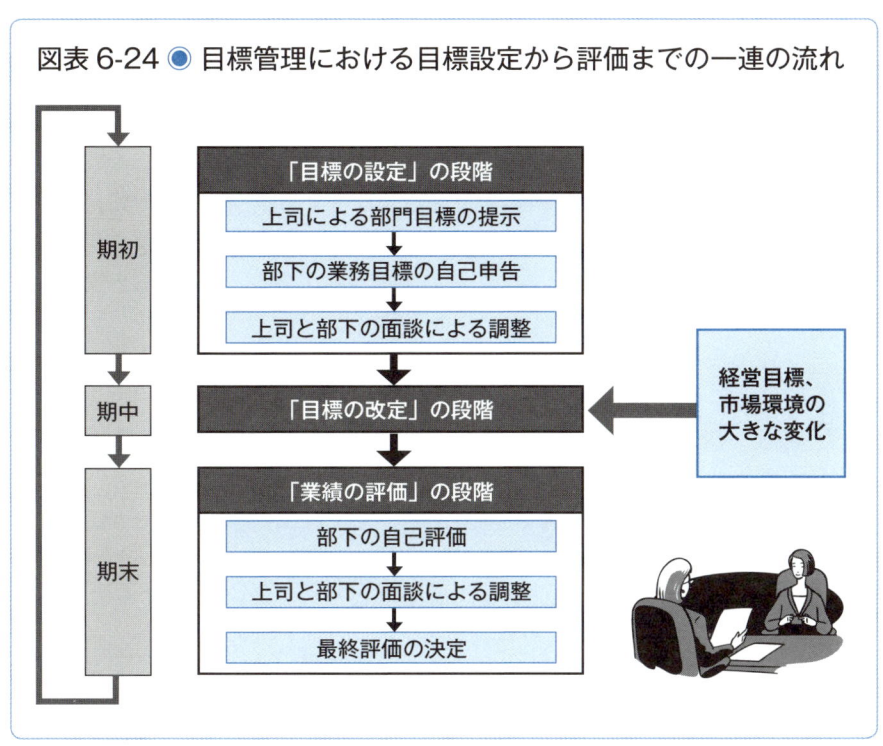

図表 6-24 ● 目標管理における目標設定から評価までの一連の流れ

もある。細分化された業務を行っている社員にまで浸透させるには、相当なエネルギーと根気が必要である。

　また、当期において経営的に求めているものの多くは財務の視点である。BSCで財務の視点以外の目標が達成されていても、財務の目標が達成されなければ、会社の業績は上がらないのに、人事評価だけ高まってしまうという矛盾も起こり得る。「個人の目標の総和＝会社の業績」という成果評価の意義を見落とさないようにしていただきたい。

７ 成果評価の留意点

　成果は、「行動×環境・運」によってもたらされる。成果の評価は「環境や運」を取り込んでいる。したがって、「運も実力のうち」として評価するほうが公正である。成果が上がっているのに「運がよかったから」と評価を下げたり、

評価の標語

人事評価は「点数制」か「標語制」で行われる。

標語制は、「SS・S・A・B・C」などの標語を用いるもので、点数制は「5・4・3・2・1」などの数字を用いるものである。数字は、難易度や重要度などを示しやすい、あるいは計算がしやすいという利点がある。ただし、その計算によって出た数字に問題がある。その数字の妥当性が検証できないのである。

計算の結果、3.32 と 3.35 という評価数値が出たとする。この違いを合理的に説明できるだろうか。

私は、通常の人事評価における点数制はあまりお勧めしない。評価は、育成のために行うものである。進学のための内申書を作るものでもないし、入試でもない。要は、「何ができて、何ができなかったか、課題は何か」を示すことが重要なのだから、これを足したり、引いたり、掛けたりして結果として出た数値化に意味はないと考える。

標語制を用いた場合は集計で課題が出る。しかし、多くの場合、それぞれの評価が"人が人を評価する"というそもそもアナログの世界なのであり、「アナログ×アナログ＝アナログ」なのである。要するに、人事評価のポイントは、評価者が、全体を見て、その被評価者が期待どおりだったか、期待を上回ったかなど、その結果を示せればよいのである。

この場合、達成したら「A」という標語を用いることをお勧めする。期待どおりを示す標準的な評価結果が「A」である。この基準をしっかり示しておくことが大切だ。この標準的な評価結果を「B」とすると、「B」よりは「A」のほうがいいというこれまでの慣れを重視するあまり、A 以上に結果的に集中して評価のインフレを招きやすいので要注意。

いずれにしても評価制度の運用には、評価者のレベルアップが欠かせない。点数制でも標語制でも評価の妥当性は人が行う評価によってもたらされるものである。評価段階は企業により任意であるが、5 段階ないしは 9 段階評価とするのが運用しやすいと思われる。

　　比較的評価しやすい成果評価は9段階、評価が定性的になりがちなプロセスの評価は5段階などとなる。いずれにしても標準評価とその基準を決めておくことは、評価調整時に運用を楽にするので重要である。

逆に成果が上がっていないのに「運が悪かったから」として評価を甘くすると、評価に対する信頼度を著しく損なう。成果の評価は結果であるから、これら環境要因が含まれて行われることを当初から想定しておくべきである。そして、この環境要素を排除した評価は、中期的視点による評価・長期的視点による評価で補完していく。

8 中期的視点による評価

　中期的視点による評価（中期的評価）は、社員の行動能力を1年に1回などのタイミングで評価するものである。

　短期的視点による評価は、「行動×環境・運」による評価だが、中期的評価は、「行動」に焦点を当てることで評価全体における妥当性が保たれる。

　「行動＝プロセス」を前提としてプロセス評価が正しく行われると成果の再現性が期待できる。単なるラッキーではない信頼感のある成果創出が期待できるということである。その意味で評価される者の"投資価値"をみていくということになる。

　プロセス評価は、マネージャーの日常観察により行われる。成果評価は成果物や結果により評価を行うが、行動は日常的なものである。求められている行動を行っているかという点を評価する。ここでいう「求められている行動」とは、行動指針であり、等級要件である。これに照らした日常観察と評価が行われなければならない。

　したがって、等級要件で、求められている行動をより具体的に示しておかなければならない。どのような行動が求められているか、より詳しいリストを社員に提示しておくと、評価がスムーズに行われる。

　[図表6-25]はプロセス評価シートの例だが、項目が細かいことが分かる。だが、マネージャーが評価を運用しやすく、かつ被評価者は何を求められているか

図表 6-25 ● プロセス評価シート例

2	全社に影響を与える高度な職責を担えることを想定します。理念・行動指針を全社的な影当社の中長期戦略の立案に参画し、またこの戦略に基づき方針を示し、組織ビジョンをつ人材を発掘・育成し、仕事を任せていきます。適切なタイミングで決断を下し、その決断

グレード別

能力項目	能力項目の定義	期初本人記入 グレード要件・コンピテンシーモデルに関する課題設定（本人が上長と相談の上作成）	本人記入 自己評価	評価
グレード2　コンピテンシー項目				
率先垂範	自ら率先して動く。機会を見逃さず、行動に移す。率い入で率先垂範して動きを作る。	自分の担当分野については、上司・同僚に頼ることなく、自ら完遂することができるだけの、知識・スキルを身につける。この分野では、社内で第一人者になりたい。	職場内で率先して新規顧客開発などを行った。	S
情報をとる	問題にぶつかったり、意志を決める場面で、必要な全ての情報がとれる。いろいろな人の意見を聞き、事実を明確にし、偏らない分析ができる。	情報をとるリソースが少ない。物事を一面的に見て判断してしまうようなことがあるので、できるだけ複眼的客観的に判断できるだけの情報リソースをもちたい。	情報リソースを増やすことができなかった。まだ、客観的に判断できないことがあるようだ。	B
ストレス耐性	関係の強い場面でも冷静で目的を見失わない、プレッシャーの下で実績を出せる。批判に対して冷静に対処できる。	落ち込むことがあり、仕事のやる気が低下してしまう。粘り強く仕事をしていきたい。 プレゼンテーションが苦手。プレゼンツール（PPTなど）のスキルを身につけ、また、顧客に要点をしっかり伝えられるようなプレゼン能力を高めたい。	イベントなどにおいて冷静に行動できた。ストレスとうまくつきあうことができたと思う。	S
バイタリティ	熱心に自分から仕事をする。長期開発力をつづけ、ハードワークもいとわない献身性をもつ。		○○の案件など、最後まで頑張りとおすことができたと思う。	S

グレード別コンピテンシーモデル

142

響力をもって十分に体現しています。
くり、組織の力を最大限に引き出すべく舵取り、目配りをして、最終的な責任を担います。
は全社的に信頼を得ています。成功を信じる信念と人間的魅力をもち、人望があります。

コンピテンシー評価

期末記入

一次評価者記入

発揮され実用的な側面	++	+	±	−	−−	発揮されずに役に立たない側面	一次評価	評価
何か起こるのを待つのではなく、自分から行動しようとする。	☐	■	☐	☐	☐	自分から動こうとしない。	自分が関心のあることについては、率先して動きをつくっているが、そのほかの事に関しては、気づかないか、あるいは引き受けないことがある。また、走っていっても後ろに誰もいないという懸念もあり、自身のポジションとして何が必要か、あるいはどのように周囲に「背中を見せるべきか」再考してほしい。	S
物事を率先して行う。	■	☐	☐	☐	☐	受動的。		
状況を創る。	☐	☐	■	☐	☐	機会を逃してしまうことがある。		
出来事に対し活発に影響を与える。	☐	■	☐	☐	☐	率いるより従う。		
難問を進んで引き受ける。	☐	☐	☐	■	☐	難問を引き受けたがらず反発する。		
表面的な価値で物事をとらえない。	☐	☐	☐	☐	■	表面的な情報を受け入れてしまう。	表面的に短絡的に判断を下してしまうことがあり、構造化できていない。データを使うにしても一元的である。臭いをかぎわけ、より多くの情報リソースをもつまでに、意識して努力してほしい。	C
物事をうのみにしない。	☐	☐	☐	☐	■	人の話を真に受けすぎる。		
十分な情報をもっている。	☐	☐	☐	■	☐	確かなデータを軽視し、憶測に頼りすぎる。		
多様な見方で物事を検証する。	☐	☐	☐	☐	■	適切な質問をするために必要な、十分な知識に欠ける。		
適切な時に専門家の助けをもとめる。	☐	☐	☐	☐	■	独りよがりで偏った見方をする。		
プレッシャーに強い。	☐	■	☐	☐	☐	プレッシャー状況下で、余計な心に振る舞う。	ストレスには耐性があると思う。行動も落ち着いている。ただし、アドバイスや他者の批判に対して反発することがある。まずは受け入れてほしい。	S
他者に落ち着いた印象を与える。	☐	■	☐	☐	☐	困難に直面したとき、平静を保っていられない。		
建設的な批判を受け入れる。	☐	☐	☐	■	☐	批判に対して、過剰な反応をする。		
ストレスがあっても生産性が下がらない。	☐	■	☐	☐	☐	プレッシャーの下では仕事が遅くなる。		
自身のストレスの兆候を管理する。	☐	☐	■	☐	☐	無理をして自滅する。		
やる気にあふれている	☐	■	☐	☐	☐	すぐに興味を失う。	案件によってはがんばりとおすことができる。仕事を任すことができるようになってきた。ただし、時間に余裕があるときに、次へのステップを踏み出すのが遅い。スピードに気をつけてほしい。	A
いつも活動的である。	☐	■	☐	☐	☐	すぐにやる気がなくなる。		
必要以上の仕事を進んで引き受ける。	☐	☐	■	☐	☐	仕事を避ける。		
長期的目標に向かって努力することを楽しむ。	☐	■	☐	☐	☐	スタミナが弱い。		
熱意で人を動かせる。	☐	☐	■	☐	☐	熱意をあまり示さない。		

理解しやすい。

⑨ 短期的評価・中期的評価の総合化

　昇給や昇格を決めていく際に、短期的評価と中期的評価をどのようなウエートで重要視するかは、人事制度策定時に確認しておかなければならない。成果とプロセスの重視度合いである。

　一般的には、上位等級に行くほど、全社的業績を左右するだけの影響力を行使しているわけであるから、成果のウエートが高くなる。下位等級は、その成果への影響度が小さいためプロセスが重視される。[図表 6-26] は、等級別にみた年収に占めるウエートを示した事例である。

　評価の総合化は、それぞれの評価における基本給や賞与、昇格で、どの評価をどれほど重視するかを反映させていく必要がある。

　また、過去１年間（プロセス評価１回、成果評価２回）を見るのか、過去２年間やそれ以上見るのかも決めておかなければならない。通常、昇給・降給を決定する際は、前回の昇給・降給からの期間のみを見る（賞与は当然過去１回の成果評価が通常である）。昇格・降格では、２年かそれ以上の期間をみるのが通例である。

　４等級でプロセス評価 S、成果評価 A の社員の総合的な評価は何になるか。プロセス 60 に対して成果 40 で基本給を決めるとされていれば、これをどう見る

図表 6-26 ● プロセスと成果のウエート設定例

等級	年収ウエート	
	基本給	賞　与
5	プロセス 60　：　成果 40	成果で決定
4	プロセス 60　：　成果 40	
3	プロセス 70　：　成果 30	
2	プロセス 80　：　成果 20	
1	プロセス 90　：　成果 10	

等級が高くなるにつれて総年収に対する成果給の割合が大きくなっていく

か。標語制による場合では判断が難しい。対照表を作るか、あるいは人事部門で数値化するか、運用上の工夫が求められる。

　職制が行う個別評価では標語制は適するが、この評価の総合化の段階では数値化が運用しやすい。例えば、Sを4、Aを3と読み替えて、ウエートで計算するなどの方法がある（事例：4 × 60% + 3 × 40% = 3.6 が総合化された評価ポイントとなる）。この点数を相対化し、昇給を決定していく指標とすると運用しやすい。

⑩長期的視点による評価

　総合化された評価の累積に基づき、昇格を審査していく。昇格は、求められる要件の変化を意味する。

　従来の職能資格制度の多くは、「現在の等級の要件を満たしていたら昇格」とするケースが多かった。いわゆる「卒業型」といわれる方式で、これが年功的な運用を助長した。

　従来型の年功序列が維持できなくなっている現状では、「現在の等級の要件を満たしており」「次の等級の要件も満たすと十分に予見される場合」に昇格させる「入学型」の導入が増えている **[図表6-27]**。「昇格させてみたものの、あまりパッとしなかった」という場合に、簡単には降格させられないのが現実である

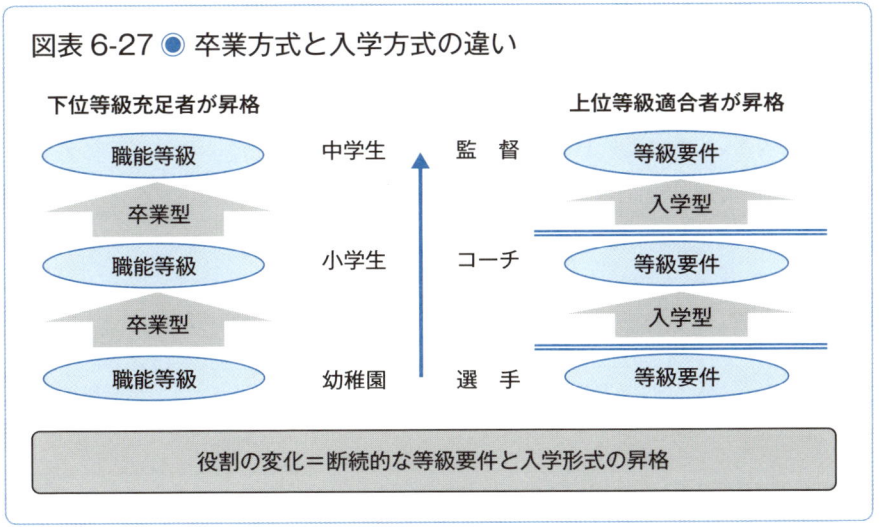

図表6-27 ● 卒業方式と入学方式の違い

下位等級充足者が昇格　　　　　　　　　　　　上位等級適合者が昇格

| 職能等級 | 中学生 | 監　督 | 等級要件 |

卒業型　　　　　　　　　入学型

| 職能等級 | 小学生 | コーチ | 等級要件 |

卒業型　　　　　　　　　入学型

| 職能等級 | 幼稚園 | 選　手 | 等級要件 |

役割の変化＝断続的な等級要件と入学形式の昇格

ため、昇格は慎重に行わなければならない。

その意味で、現在の昇格は、下記のような運用が適しているといえる。

• 過去評価の総合評価が標準以上で昇格候補者となる

• 次の等級の要件を予見できるか判定したうえで昇格する

過去の評価については、その履歴が整理されていれば材料は得られる。次の等級の要件を満たすか否かをどのように判定するかを決めておく必要がある。昇格推薦者が判定するか、評価調整会議で議論するか、役員面接などを行うか、マルチプルアセスメント（面接・小論文・グループディスカッション・プレゼンテーションなど複合的な評価手法を用いる昇格審査）を用いるかなどは、企業規模により選択される。

いずれにしても、次の等級では何が求められているかの要件設定が前提である。

11 評価調整

人事部門の重要な役割の一つが、評価調整である。

評価者による評価の甘辛はつきものである。それを平準化させ、マネージャーによる評価の偏りをできる限り減らしていくことは、制度運用ではきわめて重要なことである ［図表 6-28］。

評価調整の前提は評価基準を定めておくこと。基本的には、「目標を達成したと判定される」という標準の評価基準（標準ポイント）を明らかにしておくことである。人事部門が職制を牽制する最も根拠となるのが、この標準ポイントである。「A」という評価に対して、「本当に目標達成したんですか？」という問い掛けは効く。

図表 6-28 ● 評価調整をする各評価段階の評価者

被評価者	メンバー・主任	係長	課長	部長
一次評価者	係長	課長	部長	評価委員会
二次評価者	課長	部長	評価委員会	社長
最終評価者	部長	評価委員会	社長	—

146

12 評価調整会議を評価プロセスに組み込む

　職制主導での評価調整会議を評価プロセスに組み込み、部門内における評価の相対化を自分たちで行うように誘導する。人事はこのサポート役であり、評価を調整する主体は職制としていくことが評価制度を円滑に運用していくポイントである。決めるのはあくまで現場であり、人事はそのサポート役という役回りを明確にし、評価に対する不平・不満を人事の責任にさせないようにしておくことが評価の納得性を高めることになる。

　人事部門は評価調整に際し、［図表 6-29］［図表 6-30］のような資料を用意しておくと調整がスムーズになる。

図表 6-29 ● 管理職ごとの評価の甘辛が分かる一覧表

評価者	山田	山上	山中	山下
SS	佐藤			
S	加藤			中田
A	斎藤	鈴木	新藤	
	田中		遠藤	
			小松	
			加山	
B		松田		坂本
		松下		中村
				中山
C				島

山田さんの評価が甘く、山下さんは評価が厳しい。
山中さんは中心化傾向。

147

図表6-30 ● 原資から全体を管理する——A2評価×人数＝原資の場合

評価者	山田	山上	山中	山下	計
SS2				中田 +100000	
SS1	佐藤 +60000			鳥 +60000	
S2			新藤 +40000	下川 +40000	
S1	加藤 +20000	松下 +20000	遠藤 +20000	上田 +20000	
A2（原資ポイント）	斎藤 0 / 田中 0 / 寺田 0	鈴木 0	小松 0 / 加山 0 / 川村 0 / 大田 0	吉田 0 / 吉本 0	
A1		鈴木 ▲20000	大川 ▲20000		
B2		松田 ▲40000		坂本 ▲40000	
B1		遠藤 ▲60000 / 近藤 ▲60000		中村 ▲60000 / 中山 ▲60000	
C					
原資状況	+80000 原資オーバー	▲160000 原資オーバー	+40000 原資オーバー	+60000 原資オーバー	+20000 原資オーバー

評価が上ブレしており、原資をオーバーしている。調整が必要。

⓫部門評価と個人評価

特に賞与を決定する際に、個人の評価に加えて、部門の評価を勘案する場合がある。部門評価は本来人事部門の主管ではなく、経営企画部門が主管するテーマである。

部門評価が高い部門の個人評価は相対的に高くなり、低い部門は低くなる。この部門評価をどの程度個人評価に反映させるかというのは頭の痛い問題である。その部門の組織長の評価は部門評価とイコールであるという説があるが、若干違うと思われる。組織長としての個人評価があるはずだし、また、同じ部長職でも、等級が違ったりした場合については、難易度の違いも出てくるためだ。部門評価は部門評価、個人評価は個人評価として考え、相互に影響するという前提を持つのが合理的である。

部門評価はSS・S・A・B・Cなどの評価を、予算達成度、前年業績伸び率などで経営に決定してもらう。部門ごとに所属人数は違うので、一概に評価分布を作ることはできないが、部門評価SSの部門の基準評価をS2、Sの場合S1……などと決定しておくとよい。賞与の原資配分時には、支給金額の原資設定ができれば、より明確に分布規制を行うことができる [図表 6-31]。

絶対評価と相対評価

Column

個別の評価は評価基準に照らして絶対評価で行うべきである。しかし、最終的には、昇給・昇格・賞与原資が管理できない。またポストなども有限であるため、相対化しなければならない。

職制や社員への説明で、納得感のあるフレーズとして「絶対評価の相対化」というものがある。個別の評価は絶対評価で行うが、最終的には相対評価しますということだ。だれかをS評価にするために、だれかをB評価にするという前提ではない。しかし、相対評価でも、標準の評価（＝A評価）という基準は動かすべきではない。

図表 6-31 ● 部門評価が高い部門の原資ポイントは上がり、低い部門は下がる

評価者 部門評価	山田 S	山上 B	山中 A	山下 A
SS2				中田 +100000
SS1	佐藤 +60000			鳥 +60000
S2			新藤 +40000	下川 +40000
S1	加藤 +20000	松下 +20000	遠藤 +20000	上田 +20000
A2	斎藤 0 / 田中 0 / 寺田 0	鈴木 0	小松 0 / 加山 0 / 川村 0 / 大田 0	吉田 0 / 吉本 0
A1		鈴木 ▲20000	大川 ▲20000	
B2		松田 ▲40000		坂本 ▲40000
B1		遠藤 ▲60000 / 近藤 ▲60000		中村 ▲60000 / 中山 ▲60000
C				

原資ポイント

150

5　給与制度の企画と運用

　給与制度は水準をどうするか、体系と等級との関係、昇格時の給与変化、昇給のルール、変化の期間などを考慮して策定する。等級制度、評価制度の整備なくして給与制度は成り立ち得ないので、給与制度だけをいじるのは得策ではない。また給与制度は手当の概念と相まって人事管理に関連してくる［**図表 6-32**］。

　給与の構成は、以下のとおりである。

- 月例給＝基本給・各種固定的に支給される手当・時間外などの変動手当
- 賞与＝一時的に支給されるもの
- その他臨時で支給される報奨金など
- 退職金・ストックオプションなど後払い的に支給されるもの

　また、広義には、福利厚生施策を給与制度の一環として扱うこともある。通勤

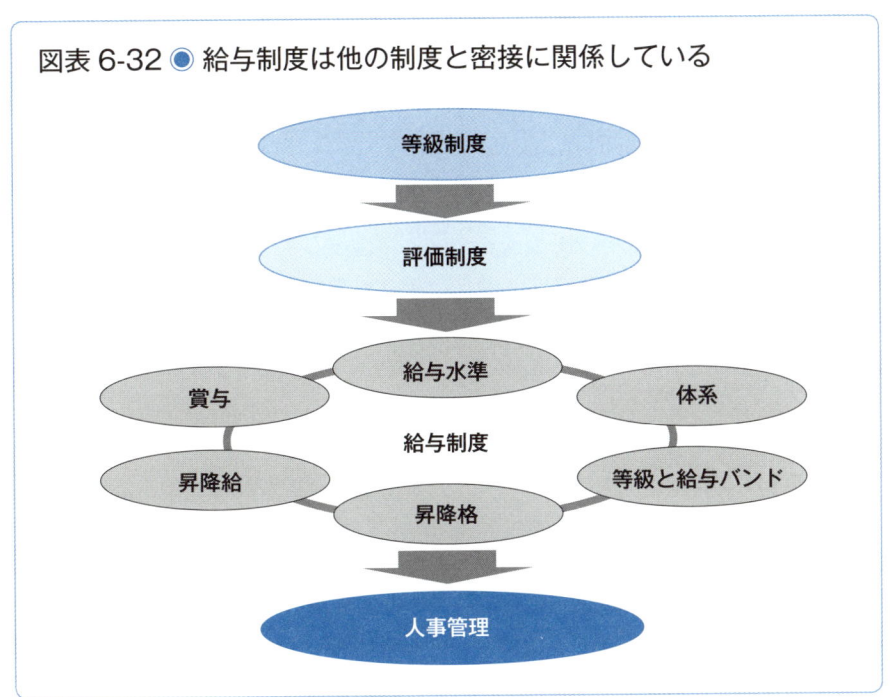

図表 6-32 ● 給与制度は他の制度と密接に関係している

等級制度

評価制度

給与制度
　賞与　給与水準　体系
　昇降給　昇降格　等級と給与バンド

人事管理

手当については給与の一部であるが、非課税枠の設定など性格的に異なる部分もあるので、別に考える。

本項では、主に社員の月例給と賞与について考えることとし、等級制度と評価制度との関連部分について詳述する。

① 給与制度での給与に関する基本的考え方

給与制度の策定に当たっては、評価制度の項で述べたが、給与には投資的意味合いと清算的意味合いがある。一般的に投資価値については基本給に反映し、清算価値については賞与で還元するという考え方を持つ。基本給は「積み上げ型」の性格を持ち、賞与は「洗い換え型」の性格を持たせるのが通例である（前掲 [図表 6-14]）。

成果主義の浸透で、この基本給にも「洗い換え型」の考え方を導入する場合があり、年俸制はその典型例である。年俸制は年収全部が「洗い換え型」であるというのが基本的な考え方である。自社の給与体系（賞与も含む）において、この投資と清算がどう定義されているかを検証いただきたい。

② 給与体系

1 昇給パターン

日本企業の従来の昇給パターンを確認する [図表 6-33]。

若年層では、大きな問題や個別の事故（勤怠異常など）がない場合、ほぼ一律に昇給する。この段階では給与にあまり大きな差を付けない。その後、主任層（年齢的に20代後半から30代前半）になると、だれが先に課長になるかなどで差が付いてくる。しかしながら、基本的には早いか遅いかの問題であるので、一定の層まではほぼ全員が昇給する。

課長以降になるとトーナメント型となり、初めて選抜が行われる。部長になれない課長層も出てくる。役員に関しても同様だ。組織が拡大している段階では、選抜に漏れた者は関連会社などに出向や転籍をし、そこでそれなりの処遇を受けられた。

この仕組みのメリットは、長期的な人材育成に適していることである。昇給によるモチベーション維持を長期的に保持できる。また、長期間にわたってロー

テーション等により複数の評価者が評価をし、その情報が蓄積されるため、能力の評価が適正に行われやすいというメリットもある。

　一方、デメリットは、年功色が色濃く反映されることが想定されること、大きな昇給までに相当の時間がかかることで、若手のモチベーションが下がることもあり得る。また、1人当たりの年収は右肩上がりであり、企業業績や企業規模、採用数が順調に伸びていくなどの環境的追い風がないと、どこかで人件費が破た

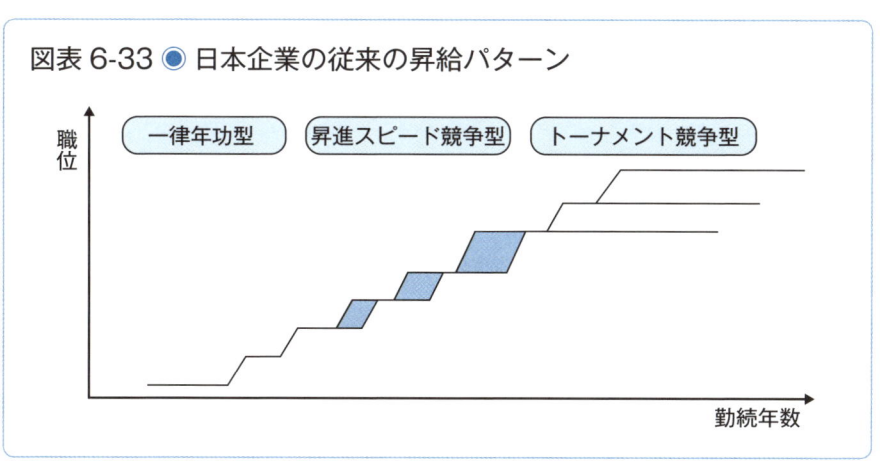

図表 6-33 ● 日本企業の従来の昇給パターン

職位
一律年功型　昇進スピード競争型　トーナメント競争型
勤続年数

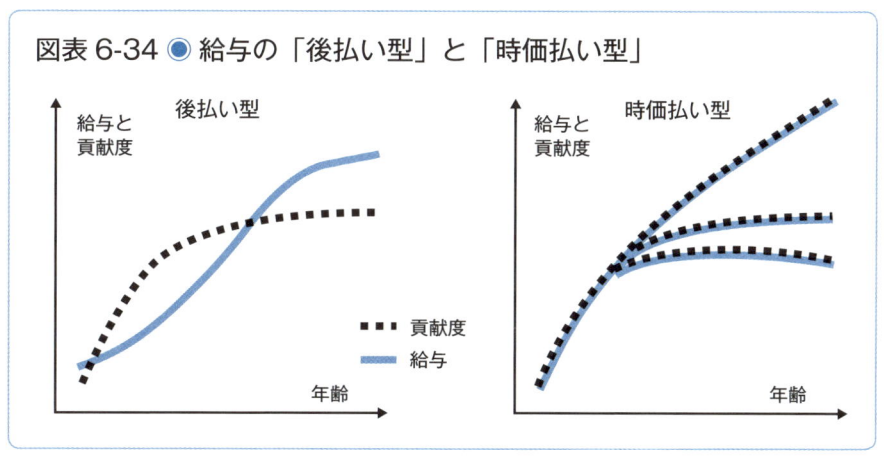

図表 6-34 ● 給与の「後払い型」と「時価払い型」

後払い型
給与と貢献度
年齢

時価払い型
給与と貢献度
年齢

貢献度
給与

んするおそれがある。

2 給与と貢献度

給与には「後払い型」と「時価払い型」という考え方がある［図表6-34］。

長らく日本企業の典型的な形は「後払い型」だった。年功序列により、将来、特に家族構成の変化を見ながら、40代から50代（子供が高校や大学に行く、住宅ローンを抱える）などに多くもらえるように企図されたものである。いわば長期勤続を想定していたものだ。右肩上がりの経済状況を前提にしていればこそ可能である形ともいえる。

最近では「時価払い型」が主流になりつつある。終身雇用を想定していないた

Column

ベアと定期昇給

経営や一部の人事担当者で、ベアと定期昇給（定昇）の概念を混同している場合があるため、この整理は明確にしておいていただきたい［図表6-35］。

ベア（ベースアップ）は、給与テーブルそのものを書き換えることである。新卒初任給が見直されるなどがその典型である。

定期昇給は、4月などの決められた時期に、同一の給与テーブル上で昇給を行う機会である。テーブルの書き換えはなく、理論上は新卒者の初任給に変化は及ぼさない。

物価などの社会情勢に基づいて行われるのがベアであり、人事制度上の給与改定を定期的に行うのが定期昇給である。

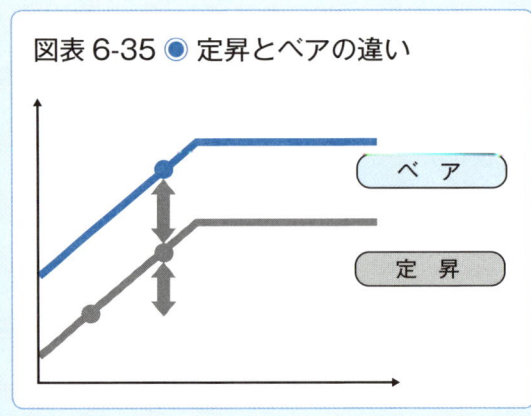

図表6-35 ● 定昇とベアの違い

ベア

定昇

め、また「ペイ・フォー・パフォーマンス」の考え方が浸透したためである。成長企業では、時価払い型を志向すべきではあると考える。しかし、若年層で、過度の時価払い型とすると、過度な短期的志向に陥り、人材育成に支障をきたすこともある。「実力主義」という名の下に、組織と人心が荒れているケースもある。

　これらのメリット・デメリットを勘案しながら、若年層には一定の年功を、中堅以降については貢献度に応じた成果を用いるなどの混合の工夫が求められる。いずれにしても人事ポリシーに基づき、基本的概念を構築していくことが肝要である。

3 一般的な給与体系

　一般的な給与体系は、基本給と手当による月例給と賞与で年収が構成される［図表6-36］。最近では年俸制からこの形式に移行する（あるいは戻す）企業が増えている。

　固定部分と変動部分を明らかにし、固定部分は中長期的な変化を想定し、変動

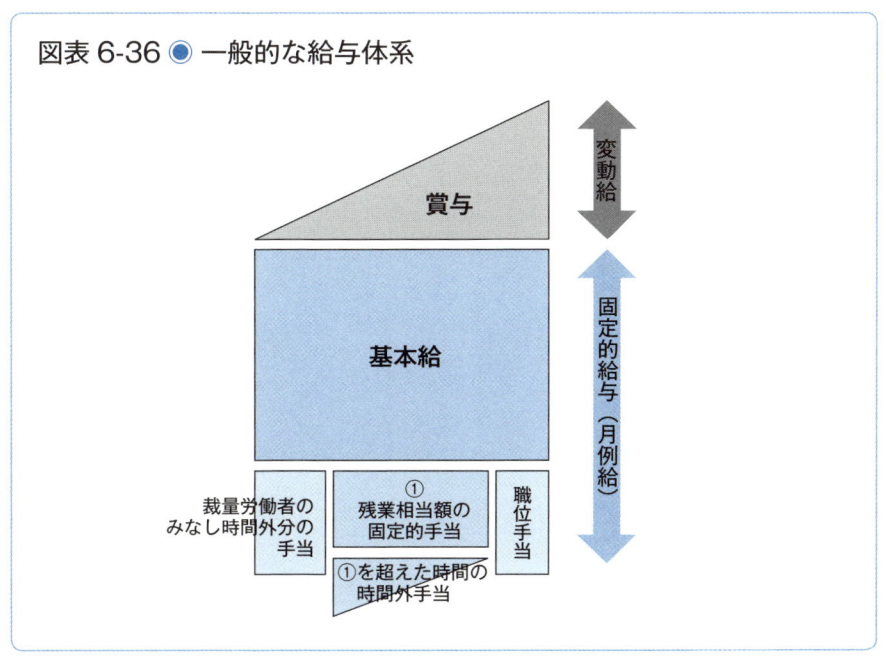

図表 6-36 ● 一般的な給与体系

年俸制の意味合い

　年俸制は（運用実態はともかく）年収全体が変動することを想定している。また、会社によっては、時間外勤務に関することを想定していないずさんな運用もなされているのが実態だ。このため、中長期的人材育成には向かないといえる。年俸制は、定期昇給の概念がない「仕事と成果」に基づく給与である。評価は毎回「ゼロベースの評価（蓄積を想定しない）」が基本であり、市場水準に基づいて決定する。高額処遇や個人差の拡大は成果の結果であるため、成果に責任を持つ一定以上の権限のある者、いわば、管理職以上に適用するのが向いているといえよう。しかし、下げる場合でも、一般的に20％以下の減額幅が運用の限界と想定しておかなければならない。

図表 6-37 ● 年俸制を基本給＋賞与制へ

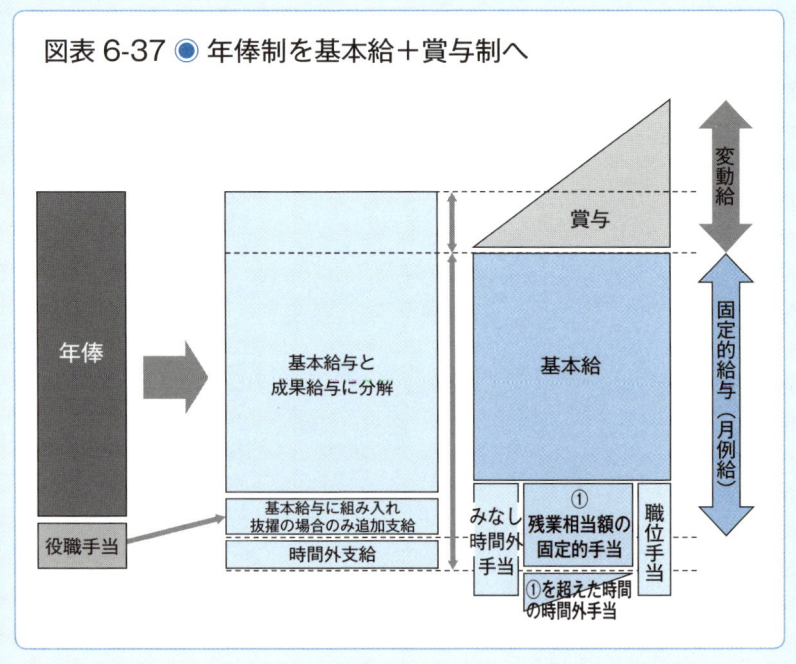

　一方、年間で水準を決定してしまうため、期中で水準を変動させることができない、期中でミッションが変化しても対応できないといったデメリットがある。成果に報いることも、翌年の改定まで待たなければならないわけだ。

　なお、半期年俸制という形態をとる会社もあるが、運用上は「基本給＋賞与」の形態と変わらなくなってくるので、名称の変化以上の効果はない。

　[図表 6-37] は年俸制から「基本給＋賞与」制に変更した場合の例である。

部分は短期的な変化を想定するのが合理的といえる。

4 等級号俸制

　等級ごとに給与テーブルを作る一般的な給与体系といえる。「等級号俸制＝古い・年功主義」というわけではない。要はその運用である。

　多くの会社の等級号俸制は、「ほとんど昇給のみ」を想定している。これについては制度設計で、「降給する仕組み」を具備すれば年功色は排除できる。

　また、等級ごとの給与レンジが重なっているものも多い。これと降給の仕組みがないことが重なると、「同じ仕事を続けていても結果的給与が上がっていく⇒パフォーマンスと給与が合わなくなる」という不具合に陥り、どこかで破たんする。これについては、①号俸（給与のピッチ）の設定、②等級ごとのレンジの設定、③昇格・降給の運用の在り方がポイントである。

　[図表 6-38] のように設計と運用で仕組みを整備すればよい。
- 習熟により、ある一定の水準までは上がるが、それ以上は自動的には上がらない
- 等級間で給与テーブルをダブらせない
- 昇格・降格および昇給・降給の運用を評価制度との関連で厳正に行う

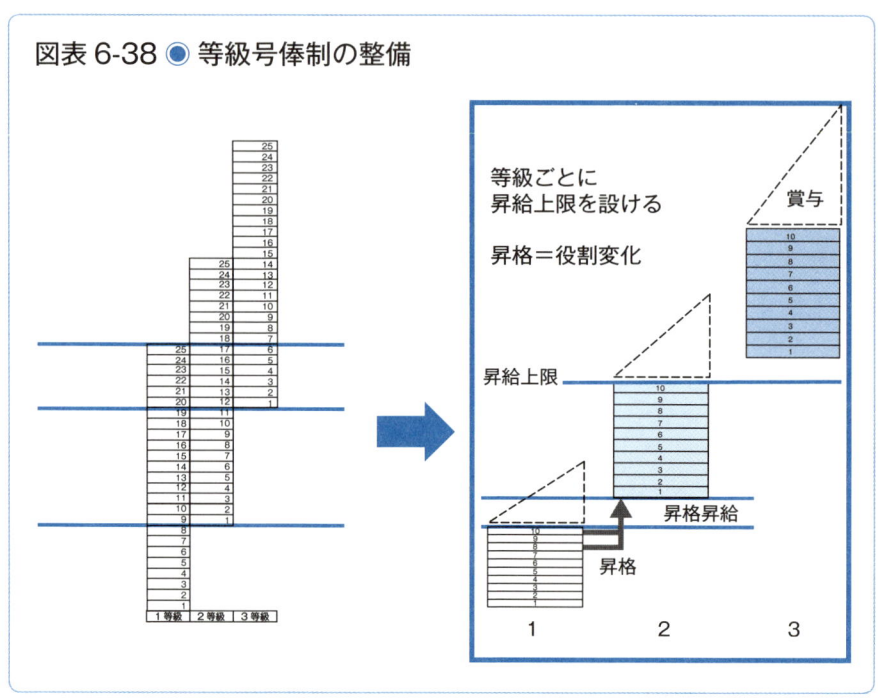

図表 6-38 ● 等級号俸制の整備

等級ごとに
昇給上限を設ける

昇格＝役割変化

賞与

昇給上限

昇格昇給

昇格

1等級　2等級　3等級

1　　　　2　　　　3

5 給与水準

　給与水準は、会社ごとに業界動向や世間水準を見据えながら設定する。水準に関するデータは、厚生労働省「賃金構造基本統計調査」をはじめ、中労委「賃金事情調査」、日本経団連「定期賃金調査」、労務行政研究所「モデル賃金・年収調査」などが毎年発表されているので参考になる（ただし、各調査とも調査対象が異なるので、注意が必要。中労委、日本経団連は大企業中心、労務行政研究所は上場企業中心のデータとなっている）。

6 賞与の決め方

　賞与の決め方は、会社業績、部門業績、個人業績を勘案して支給額を決定するのが基本だ。

　賞与額の決定では、「基本給×係数（2.5 カ月など月数）方式」と「等級別テー

ブル方式」「絶対額方式」などがあり、自社の特性や業態によって方式を選択すればよい。

　ただし、「基本給×係数方式」は、「基本給が高い＝パフォーマンスが高い」という前提に立っており、同じ評価でも基本給が高いほうが、おのずと支給額も高くなるという問題がある。運用上も原資計算がしにくいという難点があるため、ここでは「等級別テーブル方式」を解説する。

　等級別テーブル方式は、等級別に賞与テーブルを定めるもので、評価によっていくらの支給金額となるかをあらかじめ定めておく方式である。もちろんテーブルそのものは、会社業績によって変えていくことが前提である。

　下位等級については、変動幅が小さいテーブルに、上位等級では大きく変動するテーブルを設定する［図表6-39］。

　この方式は、全員が標準評価時に原資がいくらになるか（原資ポイント）を計

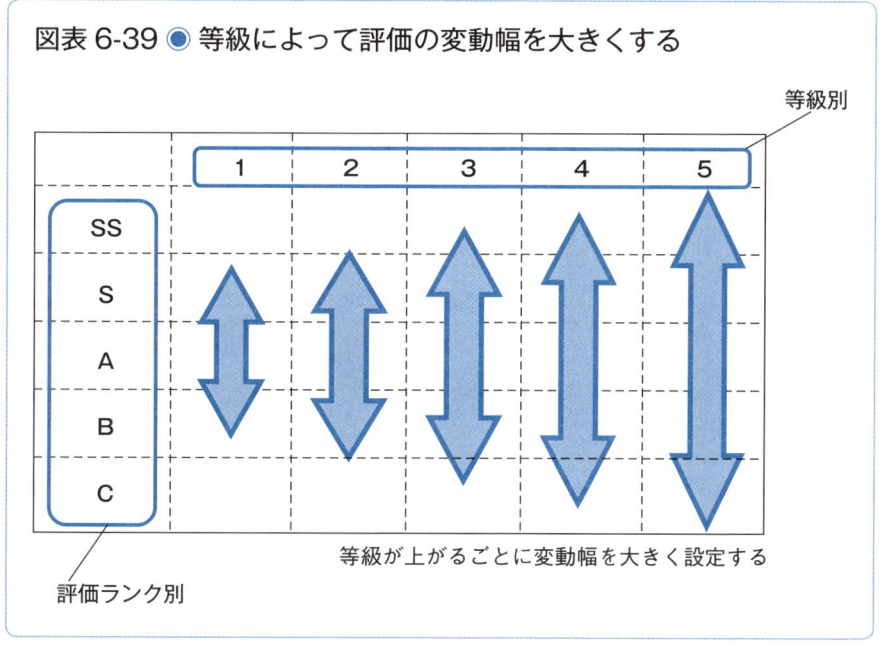

図表 6-39 ● 等級によって評価の変動幅を大きくする

等級別

1　　2　　3　　4　　5

SS
S
A
B
C

等級が上がるごとに変動幅を大きく設定する

評価ランク別

算しやすい利点があり、また等級が同じということは、理論的には能力や担っている役割の重さが同じという前提に立っているため公正感を出すことができる。

部門評価の反映についても、テーブルにより出てきた原資に、評価の係数を掛けるなどで調整できるし、部門の構成人数の違いによる支給の調整も比較的容易に行える。

7 評価と給与の関係

［図表 6-40］は、一般的な評価制度と給与制度の関連を示したものである。どの評価がどの給与項目に対応するのかを明確にすることが基本となる。

評価制度と給与制度の設計で重要なのは、「評価がどうなったら給与はどうなるのか」という連動性を明らかにすることである。そうすることで社員に評価や給与に対する信頼感ができる。

成長企業に多いのは、「評価と給与がリンクしない」ということだ。評価は懸命に行ったが、給与の決定の段階で評価結果が反映されない、あるいはつながっていない、なぜその給与になるのか説明されない（職制が説明できない）という

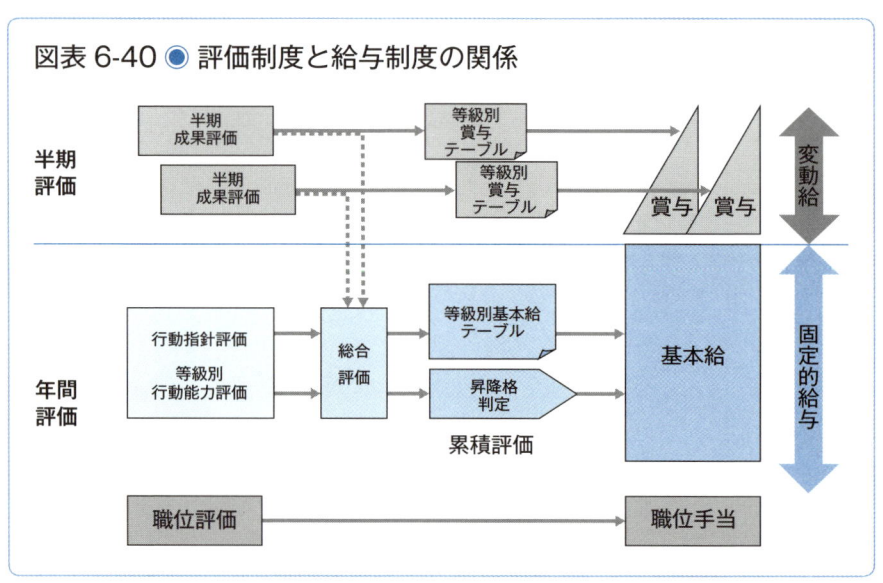

図表 6-40 ● 評価制度と給与制度の関係

事例が多い。その結果、評価制度も有名無実化してしまう。

　給与テーブルを設定するのは、評価との関連を明確にするためである。そして、評価によって給与がどのように変わるのか、目に見える形で分かることが重要である［図表6-41］。給与テーブルによって等級別に想定年収が導かれる。特に標準評価時にどのような年収になるのかを想定できる。

8 基本給のピッチ

　成長企業で、等級号俸制を導入する場合の給与ピッチ（1号俸ごとの給与の差額）は、運用上そう細かくする必要はない。

　［図表6-41］では、1等級のA評価の場合、2号俸＝4000円（ピッチ2000円／1号俸）と設定している。これは、世間一般の賃上げ率を想定しているものである。評価を5段階ないしは9段階で行うと想定しても、ピッチは1000円単位が運用しやすい（たまに200円などのピッチの号俸表を見ることがあるが、評価制度との関連上、不必要ではないかと考える）。

　この場合、使用する号俸は1～15号俸程度とし、15号俸を上限とすることにより、過度な昇給を抑制する。

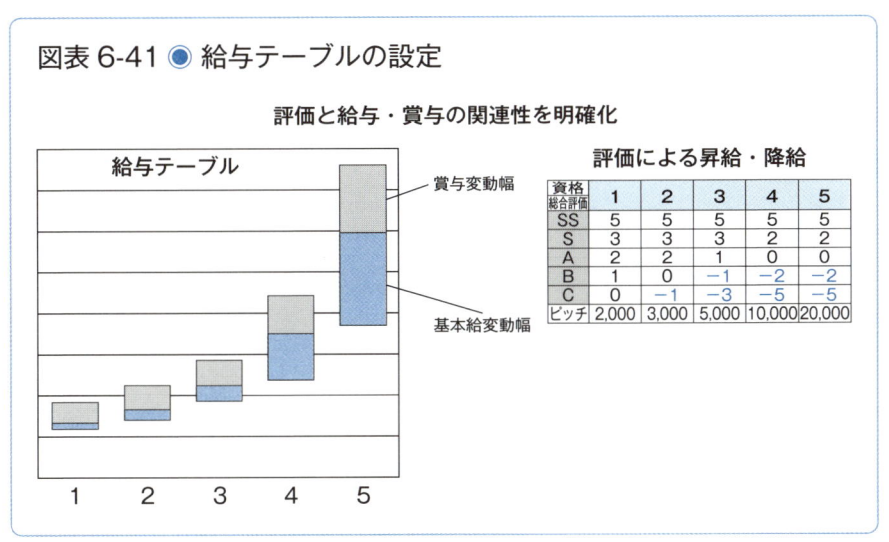

図表 6-41 ● 給与テーブルの設定

評価と給与・賞与の関連性を明確化

給与テーブル

賞与変動幅

基本給変動幅

評価による昇給・降給

資格 総合評価	1	2	3	4	5
SS	5	5	5	5	5
S	3	3	3	2	2
A	2	2	1	0	0
B	1	0	−1	−2	−2
C	0	−1	−3	−5	−5
ピッチ	2,000	3,000	5,000	10,000	20,000

9 昇降格における給与の変化

昇格へのインセンティブ（刺激、動機）をある程度持たせることは、中長期的な育成に役立つ。昇格しても給与があまり変わらないのでは、昇格する意欲や、昇格した際に新たな気持ちで仕事に臨むことへのモチベーションを削いでしまう。

成長企業の多くは若年層の給与が低く抑えられたままになっており、すぐに離職されてしまうというケースもある。役割変化の機会として、昇格時にある程度大きな給与の変化をもたらす設計を行ったほうがよい（逆にいえば、同じ等級内での給与変化はそう大きくなくてもよいが、少しずつでも変化したほうが本人のやる気を刺激する）。

10 抜擢への対応

成長企業で等級制度や給与テーブルを導入しようとした際に、経営や職制から「抜擢がしにくくなる」などと指摘されることもある。

給与テーブルについては、できる限り弾力的にするにしても、一定期間、そう大きな給与変動を抑える機能としてとらえられることがある。これは破たんしないための措置であるが、一方で硬直化を生む危険性も否定できない。

そこで、抜擢に関しては、柔軟に対応できるような仕掛けを用いておくことが重要である。

[図表6-42] の下の水色部分は基本給テーブルである。抜擢の際は、特例として調整給などを設け、上のグレーの部分（上限以上のゾーン）を使うことを可とする。あるいは役職手当などの手当として補てんしてもよい。

抜擢時の留意点は、すぐに昇格させないことである。抜擢が失敗することはよくあることで、その際にいったん昇格させてしまい、降格の仕組みがないと、給与が高止まりすることになりがちである。

したがって、本当にその等級にふさわしいかは後で判定するとして、組織的な要請についての給与面の対応は臨時的に迅速に行えるように備えておく必要がある。

11 中途入社者のへの対応

同様に、中途入社者についての対応も手当を用いて行う。前職の給与水準を考慮して採用する場合が多い。しかし、多くの企業で「入った時の給与の設定が高すぎて……」という話を聞く。

年代や能力から判断すると2等級だが、前職の給与が自社での4等級相当だっ

162

図表 6-42 ● 抜擢の際の給与の運用

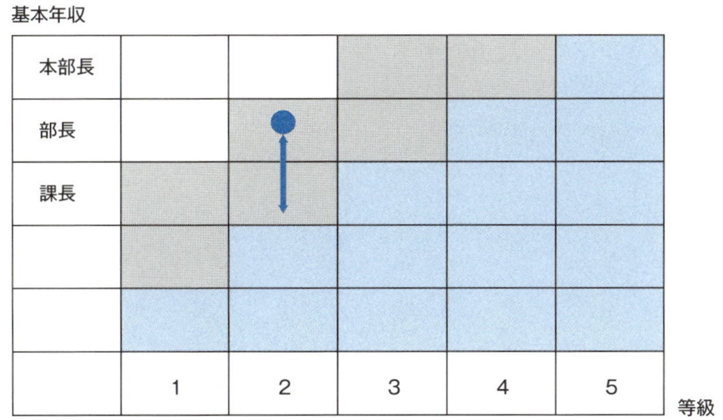

基本年収

	1	2	3	4	5
本部長					
部長					
課長					

等級

た場合には、2等級＋調整給として対処し、1年間の成果を踏まえ、評価結果に基づき調整給を外すのか、4等級に位置付けるかを決めればよい（[図表 6-42]と同じ概念である）。

　この仕掛けをしておくだけで、中途入社者とプロパーの間の格差是正はかなりうまくいく。給与制度の目的は、不具合を是正するものであるから、特に成果と給与水準がミスマッチしている人材への対策は注意しておかなければならない。

⓬手当に関する考え方

　何をもって給与を決定するか。評価か、年齢か、勤続か。これも人事ポリシーに基づく。

　一般的な事例として、基本給については投資価値に基づき設定し、賞与については、清算価値に基づき支給する。

　手当については、その定義を明確にして支給すべきである。家族手当・住宅手当などは属人的な生活給的要素を持つ。昨今のトレンドでは廃止・縮小傾向にあるといえる。職位手当（役職手当）は、その職責に基づく手当である。営業手当

はその職務内容について支給している場合と、「みなし労働時間見合い分の手当」として支給している場合がある。みなし労働時間に関する手当としては、営業手当のほか、裁量労働制の適用者に対して支給する裁量労働手当がある。

通勤手当は通勤のための費用であるが、一部には一律化していく動きもある。これは「近くに住む社員と遠くに住む社員でパフォーマンスが違うのか？」という考え方であり、属人的要素を排除していこうとする流れの中でどう考えるかである。

⓭ 手当の定義

各種手当の定義を明確にすべきである。昨今は、属人的な手当については廃止方向の企業が多い。

属人的とは、評価にかかわらず、その人の生活状況などによって対応するものである。生活給的な意味合いが大きい。生活給的考え方⇒成果・職務行動的考え方への変化に伴い、人事ポリシーに基づいて、手当の再定義を行う。

採用時に手当はあるかとよく聞かれるが、「手当はつけない人を設けるためのものです。住宅手当を何万円かつけるのならば、全員何万円か昇給させればよいのです」と答えていた（手当がない場合の切り返しとして、お薦めする）。

[図表6-43] は、手当の見直しの際の事例である。現在ある手当について検証いただきたい。

6 福利厚生

① 福利厚生の意味

福利厚生の定義は「社員が仕事をするための環境を整える施策群」である。環境を整えるという点では、公正よりも「公平」が求められる施策といえる。

健康・住居・家族・自己啓発などこれらすべては、「安心して仕事に取り組めるようにしよう」というものである。

人事は、福利厚生の目的・定義を明確にし、必要最小限の費用で大きな効果を生む施策を企画する、本当に優先度が高く必要性があるものなのかを検証していかなければならない。

図表6-43 ● 手当見直しの例

手当名	内容	方向性
住宅手当	独身で自宅でない者に支給など ⇒住居と成果には相関性がない ⇒会社の近隣に住む者のほうが成果を出しやすい	廃止方向（会社より徒歩圏内の者に支給）
家族手当	扶養家族に応じて支給など ⇒家族と成果には相関性がない ⇒少子化対策として支給する会社もある	人事ポリシーによるが、廃止方向
地域手当	勤務地によって支給する 住宅の問題はあるものの、物価指数の違いについてはそううえ大きくない ⇒手当の根拠数字を作りづらい	廃止方向
単身赴任手当	単身赴任者に対して支給 ⇒単身赴任の要件を再整理する	継続方向。ただし厳正に運用
持ち家補助手当	持ち家者の転勤時に支給 ⇒赴任期間中貸すこともできる	継続方向
役職手当	役職者に支給 ⇒時間外手当を支給しないためのものなのか、その職責に対して支払うものなのかの再定義が必要	下位等級者が上位職位に抜擢された場合に支給
営業手当	営業職に支給 ⇒みなし労働時間分の手当としての支給か、外回りの労苦に対しての支給かの再定義が必要	みなし労働時間に対する手当として職種手当に統合
職種手当	裁量労働制・事業場外労働者に対して固定的に支給（30時間の時間外相当額を支給）⇒月例給の内訳を明確にし、時間外手当対策として導入する（基本給単価を抑える）	定義を明確にして導入
業務手当	時間外労働対象者に対して、一律20時間分の手当として固定的に支給 ⇒時間外単価の抑制	対象者の定義を明確にして導入

❷ 福利厚生の要否の判断

　福利厚生は、アトラクション&リテンション型給与制度といえる。背景に金銭的メリットが存在するので、給与制度の一部と考えることができる。福利厚生の充実は、確かに採用時などにメリットを感じさせるが、入社後の利用率などについては疑問を持つ施策も多い。「あることに意義がある」という考え方もあるが、慎重に検討いただきたい。

　若干のアトラクション効果（人材の惹きつけ効果）はあるが、「福利厚生が充実しているから辞めない」という話はあまり聞かない。その効果は限定的と考えたほうがいいだろう。

❸ 属人的施策の是非

　一部の人しか使えない福利厚生制度については要注意だ。本社しか使えない社員食堂、一部の事業所しか使えないスポーツクラブ、限定された地域しか恩恵がない寮や社宅など、福利厚生の「公平さ」が保てない施策については、導入時点で、あるいは後掲のカフェテリアプランの導入など福利厚生施策の見直しを行う場合に、よく検証したほうがよい。

❹ カフェテリアプラン

　現在、福利厚生施策があり、その運用や利用率・効果に疑問がある場合には、カフェテリアプランが有効である。カフェテリアプランとは、社員にポイントを付与して、会社がメニューを提示して（メニューごとに使用できるポイントが異なる）、それぞれの必要性に応じて使う総合的な福利厚生施策である。一律的な福利厚生ではなく、選択型にすることにより、費用の有効利用が図れる。会社のメニュー提示により、「社員に使ってほしい・なってほしい方向性」を規定できるため、人事ポリシーと福利厚生を有機的に組み合わせることができる。

166

7　退職金制度の今後

　退職金制度については、人事ポリシーに基づき具備する場合と、それほど重視しない場合もあるため詳述しないが、次の点は確認しておいていただきたい。

①退職金制度の必要性

　そもそも自社に退職金制度は必要か。必要とすればどのような目的で支給するのか。

②確定拠出年金／確定給付年金の選択

　年金（退職金）の運用リスクを会社が負うのか、負わないのか。

③貢献度の反映

　退職金に在職中の貢献度を反映させるのか否か。従来型の退職金制度は、基本給×勤続年数×支給係数（退職理由等による）によって計算された。基本給に貢献度が反映されているとはいえ、退職時基本給のみを基本計算額にするのは、貢献度としてどうなのかという疑問もあり、ポイント制退職金の導入が進んでいる。最近の大きな流れは確定拠出年金とセットになっている方式であり、税制メリットもある。

　会社が社員に対してあらかじめ定められた価額（権利行使価額）で、会社の株式を取得できる権利を付与するストックオプションについては、昨今では導入熱が冷めてきた。税制面の問題等があることを認識のうえ検討いただきたい。また、だれにどれだけ付与するのかについて非常に任意性が高く、公正さという点を維持するのが容易ではない。

　一方で、ストックオプションの付与は、経営の裁量であるとして、人事制度の公正さとは一線を画するという考え方もある。制度上は処遇されないが、長く働いている人に付与するなどの考え方もできる制度ではある。

7 労務問題の種類と対応

　日常の職場運営で発生した労務問題は、事実関係の確認、本人の意向の確認、結論の合意など、必ずと言っていいほど人事担当者が当人と面談（人事面談）を行うことになる。

1　人事面談の手順

　人事面談は、以下のような手順で行う。

①ラポールの形成（緊張をほぐす。敵対関係ではないと信じてもらう）

②面談の目的を話す（これも「あなたのために……」という奉仕の精神を醸し出す）

③人間関係が十分にできていない場合は、自分のことを話す

④人事としても本人をよく知りたいはずなので、これまでのキャリア・ライフ双方の流れを聞く

　⇒大学卒業から就職・転職歴を確認する

　⇒入社の動機

　⇒入社後の職歴

　⇒入社時や配属時に思っていたことと現状とのギャップ

　⇒3年後、5年後の本人のビジョン

　これらのことを、自分のことも同様に話しながら面談を進めていく。現在問題となっている事象だけに焦点を当ててもなかなか解決しない。本人のこれまでと、これからの人生の流れをつかみ、そこを基軸として話をしていくことである。そうでないと判断ができない。

⑤本題に入る

⑥解決策を話し合う

⑦避けるべき点を約束する

　上司にこの話をしてもよいか。それともここだけの話にするか。人事として公式に動いてほしいか。人事部長に伝えてもいいか……など

⑧次回のアクションについて伝えて約束する

　人事面談も基本的に採用面談と同様である。採用面談と違うのは、対象者がす

でに入社している人であるということである（断ることができない、関係性（縁）がこれからも続く存在）。したがって、人事面談は、採用の面談よりも重要であり、相手の人生にも影響を与えるものであるだけに重い。慎重に行うことと同様に、対象者と同じ目線に立ってあげる努力も必要だ。

2　人事面談に必要な知識

面談を行う人事担当者は就業規則に関する知識を備えておく。社員の要望に基づいて、「できる」「できない」という部分は、ある程度答えられなければならないからだ。

しかし、「できない」ものをどうにかして「できるようにならないか」を一緒に悩むことも大切であり、その姿勢が社員の心を開く。したがって、「できる方法があるかもしれない」という点についても一定の知識が必要である。

大切なことは「聞くこと」。相手の話を遮らずに最後まで聞くこと。そしてその場で答えるか、あらためて時間を設けて答えるかという判断が必要になる。

3　ケース別にみた対応法

以下、いくつかのケースに基づいて対応法を考察していくが、紹介するのは解雇や無断欠勤、メンタルヘルスなど、どれもシビアな例である。これらは現実に起こり得る問題であり、人事の仕事がきれいごとでは終わらないことを、あらためて肝に銘じてほしい。

対象者と人事担当の個人的な人間関係の「こじれ」に発展することもある。態度・ものの言い方など慎重にして対応しなければならず、また安易な約束ごとや気休めを言ってその場を取り繕うようなことをすると事態はさらに悪化する。心して取り組んでいただきたい。

■1■ 退職に関する面談の対応

できれば退職してほしい社員との人事面談は、個別に本人を呼んで個室で行う。人事担当者2名以上か職制に入ってもらう。1対1は「言った、言わない」と

いう人事で最も困る事態を招きかねないので避ける。会話を録音することも一つの方法である（逆に社員が録音している場合もあるため、発言には注意が必要）。

①問題となっていることについて本人にヒアリングする。そこで新事実が出てくる場合もある

②他の人事面談と同様、本人のキャリア・ライフの流れをヒアリングする。さらに今後に対するビジョンや希望について聞く

③本人のプライドを深く傷つけないようにしながら、現在の置かれている状況を伝える

④それに対して、どう思うかを本人に確認する

⑤これからどうしたいかを本人に聞く

⑥本人の希望がかなえられる可能性についてコメントを伝える

⑦再び、本人にどうしたいかを聞く

⑧⑥～⑦を繰り返す

　あくまで本人がどうしたいのかを粘り強く聞く。辞めるか辞めないかは、本人の意思で決めることだが、できれば「辞めます」と本人の口から言ってもらえるようであればよい。一緒に悩む姿勢を示しながら、「どうしましょうか……？」という問いを続ける。

　辞めたほうが本人のためになるということを、本人に思ってもらうように粘り強く働き掛けることがポイントである。

2 退職勧奨

　対象者が、「辞める」という意思表示をいつまでもしない場合は、退職勧奨を行うことになる。

　退職勧奨は、会社側から対象者に対して「強制を伴わない退職の働き掛け」のことをいう。退職勧奨は方法さえ間違わなければ違法ではない。これに応じるか応じないかはまったく対象者の自由である。違法となるのは、応じない対象者に対して執拗に勧奨を繰り返す、根拠を明示せず給与を下げる、あからさまな配置転換の示唆などの行為である [**図表 7-1**]。

　違法な退職勧奨と受け止められ、後日雇用契約終了の無効および雇用関係の存続を訴えられたり、名誉あるいは人格等が傷つけられたとして損害賠償を求めら

図表 7-1 ● 違法な退職勧奨の例

心理的圧迫、決断を強制する退職勧奨は違法

- 脅迫的・威圧的な態度で接して、相手に退職の意思表示をさせる
- 不当な心理的圧力を加えて退職を強制する
- 退職を拒否する者に対して、合理的理由に乏しい不利益を与える
- 多数回、長期間にわたり執拗に実施する

れたりすると大きな問題になるので要注意である。

　対象者が応じる場合は、労働契約の「合意解約」となる。これは解雇ではない。雇用調整の場合では、合意解約に至るために、①退職金を上積みする、②出勤しなくてよいが有給休暇扱いにする、③再就職支援をする——などの条件提示が必要になる場合もある。

　出勤しなくていいが有給休暇扱いにするという対応は、「その間に転職活動をしてください」という意味において有効である。しかし、有給休暇中は社員の身分を保持しており、その間に問題が起こった場合は、会社に不利益が及ぶことがあることは想定しておく。当然、その間の社会保険料の負担もある。また、退職時に残った有給休暇は、任意だが、会社が「買い取る」ほうが対象者へのメリットは大きい。

❸ 解雇関連に関する重要留意点

　たまに、自己都合で退職する者から「解雇扱いにしてほしい」と言われるケースがある。解雇扱いになったほうが、雇用保険からの失業給付の所定給付日数が手厚くなるという場合もあるため要望される場合がある。

　基本的には本当に解雇でない限り解雇としてはならない。自己都合退職および労働契約の合意解約は解雇ではない。そのため、本人から退職願をちゃんと提出させなければならない（退職事由を一身上の都合か、合意解約か明記させればよい）。公共職業安定所（ハローワーク）へ資格喪失届を提出する際の「雇用保険

被保険者離職証明書（離職票）」に、どのような事由と記載するかは会社側の主張でかまわない。公共職業安定所が判断するものであり、ヒアリングを受ける場合もあるが、それはそれでよい。

退職する者から要望されて「解雇」としてしまい、後に「不当解雇である」と申し立てられたケースもある。退職事由は慎重に対応していただきたい。

❹ 業務外の傷病

社員が業務外の傷病で長期にわたって欠勤する場合は、就業規則に則って休職発令を行う。そして、休職期間を満了した段階で就労に耐えられない場合は、自動退職となることを視野に入れておく（就業規則に規定があることが前提、会社によっては解雇として扱うケースもある）。病気が治癒する、完全な労務提供ができるように戻る蓋然性（そうなることが十分予測できること）がなければ、就業規則に則り解雇または合意退職とする方向性を想定しておく。

❺ メンタルヘルス問題（うつ病の場合）への対応

現在、長期欠勤の多くの理由は「うつ病」などの精神疾患である。勤怠に異常が現れ、それが「うつ病」（適応障害、ストレス障害、自律神経失調症）に関係する場合、まず人事が確認することは勤務時間の長さである。

厚生労働省の過労死に係る認定基準では、時間外労働時間数が発症直前1カ月間におおむね100時間または、発症前2カ月間ないし6カ月間にわたって1カ月当たりおおむね80時間を超えれば、業務起因性が認められるとされている。

また、精神障害が業務上の疾病になるかどうかの判断要件は、
①対象となる精神障害を発病していること
②発病前のおおむね6カ月間に業務による強いストレス（心理的負荷）があった
③業務以外のストレスや個人的な事情で精神障害を発病したとは認められない
　（精神障害やアルコール依存症などの既往症がないなど）
の3点である。これらのいずれにも該当する精神障害は業務上の疾病として扱われることになっている。

精神疾患の場合は、まず念頭に置くのが、「それは業務上か業務外か」ということである。業務にまったく関係ない原因で発病しているケースもある。そうし

Column

労災（労働災害）

　「うつ病」が労災と認定されるということは、会社の安全配慮義務（民法、労働契約法、労働安全衛生法などに基づき、使用者が労働者に対して負う義務の一つで、「使用者は、労働契約に伴い、労働者がその生命、健康等の安全を確保しつつ労働することができるよう、必要な配慮をするものとする」というもの）違反であるとされるに等しいことであり、労災保険から支払われる保障のほか、企業は不法行為に基づく損害賠償責任を負うことになる場合がある。

た見極めが必要になるので、本人をはじめ、産業医、本人の家族と対応していくことが肝要である。

6 無断欠勤・行方不明

　無断欠勤が怠惰な理由によるものであるのならば、厳正に対処すればよい。問題は、「連絡がつかない」という場合である。

　無断欠勤を職制が放置している場合があるが、危険なことである。自宅で倒れているなどの場合が想定され、一人暮らしの場合、その異常に最初に気づくべきは会社である。これを放置していたということは、会社側の管理責任を問われかねない。無断欠勤があった場合は、本人に連絡を取り、連絡がとれない場合は初日ないしは遅くとも2日目には自宅に行って、家族に確認するなどの対応が必要である。そのためにも、家族などの緊急連絡先を必ず確認しておくこと。入社時の身元保証書なども有効である。

　自宅に行ってもマンションなどで中にいるかどうか分からない場合、警察は家族からの要請でカギを開ける。会社の要請では対応してくれない場合もある（とはいえ、自宅に行って近隣の警察に相談しておくことは、会社のリスク回避としても無駄ではない）。

④ その他の個別的な問題

　個別の問題はそのほかにもさまざまあるだろう。人事にとって、上司と部下、同僚との関係、労務管理上のトラブルなどは日常茶飯事である。直接ないしは間接的に相談に来てもらえば、双方の状況を確認して対応していくことになる。当事者と第三者にヒアリングを行って、厳正に対処する、改善を促す、異動を図るなどの対応を行っていくことである。

　表面に現れないものは、自己申告制度などを活用して情報収集することになる。相談に対しては、まずは聞いてあげることである。そのうえで、人事部門としての公的な対応をするかどうかについて確認する。組織として対応するべきケースと「聞いてあげるだけでよい」ケースがあるので、その問題の背景、内容の重要度を勘案して、峻別（しゅんべつ）していくことが重要である。

1 社長などへの情報の入れ方

　もし上司の問題であれば、人事権者に対して情報を伝える必要がある場合がある。この場合はできるだけ客観的な情報として伝えなければならない。問題は見方によってさまざまな様相になるので、一方的なヒアリングによって偏った情報を入れるべきではない。それでも伝える必要がある場合は、「一方の情報ですが……」として、しっかり前置きして伝える。

　人事は「悪口」を言うべきではない。そうとらえられると、人事は社員からの信頼を失う。あくまで「伝言情報」として伝え、自らの所感を述べる際は「良いところと悪いところ」を両方必ず伝えることが重要だ。短所は長所となり、長所は短所ともなるという認識が必要である。

　また、人事は、社内の客観情報をつかむために、360度評価（多面評価）を用いる場合もある。360度評価による結果を経営層に伝えることは意味がある。ただし、使い方と伝え方をしっかりと考えてからではないと、極端な人事などに反映されかねないので注意が必要である。

　そして360度評価は、評価者が多く、その目線や評価基準がばらばらであることから、結果の信頼性は、そのことを差し引いて考えておく必要がある。期待値が高い場合は低い評価になる傾向があり、逆もある（したがって、360度評価は

本人の気づきと育成を目的として使い、人事評価には直接結び付けないのが基本である）。

❷ 社内恋愛・不倫

　人間の感情は規制できないので、社内恋愛を組織として禁止してもあまり意味がない。社内恋愛そのものに問題はない。社内で知り合ったということだけで、後はプライベートの問題である。不倫も同様である。会社として、不倫をしたからといって処罰することはできない。これもプライベートの問題である。

　社内恋愛や不倫はそれ自体が問題ではなく、それによって周囲に悪影響を与えた場合が問題で、人事的な対応を行うことになる（社内恋愛や社内不倫が原因で、社内秩序や風紀に具体的な悪影響が生じている場合は、口頭の指導・注意、警告にとどめ、事情によって処分するとしても、譴責などの軽度のものにとどめるのが賢明）。問題は、二人の関係がよい時はいいが、こじれるとさまざまな問題が起こる場合がある。このような時は、配置転換などの措置を行うこととなる。

　なお、人事部門内では、部門外の社員との恋愛はできれば避けていただきたいのが本音のところだ。本人にそのつもりがなくても、人事情報が外部に漏れると周囲が思うことは避けられない。

　いずれにせよ、トラブルになることを未然に防ぐということも大切で、これが人事としての愛情でもある。

❸ 会社の方向性などへの不安・不満

　会社の方向性などへの不安や不満は、戦略がない場合と戦略が伝わっていない場合がある。いずれにしても人事は動かなければならない。

　戦略がない場合は、社長などに、「社員にビジョンをもっと見せましょうよ」と働き掛けて、オフサイトミーティング（少人数のグループで構成した気楽でマジメな話し合いの場）を仕掛けたりする。戦略が伝わっていない場合は、研修などによって職制が自らの言葉でビジョンや戦略を語れるように仕掛けていく。

　また、人事担当者としても、社員に対して個別に会社の方向性やキャリアプランについて熱く語れる状態にしておくことは肝要である。仕事の目的や価値につ

いて常に伝えられるようにしておこう。

④ プライベートの問題に関するもの

人事が、社員のプライベートまで踏み込むことは本質的には必要ないが、これが仕事に影響するものであるのならば別である。介護の問題、育児の問題をはじめ、収入や借金の問題などについて、正常に仕事ができない状態になっている場合は、アドバイスをしたり、仕事上での配慮を働き掛けたりする。事情によっては転職を促す場合もある。また、雇用形態の変更もあり得る。

この時、人事担当者としては、「仕事ができる環境を整えるには、どのようにすればいいか」を真剣に考えることである。また、本人にとってベターなのはどのような対応なのかを、一緒に考える姿勢が重要である。

⑤ セクハラ・パワハラへの対応

不倫や社内恋愛がセクハラに変化することは、よくあるパターンである。それは恋愛の延長なのか、本質的なセクハラなのかは慎重に確認しなければならない。また、一方的に相手を好きになるというのも、思われたほうとしてみれば負担となる。

セクハラは加害者とされた者が絶対的に不利になる。異性と二人で何かをする場合には覚悟しておかなければならない。また、女性一人が飲み会に参加することなども慎重にするよう社内で教育しておくことである。社内の密閉された会議室で男女２人でミーティングする場合も注意が必要である。複数名で行うことが望ましい。

よく「叱る時は別室で個別に」「ほめる時はみんなの前で」といわれるが、これも要注意である。「叱る時」は叱られるほうは当然いい気分ではない。密室での１対１の関係は、動静が外から見えないだけに、「言った、言わない」にとどまらず、その言動が脚色されて外に漏れていく危険をはらんでいる。それだけに、管理職は人格を傷つける言動、不適切な業務指示、行き過ぎた教育指導には注意が必要である。

5 調査と調査報告

1 金銭に関する不正など重大案件

　社内での金銭に関する問題は、うわさや告発などから疑うべき案件として明るみになるケースが一般的である。まずは、その事実関係を調査する。調査は、社内調査および社外の専門機関を使って行う場合がある。どちらも極秘裏に行わなければならない。ある程度の状況証拠がそろったところで対応の方向性を決めていく。

　調査の流れは、下記のようになる。
①本人からの事情聴取
②関連する資料の整理
③時系列としての調査報告書の作成
④対応決定（賞罰委員会の開催など）
⑤処分決定

　警察の捜査と同様、本人の供述は重要なポイントとなる。その背景や動機、本人の主張に関して十分にヒアリングをしたうえで、事実に関しての認識と正否を確認する。故意か過失かについても確認していかなければならない。

　本人の人生にも影響する非常に重大なことであるため、慎重に対処しなければならない。

2 賞罰委員会と賞罰の決定

　就業規則の中に、賞罰委員会の設置と運用についての規定を設けておくことが重要である。賞罰委員会を設けることは、恣意的な処分を避け、公正な賞罰を行うためにも必要である。通常、賞罰委員会は、人事部門を事務局とし、管理管掌役員を委員長として、職位者と職位者でない者（組合や社員組織がある場合は、これが選出する者）を同数（3名程度）で構成する。

　賞罰委員会は、事実に基づき、できる限り公正な賞罰案をまとめ、その意見を経営会議などの会社の最高意思決定機関に上申するもので、最終的な賞罰の決定は最高意思決定機関が行う。

調査報告書

　調査報告書は、次のような構成で作成する。

①事件のタイトル

②事件の概要

③事件の結論と処分が必要な場合は処分案

④事件の経緯（時系列)⇒関係者からのヒアリング内容の羅列

⑤関連資料類

　これらを明記し、記録として残す。特に本人の供述は、本人の署名を得ること。懲戒解雇に相当する重大な案件では、労働基準監督署の解雇予告除外認定（予告手当を支給せずに即時解雇することを労働基準監督署長が認定するもの）が重要な証拠となるため、しっかりと手続きを行うこと。重大な事案は、事情聴取の専門家に依頼するのも一法である。

8 人事部の仕事

人事部の仕事

人材育成、教育・研修

1 人材育成の全体像

　人材育成は企業経営の根幹にかかわる。経営者、管理職、社員などすべての育成施策は、企業が人の成長を求めるからこそ行われるものである。人の成長によって経営理念の実現、企業業績の向上を目指すわけだ。

　成長とは、「できないことができるようになること」といえる。その前提において「できないことがあること」を認識する必要がある。もっと成長したいというモチベーションは、その目的と現状のギャップを認識することから始まる。

　企業の教育が学校教育と違うのは、「その教育が理念の実現・業績の向上につながるか」を常に問われることである。また、会社は「教育機関ではない」ので、企業内教育は"目的"ではなく"手段"であるということである。

　よく就職活動している学生に「教育制度はありますか？」と聞かれるが、「教育制度があるから入社する」といわれても困る。会社は人が成長する場であるが、成長させる場ではない。「会社に入ったら教育制度で成長できるんだ」と思ってはならない。成長するのは、あくまで本人次第である。会社は、成長する気のない人材をいつまでも教育しているわけにはいかない。社員個々の成長へのモチベーションが大切で、それをサポートするのが教育制度である。そして、その目的は、「よりよい仕事ができるようになる」ため以外の何物でもない。

　教育制度が整っていない会社は少なくない。教育制度自体がない場合もある。上場企業でも「研修などしたことがない」という会社は意外に多い。教育制度がなくても企業業績が向上している場合もあり、「仕事そのものが教育」ともいえる。体系的な教育制度を整えなくても人材育成はできる。その前提の下に、人事部門がどのように人材育成に役立てるのかを考える。

1 企業における人材育成の問題点
　よく見かける企業の人材育成・教育の問題は、以下のようなものだ。
①場当たり的で後が続かない
　研修を実施するが、研修そのものはよくても、業務に戻るとその研修内容が活

179

かされていない。

②スキル偏重

現場のスキルに偏っている。一部の職種の教育しか行われていない。

③教育内容が会社の実態と合わない

教育や研修が独り歩きしており、その内容が現場の実態と合っていない。

④人事制度と合っていない

人事制度、特に等級制度・評価制度と教育・研修の内容が乖離している。

⑤教育体系がない

教育の全体像が描けていない。

⑥費用対効果が見えない

企業業績が厳しいと中止される、景気が悪くなると削られるのが、広告宣伝費、交際費、交通費（俗に節減3K費）、それに教育研修費だといわれる。

人事担当者は、人材育成の全体像を描き、その中での重要度・緊急度を考えながら教育施策をプランニングする必要がある。教育も思いつきで行ってはならない。結果的に現場が迷惑する。

2 教育の領域

企業内教育の領域は、以下の三つに分類できる [図表8-1]

①行動変革を促すディベロップメント型

②業務スキルを習得するトレーニング型

③知識を習得するラーニング型

3 目的の分類

企業内教育の目的は、以下の三つに分類できる [図表8-2]。

①長期的、内科的処方としての、課題形成型教育（理念共有・行動変革など）

②中期的、内科的処方としての、業務スキル、知識習得型教育

③短期的、外科的処方としての緊急的、課題解決型教育（メンタルヘルス、セキュリティなど）

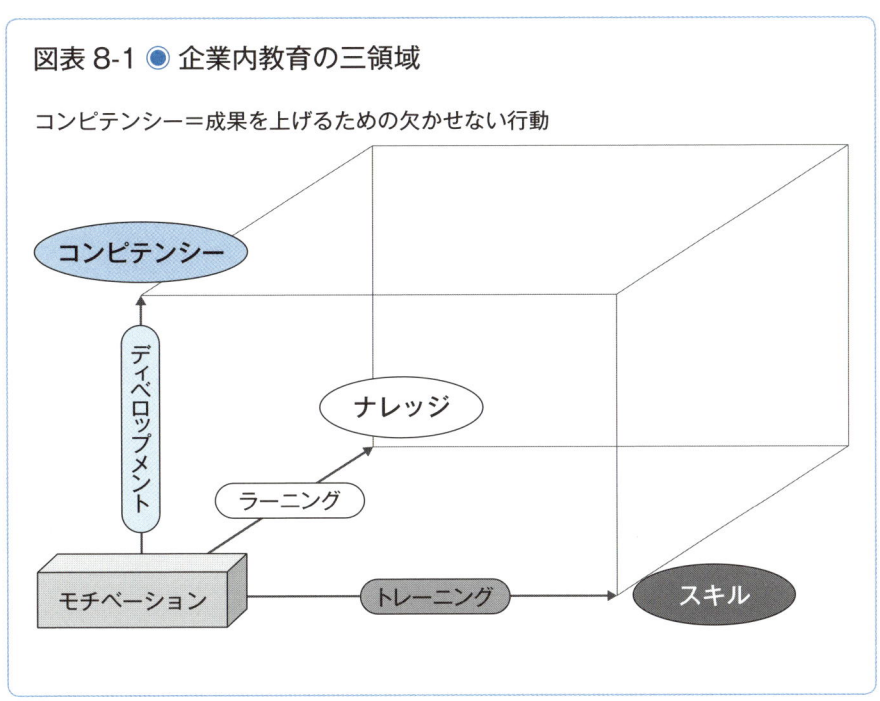

図表 8-1 ● 企業内教育の三領域

コンピテンシー＝成果を上げるための欠かせない行動

①はディベロップメント型、②はスキル・ナレッジ型、そして③はエマージェンシー型である。単発の「メンタルヘルス研修」などは③に当たる。一過性になりやすいので注意が必要である。メンタルヘルス研修で学んだことが実践されているか……などについて人事制度の等級要件や管理職要件、評価に盛り込めるのならば効果は持続するが、そうでない場合は、「費用はかけたけど、あれってなんだったのかね」という結果に陥りやすいことを念頭においてほしい。

教育施策は、その領域と目的をよく吟味して、効果が見込める仕組みと手法を用いることが重要である。

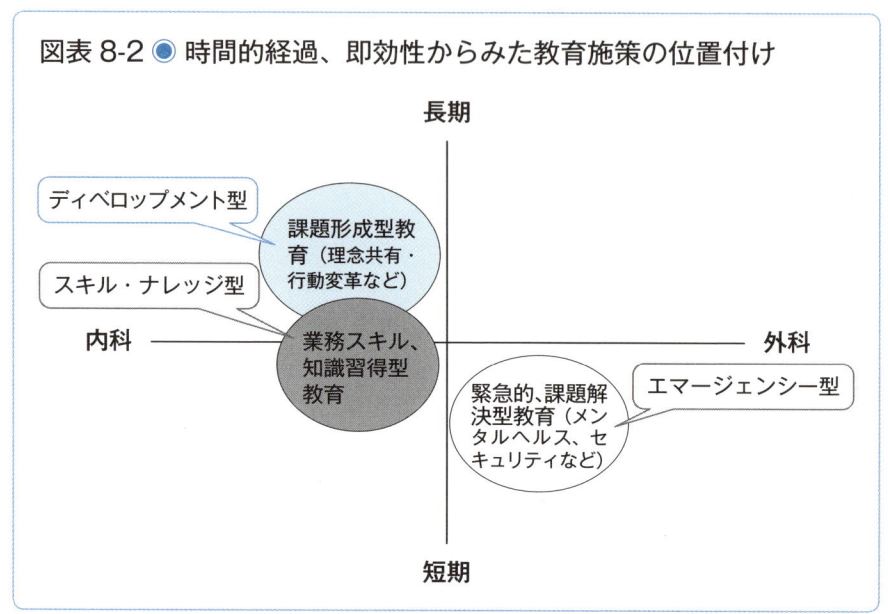

図表 8-2 ● 時間的経過、即効性からみた教育施策の位置付け

長期

ディベロップメント型

課題形成型教育（理念共有・行動変革など）

スキル・ナレッジ型

内科 ──────────────── 外科

業務スキル、知識習得型教育

緊急的、課題解決型教育（メンタルヘルス、セキュリティなど）

エマージェンシー型

短期

2 ディベロップメント教育

1 概要

　ディベロップメント教育は、行動変革型の教育である。

　ビジネスパーソンのキャリアステップでは、"ギアチェンジ"が必要とされる。等級制度が示すように、下位等級から「頑張れ」⇒「自己完遂せよ」⇒「成果に責任を持て」⇒「組織に対して責任を持て」⇒「全社的な責任を持て」というステップで発展していく。

　プレーヤーの延長線上にマネージャーはない。行動の変革が求められる。その意味で、会社が社員に求めるものは階層によって断絶している。その断絶を乗り越えていくことが"ギアチェンジ"であり、その重要度を理解させ、行動に反映させることがディベロップメント教育の目的である。

　ディベロップメントの内容はおおむね汎用的である。部長あるいは部長層に求めるものは、どの会社でもほぼ同じである。汎用的なものは変化が緩やかであ

る。マネジメント手法はここ10年で大きく変わっていない（10年以上で考えると変化しているが）。したがって、この分野はきわめて重要でありながら、普遍的ともいえる。

　人事制度の要件として、そして教育で、比較的長期間効果を発揮するカテゴリーである。一方で、近視眼的に考えると、その効果がすぐには目に見えないところもあり、経営層や現場からは軽視されがちである。

　しかし、多くの成長企業で最初に悩み、教育を試みるのは管理職層である。中間管理職が出現し、管理職として組織をまとめ、後進の指導、人材の育成を委嘱したいステージに組織が成長したものの、ここが機能していないケースが非常に多い。「エースで4番」を管理職にしたのはいいが、マネジメントが有効に機能しない。そもそも"マネジメントとは何か"を体系的に教えられていないから我流になり、業績の低迷や人材の離散を招いたりする。

　こうした問題の解決がディベロップメント教育である。経営層と話すと、彼らが言いたいのは、要するに「行動を変えてほしい」ことだったりする。どう変えてほしいのかをときほぐして理解するのが、人事担当の役割である。

2 ディベロップメント教育の内容

　ディベロップメント教育の内容は、人事制度での「要件」である［図表8-3］。会社が社員に求めているものを理解させ、そこに向かっていくための気づきを与えることである。

　［図表8-3］は、教育体系のない状態で、ディベロップメント領域における人材育成の方向性をまとめたものである。教育の前後に「必要な要件」「目的」「達成イメージ」と人事制度への反映がある。会社の現状を鑑みながら、どこを優先的に実施するかをプランニングすればよい。

　カテゴリーは、主に次のものがある。
①理念浸透、行動指針理解
②組織活性
③職位・役職別に求める能力・行動の理解と実践（管理職育成）
④等級別に求める能力・行動（階層別教育）
⑤目標達成のためのPDCAサイクルの理解と実践（目標達成）

図表 8-3 ●ディベロップメント教育の検討例

人材育成方針	全社員に求める能力行動 理念の共有	全社員に求める能力行動 組織活性	役職別に求める能力行動 マネジメント コンピテンシー	役職別に求める能力行動 マネジメント スキル（管理の基礎等）	等級別に求める能力行動	目標達成
目的	会社理念・中長期ビジョンの共有	組織の枠を超えたコラボレーション	マネジメント コンピテンシー	マネジメント スキル（管理の基礎等）	影響力 役割認識	業績向上
必要な要件	経営者からのメッセージ／企業理念、行動規範の具現化	課題共有 情報流通／他部門との交流 コミュニケーション	役職別役割要件（コンピテンシー）	役職別能力要件（スキル）	等級別能力要件（コンピテンシー）	目標管理制度
教育の目的	理念の理解	部門内ギャップのリレーション形成／他部門とのリレーション形成	部下の理解		等級要件と社員の能力行動とのギャップの認識	明確な目標を設定し達成すること
達成イメージ	理念の浸透と意識・行動改革	相互理解	部門間ギャップの是正によるコミュニケーションの円滑化。相互理解		ギャップの克服による能力向上と行動変革	目標達成
教育手法	合宿形式の集合研修	合宿形式の集合研修およびイベント	階層別研修	選択式教育（通信・通学・公開）	等級別集合研修＋個別学習	MBO研修等目標設定会議、評価会議
事前準備例		組織活性度調査	必要要件ヒアリング／多面評価による研修	スキルマップ作成	適性検査によるコンピテンシー発揮手法。ハイパフォーマー分析、必要要件ヒアリング	組織目標設定
今年度具体的施策	昇格者研修	（各研修で補完）	階層別研修（適性検査結果フィードバックを主体）	役職別集合研修および個別学習		MBO研修
期待される成果	モチベーションアップ	部門間コラボレーションによる価値創造	マネジメント力向上による業績向上と上級および人材育成	マネジメント力向上による業務効率化	役割認識の向上による影響力の向上。報酬制度とのリンク	明確な目標による業績達成
課題点	成果が見えにくい		マネジメント力による業務の効率化	学習による満足感。個人の能力向上	役割認識。昇降格要件。格差の醸成	
成果物案	行動規範の策定。明文化	継続的なプロジェクトの設立	権限規定の改編。目標管理制度の運用改善、人事管理の徹底	役職能力評価項目の設定	格付制度。評価制度の設定	MBOシート
人事制度との連関	行動評価項目の改善	評価制度（行動評価、能力評価、業績評価）の改編	格付制度（等級制度）の改編		報酬制度の改善	評価制度・賞与
人事ポリシー	どういう行動をとってほしいか	組織をどう考えるか	マネージャーに何を求めるか		等級別に何を求めるか	今期何を目指すか

人材育成／どう育って欲しいのか？

①理念浸透

　社員数100名に近くなり、管理職層ができてくると、社長と社員の距離ができ、創業や事業に対する想いや価値観が伝わらなくなる。「会社が社員に求めるもの」の一つは理念・ビジョンに向かった行動である。業績は理念の浸透度合いに影響を受ける。目的意識が希薄になった組織は業績が落ちるといっても過言ではない。理念と現実、そのギャップを埋めるための施策が求められる。

②組織活性

　組織が大きくなってくると、部門間・階層間のコミュニケーション・ギャップが生まれる。部門間は、「違う部署の人や仕事を知らない」。階層間は「管理職層とメンバー層の考え方の違いなどによる相互不信」が典型例である。

　これを埋める施策として、組織活性度調査や360度評価などの実施とそのフィードバックを用いる場合がある。これらの調査・評価はインパクトが大きいため周到な準備のうえに実施することが重要である。

③管理職育成

　管理職層が「自らの言葉でビジョンと方針を述べ、目標を立てて組織をマネジメントする」ことができなければ、組織力が向上しない。人材の育成も滞る。管理職に求められるものを伝え、必要な能力や行動を認識させることにより、管理職が人材育成を担えることになり、会社としての人材育成力が向上する。成長期の教育施策の優先項目である。

④階層別教育

　等級別教育で、社員に変化を促し、ギアチェンジを認識させる。成長するとは影響力が大きくなることである。日常的な仕事の流れの中では認識しにくい適切な影響力の発揮・役割変化・行動変革を促す機会として実施していく。

⑤目標達成

　管理職教育の中で行われることも多いが、目標管理制度の導入に伴って必ず実施すべき施策が目標管理である。目標管理は評価ツールというよりマネジメントツールであり、PDCAサイクルを回すことがマネジメントの基本である。そのツールとしての目標管理を全社員が理解するための施策が求められる。ビジョン・戦略なき目標、達成基準が明確でない目標、簡単または困難すぎる目標など、目標管理の運用は容易ではないが、業績向上に直結する施策であるため、優

先度は高い。

③ スキル・ナレッジ（知識）教育

スキル・ナレッジ教育は、全社的に汎用的なものでないならば、部門ごとに実施する領域である。人事は各部門の教育を支援することになる。

全社的に汎用的なものとしては、ビジネスマナー、基本的な PC スキル、計数知識、労務知識、基礎的な法務知識、ロジカルシンキング、プレゼンテーションスキルなどが挙げられる。

人事部門は、これらの全体像を想定しながら、重要度と緊急度を整理して、優先すべき施策を吟味しなければならない。そのためには［図表8-4］の「教育体系」のイメージが大切だ。

④ 教育体系づくり

まずは教育の全体像から描いていく。［図表8-4］は、一般的な教育体系図である。縦軸に階層、横軸に会社が社員に求めるものを整理して、ディベロップメント系・スキル系・ナレッジ系とその対象者についてプロットする。

まずは、理想的な体系を先に想定してしまったほうがよい。そのうえで、最初に何を行うかを考えていく。一から体系づくりをしたとすれば、初年度に優先すべきことは何か、次に何を行うか、という数年程度の期間を想定しておく。一番良くないことは、今見えるものを思いつきで企画して実施してしまうことである。

［図表8-5］は、新入社員教育を想定した場合にどんなメニューが必要かを整理してみたものであるが、スキル・ナレッジを含めて、教育体系づくりの項目選定には参考になると思う。これらの項目を階層別にプロットしていきながら全体像を描いていってほしい。

図表 8-4 ● 教育体系例

会社が社員に求めるもの	経営理念　経営スローガン　経営の考え方					
	当社の社員らしい行動	階層別に求められる能力		管理職に求められる能力	職種別に求められる能力	目標達成
教育施策	理念浸透（ビジョン共有）行動指針の実践	組織活性度調査とフィードバックによるモチベーションの検証	等級別能力要件教育　キャリアアップ教育	管理職教育	職種別教育　自己啓発	目標管理(MBO)教育
研修対象	全社員	全社員	全社員	管理職	職種別選択式	管理職＋メンバー

研修対象別プログラム

- **経営層**：役員研修
- **マネジメント層**
  - 5等級昇格者研修
  - 4等級昇格者研修
  - 3等級昇格者研修
  - 新任本部長研修
  - 新任部長研修
  - 新任課長研修
  - 360°サーベイフィードバック研修
  - 新任チームリーダー研修
  - 組織活性サーベイフィードバック研修
- **メンバー層**
  - 2等級昇格者研修
  - OUT：メンター研修
  - 新入社員導入研修
- **新入社員**：新入社員導入研修

管理職教育：管理職研修
営業戦略研修／営業研修／技術研修

職種別教育（ビジネスナレッジ／ビジネススキル研修群）

- リスクマネジメント
- メンタルヘルス
- 情報セキュリティ
- 財務・会計
- 人事・労務
- 契約・法務
- プレゼンテーション
- マナー・ビジネス文書

外部公開講座　通信教育補助

- ビジネス理論
- ロジカルシンキング
- プレゼンテーション
- 戦略シナリオ
- マーケティング
- リーダーシップ
- プロジェクトマネジメント
- 7つの習慣

目標管理（MBO）教育

- 目標管理研修（新任管理職研修で実施）
- 目標管理制度運用

187

図表 8-5 ●新入社員教育における研修メニューの整理

新入社員レベルからの必要能力の整理

A 会社を知る 理念理解と行動への反映	B キャリアプラン	C コンピテンシー（成果を上げるために欠かせざる行動）	D 知識・スキル
当社の理念・企業文化・事業分野と、市場・顧客を理解している。また社内の組織・ルールを理解している。	自身がキャリアで目指していくことを明確にする。自分自身の数年後の行動を明確に設定し、現状とのギャップを明確にして、行動計画を策定する。	ビジネスパーソンとしての行動要件を理解している。また自身の行動特性を理解し、課題とその克服方法を理解し、必要な行動をとることができる。	ビジネスパーソンとしての必要な知識、ビジネススキルを持っており、必要に応じてそれを活用することができる。
A1 当社の理念理解 理念の理解と真の共感 理念の行動への体現 当社の大切にしていることの実践 企業文化とその背景の理解	**B1 当社におけるキャリアプランを描く** 5年後のなりたい姿 3年後のなりたい姿 1年後のなりたい姿	**C1 ビジネスに求められる行動要件の理解** マネジメントコンピテンシー 36項目 新入社員に必要なコンピテンシー 重視される行動要件の理解と実践力育成	**D1 ビジネスマナーの実践** マナーの背景 電話応対 お客様の案内 エレベーター、車 メールのマナー 語り方、聞き方 名刺交換
A2 事業分野 事業分野の理解 当社の競争優位性の理解 当社の事業分野別課題の理解 商品の理解 競合の理解 **顧客** 当社の顧客理解 事業分野別顧客層の理解	**B2 キャリアプランの切り口** 人材ポートフォリオの理解 ビジネスパーソンの成長モデル理解 コンピテンシー（顧客を見つける） スキル・ナレッジの側面 モチベーションの側面	**C2 営業プロセスで行動を理解し実践できる** マーケティング（顧客を見つける） 4C・W4Cのフレームを知る（顧客を知る） アプローチ ヒアリング ソリューション提示 企画書作成 プレゼンテーション クロージング 継続的なリレーション構築	**D2 ビジネス基礎知識** BS・PLの基礎知識 人事・労務の基礎知識 契約・法務の基礎知識 コンプライアンス・個人情報保護 ITセキュリティ マーケティング 流通 宣伝・販促 広報
A3 組織	**B3 モチベーション** モチベーションの構造理解 動機付け要因と衛生要因理解 どうしたら仕事のやる気を高められるか	**C3 目標達成行動を理解し目標を達成する** 目標とは 目標設定 計画策定 進捗管理 目標達成	**D3 ビジネスの基礎手法** ロジカルシンキング プロジェクトマネジメント
A4 組織 組織と機能の理解 ルール・規程の理解 各種申請・伝票の書き方	**B4 自身の現在の姿を知る** 自身のパーソナリティを知る パーソナリティにおける課題を知る	**C4 意思決定プロセスを知り、自他の意思決定を促す** 情報収集 問題分析 判断（選択肢を出す） 決定（他の選択肢を捨てる）	**D4 PCスキル** Word Excel Powerpoint その他の必要なアプリケーション
	B5 行動変革計画を立てる キャリアプランと現在のキャップ 課題形成		**D5 新聞の読み方** 日経新聞

188

5　教育・研修の実施

1　教育体系導入時の留意事項

　教育体系の導入初年度は、社員のレベルがさまざまである。マネジメント教育では、中途入社者は入社前に受けている場合もあるからだ。しかし、成長企業における導入期は、まず「最低ラインの社員のレベルを合わせる」ことが大切であり、それで押し切っていくしかない。

　また社内に共通言語ができていない状態でもあるため、研修に慣れている受講者についても「当社の考え方はこうである」ということを理解させることは無駄ではない。

　人事制度の導入・改定では、説明会程度で済ませてしまっているケースも多いが、これはよくない。設定された要件を理解させ、人事制度の運用がしっかり行われる体制を作らなければならない。その意味で、教育制度の導入は、人事制度導入期（改定期）が適している。そもそも人事制度は人材育成のためにあるものであるから自明である。

　人事制度導入期における教育は、主に等級要件・職位要件と、目標管理運用のための教育に絞ってもよい。導入期の対象者は「全社員」である。そこにはパワーがかかるが、半日でもよいのでぜひ実施していただきたい。

2　集合研修

　社内で、または社外の教育機関や講師を招いて実施する教育手法である。社内施設または社外施設を使い、同じカテゴリーの社員を集めて実施する。ディベロップメント教育には集合研修が向いている。

①共通言語づくり

　マネジメントやリーダーシップという領域では、基礎はほぼ同一ながら、研修などで使用する言語・解釈にはさまざまな「流派」がある。外部の公開講座の受講もよいが、さまざまな会社が企画している講座などに複数の社員が別々に行くと、この流派がまぜこぜになってしまう。

　新しい視点を得ることも大切であるので全面的に否定はしないが、「ディベロップメント教育」の副次的効果の一つに、「社内の共通言語を作る」ことがある。

例えば、「判断＝選択肢を設けて決断を促すこと」「決断＝他の選択肢を捨てて一つを選び出すこと」という定義があるとする。この言葉の定義で社内が共通の認識を持っていたら、コミュニケーションは飛躍的にスムーズとなる。言葉の定義は大切である。マネジメントとは何か？　などという解釈についても、共通の認識を持っているべきである。

　したがって、集合教育を外部に任せる場合には、できるだけ絞り込むか、人事部門側で共通言語化や言葉の解釈などについてコントロールする必要がある。

　また、等級制度や職位制度の要件がある中で、これと異なる階層設定による研修や、自社の部長に必ずしも求められていない内容の研修を受けても混乱する。自社要件とよく照らし合わせて、集合研修の内容は吟味いただきたい。

　優れた教育・研修機関は多いが、研修が「パッケージ化」されているケースも多い。パッケージの内容はよく吟味されて優れたコンテンツとなっているが、カスタマイズが効かないケースも多い。

　研修の内容に自社の要件を合わせてはならない。「会社が社員に求めるもの」がぼやけてしまうからである。

　等級制度・評価制度と教育制度が関連するのは、このような場面である。つながりを想定して教育研修は企図いただきたい。

②場所の選定

　場所は社内か、または環境を変えて遠方に宿泊で実施するかは任意である。状況によって企画する。ただし、ディベロップメント教育は行動変革を促すものであるから、現在の日常に引きずられないほうがよい。休憩時間以外の電話連絡・メールの送受信禁止などの措置はとりたい。

　また、社外を使用する場合は、【基礎編】で書いたように「食事」は重要な要素になることを注意しておく。食事は研修に対する評価に大きく影響する。

3 **公開講座**

　外部でさまざまな会社の社員が参加して行われる研修。社外の人材と交流できる利点がある。一方で、１人当たり単価が高い、そこで得たことを社内に持ち帰っても周囲が認識しづらいなどの問題点もある。10人以上の複数名に受講させたい内容であるならば、社内集合研修にしたほうがベターだろう。

　メニューを用意し、社員が手を挙げて参加する形式も考えられる（その場合の費用補助は、全額・半額などの設定もできる）。

④ 通信教育、eラーニング

　スキル・ナレッジ系の教育に適している。特定の業務時間ではなく、社員が自由な時間にさまざまな教育を受ける機会を提供する意味で、用意することに意義がある。

　通信教育は、これを提供する会社・機関と提携すれば受講料が割り引きになる。これだけでもメリットだが、「終了したら受講料全額（または半額など）会社負担」とすることで、コストを有効に活用できる。

　通信教育、eラーニングは、社員に提示するメニュー選びがポイントである。さまざまなメニューの中で、社員に受講させたい項目を人事部門で提示する。人材育成の方向性を示し、社員に機会を与え、さらにやる気のある人だけ修了するため、費用は有効に活用でき、利点は多い。

⑤ メニュー作りとスケジューリング

　以上が主な教育・研修メニューと手法である。これを組み合わせて自社の現況にあった構成を考える。[図表 8-6] は、単年度施策の例である。

⑥ 適性検査・360 度評価と研修

　よく研修場面で「斜に構える」人が少なからず存在する。「こんな研修意味ねぇよ」「そんなことくらい分かってるさ」という態度が見え見えである。

　したがって、単に「学びなさい」としたところで、素直に受講してもらえるわけではない。研修に向かう姿勢が必要である。それは「学びたい」と思ってもらうことである。

　その意味で、研修の前段階として適性検査の活用や 360 度評価を行うことは有効である。

　自己認知はとても重要な個人の資質・能力である。自分を客観視できる人材は成長が早い。目標と現状の適切な把握が成長意欲を生む。

　同様に経営も同じである。「なんとなくうまくいっていない」というところか

図表 8-6 ● 全社的な研修メニュー例

研修カテゴリー	対象者	研修内容	研修時間目安	実施主体
階層別研修	等級別に全社員	現在の等級要件の理解	2日間	外部講師
		次の等級要件の理解		
		適性検査とフィードバック		
		モチベーションの振り返り		
		キャリア構築		
		目標管理制度の理解と目標設定		
OJT・メンター研修	新入社員育成担当者	OJTとは	半日間	社内実施
		新人育成の方法		
		育成における経過共有会	月1回2時間程度	
組織活性サーベイフィードバック研修	全社員（部・または課単位）	組織別組織活性サーベイの実施	管理職FB：半日組織内MTG：半日	外部講師
		管理職へフィードバック		
		組織内において、サーベイに基づきミーティング		
管理職研修	現管理職（チームリーダー）（課長）（部長）（本部長）	管理職の役割（各役職別）	3日間	外部講師
		管理職の心構え		
		目標管理		
		組織内コミュニケーション		
		人事管理・勤怠管理		
		計数管理		
		時間管理		
360°サーベイフィードバック研修	管理職全員	〈事前〉360°サーベイを実施	1日間	外部講師
		サーベイ内容に関する解説		
		サーベイに基づく自己分析		
		行動変革目標の設定		
営業管理職研修	営業系管理職	マーケットの状況	2日間	外部講師
		営業プロセス		
		競合分析		
		営業担当者教育		
		営業活動管理		
営業研修	中堅営業担当	マーケットの状況	2日間	外部講師
		営業プロセススキル　アプローチ　ヒアリング　プレゼンテーション　クロージング　フォロー		
		競合分析		

（つづき）

研修カテゴリー	対象者	研修内容	研修時間目安	実施主体
新任営業研修	新入社員営業配属者営業への異動者	営業とは（営業の役割） 営業プロセススキル 　アプローチ 　ヒアリング 　プレゼンテーション 　クロージング 　フォロー 電話のかけ方 メールのマナー 訪問時の注意事項 クレーム対応	2日間	外部講師
ビジネスナレッジ研修ビジネススキル研修	選択・選抜型	リスクマネジメント メンタルヘルス 情報セキュリティ 財務・会計 人事・労務 契約・法務 プレゼンテーション マナー・ビジネス文書	各4時間程度	社内実施（一部外部講師）
外部公開講座通信教育補助	選択・選抜型	ビジネス理論 　競争戦略 　マネジメント論 　リーダーシップ論 　ファイブ・フォース 　ブルー・オーシャン戦略 　マーケティング論 　W4C……等 ロジカルシンキング プレゼンテーション 戦略シナリオ マーケティング リーダーシップ プロジェクトマネジメント 7つの習慣	公開講座・セミナーへの参加	公開講座へ派遣
	通信教育補助	各種通信教育受講補助	講座による	個人受講

ら人材育成の必要性を感じている経営者は多く、どこから手をつけるべきかを悩んでいる。組織サーベイの実施などは客観的な現状把握のために有効である。

　ここで注意いただきたいのは、適性検査や組織サーベイのツールはさまざまある。そのディメンション（切り口）はさまざまで、例えば「リーダーシップ」をひとくくりにしている場合もあれば、いくつにもこれを分解して要素別にしている場合もある。これらの切り口や用語が自社の要件設定と合っていない（統合されていたり分けられていたり、存在していなかったり）場合は、翻訳が必要となる。それができないとサーベイ自体が宙に浮いてしまう。あるいは人事制度の要件が宙に浮く。

　よって、人材育成に前後する適性検査類は、自社の人事制度の要件と結び付くディメンションを持つものがベターであり、逆にいえば、適性検査類のディメンションを用いた要件設定をすれば、後の運用が非常に楽に、効率的になるということである。

9 最後に――プロの人事担当者になるために

【基礎編】で、最終的な人事担当者のキャリアは次の二つであると述べた。
①人事が分かる経営者
②経営と話ができる人事責任者

どちらに向かうかは個人の考えによるだろう。いずれにせよ、人事という仕事はポータビリティ（持ち運び）が可能だと考えている。体系と構造が理解できていれば、成長段階が同じステージにある他社へ移っても通用する。ほぼ同じステージにある会社であれば、そこで起こり得る人事的課題は、必然的に似通ってくるからである。

1 いい人事担当者とは

どうしたら「いい人事担当者」を育成できるのだろうか。

まずは「いい人事担当者」とは何かを定義しよう。思うに「経営と対話して人事戦略を策定すること」ができて、「人事戦略を実現する企画を立案すること」ができ、「その企画を運用すること」ができることである。企画と運用では、その結果を推測しておくことも大切だ。

また運用では、「職制や社員と適切なコミュニケーション（発信と受容）ができ」、本筋を外さない範囲で「柔軟に対応していく」必要もある。

これらの役割は、厳しさだけでも、優しさだけでも務まらない。普段は優しく接するが、いざ悪事が起きれば毅然とした態度で対応する――そんな“交番のおまわりさん”のイメージが、人事の理想像に近いかもしれない。

また、「組織に厳しく、個人に優しく」という心掛けも大切である。組織的に「ダメなものはダメ」という強さ、堅さを持ちながら、個人個人の事情に対しては、なんとか対応できないか一緒に悩むという姿勢が必要である。

2 人事以外の経験

これらを踏まえて分かることは、人事は広い視野と高い視点が求められる仕事

だという点である。つまり、いい人事担当者を育成するためには、人事以外の職種の経験をしていたほうがいい。できれば営業職がよいだろう。

　営業と人事は、実は近い能力が求められると考えている。共に人とのコミュニケーションをすることが基軸にある。コミュニケーションの相手が社外か社内かというだけの違いでもある。ストレスフルなのはどちらも同じだ。

　とりわけ法人営業がいい。法人営業にはさまざまな対人交渉の機会がある。担当者レベル、権限を持った管理職、権限を持たない管理職、決裁的な経営者など、さまざまなレイヤーの人と交渉でき、顧客の社長に面会するときには、こちらの上席者を同行させることもある。人事担当者も、職制との対話、社員個人との対話、経営者との対話など、法人営業と共通する思考やコミュニケーション力が求められるのである。

　そして営業の経験は、営業系の職制とのコミュニケーションにとっても有利に働く。自分のことを分かってくれているという安心感を、職制に持ってもらえるだろう。

3　他社の人事担当者との交流

　人事担当者にとって、他社の人事担当者との交流は大きな意義を持つ。社内ではなかなか得られないメリットが多々ある。

　中堅・中小企業にとって、自社内に経験豊富な人事担当者がいることは多くないだろう。だから人事担当者が社内で相談する相手がいないというケースは少なくない。他社の人事担当者と仲良くなれば、人事的な本音を語り合うことができる。そして自分が直面する諸問題に対して、他社ではどうしているのか、その人事担当はどう考えるのか——という点を聞いておくことは大いに参考になる。

　なにか起こったときに電話一本で相談できれば、どれだけ助かるだろう。そして、施策の成否などの体験談を聞くことにより、自社の経営者に対して「これをやったら、こうなりますよ」と、他社事例を伝えることができれば、内容の説得力も増す。

　ぜひ機会を見つけて、他社の人事担当者との人的ネットワークを構築してほしい。直面している課題が共通なだけに、プライベートでも仲良くなれることも多い。

4　給与担当と採用担当

　人事担当者にとって給与担当と採用担当は、できれば両方を経験するのが望ましい。採用と給与では、鍛えられる能力が違う。

　給与は「間違いが許されない」「遅れが許されない」という「かっちりした」ことが求められる仕事である。無駄のない動きが求められる。一方、採用は、「たぶんこの人は活躍するだろう」「入社してくれたらいいな」というところにたどり着くまでに、非常に多くの「無駄」がある仕事である。「確実性の給与」に対し、「可能性の採用」といえる。

　給与担当としては、採用担当のある意味ではいい加減な仕事ぶりは理解しがたいところがあると思う。採用担当からいえば、給与担当の「堅さ」が理解しがたい。採用担当が入社を確定しないと給与計算ができない。社会保険の手続きができない。さらに入社してすぐに辞めてしまったなどということがあれば、手続きに奔走した給与担当としては噴飯ものである。

　同じ人事ながら、求められる仕事の性格が違う。だから、この二つの役割を共に経験しておくことは大変意義がある。採用課長の後、給与課長をするのもいいだろう。両方の立場で物事を見ることができれば、無用な軋轢を起こさず、有益な課題解決を生み出せるに違いない。

5　基本と型

　人事は、予定調和（そうなるだろうと思ったことが、そうなること）の低い仕事だ。そこにある程度のロジックはあるが、必ずしもそのとおりには、事が運ばないのである。ロジックや基本的な考え方は、【基礎編】で述べてきた。しかし、人事はさらにその上にさまざまな展開の起こり得る仕事だ。

　音楽に例えればジャズだ。素人には、一見、無茶苦茶をやっているようにも感じられるものだが、そこにはしっかりした理論があり、基本がある。

　理論を知り、基本を身に付けていないと、ジャズらしい演奏にはならない。それを理解したうえで、プレーヤーは個性を重ねていく。それをさらに理論にしていく。

人事にも基本があり、一定の型がある。全部がアドリブではならない。ただ、基本と型をマスターしても、それだけで「OK！」とはならない世界でもある。だからこそ、まずは「型」を知ろう。型を知ったうえで、さらにその先があるのだ。

　しかし、型を知らずして、その先を仕入れようとしてもだめだ。基本ができていないのに、大企業の人事施策を取り入れてもうまくいかない。理想的すぎるものは、基本ができていない組織では運用できないのである。

6　分かっていないことを分かっている

　いい人事担当者は、どんなに偉くなっても「分からないことがまだまだあることを分かっている」と思う。「分かっていると思い込んでいる」「分かっていないことを分かっていない」という人は、人事としては失格だろう。人はそもそも分からないものであり、一人ひとり違うものだ。

　繰り返そう。「分かっていないことを分かっている」ことが大切だ。その前提で、「何が分かっていないのかを分かっている」ということだ。その前提があれば、専門家に聞く、他社の人事担当者に聞く、社員に話を聞く、応募者の心の叫びを聞こうとする……といった姿勢につながる。

　人事担当者の育成は、「分かっていないことを分かっている」ことから始まり、「何が分かっていないかを分かっている」ことを繰り返していくにほかならない。

7　人事担当者と資格

　人事担当を募集すると、よく「社会保険労務士の資格を勉強中」ということを書いて応募してくる方がいる。また「将来は社会保険労務士の資格を取りたい」というコメントも見受けられる。

　悪いことではない。社会保険労務士の領域についての知識を勉強することは、人事にとっても役に立つ。しかし、「勉強中」ということや「将来資格を取りたい」ということと人事担当者の採用選考とは関係がない。求めていることが違うのだ。

　社会保険労務士の仕事と、人事担当の仕事はまるで違う。人事担当はいざというときに「社会保険労務士」や「弁護士」に「アドバイスを求める」仕事である。勉強する、あるいは資格を取ることは大切だが、必ずしも必須ではない。

　それよりも大切なことがたくさんある。経営を知る、人を知る、人事の仕組みを知る──などである。

　人事担当ができても社会保険労務士の仕事はできない。逆にいうと、社会保険労務士の資格を持っていても人事担当はできないのである（ごくたまに両方をこなせる、器用な人はいるが、それはあくまで例外的な存在だろう）。双方とも共存すべきものであって、同一のものではないことをぜひ認識していただきたい。

　そのほか、世にはさまざまな資格や検定がある。興味があって仕事に役立つと思うのならば、大いにチャレンジしていただきたい。ただし、資格で仕事はできない。「経営者」という公的資格がないのと同じように、人事担当が必ず持たなければならないという資格はない。その意味で「深く掘り下げる」というよりも、「広い視野を持つ」ことが大切な仕事であるとの認識が必要である。

8　最後に

「師匠の存在」は大切だ。

【基礎編】【ステップアップ編】とも私自身、上司から教わったことがとても多く含まれている。経験者・プロの下で働くことはとても力になるし、実務やテクニックだけではなく、考え方、ものの見方、人との接し方、社内での立ち回り方など、さまざまなことを学ぶことができる。もちろんそういう人の下にいるときは楽ではないが、そこは歯を食いしばってついていくことが大切だ。

　その意味で、現在、株式会社テイクアンドギヴ・ニーズの取締役でおられる桐山大介氏にはとても多くのことを学ばせていただき、感謝申し上げたい。教わったことをここに多く書かせていただいた。そして氏の下で働いたメンバーがそれぞれの道で活躍していることも併せて記したい。

　社内にこのような上司がいることはとても幸せなことだ。

　ただ、成長企業や中堅・中小企業において、氏のようなプロが上司にいることは多くないだろう。そういうときには、社外にそのような人を求めることも大切

だ。ぜひ、師匠を見つけていただきたいと思う。

　最後になるが、人事以外の人から見れば、人事担当は「普通は知らないことを知っている」し、「個人情報をたくさん持っている」し、「ルールを守らせようとする」し、その割には「売り上げを上げない」「利益を上げない」「経費を使う」業績には直接結び付かない仕事をしている。あまり好ましいと思われる要素はないのではないだろうか。その点で、人事はあまり好かれる仕事ではないだろう。

　また、いま人事を担当されている方にとっても、最初から「ぜひ人事担当になりたい」と思っていた人は、案外少ないのではないだろうか。基本的には好かれない仕事。その前提をわきまえていることが大切である。

　一方で、人事は「採用に携わった社員」「個別の相談に乗って解決を一緒に考えた社員」との個人的関係を構築できる仕事である。そこにはある種の「熱」がある。

- いいと思った人を入社させる熱
- その人の問題を解決したい熱
- 職場の問題を解決したいという熱
- 公正な評価を実現したいという熱

　そうした熱い思いがあれば、好かれなくても信頼される、あるいは親しみを感じてもらうことはできる。社員は、そこに担当者の「熱」があるかどうかを見ている。人としての温かみである。

　「公正さ」という堅さと、「人間味」が兼ね備わった時に、「いい人事担当者」として認められることになる。その中に「もっとよくしていこうという情熱」を示していくことが大切である。

　人事とは、このように奥が深く、とても意義のある仕事だと思う。

人事部の仕事
課業別チェックシート

❶ 規程

❷ 労政

❸ 能力開発

❹ 安全衛生

❺ 福利厚生

❻ 勤労

❼ 人事担当者育成

❽ 採用

❾ 人事評価および昇降格・任免

❿ 給与

⓫ 予算および業務計画

⓬ 要員管理、異動、退職

⓭ 人事制度の設計・改定

　上記13の課業を、「人事部の仕事」第6章の［図表6-9］に準じて、1. 育成、2. 自己完遂、3. 成果、4. 組織、5. 全社の5段階の等級別に整理しました。
　チェックシート方式になっていますので、なにができて、次にどんな仕事を身に付ければよいのか確認し、今後のステップアップにつなげてください。

❶ 規程

1. 育成	□就業規則をはじめとする人事関連規程を理解する
2. 自己 完遂	□就業規則をはじめとする人事関連規程を理解し、個別事案に対して、規程を参照し、対応判断を行う
3. 成果	□人事関連規程の改訂、策定を起案し、成立させる
4. 組織	□規程にない事項について判断し、規程に盛り込む。または内規の整備を管理する

❷ 労政

1. 育成	□労組・社員会指摘事項について調査をする
	□労使協定の遵守状況を確認し、改善の必要がある場合について、関係部門に伝え、改善させる
2. 自己 完遂	□労使協議会資料の作成をする
	□団交時の事務局をする（議事録作成を含む）
	□労使協議会の事務局をする
	□労組・社員会との共催行事について、関係先（外部を含む）と折衝、調整をする
3. 成果	□36協定等の労使協定内容の検証を行う
	□労組・社員会との対応窓口となる
	□労働協約案を作成する
	□労使交渉に関する諸対策および協議事項について検討・立案し、事前調整をする
	□労使協議会の運営をする
	□社員代表選出を適切に進行する
	□36協定、裁量労働制などの労使協定を起案する
4. 組織	□労使協議会を統轄する
	□労使協定の締結を統括する
	□労使協定の届け出を行う

❸ 能力開発

1. 育成	□研修対象者への案内、研修施設の手配等、研修オペレーションを担当する
	□研修準備物をリストアップし、準備し、滞りなく研修を実施する
	□各種教育施策の運用オペレーションを担当する
2. 自己 完遂	□研修資料・テキストを作成する
	□新入社員等、若年層への研修のファシリテーター（進行役）、インストラクターを行う
3. 成果	□教育体系に基づき、教育研修予算を策定し、承認を得て、管理する
	□教育研修の年間スケジュールを立案する
	□管理職研修・階層別研修・新入社員研修などの全社教育プログラム案を立案する
	□必要に応じ、社内教育、社外教育（外部教育機関）の手法を選定し、研修プログラムを立案する
	□中堅層への研修のファシリテーター、インストラクターを行う
	□集合研修以外の教育施策（OJTの運用、外部公開講座、通信教育・eラーニング等）の企画と運用を行う
	□教育研修の実施結果と効果検証を行い、次年度教育計画に反映する
	□人事評価制度運用にかかわる教育施策を立案し、制度運用を円滑に行う支援をする
4. 組織	□全社教育体系を策定し、経営の承認を得る
	□全社的教育、部門別教育の方針と計画を立案する

	□管理職層への研修のファシリテーター、インストラクターを行う
5. 全社	□人材育成方針を策定し、経営の承認を得る

❹ 安全衛生

1. 育成	□私傷病診断書と定期健診とのチェック、日常作業の確認をする（健保組合連絡を含む）
	□定期健康診断を計画・周知・案内・予約対応・実施・未受診者管理を行う
2. 自己 完遂	□産業医への社員の相談等を運営する
	□長時間労働者について、産業医の診断を促す等、安全配慮を行う
	□労働災害に関する手続きを行う
3. 成果	□構内パトロールにより危険箇所の指導と 5S を指導する
	□安全研修の企画、立案、実施をする
	□事故発生時に発生状況と被災状況を確認する
	□安全研修会の講師派遣を依頼し、実施をする
	□協力会社に対する安全衛生の指導をする
	□年間安全衛生管理計画の立案をする
	□監督諸官庁立ち入り検査時に立ち会いをする
	□安全衛生委員会、衛生委員会を開催し、議事録などを残す
	□健康診断結果を検証し、必要な施策を提起する
	□労働災害について初動対応を行う
4. 組織	□災害発生時の応急措置の指示をする
	□産業医の選定を行う。または産業医に要望を伝え、要望どおりの活動を促す

❺ 福利厚生

1. 育成	□各種福利厚生施策、プログラムの受け付け・手配業務を行う
	□社保、雇用保険の資格得喪手続きをする
	□慶弔事務手続き（電報、香典など）をする
	□慶弔見舞金、慶弔休暇の届け出・支給・管理を行う
	□労働保険の年度更新事務をする
	□健保各種届出書を作成する
2. 自己 完遂	□社保資格取得時の給与設定をする
	□健保資格取得手続きをする（扶養認定手続きを含む）
	□社保の月額変更・算定処理の統括として資料をチェックする
	□厚生プログラムに対するクレーム処理対応をする
	□福利厚生施策に関する社員負担率等の見直しを行う
	□各種補助金等（社内クラブ・サークル運営等）に関する申請受け付けと支給手続きを行う
	□出産・育児および介護休業に伴う手続きをする
3. 成果	□福利厚生イベント（社員旅行・運動会等）を企画し運用する
	□厚生プログラムに関する外部機関・管理人等を管理する
	□福利厚生に関する各種規程を見直し、改定を起案する
	□福利厚生計画案を作成する
4. 組織	□慶弔事の統括運営をする
	□中長期的な福利厚生施策の企画・廃止案を策定し、経営の承認を得る
5. 全社	□福利厚生方針を策定する

❻ 勤労

1. 育成	☐社員の個別相談窓口となる
2. 自己完遂	☐社員面談を行い、解決策を提言する
	☐ハラスメント・うつなどの労務案件に対して、事実関係を明確にする調査を行う
	☐労務事件報告書をまとめる
3. 成果	☐社員個別案件への対応策を判断する
	☐労務案件、紛争への対応窓口となる
	☐労働基準監督署、職業安定所等の機関との窓口となる
	☐懲罰案件について、賞罰委員会を主催し、処分を確定させる
	☐社員および家族等との折衝の責任をとる
	☐退職希望者を翻意させる
	☐労務案件解決のための対応策を提起する （人事異動など）
	☐弁護士、社会保険労務士を活用する
	☐休職発令の判断、復職判定のための対応（産業医の診断等）を遂行する
4. 組織	☐社員個別案件への対応について決断し、責任を持つ
	☐処分前の措置等について決定し、指示する
	☐懲罰案件などについて本人に伝え、事態を沈静化させる
	☐労務案件解決のための対応策を決定する
	☐労務案件発生の原因を取り除く。管理職等への指導を行う
	☐休職発令の決定、復職の決定を行う

❼ 人事担当者育成

1. 育成	☐人事担当者の教育計画を立案する
2. 自己完遂	☐人事関連勉強会を実施する
3. 成果	☐人事担当者の教育を担当する
4. 組織	☐人事担当者の能力開発のための職務の変更、担当業務の設定を行う
	☐人事担当者ミーティングを主催し、情報共有、対応策検討、課題設定等を行う
	☐人事部門を運営する
	☐人事部門の方針を策定し、伝える
	☐人事担当者の姿勢、あるべき姿を明示し、遵守させる
	☐人事部門の中期計画を立て、経営の承認を得て、年度計画、目標設定を行う
	☐理念浸透に必要な行動指針等の改定、周知を行う
	☐人事的コンプライアンスに関する施策を立案し、実行する
	☐人事部門の効率化を推進する
	☐人事部門が提供する価値を高め、存在意義を強める
	☐経営・管理職・一般社員から信頼を得られる各種施策を展開する
	☐人事に関して、管理職に対しての強い発言力を発揮する
5. 全社	☐人事ポリシーを決定する
	☐人事的コンプライアンスに関する方針を示す
	☐人事部門の目的を明示し、組織を作る、変える。体制を整える
	☐人事に関して、経営に対しての強い発言力を発揮する

❽ 採用

1. 育成	□採用に関連する各種通知書・手続き書類を知り、適切に取り扱う
	□応募受け付けを滞りなく行う
	□会社説明資料、会社説明会資料等を作成する
	□書類選考を段取り、必要情報をそろえて、選考担当の判断を仰ぐ
	□書類選考通過者への選考の案内、面接官の手配、面接会議室の手配を滞りなく行う
	□応募者からの選考に関する問い合わせに適切に対応する
	□面接に訪れた応募者を適切に案内する。応募者に気持ちよく応対する。社内見学・工場見学の案内を行う
	□不採用者確定に伴い、不採用通知の作成と送付、応募書類の返却等の対応を行う
	□人材紹介会社、求人媒体会社など外部協力会社に関する情報収集を行う
2. 自己完遂	□採用に関する各種通知書・手続き書類の改良を発案し、起案する
	□会社説明会において、会社概要・募集要項など、応募者を動機づけるプレゼンテーションを行う
	□会社説明資料、会社説明会資料等を企画する
	□応募者からの募集要項や待遇、選考基準、仕事内容などの問い合わせに適切に対応する
	□採用選考の進行を管理する。進行停滞を未然に防ぎ、面接官を促し、合格・不合格を確定していく
	□選考担当者として応募者の書類選考を行い、合否判断をする
	□面接官として、一次面接を行い、合格・不合格の判断を行う
	□面接官として応募者を動機づけ、ファンを作る
	□人材紹介会社、求人媒体会社など外部協力会社の選定を行う
	□人材紹介会社、求人媒体会社に対して、適切な情報提供と求人媒体原稿作成を行う
3. 成果	□採用選考に関する各種通知書・手続き書類・面接シートのフォーマットの見直しを含めた進行を段取り、効率的に進める
	□面接官として二次面接を行い、合格・不合格の判断を行う
	□応募者の共感を得て、入社動機を形成する
	□応募者に内定を伝え、入社を決意させる。内定者の不安を取り除く
	□学校訪問を行う。求人について説明する
	□大学就職部とのリレーションを持つ
	□採用計画・採用選考計画を立案する
4. 組織	□ライン面接・役員面接を段取り、面接官の判断を促しながら、採否決定に重要な役割を演じる
	□内定者の処遇を起案・決定する
	□求める人材像を明確化する。採用基準を作る
	□人材ニーズに対して、雇用形態（正社員・契約社員、パート・アルバイト、派遣）、または委任・委託など、人材確保における適切な形態を選定する
	□管理職層の中途採用における面接官として、適切に対応し、判定し、動機づけを行う
5. 全社	□中長期計画に基づく採用戦略・代謝計画を立案する
	□トップマネジメント層の採用における面接官（役員・社長同席等）として適切に対応し、判定し、動機づけを行う

❾ 人事評価および昇降格・任免

1. 育成	□人事評価の集計表・調整用資料を作成する
	□昇格（降格）申請・専門職申請手続きについて社内に周知し、申請を取りまとめる
2. 自己完遂	□人事評価スケジュールを策定し、社内に周知する
	□各部門より人事評価結果資料を提出させる
	□昇格（降格）申請・専門職申請を受けて、判定資料（過去評価履歴・申請書等）を作成する
	□各部門に評価結果・給与改定・賞与決定の通知を行い、フィードバックを司る
	□評価・給与・賞与に関するデータを給与担当に伝え、実支給等について確認する
3. 成果	□人事考課表を作成する
	□評価調整会議を起案し、実施し、評価決定の進行を行う
	□昇格（降格）申請・専門職判定会議等を主催し、決定までの進行を行う
	□幹部社員評価調整案を策定し、評価委員会等を主催し、決定までの進行を行う
	□役職任免について、役員・各部門長と調整し、役職任免案を策定する
	□役職任免の決定を促す
	□給与改定原資・賞与原資を算定し、経営の承認を得る
	□評価に基づく給与改定案・賞与支給額案を策定する
	□評価結果および給与改定・賞与決定の通知書類を作成する
4. 組織	□評価調整案を策定する
	□給与改定案・賞与支給案を経営・各部門と調整し、決定する

❿ 給与

1. 育成	□外部機関からの定型的アンケートを作成する
	□勤怠データを確認し、確定する
	□給与計算を行う
	□退職金支給と支給に伴う事務処理をする
2. 自己完遂	□給与変更の実務を行う
	□所得税、住民税を納付する
	□休暇の管理をし、新年度有給休暇の付与を行う
	□給与計算上のイレギュラーの対応を行う
	□人件費の割り当て実務を行う
	□支払い調書を作成する
	□賞与・退職引当金資料を作成する
3. 成果	□給与計算データチェックを行う
	□税務申告書類のチェックと整備をする
	□年末調整処理資料の統括、チェックをする
	□月次給与処理資料の統括、チェックをする
	□昇給・賞与時に原資の計算と、人件費のシミュレートを行う
	□昇給、賞与の個人別計算基準を作成する
	□昇給、賞与を計算し、支給までの業務を総括する
	□初任給、中途採用賃金案を作成する
	□業績評価のための部門別・会社別経営指標の収集と整理、分析をする

	□給与制度の改訂案を作成する（水準是正、諸手当改訂）
	□出向社員の統轄管理をする
	□昇給・賞与案を作成する
	□昇給・賞与案についてチェックとフォローをする
	□昇給、賞与についてトップへ具申し、決定調整をする
	□パート社員の賞与寸志、時給改訂案を作成し、事業所としての調整をする
	□出向社員の統轄管理をする
4. 組織	□報酬変更（役員、顧問など）に伴う支給手続きとチェックをする
	□昇給・賞与案についてチェックとフォローをする
	□昇給・賞与原資について総括し、経営の承認を得る

⓫ 予算および業務計画

1. 育成	□経費伝票起票と予算管理簿への記帳をする
2. 自己完遂	□経費、人件費の月次実績および予実差を集計、算出する
	□人件費予算を策定する
3. 成果	□経費、人件費の月次集計のチェックを行う
	□人事部門経費予算案を作成する
	□全社人件費の実績を確認し、予算案を精査する。その際、労働分配率等の指標を確認する
	□全社的共通経費予算案を作成する
	□人件費の実績分析をする
	□予算編成時の業務の分析をする
	□短 ・中期業務計画を推進する
	□時間外手当の増減に着目し、予算オーバーの場合、部門に警告をし、是正を促す
4. 組織	□全社人件費予算について経営に確認する
	□経営方針に基づき、人件費予算案を各部門と折衝し確定する
	□経営方針を踏まえて短・中期の政策を策定する
5. 全社	□人件費に関する全社方針を策定し、経営の承認を得る
	□人件費予算に対する実績を経営に報告し、対応策を提言する
	□経営の意思に基づき、各部門に予算管理を働き掛ける

⓬ 要員管理、異動、退職

1. 育成	□転勤赴任時に交通費、経費の精算額を確認する
	□人事記録台帳を整備する
	□人事発令の稟議・伺い書を作成する
	□出向・転籍社員の取り扱い事務をする
2. 自己完遂	□人員動態表を作成する
	□有期雇用契約者の雇用管理を行い、契約更新、雇い止めに関する手続きを行う
	□人事情報システムの運用管理を行う
	□内示資料・辞令・人事異動通達を作成する
3. 成果	□転勤赴任に関するルールを策定し、社内に周知する
	□人事情報システムの要件定義を行う
	□出向・転籍社員への処遇・条件説明をする

	□要員計画を策定し、部門と折衝しながら確定する
	□人員計画を策定する
	□一般社員人事異動案を作成する
	□出向、転籍の条件調整をする
	□退職希望者の面談・カウンセリングをする
	□要員計画・人員計画の具体的推進をする
	□一般社員人事異動案に基づき、部門調整をする
	□要員計画案に基づき、部門との調整をする
	□自己申告・社内公募・FA制度など、異動に関する各種制度を企画・運用する
	□内示・発令・通達の段取りを行う
4. 組織	□人事情報システムの導入や改良を企画する
	□定員計画を策定する
	□幹部社員人事異動案を作成し、部門調整をする
	□人事異動案の決定に関する会議等を主催し、決定を促す
5. 全社	□人事異動方針、人材育成方針、定員計画・要員計画策定方針を策定し、経営の承認を得る

⓭ 人事制度の設計・改定

1. 育成	□制度移行に伴う各種通知書等を作成する
2. 自己完遂	□制度変更に関する社員からの問い合わせ、個別案件に関する対応を行う
3. 成果	□人事制度の各要素（等級制度・評価制度・給与制度等）の設計案・改定案を策定する
	□社内調査・サーベイの設問・集計・分析方法を設計し、実施する
	□社内調査・サーベイについての経営への報告資料を作成し、人事制度設計・改定への意思決定を促す
	□他社人事制度・給与水準等の社外調査を行う
	□人事制度説明資料を作成する
	□人事制度周知に関する施策（管理職研修・評価者研修等）を企画・運用する
	□制度移行措置に関する企画を行う
	□制度移行措置の運用を間違いなく行う
4. 組織	□人事制度の基本骨格の設計を行う
	□人事制度の設計・改定に際し、各部門と折衝し意見の取りまとめを行う
	□人事制度策定・改定プロジェクトを主催する
	□基本方針・サーベイ・社外情報を踏まえた、人事制度策定・改定の具体案を策定する
	□人事制度説明を経営・役員・各部門長に行う
	□社員向け人事制度説明会を主催し、周知する
	□人事制度策定・改定に関する、社員代表・組合との折衝を行い、妥結する
	□制度運用全般を司り、滞りない進行を管理する
5. 全社	□人事制度方針を策定し、経営の承認を得る
	□人事制度に関する社内調査・サーベイの要否を判断する
	□人事制度策定・改定案を経営・各部門長と折衝し、承認を得る

スキルアップ編

1 人事担当者に求められる ビジネスマインド・スキル

経営・社員と向き合い、 役割を果たすために必要な行動・思考様式

田代英治 たしろ えいじ ㈱田代コンサルティング 代表取締役 社会保険労務士

1985年3月神戸大学経営学部卒業後、同年4月川崎汽船㈱入社。人事部にて人事制度改革・教育研修体系の抜本的改革を推進。2005年同社を退職後、㈱田代コンサルティングを設立。著書に『なぜか会社も社員も気がつかない新しい働き方 人材開発会議』（企業年金研究所、2007年）がある。2010年、特定非営利活動法人インディペンデント・コントラクター協会理事長に就任。

Contents

1　はじめに

　昨今、企業を取りまく環境は目まぐるしく変化し、それに応じて人事部門に求められる役割も変化している。当然のことながら、人事担当者に求められるスキル・知識等も変化しており、人材という最も重要な経営資源を扱う人事担当者には、自ら積極的に学び、組織によい影響を与えることが従来以上に求められている。

　これからの人事担当者は、「人事労務に関する専門知識・スキルの習得と発揮」だけでなく、経営や現場から信頼をおかれる真のパートナーとして進化する必要がある。「人」領域すべての課題解決をターゲットとし、経営と現場に向き合い、結果に責任をもつ覚悟が重要となる。

　そのためには、現場に出向き、人事のみならず人事以外の観点から課題を解決するスキルを身につけることが求められる。その前提として、人事担当者として求められる「ビジネスマインド」がより重要な意味をもつ。

　ビジネスマインドとは、「仕事に向き合う姿勢や態度、使命感、モチベーション」、あるいは「問題解決を前向きにしていこうとする思考プロセス、意識」などと定義される。それらは、仕事の経験を積みながら、磨かれ大きくなっていくものである。「人として成長したい」という気持ちや、人がいきいきと生きるために必要な価値観・考え方ともいえるだろう。

　一般的なビジネスマインドでは、コストや収益を念頭に置いて、個々のプロジェクトや仕事がさらに大きなビジネスとなるように取り組む思考や、行動様式の意味合いが大きい。だが、人事担当者の場合、顧客は「社員＝ヒト」であって、ヒトを扱う以上は、コストや利益とは別の、仕事を円滑に回すうえでの思考様式・行動様式が必要である。

　ここでは筆者の、企業の人事担当者としての実務経験や、多くの人事担当者との交流により得られたものに基づき、ビジネスパーソン一般としてではなく、人事担当者として求められるビジネスマインドについて「対ヒト＝社員」という観点から考察する。

2 人事担当者として求められるビジネスマインド［図表1］

1 人間力［図表2］

人事担当者は、誠実さ、謙虚さ、前向きさ等のマインドがあり、強い信念をもち、ヒトとしての魅力ある、いわば「人間力」とでもいうべき資質をもっていることが大前提となる。

この「人間力」について、掘り下げ、必要な要素を考えてみたい。

1 絶対的な信頼感

人事部の仕事はヒトと向き合う仕事であるので、そこで働くヒトは、まず他人から信頼される人物でなければならない。その人物像を考えると「基本的に人間が好きであり、どんなヒトともいやな顔をせずコミュニケーションをとることができること」「口が堅く、絶対に相手を裏切らないこと」「バランス感覚に優れ、思考に柔軟性をもっていること」といったところであろうか。

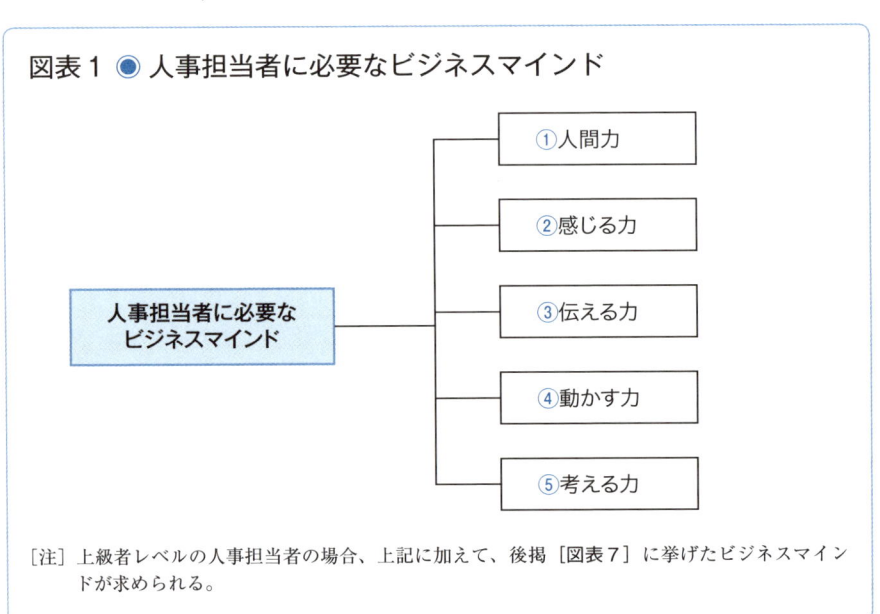

図表1 ● 人事担当者に必要なビジネスマインド

人事担当者に必要な
ビジネスマインド

- ①人間力
- ②感じる力
- ③伝える力
- ④動かす力
- ⑤考える力

［注］上級者レベルの人事担当者の場合、上記に加えて、後掲［図表7］に挙げたビジネスマインドが求められる。

　「彼がそう言うのなら仕方がない」と思わせるような、絶対的な信頼感をもってもらうためには、常日ごろの言動が重要になる。逆に、何らかの理由（懇親の場で酒に酔って不適切な発言をするなど）で、一度でも信頼を失うと、それを挽回し、再び信頼を回復するのは難しい。それほど人事担当者を見る社員の目は厳しいのである。

2 社員に対する愛情・強い関心

　いろいろな会社の人事担当者に接する機会があるが、伸びている会社には、愛情をもって、積極的に社員とコミュニケーションをとっている人事担当者の存在がある。ヒトと接触するのが億劫なときもあるだろうが、人事部としての使命だと思って行動すると、社員との距離もぐっと縮まるはずである。そのような人事担当者は、自分は何のために働いているのか、自分の存在理由は何か、貢献すべき対象はだれかなどをしっかりと自分の中にもっていることが分かる。確固たる業務知識とヒューマンスキルに立脚した人事担当者が、自分の使命を自覚して組

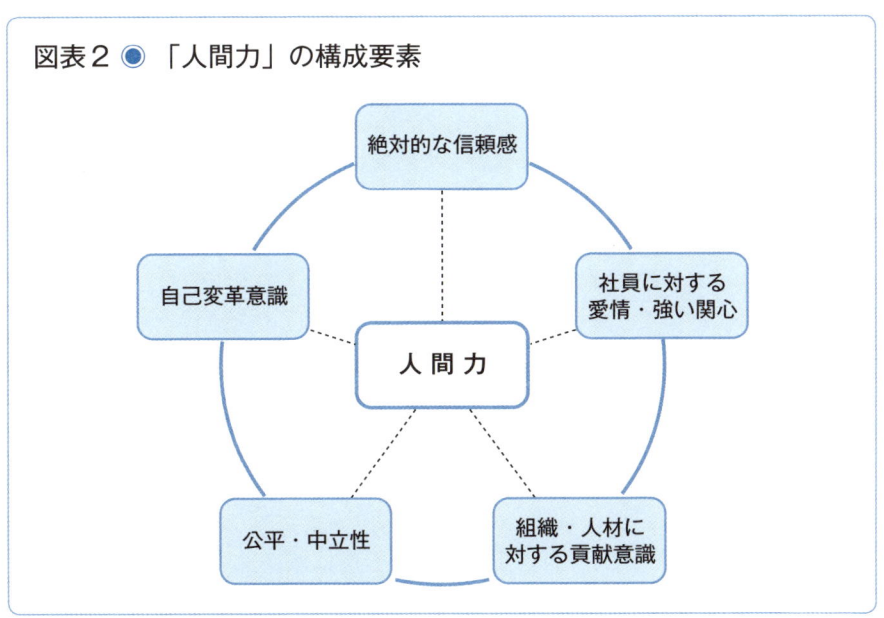

図表2 ● 「人間力」の構成要素

織のために貢献するというのが理想の姿ではないだろうか。

　また、多くの人事担当者は、社員の顔と名前を一致させ、本人のおおよその経歴等も頭に入れている。ヒトに対する強い関心をもつことができるというのも人事担当者に必要な要素であろう。特に若手社員との会話では「〇〇さん」と気軽に声を掛け関心を示すことで、心の距離を縮めるようにしたい。細かなことだが、このような点にも気を配るとよいだろう。

❸組織・人材に対する貢献意識

　人事部の役割は、会社と社員の向かうべき方向性を合わせ、組織と個人の一見相反する利益を調整することであり、現場で働く社員がいきいきと働くことができるように最大限の努力をすることである。貢献対象は会社（経営者）と社員であり、双方の満足度をいかに高めるかがポイントとなる。

　「社員一人ひとりが仕事に喜びを感じ努力することによって会社の利益が増大し、その利益が個人に還元され満足につながっていく」という正のスパイラルが続くことが重要である。したがって、まずは社員満足度を高めることが人事部門に求められる本質的な役割であると考えられる。その意味で、人事担当者は「他者に貢献することが自分にとっての幸せである」という自発的な貢献意識をもつ人材がふさわしいといえる。

❹公平・中立性

　人事担当者は、さまざまな案件に対して判断を求められることが多い。その際に大事な視点は公平性である。前例を調査し、過去の同様のケースではどのように対処したのかを確認し、「前回はこうしたが、今回はそれとは違う」取り扱いをしないようにしなければならない。

　一見簡単なことのようであるが、現実に社員から強く依頼されたりすると、その判断が揺らぐことがある。その場しのぎにならないように、判断に迷う場面では原理原則に立ち返り、軸がぶれないようにすることが必要である。各方面からの要望に対して、常に強い気持ちで公平に中立的に取り扱うことができるかどうかが重要である。

❺自己変革意識

　経営環境が激変する中、「自己変革しない企業は滅びていく」といわれている。会社を人材面から支える人事部の仕事についても、変革意識をもって行うこ

とが必要である。人事担当者が変革意識をもたず現状維持を続けていくと、仕事はマンネリ化し、自分自身が成長しないばかりではなく、役割の大きさを考えると組織全体に悪影響を及ぼすことも十分考えられる。

　これからの人事担当者には、①自分で仕事を提起し（課題を発見し）、組織に提案を行い、社員と組織に高い付加価値を提供するプロフェッショナリティと、②常にアンテナを高く張り、変化に即座に対応できる力が、ますます必要になっていくだろう。

2 感じる力［図表3］
1 現場把握力（情報収集力）
①社内現場からの情報収集

　人事として現場に行き、自らの目でチェックしたり、責任者や担当者からの聞き取りなどで、実情を常に把握しておくことが必要である。現場では何が起こっているのか、どんなことを考えて仕事をしているのか、どんな点に不満をもって

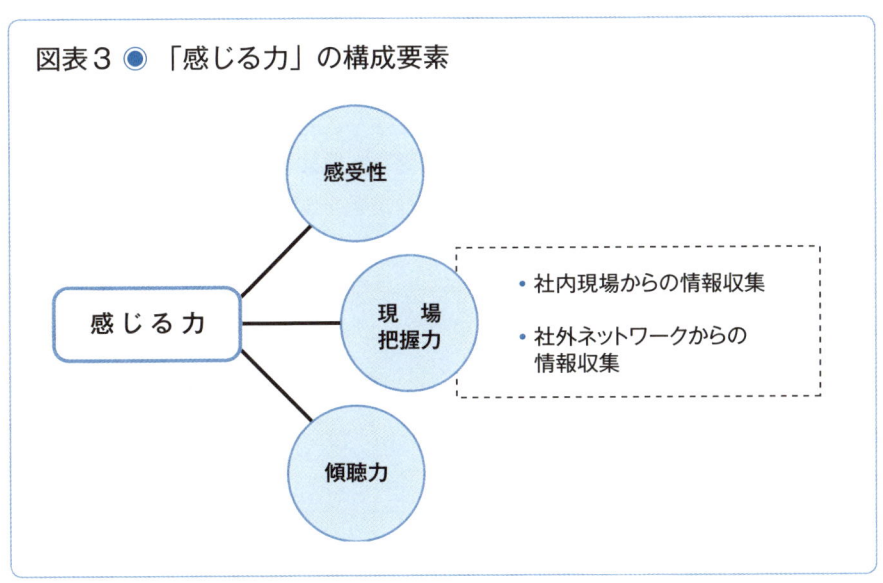

図表3 ● 「感じる力」の構成要素

感じる力

感受性

現場把握力
• 社内現場からの情報収集
• 社外ネットワークからの情報収集

傾聴力

いるのかなどをきちんと把握すべきである。

　筆者が人事部で最初に仕えた上司は、「人事部員は部署外の人と食事をし、現場の情報を収集しておくように」と人事部だけで連れ立って昼食に出掛けることを戒めた。また、ある人事教育コンサルタントの先生は、「人事部が内にこもって威張っていてはダメだ。人事部員がまじめに仕事をしているかどうかは、どれだけ現場に足を運んでいるかにかかっており、靴のかかとの減り具合で分かる」と言われていた。これらの言葉に代表されるように、人事部員は自分の机でパソコンに向かって仕事をするのではなく、現場で起きていることに向き合い、適切に対応することが大切である。

　また、本社の人事部の場合、地方や海外の事業所にも気を配る必要があり、定期的に現地を訪れて情報を収集するよう心掛けるべきである。筆者も、南米（チリ、ブラジル）の現地駐在員事務所を訪問したことがあるが、「百聞は一見に如かず」で、現地の状況がよく理解できたし、彼らへの必要な支援を把握できた貴重な経験となった。

② **社外ネットワークからの情報収集**

　人に関する悩みや苦労は、企業によってさまざまだが、根本は同じである。業態や企業規模を越えた人事部同士の情報交換やつながりの「場」があれば、かなり有益なものとなる。

　同業種の会社間には、人事担当者の情報交換を目的とした会が存在している。筆者も以前、同業他社の人事担当者との情報交換会に参加していた。ただ、それだけでなく、業種を越えた人事担当者の情報交換の「場」があるとよいと考えている。「人と向き合う仕事」ということで、悩みや苦労は共有できるし、他社の担当者から聞く事例はそのまま自社に取り入れることはできなくても、仕事を進めていくうえで、大変参考になることが多い。また、先進事例に触れることで、自分の仕事に対する意識も高まってくるはずである。「この場合、他の会社ではどうしているのだろうか？」と疑問がわいたときに、気軽に聞ける関係を築いておけば、メリットにもなる。

　こちらから積極的に動けば、悩みや考えていることは共通なので、親しくなれる可能性は高い。やはり、自ら積極的に動くことが、業種を越えた人事担当者の人脈を作る第一歩となる。情報収集に対して積極性をもつマインドが重要である。

2 感受性

　人事担当者として、目に見えないものを感じ取る感受性は大切であり、その受け止めたものに対して適切に対応することが大切である。

　筆者はかつて人事担当者として、社有社宅の廃止の実務に関与したことがある。その事例は、社宅施設の老朽化により致し方ない措置であったが、それにより社員やその家族同士の良好なコミュニティまでも壊してしまうことには思いが至らなかった。

　社有社宅の廃止という結論は変わらないとしても、施設というハードの面だけでなくコミュニティの崩壊というソフトの面で予測し得る変化を感じ取ったうえで、きめ細かな対応を採ることはできたであろう。今でも思い出すたび、感受性が十分でなかったのではないかと反省している。

　福利厚生施設の廃止だけでなく、人事制度の見直しでも同様のことがいえる。これも経験したことだが、一度成果主義に大きく舵を切ってしまうと、その後うまくいかない点があっても修正することは容易ではない。やはり、ただ単にそのときのブームに乗ったり、何となく現状がうまくいっていないからといって進めるのではなく、制度設計の基本思想（変えてはならないコアの部分など）をしっかり確認し、それに沿って慎重に進めるべきである。

　人事施策のほとんどは、失敗したらまたやり直せばよいというような安易なものではなく、進めるに当たっては慎重さとともに先を読む眼力のようなものが必要である。ここに踏み込むとまずいことになるではないかということを察知する力（＝感受性）の働きが重要である。

3 傾聴力

　部下の指導はライン管理者の職務であることから、基本的に部下の悩みの解決は現場に任せることになる。しかし、職場には、上司には言えない悩みや、上司も絡む人間関係のトラブルなどもある。人事部としては、その機能に「コンサルティング」機能があるように、そのような悩みやトラブルの相談があった場合には適切に対応する必要がある。

　このような個別に相談を受ける場合には、相手の立場に立って、話をよく聴くことが大事である。人事部は社員のサポート部門ということで、謙虚な対応を心掛けることも必要である。一般に、外から見た人事部は「官僚的」「保守的」な

217

どネガティブなイメージをもたれ、敷き居が高く感じられているので、相談しやすい体制と雰囲気作りが重要である。

　相談をしてくる社員は、感情的になっていることも多いので、相談事に対して法律的に杓子定規に対応しないよう気をつける必要がある。筆者は、社員から恋愛相談や退職相談等を受けたことがあるが、冷静さを欠いているケースにも直面した。そこで、単に「社内恋愛は私的行為なので、会社は立ち入らない」などと答えてもそれで済むものではなく、火に油を注ぐことにもなりかねない。しっかりと聴いて、感情を受け止めたうえで、会社としてできることとできないことを説明した。

　このような経験を通じて思うことは、「人の話をじっくりと最後までよく聴く」ことの重要性である。話を聴くことのできる人事担当者は、社員との信頼関係を構築することができる。その結果、人事部と現場のコミュニケーションもよくなり、現場からの情報も入りやすくなるのである。

❸ 伝える力［図表４］
❶伝達力

　伝える力の中で、まず必要となるのが伝達力である。いかに分かりやすく伝え、相手に理解してもらうかである。一般に、人事部が発するメッセージは、想定されるさまざまな反論に対応できるように当たり障りのない表現になっていることが多く、従業員に伝わらないケースが多い。どこまでオープンにすべきか難しい場合もあろうが、社内通達文書などでは、できる限り情報をオープンにして、分かりやすく強いメッセージを発信することが必要である。

　また、ヒトは基本的に変わりたくないものであり、その内容の如何を問わず、変化に対してネガティブにとらえるものである。新たな制度の導入や現行制度の変更を発表する際には、決定事項をいきなり社員に発表するのではなく、まずは、進捗状況（プロセス）を開示していくこと、さらには開示した情報に対して社員から意見を求めることによって、社員に心の準備期間を与え、少しでも納得してもらうように気を配ることも必要であろう。

❷説明力

　人事部の仕事では、自分たちの考えを相手に理解してもらうことが重要であ

る。よって、だれにでも理解できるように、論理的に説明する力が必要となる。人事部の発信する文書は、一般に専門用語が多すぎてよく分からないということも多いようだ。読み手の立場に立って、中学生でも分かるような文章で発信するという基本的なマインドをもつことが必要となる。

　また、分かりやすい説明のためには、その前提として、内容の深い理解が必要である。例えば、自社の就業規則や人事制度を説明する際には、その概要をただ理解しているというレベルでは足りず、社員からの質問等に対して適切に回答したり、新入社員などに分かりやすく説明したりすることができるレベルが求められる。

　人事担当者のコンセプチュアルスキル（概念化能力）は、人を動かす上位職になればなるほど必要性が高まる。後輩や部下への指示や部門目標（方針）など、方向性を分かりやすいキーワードに置き換えて説明し、持論化できることはリーダーとして必要な資質である。持論化された人事部のリーダーの言葉が部内に浸透し、メンバーがそれを共有し、部としての方向性が固まったとき、真に強い人事部が生まれるものである。

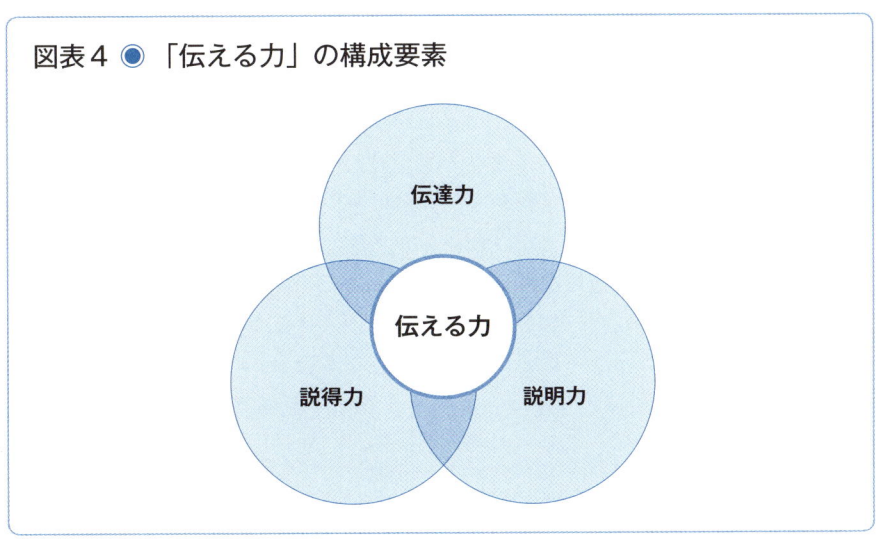

図表4 ● 「伝える力」の構成要素

伝達力

伝える力

説得力　　説明力

3 説得力

　説得力は強い想いや信念を背景に関係者に訴えるものである。人事部の使命を果たすためには、たとえ耳触りのよくない話であっても、それを嫌われてもやり抜くという強い意思が必要なときがある。人事制度改革などの場面で、社員から「なぜ、今それを行わなければならないのか？」と反論を受けることがある。そこを逃げずに正面から時間を掛けて丁寧に説得することが大事であり、人事部としての強い意思を示す必要がある。

　かつて、会社の業績が好調なときに、人事制度の再構築や教育研修体系の抜本的な見直しを推進したことがある。いずれ不況になり、変革を迫られる前に（あえて業績が好調なこの時期に）、グローバル競争に打ち勝つための変革をすべきであるという「信念」に基づくものであった。結局、2〜3年掛けてのプロジェクトになったが、管理職から一般社員まで丁寧に改革の必要性を説いて回り、比較的多くの賛同を得ることができた。

　一方で、役員を説得しなければならないこともある。頭が切れ、情報に精通している役員に話を通そうとするときは、とにかく説得力がなければならない。そのためには彼らに打ち勝つ強固な「信念」が必要である。自分の主張に臆病であれば、結局は無力となってしまう。

4 動かす力 ［図表5］

1 受容力

　受容力とは、今、現にかかわっている相手の感情状態を理解し、受け入れることである。自分のことが自分で分かり、自分の想いを適切に伝えられても、それに対する相手の様子が理解できなければ、一方的な働き掛けに終わってしまう。これでは、将来にわたる良好な関係を築くことはできないし、相手を動かすことはできない。そのためには、相手を理解し、受け入れることが必要となる。

　自分のことを相手に伝えるばかりでは、良好な人間関係は構築できない。相手に受け入れてもらうには、まずは、こちらが相手の感情を受け入れる必要がある。相手を受け入れれば、こちらの考えや主張が、相手に受け入れられるのである。受容力をもった人事担当者は、このことを心得ていて、決して一方的に自分の考えを押し付けたりはしない。

　ヒトはだれに対しても無差別に自分の感じていることを伝えるわけではなく、受け入れてくれそうな相手を選ぶ。つまり、相手の感情を受け入れてあげたいと思っても、そのような人物として、こちらが選ばれなければ話にならないのである。

2 共感力

　共感力とは、相手の感情、思考、状況を理解することができる能力のことであり、三つの側面がある。

　気持ちを理解することは、共感力の第1の側面である。相手の感情を察知する力やこれに反応する力を発達させることが重要である。

　共感力はまた、思考を理解する能力でもある。これが第2の側面である。ただ聴くのではなく、じっくりと耳を傾けるのである。

　共感力の第3の側面は、状況を読む能力である。現場の活動状況を知り、正しく理解する能力のことである。

　「 2 感じる力」のところでも述べたが、かつて、人事部に配属されて最初に仕えた上司から、「自ら積極的に動いて、現場の声を聞いてくるように」と指導を受けた。お昼も、同じメンバーで固まるのではなく、他部署の人たちと外で食

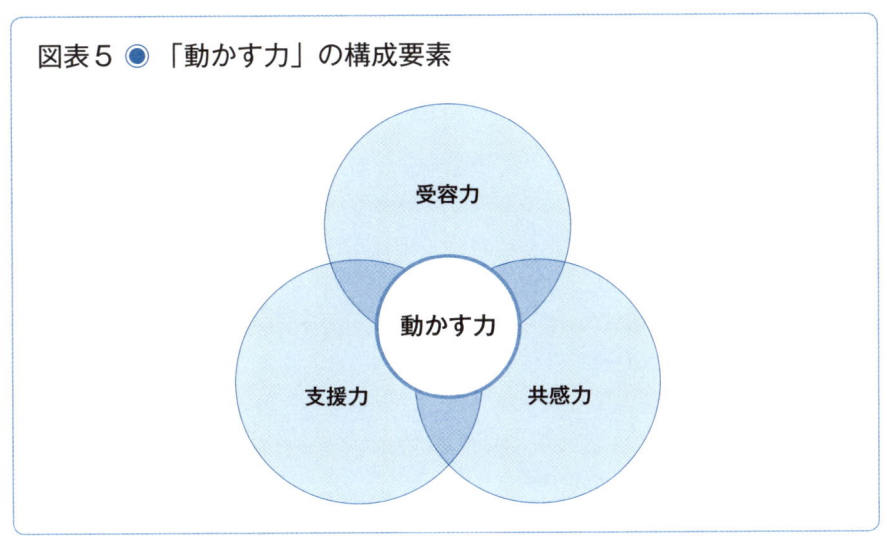

図表5 ● 「動かす力」の構成要素

受容力

動かす力

支援力　　　共感力

べながら交流を図ることが大事だと指導を受け、忠実に実行した。人事部の前は営業部にいたので、社内には気軽に誘える人が多くいたが、それでも食事を一緒にするのは苦労した。

人事部から、「今日の昼は空いてる？　ご飯でも食べよう」と言われると、声を掛けられたほうは、「何か悪い話があるのか」と疑心暗鬼になってしまいがちである。相手の気持ちを考え、「特に何か話題があるわけではなく、ただ一緒に雑談しながらランチをしたいから」と注釈をつけて誘っていった。こうした機会を重ねて、多くの社員と話をするうちに、相手の感情、思考、状況を理解することができ、共感を得ることができた。

人事部の最大の顧客である社員が何を考えているのか、望んでいるのかをつかむことが仕事の出発点となる。メールや社内掲示板への書き込みなどさまざまなアプローチや手法があるが、最も有益な情報は、直接話を聞くことによって集まるのではないだろうか。その際、いかに共感力を発揮して話を聞くかが重要になってくるのである。

3 支援力

「サーバント・リーダーシップ」というリーダーの在り方が参考になる。これは、ビジョン実現のために邁進している人たちに対して支援するリーダーの在り方である。例えば、部下が会社の目指すビジョン実現に向かって邁進しているのであれば、リーダーはサーバント（奉仕する人）となって部下に尽くすべきであるという考え方である。

このような考え方は人事部にも応用することができる。人事部は何のため、だれのために存在するのかを考えてみる必要がある。そうすれば、人事部は現場の社員が会社のビジョンを実現するために邁進していくのを側面から支援するために存在するといえるだろう。

世の中に存在する組織というものは、すべて「人の役に立つため」に設けられたはずなのに、その目的から外れてしまっていることがある。その場合には、組織のもともとの存在理由をもう一度自問し、変わっていかなければならない。人事担当者は常に原点に立ち戻り「人事部はだれのため、なんのための組織なのか」ということを考える必要がある。

⑤ 考える力［図表６］

①分析力

　分析とは、物事を要素分解し、所定の論理的な手順を踏んでその一つひとつを検証することである。分解することで、漠然としていたことが次第に見えてくることもあるし、現状を改善してよりよくしていくためには分析が効果的である。

　「他と比べてどうか」という視点は、人事部の業務では必要となる場面が多く、特に人事政策領域の業務には、自社の賃金レベルは世間相場と比較してどういう位置にあるのかなど分析力を必要とする場面は多い。春闘の賃上げ、賃金や退職金制度の改革等では数字をにらみながら左脳をフル回転させて考えることが多く、このときばかりは、机の上でパソコンと格闘する時間が長くなる。

　社内で、従業員意識調査や従業員アンケートなどを実施するケースもあるが、それらをやりっ放しにせず、結果を踏まえたアプローチや行動計画が大切である。コンサルティング会社に集計や分析を依頼するケースも多いと思うが、それ

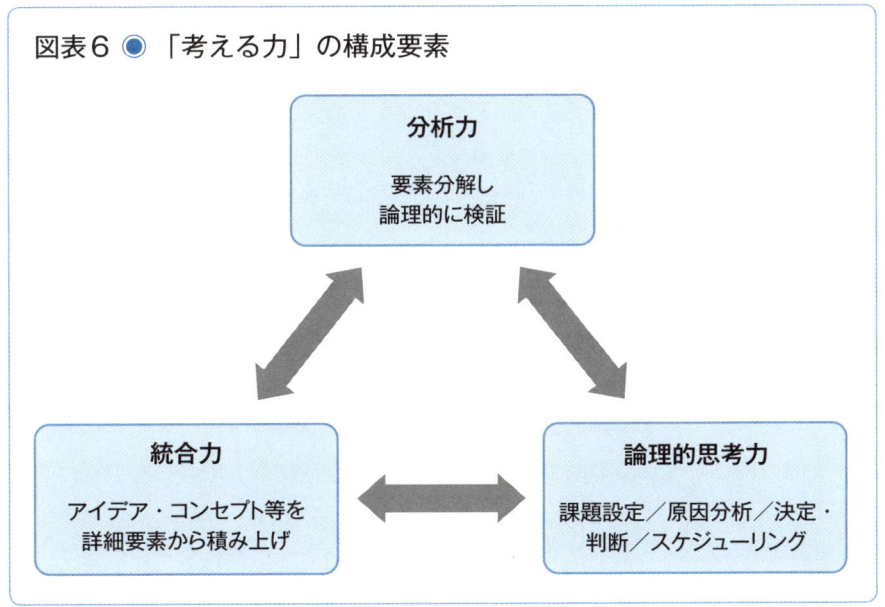

図表６ ● 「考える力」の構成要素

分析力

要素分解し
論理的に検証

統合力

アイデア・コンセプト等を
詳細要素から積み上げ

論理的思考力

課題設定／原因分析／決定・
判断／スケジューリング

らを参考にしつつ、自社内部でも分析できるようにしておきたいものである。その分析結果は社員にきちんとフィードバックされることが必要なのは言うまでもない。

2 統合力（大局的に思考する力）

統合とは「複数のものを一つにまとめる」ということであり、統合力の本質は、大局的な視点をもつことで、包括的なパターンやテーマを見つけることにある。「大所高所」（物事を高い視点から全体的にとらえ、進行状況や問題点をつかむ力）と「一即一切」（全体を活かしてこその各部分であることを理解し、各部分の調和状態を作り出す力）の二つの側面がある。

このように、統合は、分析とは別のプロセスを伴う反対のものである。分析は、物事を要素分解し、所定の論理的な手順を踏んでその一つひとつを検証することであるが、これとは対照的に、統合とは、アイデアやコンセプトなどを詳細な要素から積み上げるプロセスを伴うものである。

人事担当者には、分析力も統合力も必要であり、この二つは互いに補完し合うものである。ある課題の個々の要因を十分理解せずに統合することはできないし、ただ問題を分析するだけでは不十分である。

「鳥の眼」のごとく、大所高所から俯瞰する眼をもち、さながら空を飛ぶ鳥のように高い視点から物事を見詰める視点が重要となる。初級レベルでは身につけることが難しい力であるが、人事業務の中・上級レベルになると特に必要となってくるものであるので、初級のうちから「鳥の眼」を意識しながら、業務を遂行する癖をつけるとよいだろう。

3 論理的思考力

人事部でさまざまな改革を断行すべく検討する際に、過去の経験や理論では対処できないことに出くわすことがある。このような場合、ゼロベースで物事を考える必要に迫られるわけだが、その際に有効なものが論理的思考力である。

特に、中長期の人事戦略の立案など人事政策領域のプランニング業務を遂行するうえで、次のような論理的思考力（＝物事を論理的に正しく考える力）が必要である。

- 課題設定能力：周りを取り巻く情報を分析したうえで、適切な目標を掲げ、それを達成するための課題を設定できる

- **原因分析能力**：発生した問題を分析し、原因を解明できる
- **決定・判断力**：複数の案の中から、最適案を選択できる
- **スケジューリング管理能力**：考えられるリスクを予測、回避して、納期どおりに実行する

　これらは、課題の設定から実行可能な対応策の考案、そして実際の行動の管理までの一連のプロセスを経て成果を上げていくのに必要なものである。人事業務の根幹を支える基本的な能力といえるものであるが、すぐに身につくものではないので、早い段階で、国内のビジネススクールで開講されている「クリティカル・シンキング」等の講座（あるいは、教育研修機関が主催する同種のセミナー）で基礎を体系的に学び、実務を経験しながら応用力をつけていくとよいだろう。

③ 上級者レベルの人事担当者としてさらに求められるビジネスマインド

　上級レベルの人事担当者としてさらに求められるビジネスマインドを整理すると、以下の六つが挙げられる［**図表7**］。

❶ 経営意識

　日本を含む先進国を中心に今後も大きな経済成長は見込めない。新興国をはじめとする市場の構造変化に対応する必要性に迫られているだけでなく、株主や社会の監視の目は強まっており、企業経営の舵取りはますます困難を極めているのが現状である。

　人事担当者としても、このような経営環境の変化を常に先見性をもって正しく把握し、それに基づいて各種の施策を人事戦略として、トップに大胆に提言していくことが求められる。人事部は何をするところであるかという原点（人事部の使命）を忘れず、長期的な視野でヒトの問題を考えていく。

　人事部門の視点だけで物事を考えるのではなく、経営マインドをもって会社組織全体を見渡し、おかしいと感じたときは経営に対して苦言を呈することができる勇気をもつことも必要である。

2 戦略人事推進力

人事業務管理にもマーケティング的視点をもち、戦略的に人事施策を展開していく。そのためには、新しい発想やアイデアが豊かであり、問題解決的なシステム思考ができる力が特に必要である。

戦略人事（戦略的人材マネジメント）には次の二つの道筋があり、両方を考えて推進していく必要がある。

①戦略を達成する人材マネジメント＝戦略達成のための人材確保と活用

②組織を強くする人材マネジメント＝組織能力の獲得（価値観の共有）

人事担当者は、従来、①がメインの課題であったが、今日では、②を戦略的に推進していくことが必要となっている。

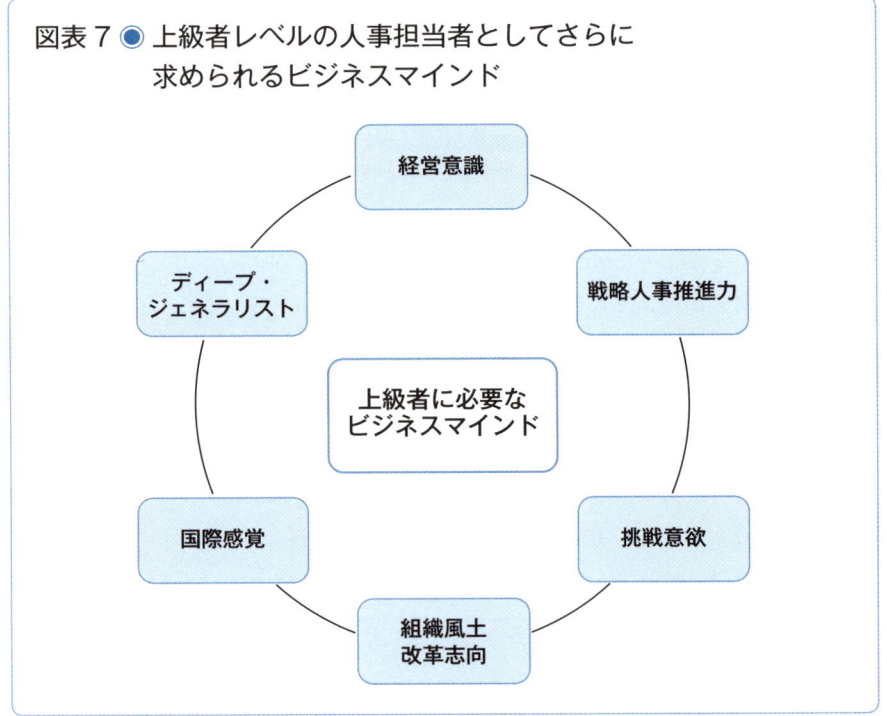

図表7 ● 上級者レベルの人事担当者としてさらに
求められるビジネスマインド

経営意識

ディープ・
ジェネラリスト

戦略人事推進力

上級者に必要な
ビジネスマインド

国際感覚

挑戦意欲

組織風土
改革志向

3 挑戦意欲

常に現状を打破しようとする姿勢があり、チャレンジ精神が旺盛である。前例
にとらわれない新しい発想で仕事をしていく。タフな精神力をもち、決して逃げ
ない。

人事担当者として、実施が困難と思われるような改革に取り組むときにも、決
して困難から逃げずに挑戦する姿勢を示したり、腹をくくることをコミットした
りすることで、周囲（特に部下や後輩）の信頼を得ることができるし、協力も得
られやすくなるものである。

一般に、人は変化を恐れ、できない理由をあれこれ考えがちであるが、人事担
当者は決してそうではなく、理想に向かって自ら挑戦意欲をもち続け、前進する
ことが大切である。

4 組織風土改革志向

社内の組織、社員の意識を柔軟にし、各施策を受け入れやすい風土をつくる努
力をしていく。現場をよく知っており、状況の変化や時代の流れに即応した行動
力をもつ。

昨今、「組織内のコミュニケーションがよくない」「労働生産性が上がらない」
「メンタル不調をかかえる社員が増えている」等を理由に組織風土改革に着手し
ている会社が増加している。

組織風土改革は目に見えないものを対象にするわけで、どのように改革してい
けばよいのか、難しい面があることも否めない。途中で挫折してしまわないよう
に、組織上の問題点を把握したうえで、それらを的確に表現する能力と強い実現
意欲が必要である。

5 国際感覚

グローバル化の流れに乗る企業は、グローバル人事部等専門組織を創り、グ
ローバル人材育成の模索段階に入っている。今後、グローバル化の流れはますま
す加速するであろうが、これらに対応するには、国際的な視点をもち、グローバ
ルな視野で人事施策を展開し、時代の流れに対応した人事施策を常に提案・推進
していく能力が必要となる。

227

また、社内だけでなく社外にも（もちろん国境を越えて海外にも）幅広い人脈をもつことが求められる。特に、人事部のリーダーに成長するには人脈作りに取り組む必要がある。そうすることで、組織の内外にネットワークを開発し、専門分野の外に出て、全社的な戦略課題に取り組むための支援、助言、アイデア、情報などを得ることができる。

⑥ ディープ・ジェネラリスト

ディープ・ジェネラリストとは、「広く、深い知識を身につけている。核となる専門能力をもちながらも、周辺関係領域についても（時にはまったく関係ない領域についても）知識・経験を積み重ね、その結果、専門的なプロフェッショナルではなく、幅広い専門知識をもったビジネス・アドバイザーとなり得る」と定義される（参考文献：『選ばれるプロフェッショナル〜クライアントが本当に求めていること〜』ジャグディシュ・N・シース／アンドリュー・ソーベル 著・羽物俊樹 訳 英治出版 2009年）。

人事担当者としては、自分の担当分野のエキスパートを目指すものではなく、少なくとも人事全般（人事・労務、人材・組織開発、社会保険など人事関連のあらゆる領域）のことを広くしかも深く熟知している状態を目指すべきではないだろうか。さらに、（実務経験があればよいが、仮になくとも）営業や経理・財務など他部門の業務知識等も学んでおけば、人事担当者としての判断に深みをもたらすことができるであろう。

④ 人事担当者として身につけておくべきビジネススキル [図表8]

前記のような内面の意識（マインド）というものは、外側の型（スキル）を身につけることでさらに磨かれる。そして、磨かれたマインドによってさらにスキルをアップさせることができる。マインドとスキルの正の循環を回すようにしたいものである。

人事担当者として身につけておくべきビジネススキルは、大きく次の六つとなる。これらのビジネススキルを実践して、ビジネスマインドを磨く、そして磨かれたマインドによってさらにスキルをアップさせていくことが人事担当者として

成長していくための王道である。

1 コミュニケーションスキル向上

　コミュニケーションスキルは、人事担当者に限らず必要なスキルの一つであるが、とりわけ社内調整や相談役としての役割を担う人事担当者には重要である。

　また、昨今は、管理者に必要なスキルとして、コーチングやファシリテーションなどが求められるようになってきた。これらを社内に推進する人事担当者、特に人材開発領域の担当者にとっては、内容の理解とともに、コーチングやファシリテーションが実際にできるレベルにまで高めておくことが必要となる。

　人事担当者（人材開発の担当者）は、スクールに通うなどして、コーチング、ファシリテーション、カウンセリングなどのスキルを習得し、自らが講師として社内の管理者に教えることができるとよいだろう。実際、筆者の周りには、これらのコミュニケーションスキルを身につけて、社内で活動している担当者も増えているように感じている。

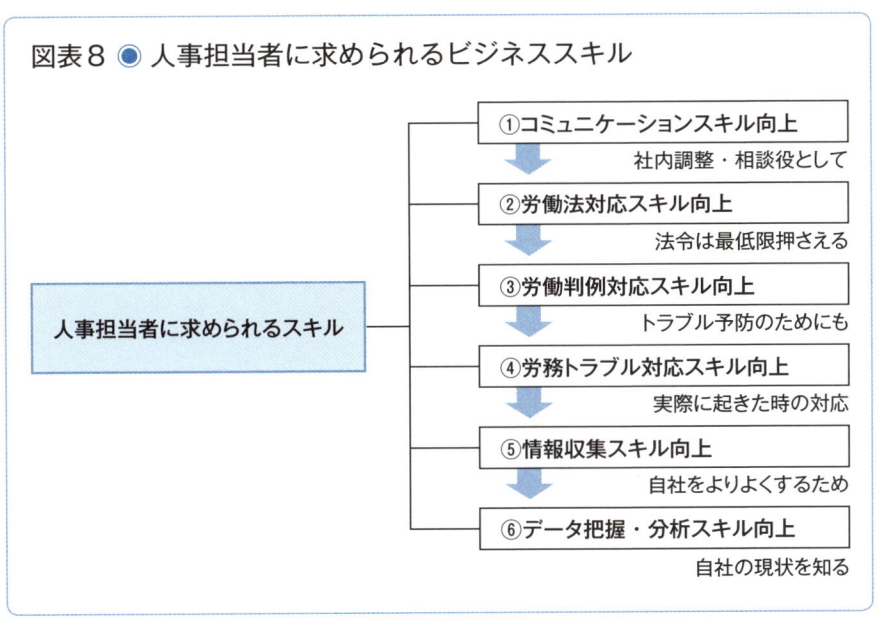

図表8 ● 人事担当者に求められるビジネススキル

人事担当者に求められるスキル

①コミュニケーションスキル向上
　社内調整・相談役として

②労働法対応スキル向上
　法令は最低限押さえる

③労働判例対応スキル向上
　トラブル予防のためにも

④労務トラブル対応スキル向上
　実際に起きた時の対応

⑤情報収集スキル向上
　自社をよりよくするため

⑥データ把握・分析スキル向上
　自社の現状を知る

❷ 労働法対応スキル向上 ［図表9］

　下記に掲げるように人事担当者が知っておくべき労働・社会保険諸法令は多岐
にわたる。また、近年は、毎年のようにこれらの法令の改正が行われる。これに
対して、人事担当者として、内容を理解したうえで、自社にどのような影響があ
るのか、制度をどう改定したらよいのか等を検討する必要がある。

　これらの情報は、厚生労働省のホームページ、人事労務雑誌、メールマガジ
ン、ウェブサイト、単行本や専門家によるセミナーなどで入手することができ
る。法改正情報は、早い時期に一度専門家によるセミナー等でおおまかな内容を
つかんだうえで、適宜、人事労務雑誌等で詳細な情報を追加し、理解度を深めて
いくことが重要である。

❸ 労働判例対応スキル向上

　人事担当者として業務を遂行していくうえで、上記の成文法の知識をもってい
るだけでは十分とはいえず、労働判例に関する知識の習得も必要となる。これま
での重要な労働判例を押さえておくとともに、最新の労働判例の動向についても
把握しておく必要がある。

　別冊ジュリスト『労働判例百選』（有斐閣）等で重要判例をしっかり理解す
る。そのうえで労働判例の実務誌を定期購読したり、ウェブサイト上の判例集を
読み込んだりすることで労働判例スキルを向上させるとよいだろう。

　多忙な日常の業務に追われて、必要に迫られない限り、じっくりと判例集を読
む時間はないかもしれないが、実務で問題にぶつかったときなどに、「こういう
場合、判例ではどういうことになるのか」がすぐに頭に浮かぶくらいのレベルに

図表9 ● 知っておくべき主な労働関係法

区　　分	法　　　　律		
労　働　法	• 労働基準法 • 労働組合法 • 労働関係調整法 • 職業安定法	• 労働者派遣法 • 男女雇用機会均等法 • 高年齢者雇用安定法 • 障害者雇用促進法	• パート労働法 • 育児・介護休業法 • 雇用対策法 • 最低賃金法
社会・労働 保険法	• 健康保険法 • 厚生年金法	• 国民年金法 • 雇用保険法	• 労災保険法 • 労働保険徴収法

引き上げたいものである。

④ 労務トラブル対応スキル向上

　昨今、人事労務管理の個別化や雇用形態の変化等に伴い、労働関係に関する事項についての個々の労働者と事業主との間の紛争（個別労働紛争）が増加している。

　都道府県労働局において、個別労働紛争の迅速な解決を促進するため、総合労働相談コーナーにおける相談、都道府県労働局長による助言・指導、紛争調整委員会によるあっせんなどが行われている。2009 年度は約 25 万件の労働相談が持ち込まれており、その件数は年々増加している。

　また、2006 年 4 月に労働審判制度がスタートした。この制度は、個別労働紛争に関し、労働審判官 1 人と労働審判員 2 人とで組織する労働審判委員会が、原則として 3 回以内の期日で事件を審理したうえで調停を試み、または事案の実情に即した解決をするために必要な労働審判を行う手続きで、これにより、紛争の実情に即した迅速、適正かつ実効的な解決を図ろうとするものである。

　労働者が、これらの簡易な紛争解決システムを利用することにより、人事担当者がこれに対応せざるを得ないケースは確実に増えていくものと思われる。また、労働者が一人でも加入できる社外の合同労組に加入し、会社に団体交渉を求めてくる事例も増えている。

　実際に労務トラブルが起きたときは、特定社会保険労務士や弁護士にも相談を仰ぎながら、初動を迅速かつ適切に行う必要がある。そこでボタンをかけ違えると、大きなトラブルに発展する可能性があり、労務トラブルに対応できるスキルをもった人事担当者の育成はますます重要になっている。

⑤ 情報収集スキル向上

　人事労務関連情報は、新聞（一般紙、経済紙）などのマスメディア、人事労務雑誌、メールマガジン、ウェブサイト、単行本や専門家によるセミナーなどで収集することになる。メールマガジンやウェブサイトは玉石混交であり、ウェブサイト上の情報は古いまま放置されているものもあり、信頼できる情報かどうか確かめる必要がある。筆者は、人事労務関連情報が幅広くタイムリーに提供されていることから、労働政策研究・研修機構（JILPT）が毎週水・金曜に発行する

「メールマガジン労働情報」（http://www.jil.go.jp/kokunai/mm/）をよく利用している。

　一般的な情報だけでなく、自社をよりよくするために、ほしい情報を積極的に入手する努力も必要である。そこで、人事担当者の情報交換の場に積極的に参加し、自社が必要とする生きた情報を得ることである。例えば、人事労務専門誌の発行企業が会員向けサービスとして提供している勉強会がある。その内容はもちろんのこと、参加している他社の人事担当者との交流は財産となった。仕事で分からないことがあれば、メンバーの一人に相談することもあった。

　このほかにも、人事部に勤務している社会保険労務士の方々と勉強会を立ち上げ、情報交換の場を設けたことがある。仕事で分からないことがあると、メンバーのだれかに連絡して、実際にその人の会社を訪問し、詳しく話を聞くこともあった。情報収集スキルの向上によって、生きた情報を入手することができ、自分の仕事の幅が広がったことを実感したものである。

6 データ把握・分析スキル向上

　人事担当者として、自社のデータの把握・分析が必要な場面は、例えば、春闘の賃上げや賃金制度の改定を行う際に、「自社の賃金レベルは世間相場や同業他社に比べて高いのか」「評価によって賃金はどれくらい差がつくのか」等、自社の賃金の現状を把握しておかねばならないときである。

　世間相場を把握するために、厚生労働省等の公的機関、日本経団連、連合、民間の調査研究機関等の発表するデータを入手するほか、同業他社のレベルを把握するために、各社とデータを交換できる関係を構築しておかなければならない。さらに、自社の適切な賃金分析を効率的に行うスキル、すなわち、年齢別賃金散布図の作成やモデル賃金の算出等の基本的なスキルを習得する必要がある。

　こうした現状分析結果を踏まえ、あるべき制度の仮説を設定し、部内でのミーティングを経て、さらに素案から具体案へと検討を進めていくことになる。その素地として、職能等級や職務・役割等級制度、これらに連動する賃金制度、目標管理と連動した評価システム等、今日のスタンダードと考えられる処遇システムのメリット・デメリットを十分理解し、さらに同業他社をはじめとする制度導入・運用実態についての情報収集・研究を行うことが求められる。

2 人事管理の現状分析の進め方

賃金決定、採用計画策定等に向け、定期的に分析したいポイント

深瀬勝範 ふかせ かつのり 　三菱 UFJ リサーチ＆コンサルティング㈱
　　　　　　　　　　　　　　　　コンサルティング事業本部　シニアコンサルタント

1962 年神奈川県生まれ。一橋大学卒業後、大手電機メーカー、金融機関系シンクタンク、大手情報サービス会社を経て、2001 年より現職。人事制度の設計や事業計画の策定等のコンサルティングを実施中。
著書に『ポスト成果主義の人材戦略』(中央経済社)、労政時報別冊『実践人事データ活用術』（労務行政）などがある。

Contents

1 現状分析の目的

　人事制度を効果的に機能させるためには、人事管理の現状や制度の運用状況を把握することが必要である。例えば、賃金制度を機能させるためには、自社の業績や賃金水準を把握したうえで、毎年、昇給率を決定することが必要となる。そして、昇給率を決定する過程で、仕組み自体に欠陥が見つかった場合には、賃金制度の改定を検討することになる。

　このように考えると、人事管理の現状分析は、その目的に応じて次の二つに区分される。

①人事制度の運用に当たり、会社業績や世間情勢等に基づいて、具体的な数値や詳細を決定するために行う分析

②人事制度の改定に当たり、現行制度の問題点を抽出し、新制度の方向性や内容を決定するために行う分析

　ただし、実際には、この二つの分析は、明確に区分されているわけではなく、定期的に「①制度運用を目的とする分析」が行われる中で、問題点が見えてくれば、「②制度改定を目的とする分析」が行われている。

　本稿では、毎年定期的（特に賃金改定交渉前）に行う「①制度運用を目的とする分析」を中心に、その方法や進め方を説明する。なお、「②制度改定を目的とする分析」を行う場合は、基本的には、ここで説明した分析を、より詳細に行うものと考えればよい。

2 現状分析の基本的な考え方

1 現状分析の進め方

　人事管理の現状分析は、次の四つのステップを踏んで進める。

第1ステップ：「取り組むべき課題の整理」

　「企業業績に見合った昇給率を設定したい」「社員のモチベーションを高めたい」等、取り組むべき課題を整理して、分析内容や分析結果の反映の方向性を定める。

第2ステップ：「状況の把握」

　人事管理の前提となる状況（「業績」や「制度」）を把握する。このステップでは、財務分析や人事制度の内容整理を行い、問題点の所在の目星をつけること（仮説を構築すること）がポイントである。

第3ステップ：「人事管理の現状分析」

　取り組むべき課題、および業績や制度の状況を踏まえて、人材の確保や活用の実態、賃金の水準や格差構造を分析して、問題点が発生する要因を分析する。

第4ステップ：「分析結果の反映」

　現状分析の結果を、採用計画策定、昇給率の決定、人事制度の改定等に反映する。

　これら四つのステップは、それぞれ分析対象となる情報やデータが異なるため、その内容や方法も異なってくる。しかし、情報やデータをとらえる「視点」は、すべてのステップで統一して、課題の明確化から分析結果の反映までが一貫した考え方の下に行われるようにすることが必要である。

　それでは、この四つのステップに共通する分析の視点について説明する。

2　現状分析の視点

　企業の競争力は、経営資源の確保とその活用によって決定づけられる。

　競争力を高めるためには、優良な資源を低コストで確保することが必要とされ、これは「収益面」からとらえることである。一方、確保した資源を有効活用することも必要であり、これは「効率面」からとらえることである（ここでいう「効率」とは、「投入した経営資源が効果的にアウトプットを出しているかどうか」ということである）。したがって、人事管理の現状分析は、「人材」や「カネ（賃金）」といった経営資源を「収益面」と「効率面」の二つの視点から分析することが基本となる　[図表1]。

　賃金の現状分析を例に挙げて考えてみよう。

　賃金とは、「どれだけの原資（人件費総額）を、どのように配分するか」ということで決まる。原資（人件費総額）の決定においては、その企業の「業績」が関係し、それは「賃金水準」として表れている。一方、配分の決定においては、

その企業の「人事制度」が関係し、それは賃金の「格差構造」として表れている。したがって、賃金は、「収益面」という視点において、企業業績と関連づけて賃金水準を分析し、「効率面」という視点において、人事制度と関連づけて賃金の格差構造を分析する。この水準と格差構造を区分けしてとらえることが、賃金の現状分析の基本である。

　そして、賃金に限らず、人事にかかわる事項は、基本的に「収益面」と「効率面」という二つの視点から分析することができる。

　「収益面」を視点とする場合、分析対象となるのは、人材確保やコストにかかわる事項である。したがって、第1ステップの「課題の整理」においては、経営層や管理職層から人材の過不足感や人件費の負担感についての問題意識を伺い、

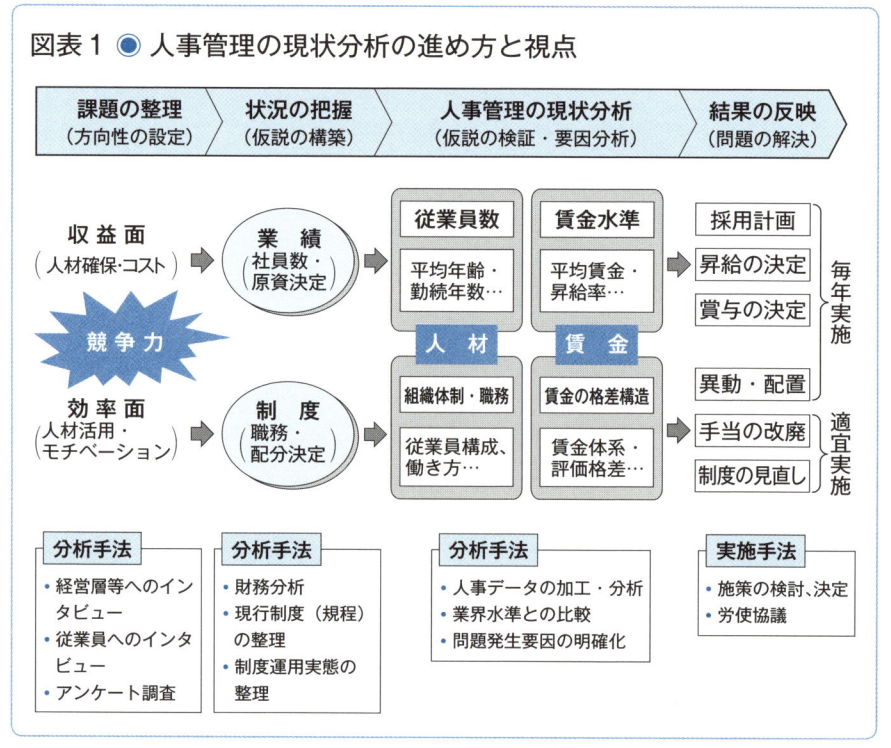

図表1 ● 人事管理の現状分析の進め方と視点

　第２ステップの「状況の把握」では、ここで抽出された問題意識について、財務データ等の業績面から確認する。そして、第３ステップの「人事管理の現状分析」では、従業員数や賃金水準を業界平均値と比較することにより、このような状況が発生している要因を分析し、第４ステップでは、この分析結果を採用計画や昇給率、賞与支給月数の決定に反映する。

　一方、「効率面」を視点とする場合、分析対象となるものは、人材活用やモチベーションに関する事項である。そこで、第１ステップの「課題の整理」においては、主に社員から現行制度に対する意見や要望を伺い、その意見や要望を踏まえて、第２ステップで、現行の人事制度の内容を見直す。第３ステップでは、現行の人事制度の運用実態について従業員構成や賃金格差の面から分析し、第４ステップでは、この分析結果を踏まえて、人事制度の改定を検討する。

　このように、四つのステップ各々について、「収益面」と「効率面」という二つの視点に基づいて分析を行うと、課題の明確化から分析結果の反映までが一貫した論理の下に整理することができて、明快で、かつ実践的な現状分析となる。

　それでは、現状分析の四つのステップについて、その方法や内容をみていくことにする。

❸　課題の整理（方向性の設定）

　現状分析の第１ステップは、取り組むべき課題を明確にして、分析内容の方向性を定める段階である。このステップでは、経営層、管理職層および社員にインタビューを行い、経営の状況や現行の人事制度に関する意見や要望を収集する。インタビューの主な質問項目は、次のものである。

【経営層・管理職層への質問項目】
　経営層への質問項目は、「収益面」に関することを中心とする。
①現在の経営状況について、どのような認識をもっているか。直面している問題は何か
②必要な人材は過不足なく調達されているか。人材は育成されているか
③人件費負担は過重になっていないか

【社員への質問項目】

　社員への質問項目は、「効率面」に関することを中心とする。

①社員のモチベーションの維持、向上がみられるか

②職務は効率的に割り当てられているか。現在の職務に不満はないか

③現在の処遇（働き方、賃金等）に不満はないか。不満があるとすれば、現行制度のどこに問題があるのか

　人事部門が社員に対するインタビューを行うことについては、「多くの時間と工数が必要となる」、または「インタビューを受ける社員が率直な意見や要望を言いにくい」等の問題点が生じるため、インタビューの代替手段として、無記名のアンケート調査を実施することでもよい（インタビューとアンケートの両方の調査を行うことができれば、それが最も望ましい）。

　ただし、インタビューやアンケート調査で得られる情報を、鵜呑みにすることは危険である。それらは、あくまでも話し手がとらえている感覚的かつ主観的な問題意識であって、必ずしも事実ではないと考えておかなければならない。例えば、経営者から「人件費負担が重い」という問題意識が挙げられたとしても、現実として人件費負担が増えているのかどうかは、実は分からない。このような場合は、労働分配率（人件費／付加価値）の分析を通じて、それが、事実としてとらえられるかどうかを確認しなければならない。

　このように、インタビューを通じて経営者や社員から人事管理に対するさまざまな問題意識を収集することができたのであれば、それらを事実としてとらえ直すことが必要になる。これが、次ステップの「状況の把握」である。

❹　状況の把握（仮説の構築）

　第2ステップは、第1ステップで収集された問題意識を事実としてとらえ直す過程である。それは、収益面から行う「業績の分析」と、効率面から行う「制度の分析」の二つに区分される。

図表２ ● 業績分析シート

（単位：千円）

		(N－4)年度	(N－3)年度	(N－2)年度	(N－1)年度	今年度(N)	世間水準
財務データ	a）売上高						
	b）売上原価						
	c）　うち　労務費						
	d）売上総利益						
	e）販売及び一般管理費						
	f）　うち　人件費						
	g）営業利益						
	h）営業外収益						
	i）営業外費用						
	j）経常利益						
	k）付加価値※						
	l）人件費合計（c＋f）						
	m）従業員数						
業績の分析	成長性　売上高成長率（当該年度a/前年度a）						
	経常利益増加率（当該年度j/前年度j）						
	付加価値増加率（当該年度k/前年度k）						
	人件費増加率（当該年度l/前年度l）						
	従業員増加率（当該年度m/前年度m）						
	収益性　売上高経常利益率（j/a）						
	売上高付加価値率（k/a）						
	売上高人件費率（l/a）						
	生産性　他　従業員1人当たり売上高（a/m）						
	従業員1人当たり経常利益（j/m）						
	従業員1人当たり人件費（l/m）						
	労働分配率（l/k）						
	従業員平均賃金						
	昇給率						
	賞与の支給月数（年度）						

※「付加価値」は、「売上高－外部購入価値」、あるいは「営業利益＋人件費＋減価償却費」で算出する。

■1 業績の分析

　人材の過不足や人件費負担等の収益面にかかわる問題意識を事実としてとらえ直すために、「業績」の分析を行う。

　業績の分析は、簡単な財務分析を行う。売上高成長率や売上高経常利益率等を算出したうえで、時系列での分析および同業他社との比較を通じて、会社の状況を把握する。［**図表２**］のような書式を作成して、毎年、定期的に実施することが望ましい。

　自社の業績指標を世間水準と比較することも必要である。インターネットで［**図表３**］のホームページにアクセスすると、財務データの業界平均値等を入手することができるので、積極的に活用するとよい。

　さて、人事部門が業績の分析を行う場合は、特に労働分配率（人件費／付加価値）の状況を把握することが重要であろう。

　労働分配率が継続的に上昇している、あるいは同業他社よりも高い状況であれば、そのまま放置すると、過剰な人件費負担が経営を圧迫するおそれがある。このような状況に陥っているのであれば、他の業績指標を参照して、労働分配率の上昇の要因に関する仮説を構築し、必要とされる対応策をとらなければならない。

　例えば、労働分配率の上昇を確認したら、次は「付加価値増加率」や「従業員１人当たり人件費」に着目して、それが、付加価値の低下により生じているの

図表３ ● 業績指標比較のための財務データ

１） 財務省 「法人企業統計調査」
http://www.mof.go.jp/1c002.htm 業種や規模に応じた財務データが収集可能。
２） 経済産業省 「企業活動基本調査」
http://www.meti.go.jp/statistics/tyo/kikatu/index.html 調査の結果・統計表一覧の「概況」に労働分配率や労働生産性のデータが掲載されている。
３） 中小企業庁 「中小企業実態基本調査」
http://www.chusho.meti.go.jp/koukai/chousa/kihon/index.htm 中小企業の財務データが収集可能。

か、あるいは、人件費の高騰により生じているのかを明確にする。そして、人件費の高騰が要因であれば、それが発生する因果関係（従業員数が増加しているのか、平均賃金が増加しているのか等）についても仮説を構築する。

　第1ステップで抽出された問題意識を、業績指標等の事実として定量的にとらえ直し、さらに、その事実が発生している要因について仮説を構築する。ここまでが、業績の分析である。

2　制度の分析

　状況の把握においては、業績以外に「制度」の分析も行う。ここでは、第1ステップで抽出された問題意識を踏まえて、現行の等級制度、評価制度および賃金制度（賃金体系や昇給、賞与の算定方法等）の概要を整理する。

　例えば、「年功的な人事管理に陥っている」という問題意識が社員側から挙げ

図表4 ● 人事制度見直しのチェックポイント

①等級制度
• 等級体系（職能資格、役割、職務等級等）、職種の区分 • 等級の数 • 等級と役職の対応関係 • 管理監督者の対象範囲 • 昇格基準 • コース別雇用管理の有無…

②評価制度
• 評価の種類（昇給考課、昇格審査、賞与考課等） • 評価対象期間と時期 • 評価者の設定 • 評価項目・基準の妥当性 • 目標管理制度の有無 • 評価と処遇（昇格、昇給、賞与）との関係…

③報酬制度
• 賃金体系（基本給・諸手当） • 基本給の決定方法（賃金表、昇給管理等） • 賞与の算定式 • 退職金の算定方法…

られたのであれば、「等級制度において昇格基準が明確に定められているか」「経験的な要素を評価する項目が多すぎないか」等の観点で現行の人事制度を見直してみる。

　第1ステップでとらえた社員のモチベーションの高低や能力開発の状態を踏まえて、現行の人事制度を見直してみると、今まで気がつかなかった問題点を発見することができるだろう。なお、現行の人事制度を見直すときのチェックポイントとして、[図表4] の点が挙げられる。

　現行の人事制度を見直しているうちに、これらの制度上の問題点が人材や賃金に及ぼしている影響がみえてくる。例えば「昇格基準が不明確なために、昇格年齢がバラバラになっているのではないか」という仮説を構築することもできるだろう。ここで構築された仮説を、人材や賃金の現状を詳細に分析する第3ステップにおいて、検証するのである。

　第1、第2ステップまでは、「現行の人事管理のどこに問題がありそうなのか」という仮説を構築する段階である。次の第3ステップでは、ここで構築した仮説を検証し、問題が発生する要因の分析を進める。

⑤　人事管理の現状分析（仮説の検証）

　第3ステップでは、人事に関するデータを対象として分析を行う。人事に関するデータとは、主に「人材」と「賃金」に関するものを指し、それぞれについて収益面と効率面の両面から分析する。

❶ 人材の分析
　人材については、収益面は「人材の確保」という視点で、効率面は「人材の活用」という視点で、それぞれ分析する。

　人材の確保は、「どのような人材をどれだけ確保しているか」ということが分析のポイントである。ここでは、自社の従業員数、正社員比率、社員の平均年齢、平均勤続年数等を算出して、過去数年間の推移をみる、あるいは、同業他社と比較する等の分析を行う。

　人材の活用は、「人材が、どのような職務に就いており、どのように働いているか」ということが分析のポイントである。ここでは、職種別、等級別、役職別の人員構成をみて、経営層・管理職層のインタビューにおいて収集された情報と照らし合わせて、各職務における人材の過不足や活用、育成の状況を分析する。

　このような分析を効果的に行うために、横軸に年齢、縦軸に等級（または役職）をとり、それぞれのマス目に社員数を入力した「年齢別人員分布表」を、毎年、作成しておくとよい［図表5］。

　例えば、業績の分析において「人件費が高騰している」という状況を把握したのであれば、この「年齢別人員分布表」の右下の総従業員数や正社員比率に着目する。これらの数値の推移をみたり、他社比較を行ったりすることによって、人件費高騰を招いている要因が、従業員数や人員構成にあるのかどうかを判断する。そして、そこに何らかの問題点を見つけたのであれば、この分析結果を来年度の採用計画策定等に反映する。

　また、制度の分析において「昇格基準に評価結果が十分に反映されていないのではないか」という仮説を構築した場合は、「年齢別人員分布表」の等級ごとの昇格年齢や最高年齢に着目する。一定年齢において全員が昇格する、等級ごとの年齢の幅が狭い等の傾向がみられれば、制度面の不備により、等級制度の運用が年功序列に陥っているということになるであろう。この結果を踏まえて、等級制度や評価制度の見直しを行うのである。

2　賃金の分析

　賃金の分析は、自社の所定内賃金、賞与、年間賃金、退職金等について平均額またはモデル賃金を算出して世間水準と比較すること（「水準の分析」）、および、実在者賃金の支給額の幅や分散状況をみること（「格差構造の分析」）の二つに分けることができる。そして、賃金水準の分析は、業績分析の結果を踏まえて収益面の視点から、格差構造の分析は、制度分析の結果を踏まえて効率面（制度の趣旨を反映した賃金配分がなされているか）の視点から行う。

　賃金の分析においては、さまざまな種類の「賃金分布図（個別賃金プロット）」を作成する。賃金分布図とは、X軸（横軸）に年齢（または、等級、勤続年数等）、Y軸（縦軸）に所定内賃金（または、基本給、年間賃金、賞与、退職金

図表5 ● 年齢別人員分布表

(人)

区　分 年齢＼等級	一般社員					管理職			計	年齢 区分計	構成比
	1級	2級	3級	4級	5級	6級	7級	8級			
21	2								2	42	21.9%
22	5								5		
23	11	4							15		
24	6	14							20		
25		4							4	13	6.8%
26			5						5		
27			2						2		
28									0		
29			2						2		
30									0		
〜											
46					2	5			7	44	22.9%
47					2	2			4		
48					9	4			13		
49					9	4	2		15		
50					12	2			14	46	24.0%
51					9	5	1		15		
52					9	2	2		13		
53							4		4		
54									0		
55							2	1	3	24	12.5%
56						4	4	3	11		
57							2		2		
58						2	4	1	7		
59							1		1		
計	24	22	12	11	60	35	21	7	192		100.0%
構成比	12.5%	11.5%	6.3%	5.7%	31.3%	18.2%	10.9%	3.6%	100.0%		
平均年齢						54.0歳	56.4歳		47.3歳	正社員 比率	95.4%
平均勤続						28.4年	28.0年		19.3年		

[人材活用・効率面]
- 各等級の昇格年齢をチェック
- 各等級の年齢幅をチェック
- 各等級の最高年齢と，上位等級への昇格年齢をチェック

[人材確保・収益面]
- 総従業員数のチェック
- 平均年齢・勤続のチェック
- 正社員比率のチェック

[人材活用・効率面]
- 等級別構成比のチェック

等）をとり、その座標軸上に自社の社員を位置づけた（プロットした）散布図のことである。賃金分布図をみれば、自社の賃金水準や格差構造を視覚的にとらえることが可能となり、そこから自社の賃金制度の運用状況を簡単に分析することができる。

　ここでは、パソコンを用いた賃金分布図の作成方法の説明も含めて、賃金分析の進め方を具体的に説明する。

■1 データの収集と使用上の注意

　賃金の分析を進めるに当たり、まず、賃金に関する情報を収集することが必要となる。自社の賃金データについては、賃金台帳等から収集する。業界や地域の賃金水準等のデータは、［図表6］のホームページにアクセスすると収集することが可能である。

　なお、これらのデータを使用するうえでは、調査対象や集計方法、および用語の定義を確認しておくことが必要である。

　例えば、厚生労働省の「賃金構造基本統計調査」は、実在者の賃金を集計したものであり、中央労働委員会の「賃金事情等総合調査」のモデル賃金は、学校を卒業後直ちに入社して標準的に昇進した者を基準として試算・集計したものである。したがって、前者は、全体的な傾向を把握する場合に適したデータであり、

図表6 ● 業界や地域の賃金水準等のデータ

1）厚生労働省　「賃金構造基本統計調査」
http://www.mhlw.go.jp/toukei/itiran/roudou/chingin/kouzou/detail/index.html 年齢階級別、産業別の賃金データが入手できる。詳細な統計表は「政府統計の総合窓口（e-Stat）」に掲載。
2）中央労働委員会　「賃金事情等総合調査」
http://www.mhlw.go.jp/churoi/chingin/index.html 大企業（資本金5億円以上、労働者1000人以上）のモデル所定内賃金、退職金等のデータが収集可能。
3）東京都産業労働局　「中小企業の賃金・退職金事情」
http://www.sangyo-rodo.metro.tokyo.jp/monthly/koyou/koyou-chincho.htm 都内中小企業の実在者賃金やモデル退職金等のデータが収集可能。

後者は、大企業において新卒入社で標準的に昇進している社員の賃金水準を分析する場合に適したデータということになる。

　また、「賃金構造基本統計調査」の用語の定義をみると、「所定内給与額」に通勤手当が含まれていることが分かる。したがって、自社の賃金データに通勤手当が含まれていない場合は、厳密にいえば「賃金構造基本統計調査」の「所定内給与額」から通勤手当を差し引いたデータを作成し、それと自社のデータを比較しなければならないということになる。

　このように、統計データを使用する場合には、必ず調査対象や集計方法、用語の定義を確認して、分析の目的にあったデータを使用し、また、必要に応じてそのデータを加工するようにしなければならない。

　最近では、毎年1月から3月にかけて、さまざまな研究機関が賃金検討用のデータ集を発行している（例：労務行政刊　労政時報別冊『**賃金・人事データ総覧**』）。このような書籍を準備しておくと、インターネットでデータを検索する手間が省けて、賃金の分析を効率的に進めることができる。

２賃金分布図（個別賃金プロット）の作成

　賃金分布図は、パソコンの表計算ソフトを用いれば、簡単に作成することができる（なお、本稿ではマイクロソフト社の「Excel」を用いて分布図を作成する事例を示す）。

　Excel シートの A 列に社員の年齢を、その横の列（B 列）に賃金のデータを入力する。分析対象となる全社員の年齢と賃金のデータを入力したら、そのデータ領域を選択して、ツールバーから「**挿入**」→「**グラフ**」→「**散布図**」→「**完了**」で、シート上に賃金分布図が表示される。なお、性別や等級等によりプロットする点の種類を変えたい場合は、賃金を入力する列を一つ横にずらしてデータを入力する［**図表7**］。等級ごとに点の種類を変えておくと、同一年齢における等級間の賃金格差をとらえやすい。

　賃金分布図に世間水準を表示する場合には、自社の社員のデータを入力した下の行に、「賃金構造基本統計調査」等から収集した賃金データを入力する。「賃金構造基本統計調査」のように年齢が「20 〜 24 歳」となっている場合は、その年齢層の中間の年齢（22歳）を入力すればよい。なお、世間水準を折れ線グラフ

図表 7 ● 賃金分布図の作成

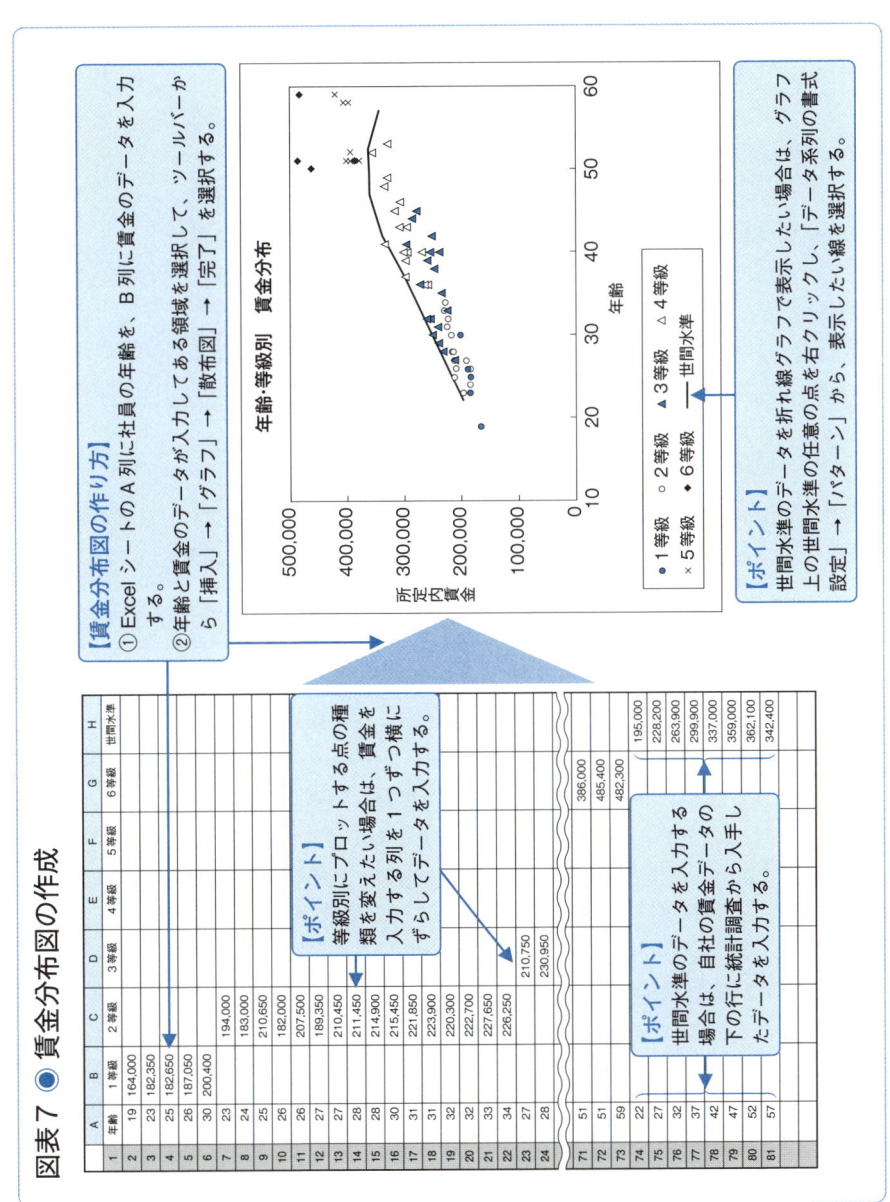

【賃金分布図の作り方】
① Excel シートの A 列に社員の年齢を、B 列に賃金のデータを入力する。
② 年齢と賃金のデータが入力してある領域を選択して、ツールバーから [挿入] → [グラフ] → [散布図] → [完了] を選択する。

年齢・等級別　賃金分布

所定内賃金

年齢

● 1等級　○ 2等級　▲ 3等級　△ 4等級
× 5等級　● 6等級　── 世間水準

【ポイント】
世間水準のデータを折れ線グラフで表示したい場合は、グラフ上の世間水準の任意の点を右クリックし、[データ系列の書式設定] → [パターン] から、表示したい線を選択する。

【ポイント】
等級別にプロットする点の種類を変えたい場合は、賃金を入力する列を1つずつずらしてデータを入力する。

【ポイント】
世間水準のデータを入力する場合は、自社の賃金データの下の行に統計調査から入手したデータを入力する。

	A 年齢	B 1等級	C 2等級	D 3等級	E 4等級	F 5等級	G 6等級	H 世間水準
1	年齢	1等級	2等級	3等級	4等級	5等級	6等級	世間水準
2	19	164,000						
3	23	182,350						
4	25	182,650						
5	26	187,050						
6	30	200,400						
7	23		194,000					
8	24		183,000					
9	25		210,650					
10	26		182,000					
11	26		207,500					
12	27		189,350					
13	27		210,450					
14	28		211,450					
15	28		214,900					
16	30		215,450					
17	31		221,850					
18	31		223,900					
19	32		220,300					
20	32		222,700					
21	33		227,650					
22	34		226,250					
23	27			210,750				
24	28			230,950				
71	51					386,000		
72	51					485,400		
73	59					482,300		
74	22							195,000
75	27							228,200
76	32							263,900
77	37							299,900
78	42							337,000
79	47							359,000
80	52							362,100
81	57							342,400

247

で表示したい場合は、分布図上に世間水準としてプロットされた任意の点を右クリックし、「**データ系列の書式設定**」→「**パターン**」から表示したい「**線**」を選ぶ。自社の社員のデータを点で、世間水準を折れ線グラフで示しておくと見やすい賃金分布図を作成することができる。

3 賃金傾向線の表示（年齢と賃金の関係を表す方程式の算出）

　自社の賃金水準を世間のそれと比較するために、賃金分布図上に自社の社員の傾向線を表示する。

　ここでは統計的な手法（回帰分析）によって社員の年齢と賃金との関係を方程式で表し、そこから、賃金傾向線を引く方法を紹介する。この方程式の算出も表計算ソフトの機能を使えば、簡単に行うことができる。

　まず、賃金分布図に表示されている任意の点を右クリックし、そこから「**近似曲線の追加**」を選択する。「**近似または回帰の種類**」の画面では「**線形近似**」を選択し、さらに「**オプション**」画面を開いて、「**グラフに数式を表示する**」「**グラフに R-2 乗値を表示する**」にチェックを入れる。これで「**OK**」を選択すると、賃金分布図上に賃金傾向線が引かれ、さらに、年齢と賃金の関係を示す方程式とR-2 乗値（決定係数：原データと傾向線がどのくらい一致しているかを表す指数で、1 に近いほど関係性が高い）が表示される　**[図表8]**。

　事例の場合、年齢と賃金との関係を示す方程式は「$y = 3648.9X + 118363$」（x：年齢, y：所定内賃金）となった。R-2 乗値は 0.6721 で、この方程式が賃金の傾向を示していると判断してよいことが示されている（年齢と賃金の分析では、R-2 乗値が 0.65 以上であれば関係性が高いと判断してよい）。この式の x に、25（歳）、30（歳）…等の数値を入れると、各年齢における一般的な賃金を算出できる。

　なお、「**近似または回帰の種類**」のメニュー画面で「**多項式近似**」、次数「**3**」を選択すると、S字カーブを描く3次式の賃金傾向線が表示される。一般的に、直線で示される賃金傾向線は、x データの両端になるほど、実際の数字と傾向値 y との差は大きくなる。このような差が目立つときには、3次式の賃金傾向線を使うとよい。

　データの集計対象を、新卒で入社し標準的に昇格している社員に絞り込めば、

図表8 ● 賃金傾向線の表示

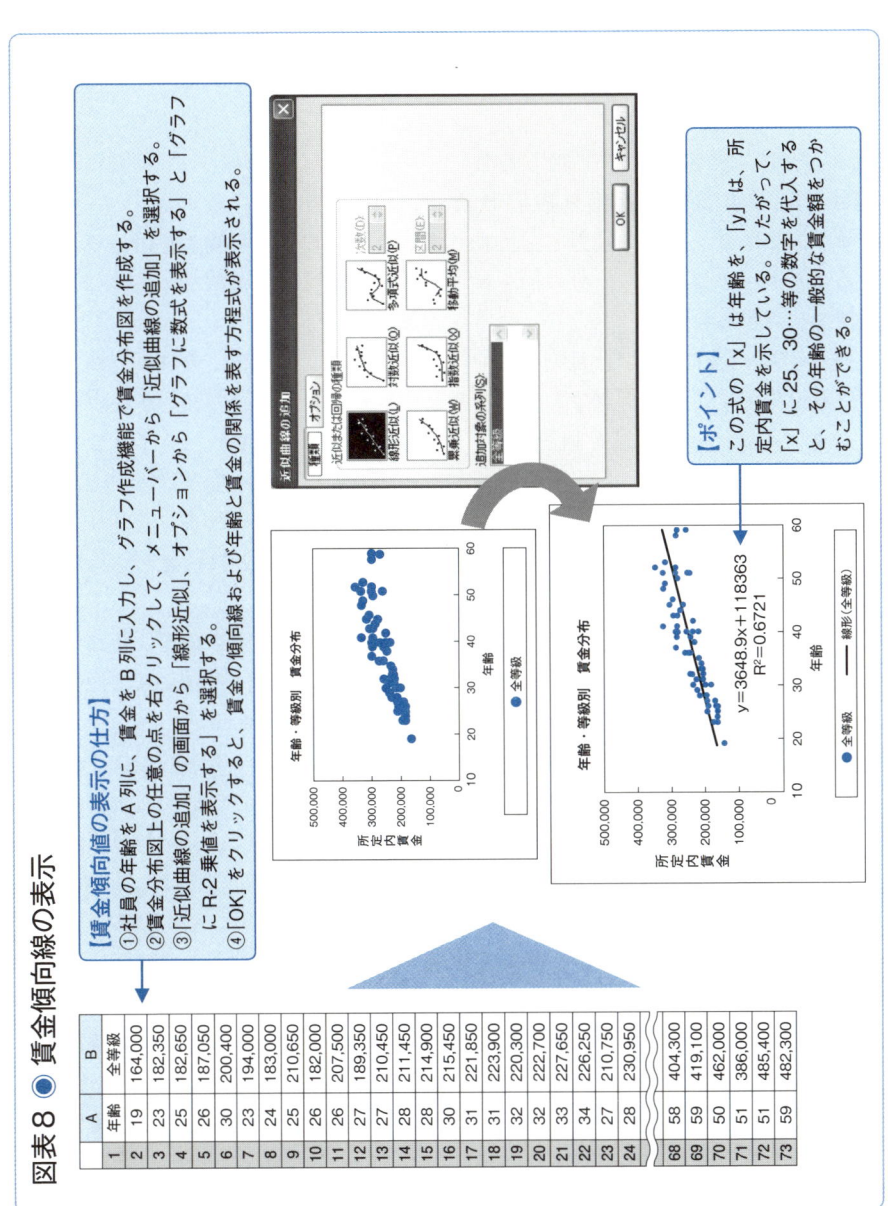

[賃金傾向値の表示の仕方]

①社員の年齢をA列に、賃金をB列に入力し、グラフ作成機能で賃金分布図を作成する。

②賃金分布図上の任意の点を右クリックして、メニューバーから「近似曲線の追加」を選択する。

③近似曲線の追加」の画面から「線形近似」、オプションから「グラフに数式を表示する」と「グラフにR-2乗値を表示する」を選択する。

④「OK」をクリックすると、賃金の傾向線および年齢と賃金の関係を表す方程式が表示される。

[ポイント]

この式の[x]は年齢を、[y]は、所定内賃金を示している。したがって、[x]に25、30……等の数字を代入すると、その年齢の一般的な賃金額をつかむことができる。

年齢・等級別 賃金分布

● 全等級

年齢・等級別 賃金分布

y＝3648.9x＋118363
R²＝0.6721

● 全等級　　── 線形（全等級）

	A	B
1	年齢	全等級
2	19	164,000
3	23	182,350
4	25	182,650
5	26	187,050
6	30	200,400
7	23	194,000
8	24	183,000
9	25	210,650
10	26	182,000
11	26	207,500
12	27	189,350
13	27	210,450
14	28	211,450
15	28	214,900
16	30	215,450
17	31	221,850
18	31	223,900
19	32	220,300
20	32	222,700
21	33	227,650
22	34	226,250
23	27	210,750
24	28	230,950
68	58	404,300
69	59	419,100
70	50	462,000
71	51	386,000
72	51	485,400
73	59	482,300

自社の標準者の賃金傾向線を描くこともできる。「賃金構造基本統計調査」の「標準者」のデータや各種統計調査のモデル賃金と比較するときには、このようなデータの絞り込みをする。

4 分布図による賞与支給月数の分析

　賃金分布図は、所定内賃金の分析だけではなく、賞与、退職金等の分析に活用することができる。次に、分布図を使って賞与支給月数の格差について分析する方法を紹介する。

　Excel シートの A 列に社員の等級を、その横の列（B 列）に賞与の支給月数のデータを入力する。分析対象となる全社員の等級と賞与支給月数のデータを入力したら、そのデータ領域を選択して、ツールバーから「**挿入**」→「**グラフ**」→「**散布図**」→「**完了**」で、シート上に等級別の賞与の支給月数分布図が表示される ［**図表9**］。

　なお、この分布図を使って格差構造をみる場合、次のことに注意しなければならない。

①この分布図では、同等級、同支給月数の社員が複数存在する場合、それらは一つの点で表示されている。したがって、分布図上は、一つの点にみえたとしても、実際にはそこに複数のデータが重なっていることがある。

②分布図では視覚的な判断に頼るために、他の大多数のデータから離れた値（「外れ値」）があると、それに影響を受けて、誤った判断をしてしまうことがある。

　したがって、格差構造を分析する場合には、分布図の下に「平均」や「四分位数」「分散係数」を併記して、定量的な分析もできるようにしておく。

　「四分位」とは、全データを賃金の低いほうから高いほうへと 1 列に並べてとった分位数のことであり、「第 1 四分位」が低いほうから 25％のもの、「中位数」が真ん中、「第 3 四分位」が高いほうから 25％のものの数値を示している。四分位の範囲をみれば、外れ値の影響を除外して、格差構造について適切な分析を行うことができる ［**図表9**］。

　また、「（四分位）分散係数」とは、データの散らばり度合いを示す数値で、この数値が小さいほど分布の広がりの程度が小さいことを示している。分散係数を算出すれば、データの分散状況を、視覚ではなく数値でとらえることができる。

図表9 ● 賞与支給月数分布図の作成

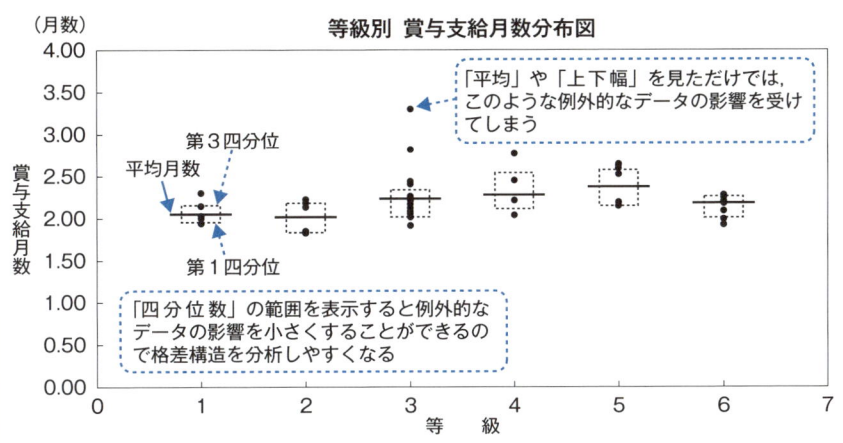

等級別 賞与支給月数分布図

「平均」や「上下幅」を見ただけでは，このような例外的なデータの影響を受けてしまう

「四分位数」の範囲を表示すると例外的なデータの影響を小さくすることができるので格差構造を分析しやすくなる

（人）　　　　　　　　　　　　　　　　　　　　　　　　　　　　　　　（カ月分）

	対象者	平均月数	最大月数	最小月数	上下幅	第1四分位	中位数	第3四分位	分散係数
1 等級	5	2.08	2.30	1.94	0.36	2.00	2.03	2.15	0.147
2 等級	6	2.01	2.23	1.83	0.40	1.84	1.99	2.17	0.332
3 等級	14	2.30	3.30	1.92	1.38	2.09	2.21	2.37	0.307
4 等級	4	2.37	2.77	2.04	0.73	2.17	2.33	2.53	0.422
5 等級	10	2.43	2.64	2.15	0.50	2.19	2.56	2.62	0.547
6 等級	7	2.13	2.28	1.92	0.35	2.04	2.18	2.23	0.203
全 員	46	2.25	3.30	1.83	1.47	2.05	2.18	2.42	0.410

【上表で入力した関数・式一覧】
対象者数＝ COUNT（データ領域）　　　　平均月数＝ AVERAGE（データ領域）
最大月数＝ MAX（データ領域）　　　　　最小月数＝ MIN（データ領域）
上下幅　式：最大月数－最小月数
第1四分位、中位数、第3四分位＝ QUARTILE（データ領域、1）
　※「1」の代わりに「2」を入れると中位数、「3」を入れると第3四分位
（四分位）分散係数　式：（第3四分位－第1四分位）/（2×中位数）

5 モデル退職金の算出と世間水準との比較

3 において、自社の賃金傾向線を引くために、年齢と賃金の関係を表す方程式を算出する方法を説明したが、この方法は、自社のモデル退職金（退職時基本給×勤続年数別係数で退職金が決定される場合）を算出するときにも応用することができる。

まず、在籍社員のうち新卒扱いで入社した社員の勤続年数と基本給のデータを抽出する。このデータについて、A列に勤続年数、B列に基本給を入力して、勤続年数別基本給分布図を作成し、3 と同様の方法で、勤続年数と基本給の関係を表す方程式を導き出す。この方程式のxに、5年、10年…等の勤続年数を入れて、勤続年数別に標準基本給を算出し、これに勤続年数別係数を乗じれば、勤続年数別モデル退職金を計算することができる。

このように計算した自社のモデル退職金を、中央労働委員会の「賃金事情等総合調査」や東京都の「中小企業の賃金・退職金事情」のモデル退職金と比較する [図表10]。

なお、モデル退職金は、調査対象となった企業の規模等により金額が大きく異なる。自社の業種や規模にあった調査データと比較するように注意することが必要である。

6 賃金分布図による賃金分析の方法

賃金分布図は、横軸（x軸）の年齢を勤続年数や等級に置き換えたり、縦軸（y軸）の所定内賃金を基本給、賞与、年間賃金や退職金に置き換えたりすることによって、さまざまなパターンの分析を行うことができる。自社の賃金管理の現状を的確に把握するためには、[図表11] に示した10パターンの賃金分布図を、毎年、定期的に作成しておくことをお勧めする。

賃金分布図を活用した賃金の分析について、例を挙げて説明する。

前述したとおり、賃金の分析は「水準」と「格差構造」の2点から分析する。

賃金分布図において、「水準」は自社の賃金傾向線と世間水準との比較によって、「格差構造」は賃金プロットの分散状況によって視覚的にとらえることができる。まずは、賃金分布図をみて、自社の賃金水準や格差構造の特徴を大まかに把握する。例えば、[図表12] の事例では、次のような特徴を把握することがで

図表 10 ● 退職金の世間水準との比較

自社の算定基礎額は、勤続年数と退職金算定基礎額の関係を表す方程式から算出する

大企業は「賃金事情等総合調査」（中央労働委員会）、中小企業は「中小企業の賃金・退職金事情」（東京都）等のデータを用いるとよい

（単位：千円）

勤続年数	自社 算定基礎額	会社都合 係数	会社都合 退職金	自己都合 係数	自己都合 退職金	東京都 中小企業 会社都合	中小企業 自己都合
1 年	154	1.00	154	0.00	0	144	104
3 年	163	3.00	489	1.50	245	391	247
5 年	171	5.00	855	2.50	428	706	480
10 年	192	12.00	2,304	6.00	1,152	1,844	1,354
15 年	213	18.00	3,834	10.80	2,300	3,512	2,793
20 年	234	28.00	6,552	22.40	5,242	5,722	4,774
25 年	255	35.00	8,925	29.75	7,586	8,465	7,361
30 年	276	45.00	12,420	40.50	11,178	11,568	10,569
33 年	289	49.50	14,306	44.55	12,875	13,573	12,604
定年	326	54.00	17,604	－	－	16,033	－

※資料出所：東京都「中小企業の賃金・退職金事情（平成20年版）」
　　　　　　調査産業計、退職一時金と退職年金の併用の場合のモデル退職金

X軸に勤続年数、Y軸に退職金を入力した散布図としてグラフ化する。

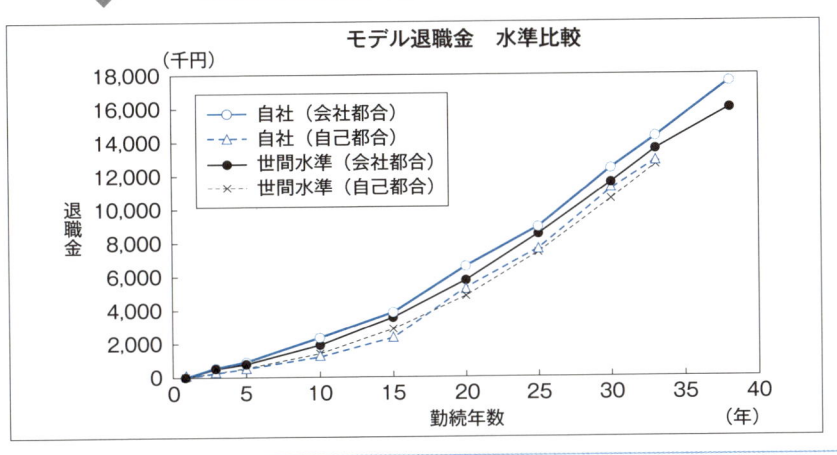

図表 11 ● 毎年、定期的に作成するべき賃金分布図

分析対象	横軸 (x軸)	縦軸 (y軸)	プロットの区分け	チェックポイント
賃　金	年齢	基本給	性別／等級　等	年齢による基本給の上昇
	年齢	所定内賃金	性別／等級　等	年齢による所定内賃金の上昇、世間水準との比較
	等級	基本給	－	各等級の基本給の幅、等級間の基本給の重なり
	等級	所定内賃金	－	各等級の所定内賃金の幅
	等級	基本給昇給率	－	昇給率の幅（評価の反映度合い）
賞　与	等級	賞与	－	各等級の賞与の幅
	等級	賞与支給月数	－	賞与支給月数の幅（評価の反映度合い）
年間賃金	年齢	年間賃金	性別／等級　等	等年齢による年間賃金の上昇、世間水準との比較
	等級	年間賃金	－	各等級の年間賃金の幅
退職金	勤続年数	退職金	会社都合／自己都合	勤続年数による退職金の増加、世間水準との比較

きる。

①賃金水準は40歳前後まで世間水準並み、それ以降は高めである。

②同一年齢による賃金格差は、昇格の差がつかない30歳までは小さいが、それ以降、大きくなる。38歳においては、3等級から5等級まで存在し、賃金格差が大きくなる。

③40歳前後の層で6等級の賃金を上回る5等級の社員が数名いる。特別な理由により発生していることか、制度上に問題点があるのか、原因を分析することが必要である。

　ここで、第2ステップの業績の分析において構築した仮説と賃金水準の特徴との間の関連性、および、制度の分析において構築した仮説と格差構造の特徴との間で関連性について考察する。

　例えば、第1ステップの経営者インタビューにおいて、経営層から「人件費負担が重い」という問題意識を伺い、実際に、業績の分析において「労働分配率が同業他社と比較して高い」という事実が明らかになっていたとしよう。このような場合、まず、人材の分析で総従業員数の推移をみる。同程度の売上高規模の同

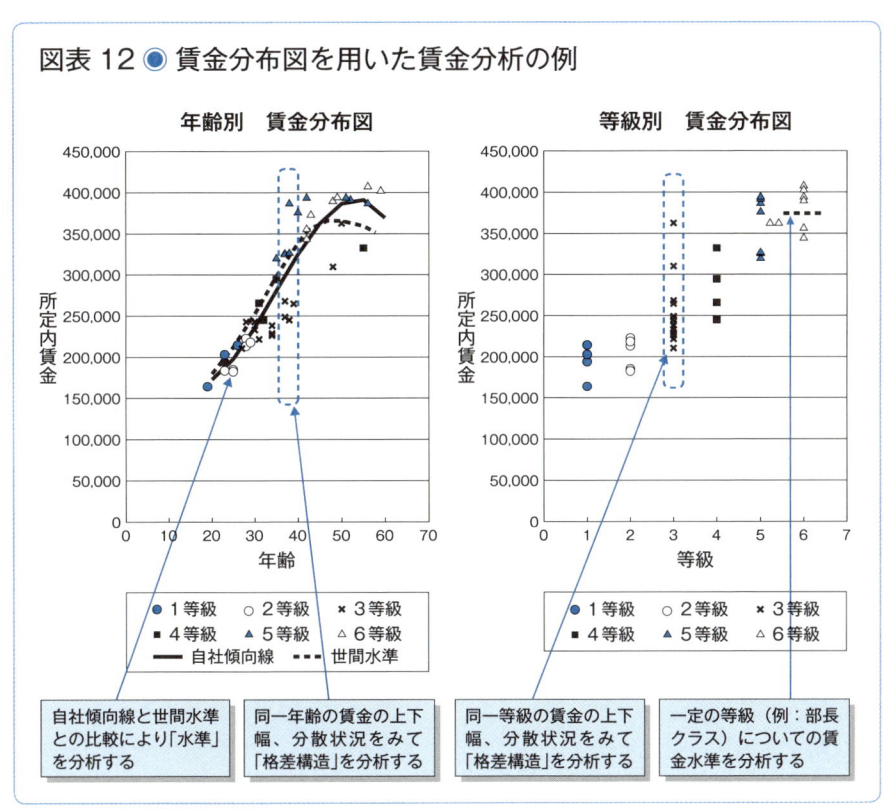

図表 12 ● 賃金分布図を用いた賃金分析の例

年齢別　賃金分布図

等級別　賃金分布図

● 1等級　　○ 2等級　　× 3等級
■ 4等級　　▲ 5等級　　△ 6等級
―― 自社傾向線　　‐‐‐ 世間水準

● 1等級　　○ 2等級　　× 3等級
■ 4等級　　▲ 5等級　　△ 6等級

自社傾向線と世間水準
との比較により「水準」
を分析する

同一年齢の賃金の上下
幅、分散状況をみて
「格差構造」を分析する

同一等級の賃金の上下
幅、分散状況をみて
「格差構造」を分析する

一定の等級（例：部長
クラス）についての賃
金水準を分析する

業他社と比較して従業員数がほぼ同じであれば、労働分配率が高くなる（人件費
負担が重くなる）要因は、賃金水準が高いことにあるものと想定される。自社の
平均賃金を算出すると、賃金水準は同業他社よりやや高めで、特に 40 歳以上の
賃金水準が高いことが判明した。したがって、人件費負担の増加を抑制するため
には、来年度の昇給率を従来よりも低めに設定し、特に、40 歳以上の昇給を抑
えることを検討しなければならないということになる。

　ここでは、所定内賃金の分析を例にとって説明したが、同様の考え方で、賞
与、年収、退職金の分布図についても分析することができる。ここで示した例を
参考にして、さまざまな賃金分布図を作成し、第 1、第 2 ステップで構築した仮

説の検証や問題を発生させている要因の分析を行っていただきたい。

6 分析結果の反映

　現状分析の最後のステップは、分析結果を人事施策に反映させる段階である。
　人事施策とは、具体的に言えば、採用計画の策定、昇給率・賞与支給月数の決定、手当の改廃、人事制度の見直し等である。本稿では、現状分析の結果を人事施策に反映させる場合の基本的な考え方を述べておく。
　この基本的な考え方とは、分析結果を人事施策に反映させる場合においても、「収益面→業績→従業員数、賃金水準」と「効率面→制度→組織・職務、賃金の格差構造」という二つの視点を明確に区分けしておく、ということである。
　昇給率や賞与支給月数は、あくまでも「原資」や「賃金水準」に関する問題であって、それは「業績」との関連において検討されるべきものである。したがって、これらの検討において、従業員のモチベーションや制度上の問題点を考慮に入れるべきではない。
　逆に、社員のモチベーションは、原資の「配分」や「賃金の格差構造」に関する問題であって、それは「制度」との関連において検討されるべきものである。したがって、現状分析において社員の活用に関する問題点が見つかったら、昇給率や賞与支給月数を高くするのではなく、人事制度の見直しに着手することを考えるべきである。
　このように「収益面（業績）」と「効率面（制度）」の二つの視点を区分けしておけば、現状分析の結果を人事施策に的確に反映することができる。
　しかし、実際には、このような視点の区分けがなされていないために、人事管理の現状分析の結果を施策に的確に反映していないケースが見受けられる。
　例えば、「人件費負担が年々増加していたので、年功的な賃金制度を見直した」という分析結果の反映の仕方は、このように視点を区分けして考えると間違いであることに気がつく。人件費負担を増加させている要因は、「年功的な賃金制度」ではなく、その制度の中で設定されている「昇給率の高さ」にある。したがって、年功的な賃金制度を残した状態であっても、昇給率さえ下げれば人件費負担の軽減を図ることは可能である。逆に、年功的な賃金制度を改定したところ

　で昇給率を下げなかったら、人件費負担は増加していくことになる。社員のやる気を高めるために昇給率や賞与支給月数を高めたという分析結果の反映の仕方も間違いである。賃金において社員のやる気を高めるものは、賃金水準の高低ではなく、「昨年よりも賃金が多くなった」「他の社員よりも賞与が多かった」等の「格差」に関係する部分である。そして、賃金や賞与の「格差構造」を作り出すものが、等級や評価も含めた「制度」である。したがって、社員のやる気を高めるためには、人事制度の見直しに着手しなければ根本的な問題解決には至らない。

　業績に直結する賃金水準を是正したい場合には、「制度」を改定しても効果はなく、従業員数や昇給・賞与の原資を調整しなければならない。逆に、社員のやる気に関係する格差構造を是正したい場合には、「原資」を調整しても効果はなく、評価や賃金配分等の制度を改定しなければならない。したがって、分析結果を人事施策の面に的確に反映させるためには、現状分析の各ステップを通じて「収益面（業績・水準）」と「効率面（制度・格差構造）」の二つの視点を区分けしておくことが必要となるのである。

　環境変化が激しい昨今、1年も経てば、業績も、制度も、人材も目まぐるしく変化する。人事管理に関する現状分析は、毎年、定期的に実施して、次年度の採用計画や賃金決定、そして人事制度の見直し等に着実に反映させていくことが必要である。

　本稿を参考にして、ぜひ、自社の人事管理の現状分析に着手していただきたい。

〈スキルアップ編〉

3

コミュニケーション・スキルを高める

聞く力・インタビュー力・話す力を高める実践スキル

高橋俊樹 たかはし としき グローバルナレッジネットワーク㈱
人材教育コンサルタント／産業カウンセラー

1991年、自動車メーカーに就職し、営業担当者向けの教育の企画・実施を長年にわたり担当。テレマーケティング会社を経て、2001年より教育専門企業である現社に。ヒューマンスキル関連グループのマネジャー兼講師として、人財育成支援に携わる。日経BP社WEB『Selfup』で、全14回の「コミュニケーション・スキル講座」を執筆。

Contents

1　はじめに

なぜ人事担当者にコミュニケーション・スキルが求められているのか

❶ 知識やスキルを活かす基盤はコミュニケーションにある

　人事担当者である皆さんが、「業務に必要なスキルアップのための研修を何でも受講してよい」と言われたら何を選ぶだろうか？

　「結論の出ない会議が多くて」

――という方はファシリテーションのスキルを挙げるかもしれない。

　「社内の各部署との調整がうまくいかない」

――という方はネゴシエーション関係のスキル。

　「経営トップから降りてくる施策がそもそもよく理解できない」

――という方はコンサルティング関連や問題解決のためのフレームワーク。

　「社員のモチベーションを上げて職場を活性化したい」

――という方はモチベーションや職場活性化関連。

　「採用者面談でもっと本音を引き出したい」

――という方はインタビュー・スキルだろう。

　しかし、どのスキルをとっても、より効果的に活かすためには、基盤となるコミュニケーション・スキルがあってこそなのだ。

　つまり、どんなに高いスキルや知識、想いをもっていても、それを伝えたり受け止めたりするための基本的なコミュニケーション・スキルができていないと役に立たないのである［図表1］。

　同様のことが、皆さんの日々の業務でも起こっていないだろうか。例えば、新卒採用やキャリア採用の面接担当者が、面談者から本音をさらに引き出すためにインタビュー・スキルを身に付けたとしよう。しかし、どれだけスキルを身に付けたとしても、コミュニケーション・スキルが活かされなければ、本来の効果を発揮させることは難しいだろう。

　［図表2］は、上記の例を裏付けるアンケート結果である。

　簡単にいうと、応募者の面接者に対するとらえ方は、表裏一体だという点が重

要だ。"表"に当たるのが「興味をもって話を聴いてくれた」と回答したケースである。一方"裏"に当たるのが「根掘り葉掘り聞かれた」と回答するケースだ。もちろん、このような差を生む要因はいろいろあるだろう。しかし、ちょっとした聴く態度のとり方で、大きく印象は左右されるものだ。

　目的や問題に応じたスキルの習得はするべきであり、必要性や状況に応じてできるだけ習得することが好ましい。ただし、<u>習得したスキルを活かすための基盤は、コミュニケーションがきちんとできていることで成り立っている</u>。いわば、コミュニケーションはすべての基本となるのである。

　では冒頭の質問に戻ろう。今、自分自身に最も必要なスキルとして「コミュニ

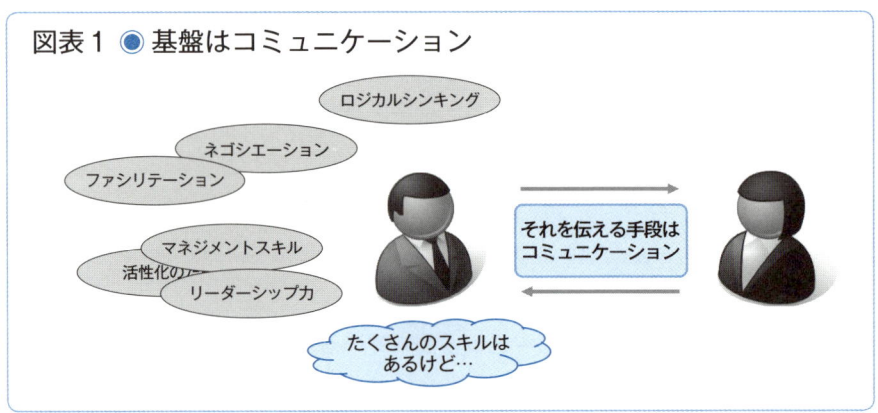

図表1 ● 基盤はコミュニケーション

図表2 ● 印象の良かった面接、悪かった面接

印象の良かった面接 （順不同）	印象の悪かった面接 （順不同）
• 目を合わせてくれた • 興味をもって話を聴いてくれた • 相槌（あいづち）、頷（うなず）きがあった • 最初に本題とは違うトークがあった • 本音の話をしてくれた • 話を深めてくれた • 会話がキャッチボール	• 上から目線だった • 根掘り葉掘り聞かれた • 質問攻めにあった • 会社のピーアールばかりされた • 自分の話を聴いてくれなかった • 書類にメモばかりしていた • フレンドリーすぎ／くだけすぎ

資料出所：岩松祥典『採用力を確実に上げる面接の強化書』（翔泳社刊）

ケーション・スキル」を思い浮かべた方はいるだろうか？

■人事担当者に必要なコミュニケーション

　経営方針を人事施策に落とし込む、刻々と変わるビジネス状況に対し対応策を練る、より強い組織を作るための各種制度を策定する──など、人事部門に求められる役割はこれまで以上に大きくなり増えてきている。そのためには、社内外、経営トップから現場まで上下左右を含めたステークホルダー（利害関係者）と良好なコミュニケーションをとる必要がある。その際、大前提である「聴くこと」ができていないと、どんなに高い問題解決スキルをもっていても、問題解決の方向性に食い違いが生じてしまう。また、場合によっては問題の深刻化を招く結果にもつながりかねない。

　「伝えること」も同様である。人事としての考えや想いを相手の立場に立って説明できなければ、新しい制度も現場に浸透せず、せっかくの努力も徒労に終わるかもしれない。

　ここで研修という視点から例を挙げよう。

　筆者が数多くの研修を実施してきた中で、どの企業でも共通の問題があると考えている。それは、人事と研修を受ける社員とのコミュニケーションの関係が、研修への取り組み姿勢や成果に関連しているケースが多いということだ。コミュニケーションがとれている会社は、研修でディスカッションなどを行うと、活発な議論が行われる。一方、コミュニケーションがとれていない会社では、研修中の雰囲気や姿勢が活性化するまでに時間がかかることが多い。

事例1　ある人事研修担当Aさん物語

　人事担当のAさんは朝早く来て会場を設営したり社外から招いた講師をアテンドしたり大忙し。そして当日の不意の欠席者が出ないかどうかやきもきしながら、会場の後方に用意した事務局用の席に着く。開始10分前になり、ようやく受講者がチラホラと現れ始める。受講者は無言で後ろから着席。「何でせっかくの研修なのに前に座らないかな」とちょっと心の中でつぶやく……。

　時間になり、全員が揃ったのでほっと一安心しながら、研修講師の紹介を兼ねて挨拶。「皆さん、おはようございます。今日は忙しい中なのに本当にすみませ

ん。今日から２日間研修が始まりますので、申し訳ありませんがよろしくお願い
します。それでは講師の方を紹介します。今日の講師は……」

　紹介時に、講師がちょっと驚いた表情をしたように感じたけど、とりあえず講
師へ引き継ぎも終わったので事務局用の席に戻る。講師の自己紹介が終わると、
受講者に自己紹介と受講目的をお願いしている。みんながどのような自己紹介を
するのかなと気になり顔を上げると、

　「ども。開発１課でマネジャーをしている村田です。実は一昨日部長から突然
言われて来ました。現場では、この忙しいのに研修かと言われたので、もしかし
たら途中で抜けるかもしれませんがよろしくお願いします」

　開発１課は、ちょうどプロジェクトが佳境（かきょう）にあると言っていたからしょうがな
いな、と苦笑い。この後も似たような自己紹介が続き終了。研修の最初の作業は
グループ・ディスカッション。それぞれグループ内で討議をしているが、どうも
意見もあまり出ずに盛り上がっていないみたいだ。この辺はやはり講師の進め方
が問題だな。後でお願いしておこう……。

　極端な例に思われるかもしれないが、「アリエナイ」話ではない。これでは研
修の効果は大幅に下がってしまうことだろう。事前の目的や動機づけのための、
関係各所とのコミュニケーションがとれていないためだ。

　経営トップから出た「うちの管理職はリーダーシップが発揮できていないよう
だ」との鶴（つる）の一声でリーダーシップ研修の内容を検討し始め、忙しい社員の日程
を調整し、無事に実施に漕（こ）ぎ着ける。ところが終了後のアンケートを見ると「知
りたかった内容ではない」「もっと若い中堅社員に受けさせるべきだ」などの意
見が多くて、次回開催に向けて課題が山積みになってしまう……。

　上記の例には、恐らくさまざまな問題が含まれていると思われるが、きちんと
ステークホルダーの間でコミュニケーションをとることで解決できるものが多い
のも事実だ。

　筆者の経験では、朝から、人事担当の方と受講者の方が気持ちよく挨拶し、世
間話をしている会社では、総じて研修中も率直なコミュニケーションが飛び交っ
ている。ディスカッションなどでも議論が活発に行われ、質の高い成果が出てく
る。これは企画する人事の思惑が正しく伝わっており、送り出す職場の同意、受

講者への受講目的の伝達や動機づけもしっかりと行われていることが理由である。つまり、コミュニケーションがしっかりととれているのである。

■人事部門は会社の基盤

　筆者は、これまでに三つの会社で仕事をしてきたが、どの会社でも規模にかかわらず感じたことがある。それは、人事部門は裏方に徹していて、現場に対して強く言うことが少ないという点だ。しかし、日々のちょっとしたコミュニケーションがなければ、現場がどう感じているかは分からないし、新しい施策や企画を実行する際も現場の納得を得ることはできない。人事部門が積極的に表に出るのも必要ではないだろうか。

　多くの企業において、人事部は「コストセンター」であり利益を直接出す部門ではないため、どうしても現場重視にならざるを得ないし、そういう観点で黒子に徹している方も多いと思われる。それでも人事は会社を支える大切な基盤だ。コミュニケーションが各種スキルを支える基盤なのと同じことである。

　例えば、会社において「知識」をつかさどるのが開発部門で、「スキル」が営業部門だとすると、それらの部門が動きやすいように整え、支えているのが人事部門といえる。だからこそ、仕事でも仕事以外でも積極的により良いコミュニケーションをとることで、経営トップや現場との乖離をできるだけなくしていくことが、今後ますます求められる人事の役割であると考える。

■意識してスキルを使ってみる

　それでは、人事担当者が押さえるべき基本のコミュニケーションについて順を追って説明していこう。日ごろの自分のコミュニケーションのとり方と照らし合わせながら確認してみてほしい。

　コミュニケーション・スキルを見直すうえで最も大切なことは〝意識して行う〟ことである。「聴く」「伝える」ことは、日々意識しなくとも当たり前のように行うものだ。この当たり前のことを、あえて意識することが大切だ。意識して相手の話を「聴いて」みると、今まで「聞こえて」こなかった相手の状況や背景、理由などが聞こえてくるかもしれない。また、意識して話すことを心掛けると、自分の話し方の癖や好みが分かるだけでなく、「聞き手」が理解している

か、興味をもっているかまでが見えてくる。

　聴くこと、話すこと、これをほんの少し意識して行うことは、仕事のさまざまな場面での特効薬にもなり、多岐にわたる各種スキルを身に付け、向上させる時にも、より早く、習得したスキルを発揮できるようになる。

❷ 人事担当者がコミュニケーション・スキルを身に付ける目的
■良いコミュニケーションとは

　仕事を進めるうえで行われるコミュニケーションの一番の目的は、グループ、部門、組織の目的や目標を達成することにほかならない。人事の方も、業務を進めていくうえで社内外のステークホルダーと良いコミュニケーションを心掛けているだろう。

　それでは、良いコミュニケーションとはどのようなものを指しているのだろうか。ここでの定義は次のとおりである。

> ・相手の話を自分の価値観などで判断せずに正しく聴き、相手の言い分を受け止める
> ・自分の伝えたいことを相手に受け取りやすく伝える

　この二つのポイントを踏まえ、相手との間で双方向のやり取りがなされていることが大切だ。

　皆さんは相手と良いコミュニケーションがとれていると感じる時は、どのような気持ちになるだろうか？　きっと双方の間で、相手の立場がよく理解できたり、言いたいことがよく分かったりするはずだ。

　逆に悪いコミュニケーションでは、上記のことができていない。例えば双方が相手の話を聴かずに話している場面を想像してみてほしい。お互いに自分の言いたいことだけを話すのでは対立に発展してしまうだろう。多くの企業で「部門間の壁が高い」という課題が挙がるが、これはコミュニケーションに問題がある場合がほとんどだ。対立までは行かなくても、相手の話をただ表面的に聞いているだけだと、話している意図や背景がつかめずに、誤った方向に物事が動いてしまうこともある。

　相手との間に良いコミュニケーションがとれた時と、そうでない時にどのよう

図表3 ● コミュニケーションが良い／悪いと感じた理由

良いコミュニケーションがとれたと感じた時	悪いコミュニケーションになったと感じた時
• 気持ちよく話すことができた • 相手が真剣に話を聴いてくれた • 話がどんどんわき出てきた • 相手の立場や気持ちが理解できた • Win‒Win でお互いの問題を考えた • 信頼関係が得られた	• 感情的な話し合いになった • 否定的な受け止めが多かった • 自分が次に話すことだけを考えていた • 相手の論点の誤りがないかを考えていた • Win‒Lose で考えていた • 信頼関係が損なわれた

に感じるのかを ［図表3］ でみてほしい。

　双方の理由から分かることは、良いコミュニケーションとは具体的に、まず「聴くこと」である。聴くことによってしか、相手の抱えている疑問、問題点・相違点は明らかにできない。聴くことができて次に「伝えること」がくる。言いたいことを自分の立場で言うのではなく、相手の立場や受け取り方を考慮して伝えることが大切だ。また相手が理解しやすい伝え方（説明力）も必要である。

　冒頭でご紹介した人事担当者Ａさんのケースで確認してみよう。Ａさんは、管理職向けの研修を企画したものの思いもよらない結果になってしまった。そもそも、経営トップのもつ問題意識の真意を十分に受け止めず、「鶴の一声」と受け止めて拙速に研修のセッティングに走ってしまった時点で、この結果は予想されていたといえる。成果につなげるためには、きちんと聴くこと・伝えることの2点が必要なのだ。

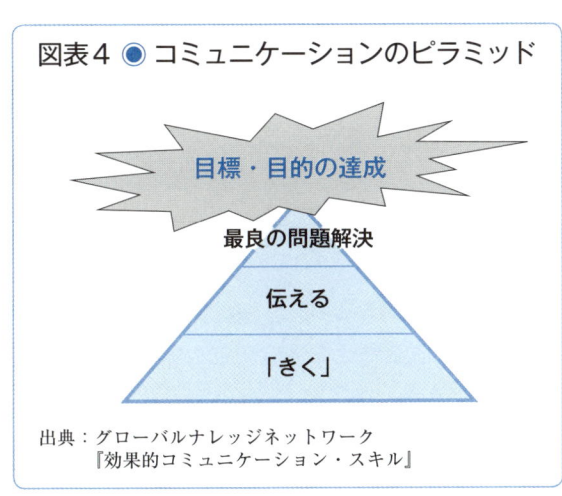

図表4 ● コミュニケーションのピラミッド

目標・目的の達成

最良の問題解決

伝える

「きく」

出典：グローバルナレッジネットワーク
『効果的コミュニケーション・スキル』

事例2　人事研修担当Aさんの改善例

経営トップ 「どうもうちの管理職のリーダーシップが弱いようだ」

人事担当者
Aさん 「なるほど、リーダーシップが弱いということですね。おっしゃる点を改善するためにももう少しお聴かせください。具体的にどのような点で弱いと感じられることが多いのでしょうか」

経営トップ 「最近、特に若い世代の離職率が高くなっている。これは管理監督者のスキルが低くなっているのではないか」

人事担当者
Aさん 「そうですね。確かにここ3年ほど、特に入社3年目までの世代の離職率が5ポイントほど上がってきています。そうすると、管理職のリーダーシップの問題もあるかもしれませんが、一番の問題はいかに若い世代の離職率を引き下げるかということになりますでしょうか」

　上記のように、経営トップの「管理職のリーダーシップが発揮されていない」という認識に対して、きちんと聴き、説明することができれば、より効果的・具体的な研修・施策を打ち出すことができる。

　仕事を進めるためのコミュニケーションは、グループ、部門、組織の目的や目標を達成する目的のために行われている [図表4]。基本的なコミュニケーションがしっかりできれば、それだけで解決できるものがたくさんあるのだ。

2 「聴く力」を高める実践的スキル

1 3種類の「きく」を整理する

■あなたの「きく」はどの「きく」？

　それでは、より良いコミュニケーションのためのポイントを具体的に見ていこう。

　「きく」という字、コミュニケーションを意味する漢字で三つ思い浮かべてほしい。恐らく二つはすぐに思い浮かぶだろう。漢字にすると大きく以下の3種類になる [図表5]。

　筆者は相手の話をしっかり"きく"ためにも、まずこの3種類の「きく」を意識

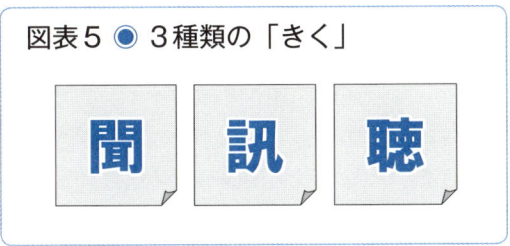

図表5 ● 3種類の「きく」

聞　訊　聴

して使い分けることが基本だと考えている。「きく」の三つの意味は下記のとおりだ。

①「聞く」

　一般的に「きく」は聞く（Hear）と書き表す。これは、"意識しなくとも耳に入ってくる時" にも使われる。例えば人の話だけではなく、周囲の物音などが耳に入ってくることも含まれる。

②「訊く」

　この字は、ぱっと思い浮かばなかった、という方も多いのではないだろうか。「訊く」は、相手に何か尋ねることである。英語では Ask に当たる。インタビューの場面などではあらかじめ確認したい内容を明確にして、準備したうえでこの「訊く」を意識的に使用していく。

③「聴く」

　能動的に相手の話をきくことで、皆さんもご存知の「傾聴する」を表している。英語では Listen に当たる。目的達成に向けて仕事を進めるためには、まず、この傾聴を意識して行うことがベースになる。傾聴を心掛けることで、相手の言わんとしていることを正確に汲み取り、相手の意図や言葉の行間を深く掘り下げ

図表6 ● 3種類の「きく」の特徴

区　分	評　価	特　　　　　徴
聞　く	×	漫然と聞くだけでは相手の意図や背景などを聴けない。正しく理解できないばかりか聞き間違えることもある
訊　く	○	自分が必要としている情報だけを尋ねようとしてしまいがち。その結果、聴き漏れが生じたり相手が言いたいことを言えなかったりすることもある。まずきちんと相手の話を聴いてから訊くのが望ましい
聴　く	◎	能動的に相手の話を聴きにいくので、相手の話を受け止め、正しく深く理解できる。さらに相手の立場や気持ちも理解できる

て理解することができる。

　ビジネスでのコミュニケーションは「聴く」を意識して実践する必要がある。しっかり聴けていないために、双方のミスマッチが起きたり誤解が生じたりしてしまうからだ。些細（ささい）なコミュニケーション・ミスでも、それが重なると大きな問題へと発展してしまう。この三つの「きく」の特徴は［図表6］のようになる。

❷「聴く」ために必要な三つのポイント

　それでは「聞く」でも「訊く」でもなく、まず「聴く」ために必要なポイントを三つご紹介しよう［図表7］。

❶ "相手に伝わるように"聴く態度をとる

　相手の話を「聴く」ためには、相手に興味をもち、相手が何を云（い）わんとしているのか、相手の言いたいことは何かを考えることが大切である。

　そのために最初に見直してほしいのが、相手の話を「聴く態度」を意識的にとることである。**ポイントは、相手に「私はあなたの話を聴いていますよ」という態度が伝わること。**これが重要な理由を以下に挙げてみよう。

①相手の話に興味がなさそうな態度で聞いていると、不思議と本当に興味がなくなり、相手の話を聞きながらほかのことを考えてしまう。しかし、意識的に聴く態度をとり続けると、最初は興味がもてなくても、この人は何を言おうとしているのだろうと思い、次第に相手の話に耳を傾けるようになる。

②相手側の視点では、「この人は一生懸命聴いてくれている」と感じると、もっと話したいと思う。言いにくいようなこともすんなりと話せるようになる。さらに、自分の話を受け止めてくれる聴き手に対し、好意をもつ。一方で「この人は聴いていないな、興味ないんだな」と感じると必要以上のことは話さなくなってしまうものである。

　上記二つの理由からも、

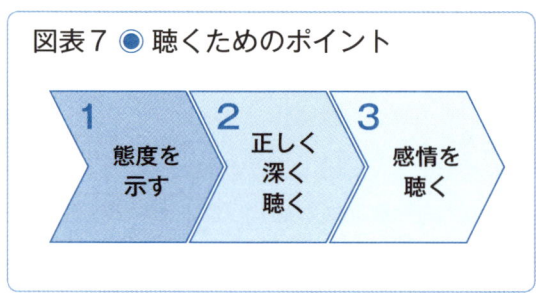

図表7 ● 聴くためのポイント

1 態度を示す
2 正しく深く聴く
3 感情を聴く

268

「聴く態度」のとり方次第で、得られる情報量も、相手との信頼関係も、大きく変わる。大切なのは、聴く態度を整え、それが相手に伝わるようにすることである。**聴いているかいないかは、自分ではなく、相手が判断するからだ。**つまり、自分は相手の話をしっかり聴いている——と思っていても、相手がそう判断していなければ、結局それは「聴いていない態度」をとっていることになる。

　皆さんは自分の態度が相手にどう伝わっているのか、相手からどう見えているのかを意識しているだろうか。相手が目上の人だったり社外の取り引き先だったりする場合は、恐らく、大丈夫だろう。しかし、後輩や自分より下の立場の人に対しては意外にできていないものだ。以下の、相手（話し手）からみた話しやすいと感じる態度のOK・NGチェックリスト［**図表8**］で確認をしてみよう。

　この○×チェックリストはほんの一例であるが、×が多いという人は、相手から"聴いていない"と判断されているかもしれない。ポイントは、仮に○が多くても、それだけでは伝わっていない可能性があることだ。つまり、意識的に実践しないと、結局は自分だけが聴いているつもりになってしまう。［**図表9**］で

図表8 ● 聴く態度のチェックリスト

OK［聴いてくれている、話しやすい］	NG［聴いてくれていない、話しにくい］
☐　身体を相手に向ける ☐　同じ目線の高さで話している 　　（席を勧めるなど） ☐　PC作業などの手を止めている ☐　場合によってはメモを取っている ☐　前のめりの姿勢をとる ☐　明るい表情をする ☐　適度な相槌や頷きを入れる ☐　目を適度に見て話す	☐　足を組む、腕を組む ☐　他の作業をしながら聴く ☐　相手を立たせたままにする ☐　にらむ、怖い表情をする ☐　のけぞった姿勢をとる ☐　黙ったまま反応しない ☐　何回も聞き返す ☐　関係のない質問をする ☐　「でも」「しかし」などの否定が多い

図表9 ● 相手に「聴いている」と伝わる態度

■相手との位置関係

OK	NG
• 相手に身体を向ける • 相手と適切な距離をとる • 椅子（いす）を勧めるなど目線の高さを同じにする	• 相手に身体を向けない • 相手に対し近すぎたり遠すぎたりする • 自分は座っているのに相手を立たせたままにする

机に着いて話をする際は、正面に座ってしまうと内容やお互いの立場によっては目線が正対し、話しにくくなる場合がある。そのような時は、机の角を挟んで斜めに位置すると、目線も外しやすく、話しやすくなる

■聴く姿勢

OK	NG
• 作業の手を止める • 少し前のめりの姿勢をとる • 場合によってはメモをとる	• 他の作業をしている • のけぞった姿勢をとる • 腕や足を組んだりする

相手の年齢や立場に関係なくきちんとした姿勢を心掛ける。上司に向かって足を組んだりする人はあまりいないが、下の人に対してはついつい無意識にやってしまう方が多い

■表情や反応

OK	NG
• 適度に相手の目を見る • 明るい表情を心掛ける • 内容に合わせて変化させる	• 相手の目を見ない、見つめすぎる • にらむ、怖い表情をする • 終始同じ表情のまま

人は話しながらも相手の表情や態度といった部分を細かく確認している。その中でも、最も影響を与えているのが表情である。相手が話しやすい明るい表情を基本とし、適度に目を見ながら聴くようにしよう。目を見ることで、「あなた／あなたの話に興味がありますよ」ということを伝えられる

■合いの手（相槌、頷き）を入れる

OK	NG
• 話題に合った相槌を打つ「はい」「ええ」「ああ」「はぁ」「へぇ」「ほお」「そう」「なるほどね」「そうだね」「そうなのですね」「確かに」「おっしゃるとおり」など • 頷きを入れる（同意している、次を促す時は早めに軽く。理解した時、納得した時は深くゆっくり）	• 同じ相槌を繰り返す「はい」…「はい」…「はい」 • せかすように繰り返す「はいはいはいはい」 • すべて疑問系の相槌「本当ですか⁉」 • 語尾を下げた相槌「はぁ…」「あぁ…」 • 否定的な相槌「いや」「しかし」「でも」 • 頷かない、相槌を打たない

相槌や頷きも無意識に行いがちだ。内容に合わせて使い分けると、より相手も話しやすくなる。"聴き上手"と呼ばれる人たちは相槌のバリエーションがとても多く、使い分けている

は、相手に伝わる態度のとり方について詳しくポイントを確認しておこう。

　なお、「相手の目を見る」については補足がある。筆者は以前に、相手の目を見るのは失礼なので、鼻や口元、のど元、ネクタイの結び目辺りを見るとよい、という話を聴いたことがある。果たして本当だろうか。対面の、距離の近いコミュニケーションで試してみてほしい。相手は目ではなく他の部分を見られているとすぐに分かり、観察されているような気になるだろう。基本は相手の目をしっかりと見ることだ。ただし、あまりに凝視するのは避けたほうがよい。もし、目のやり場に困った時は、メモをとる、資料を見る、というようにすると自然に視線を外すことができる。

②正しく深く聴く

　2番目のポイントは、相手の話を「正しく」「より深く」聴くことである。これを意識的に実践することで、ミスコミュニケーションを減らすことができ、また相手の言いたいことや気持ち、相手の立場をも理解することができる。そのために必要なのが、**クローズとオープンの質問を意識して使い分けること**である[図表10]。

図表10 ● ２種類の質問〜クローズ質問とオープン質問

クローズ質問　　　　　　　　　　　　　　　オープン質問

人事制度を大幅に見直す
ということでしょうか？

相手が YES・NO で答えられる
二者択一型の質問

人事制度を大幅に見直す
のはなぜでしょうか？

相手が自由に答えられる
"５Ｗ１Ｈ" 形式の質問

■正しく聴く

なぜ正しく聴く必要があるのだろう？　人はそれぞれ異なる理解の枠組みをもっている。そのため、相手の意図したとおりに発言内容を受け止めてくれるとは限らない。むしろ自分の都合に合わせて受け止め、解釈してしまう。

相手の意図したとおりに正しく聴くためには、「**自分が聴いた（解釈した）内容が合っているかどうかを相手に直接確認する**」——ことである。

直接確認することで、正しく受け止められたかどうか、相手の意図や言いたいことと異なっていないかを確認できる。ただ頷きや相槌だけを返していても、違う意味に解釈していたり、聞き漏らしていたりすることがある。また、複雑な話の時は、話し手は聴き手に自分の話がきちんと伝わっているかどうか不安になるものだ。

そこで、正しく聴けているかどうかを確認するために質問をする。質問をする際のポイントは、相手の答えが YES・NO で返ってくるような形にすることだ。このような問い掛けを、「**クローズ質問**」という。このクローズ質問で確認する場合、相手の話を遮らずに済む。ただし、クローズ質問だけでは、理由や相手の考えなどは明らかにすることはできない。

■クローズ質問を使用した確認の種類

クローズ質問を利用して確認する際は、次の2点に気を付けるとより効果的である。

①語尾を使い分ける

[図表11] の例では、あなたが話し手の場合、どのような違いを感じるだろうか。

語尾が「〜か？」の場合は"分からないから確認している"という印象を与える。一方「〜ね？」の場合は"理解していますよ"という印象を与える。

分かっているから話を進めてね、という時は「〜ね？」、分からないので確認したい時は「〜か？」と使い分けるだけで、相手もぐっと話しやすくなる。

②状況によって言い換える

毎回、オウム返しのように相手の言ったことをそのままの形で返すと、くどいように感じられる。そこで、状況に応じて「言い換える」と、より自然に確認できる [図表12]。

272

図表 11 ● 語尾の使い分け

● 「～か？」

> 昇格審査の見直しが必要だと思うんですよね。

> 審査の見直しが必要なのですか？

話し手　　　聴き手

● 「～ね？」

> 昇格審査の見直しが必要だと思うんですよね。

> 審査の見直しが必要なのですね？

話し手　　　聴き手

図表 12 ● 「言い換え」による確認の種類

区　分	内　容	具　体　例	注　意　事　項
オウム返し	話した言葉をそのまま返す	「今年の人事施策のポイントは中堅社員のモチベーション UP です」 「ポイントは中堅のモチベーション UP ですね」	短い言葉や話に使用する。長い話をオウム返しにすると、くどくなるので注意
ポイント返し	話した内容の中からポイントのキーワードだけを返す	「目的は、工数の削減と作業負荷を軽減、併せてデータ統合によるシステム化を推進していくことです」 「作業負荷軽減とシステム化推進がポイントなのですね」	長い話で要点がまとまっていないときや複雑な話の時に効果的な確認
具　体　例	具体的に置き換えて返す	「この部分は既存のものを使用したいと考えています」 「既存のものとは○○のことですね」	話が抽象的な時に確認ができる
異なる表現	諺（ことわざ）などにたとえて返す	「話がこじれてしまって、もう一方的に言われっぱなしで、人事としての事情を言う機会すらなかったんですよ」 「取り付く島もなかったのですね」	理解が容易になる。ただし相手の言語レベルに合わせることが必要

■深く掘り下げて聴く

　曖昧な点や抽象的な部分がある場合は、より深く掘り下げて聴く必要がある。

意識的に質問をすることで、相手の伝えたいことを明確にし、具体的なコミュニ

ケーションがとれるようになる。深く聴くためのポイントは、**相手の話を聴いて**

いて不明な点や曖昧な点を掘り下げる質問をすることだ。

　そのために、相手が自由に回答できる"5W1H"形式の問い掛け、つまり

「オープン質問」を使用する。ただし、一方的にオープン質問を使用すると、会

話の主導権が聴き手に移ってしまう。また、相手としては、自由に回答できる

分、感情を発散しやすい場合があり、一種の感情論になってしまうこともあるの

で気を付けよう。

■オープン質問を使用した掘り下げるポイント

　オープン質問を使用して相手の話を掘り下げるときのポイントは「**質問は相手**

の話に関連して行うこと」である。自分が聴きたいことを優先してしまうと、イ

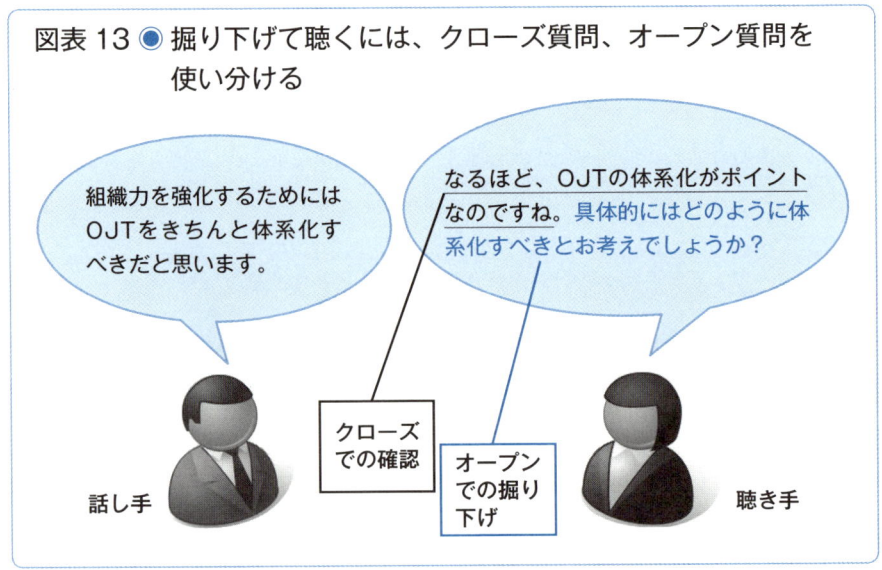

図表13 ● 掘り下げて聴くには、クローズ質問、オープン質問を
　　　　　使い分ける

ンタビューのように、会話の主導権が話し手から聴き手に移ってしまう。これでは「訊き手」である。基本はクローズ質問で確認してから、オープン質問を用いるとよい［図表13］。

　相手の話のどの部分を掘り下げるのかについては、［図表14］の例を参考にしてほしい。相手の話の中に掘り下げられる部分が多数あることが確認できる。

　私たちは、このクローズ質問、オープン質問を無意識に使用していることが多い。それを意識的に使用することで、さらに正しいコミュニケーションが促進され、相手の考えをより深く訊き出すことができる。相手の話を「正しく・深く」聴けて初めて、相手の考えや立場を理解でき、問題解決に向けた手だてを考え、関係各所で調整して進めていくことができる。

図表 14 ● 相手の話の掘り下げ方

注意点	対　策	具　体　例
一般的な言い方、表現	抽象的な言葉・表現に対して質問をして具体化する	「この作業は1週間でお願いします」 「1週間ですね、具体的には何日の何時まででよろしいですか？」
助詞の使い方	感情的な言葉の理由・原因などを掘り下げる	「最近新しい制度の実施に当たり、とても苦労したんですよ」 「それは大変でしたね、特にどのような点で苦労されたのですか？」
	「てにをは」などに注意する	「この内容で全体的にはいいと思います」 「全体的な内容は OK ということですね、逆に部分的に気になっているのはどの点でしょうか？」
カタカナ言葉、専門用語など	どのような意味で用いているのかなどを明らかにする	「社員のメンタルヘルスが大切ですよね」 「メンタルヘルスが重要なのですね。具体的にメンタルヘルスとはどのようなことを言われているのでしょうか？」
隠している部分	「とおっしゃいますと」というフレーズを使って本音を訊き出す	「予算があるからこれ以上は厳しいね」 「とおっしゃいますと？」

3 相手の話の感情部分に理解を示す

「聴くこと」の３番目のポイントは、相手の話に対し内容だけでなく、その背後にある相手の感情に関する部分を逃さないようにして聴き、理解したことを言葉や表情で相手に示すことだ [図表15]。

なぜ、感情に対する理解を伝えることが大切なのだろうか。

私たちがコミュニケーションを行うとき、相手に何を伝えているだろうか。それは、内容と感情の両方である。本当は感情部分を強く伝えたいにもかかわらず、事実・出来事に対してだけしか理解を示してくれないと、分かってくれていると感じられない。特に、仕事上のコミュニケーションでは相手の伝えたい事実・出来事だけに特化してしまいがちだが、どのような気持ちを伝えようとしているのかをよく聴くことで、より良いコミュニケーションが促進される。

感情に理解を示して聴くことのメリットがある。それぞれのメリット／デメリットを挙げてみよう [図表16]。

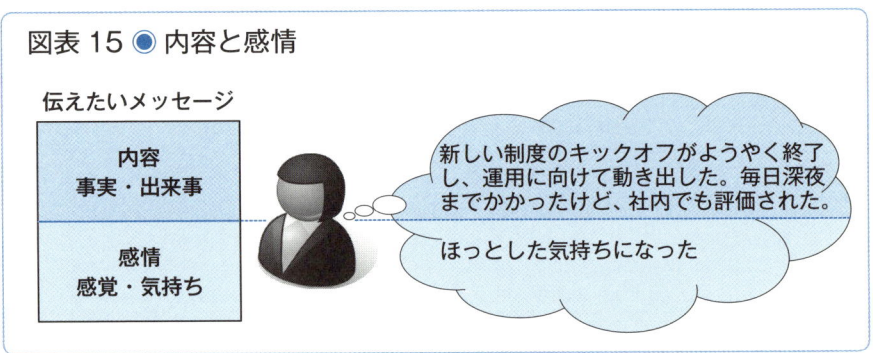

図表15 ● 内容と感情

伝えたいメッセージ

| 内容 事実・出来事 |
| 感情 感覚・気持ち |

新しい制度のキックオフがようやく終了し、運用に向けて動き出した。毎日深夜までかかったけど、社内でも評価された。

ほっとした気持ちになった

図表16 ● 感情への配慮の違い

区　　分	理解を示さない	理解を示す
感情への理解	• 相手の気持ちを理解できない • 相手の気持ちを異なる方向で解釈してしまう • 相手から心を開いて話してもらえなくなる	• 相手の気持ちを理解できる • 相手の気持ちを汲み取りながら聴けるので、相手も安心して話せる • 良い人間関係を築きやすい

■感情への理解の示し方

　感情への理解とは、「あなたの気持ちを理解しましたよ」ということを共感的に示すことである。具体的には、「それはつらいですね」「良かったですね」など、相手の話を聴いて理解した気持ちの部分を、言葉や表情で返すことだ。ポイントは以下の2点となる。

• 相手の話の中に出てきた感情に関する表現を用いて理解を示す
• 相手の表情や態度に自分の表情などを合わせることで理解を示す

　では、次の会話例（[事例3〜4]）を見て相手がどのような気持ちになるのかに注目してご覧いただきたい。

事例3　感情への理解を示さない例

自分　「今やっている人事制度改革のプロジェクトがようやくキックオフに漕ぎ着けたんだよ。社内の各部門と調整が大変だったけど、概略については納得してもらえたし、自分としても頑張ったなって感じがしてほっとしたよ」

同僚　「へぇ〜。でもまだキックオフだけだからね。実際に始まると細かい部分で結構意見が上がってくると思うよ。まだまだじゃない？」

自分　「……」

同僚　「結構、うちの開発の現場レベルでは否定的な意見も多いみたいだし」

自分　「それはそうかもしれないけど……」

同僚　「大体、そもそも成果主義ってうちの会社の仕事の仕方に合っていないと思うな」

事例4　感情への理解を示す例

自分　「今やっている人事制度改革のプロジェクトがようやくキックオフに漕ぎ着けたんだよ。社内の各部門と調整が大変だったけど、概略については納得してもらえたし、自分としても頑張ったなって感じがしてほっとしたよ」

同僚　「無事にキックオフできたんだ！　調整も大変な中で開催できてほっとしたんだな！」

自分　「そう！　かなり大変だったから、自分自身良くやったよな〜って感じかな」

> 同僚 「そうだよね。大変だった分、余計にそう感じられるんだね。特にどの辺
> 　　　が一番大変だったの？」
> 自分 「うん、やっぱり皆の評価にもかかわる制度だからね。できるだけ社内の
> 　　　意見を汲み上げるために……」

　もしも皆さんが「自分」だった場合、気持ちよくコミュニケーションできる同僚の聴き方はどちらだろうか。感情の部分に理解を示してくれないと、コミュニケーションが続かなくなってしまう。さらに、いきなり否定されてしまうと、正論でもあまりいい気持ちはしないだろう。単に相手の話を聞くだけではなく、まず相手の言うことへ理解や共感を示すことで、相手も安心して話せるのである。

　会社にはさまざまな部門があり、それぞれの役割や立場が異なる。だからこそ、相手の立場を理解するためにも、相手の気持ちに対して共感を示し、配慮して聴いてみよう。

❸ 人事部門は一番情報が集まる

　ここまで読み、このくらいのことは自分はできている、という方も多いのではないだろうか。しかし、**コミュニケーションは自分ではなく相手が評価するもの**である。さまざまな部門や部署、新入社員から経営トップまで、上下左右たくさんの声を聴くことができるのは人事部しかない。その立場や役割をもっと有意義なものにするために、もう一度基本に立ち返って確認してみてほしい。性格を変えるのではない。重要なのは、相手に伝わるような聴き方、つまり「行動」である。少し意識して行動するだけで、コミュニケーションが変わり、得られる成果にも差が出てくる。

❸　インタビュー力を高める実践的スキル

❶ インタビューでは「聴く」と「訊く」が必要

　インタビュー・スキルは、人事部の方にとっても大切なスキルの一つである。採用面接や、また経営方針を施策に落とし込むための社員へのインタビューなど

多岐にわたる。訊き出したアウトプットは、その後の仕事や人材育成に大きく影響する。

　インタビューは、私たちが日ごろ行っているコミュニケーションの一つだ。これまでに説明した「聴く」に比べ、意図をもって相手から考えや要望を引き出すコミュニケーションである。インタビューの対象者は、新卒の学生でも社内のトップでも、考えていること、したいことが常に相手の中で明確になっているとは限らない。インタビューでは相手の潜在的なニーズも含めて訊き出す必要がある。そこで、「聴く」をしっかりと行いつつ「訊く」ためのポイントを押さえる必要がある。

❷ インタビューの三つのポイント

インタビューを実施するうえでの基本的なポイントは三つある。

(1)事前準備
(2)相手との信頼関係の構築
(3)質問の使い方

■1 事前準備

　インタビューには目的がある。限られた時間の中で、ヌケ・モレを防ぐために、事前に必要なことをまとめておく。そのために有効なのがインタビュー・シートを作成することである。

- 相手
- 目的
- 全体の流れ
- 訊きたい／明らかにしたいこと
- そのために必ずする質問項目
- 時間があればする質問項目

　作成したインタビュー・シート［図表17］はインタビュー対象者に事前に送るようにしておく。そうすることで、インタビューする側とされる側双方の時間を無駄にせずに済み、相手の不安を減らすこともできる。また、事前に目的や質問項目を相手に送ることで、相手も回答内容や必要なデータなどを準備してくれるだろう。

図表 17 ● インタビュー・シートのサンプル

インタビューの目的
日時、場所、相手の情報
インタビューの流れ、進め方（agenda）、注意事項
相手に話してもらった内容を記入
必ずするべき質問を記入
時間があればする質問を記入
次回に向けて、約束したことなど

［注］ agenda：インタビューの目的・流れ。

②信頼関係の構築

　インタビューを行う場面で特に大切になるのが、相手との信頼関係の構築である。たとえ社内向けのインタビューの場合であっても、人事担当者としての立場上、普段コミュニケーションを頻繁にとっていない人が対象になることがある。インタビューを受ける側から見ると、目的や意図が分からないと、相手が人事ということもあり、緊張しがちだ。そこで、相手が腹を割って本音で話せる状態にすることが必要になる。上辺だけのやり取りにならないような工夫を心掛けよう。
　実際のインタビューをする場面でのポイントは大きく以下の４点だ。

①「ラポール」の構築
②目的、流れ（agenda）を共有
③オープン質問
④「Why？」

　ここで、相手との信頼関係の構築のために①と②を、後段 **3** で挙げる質問の使い方の具体例として③と④を、意識していく必要がある。

①**「ラポール」の構築**

　相手が安心して話せるようにするためにラポールを構築することが大切である。ラポール（rapport）とは、心理学用語で"心と心とのつながり"を意味する。ラポールの構築のためには、インタビュー開始時、インタビュー中に［図表18］に挙げたようなことを心掛けるとより効果が高い。

②**目的、流れ（agenda）を共有**

　次に、インタビューの目的について相手と共通認識をもつことが大切である。目的を伝える際に忘れてはならないのは、インタビューで得た情報をどのように

図表 18 ● 主なラポール構築（信頼関係構築のために）

心掛けること	具　体　例
• 時間を守る、時間を割いてくれたことへの感謝の言葉を述べる ※「忙しい中すみません」と否定的に言わず肯定的に述べる	「今日は、貴重な時間をとってくださりありがとうございます」
• 日ごろのお礼を述べる ※「いつもお世話になっています」ではなく具体的なことを挙げる	「先日のキックオフでは貴重なご意見ありがとうございました」
• 職場の状況を尋ねる ※仕事の状況よりも職場の状況を尋ねる	「職場の状況で気になっていることはありますか」
• 健康について気遣う	「最近特に忙しいようですが体調は大丈夫ですか」
• 相手の話を否定せず受け止める	「でも」「いや」ではなく「なるほど、そう考えているのですね」

取り扱うのかについて明確にすることだ。

インタビューを受ける側の主な不安点は以下のとおりである。

名前：自分の名前も答えた内容と一緒に残るのか？
その後の流れ：インタビュー後、答えた内容がどのように扱われるのか？
結果のフィードバック：最終的に何かの形で自分に結果がちゃんと戻ってくるのか？

これが明確でないと安心して話せなくなるので、冒頭に伝えるようにしよう。また、インタビューの流れ（どのような流れで進めていくのか、何を訊きたいのかなど）を事前に知らせていたとしても、再度説明しておくことをお勧めする。

3 質問の使い方

③オープン質問

相手に自由に話してもらうために、インタビューでは"5W1H形式"のオープン質問を主に使用する。YES／NOで答えられるクローズ質問を中心に進めると、相手の考えを引き出せない一方的なインタビューになってしまう。

④「Why？」

相手の話した内容に対して、その内容をさらに「Why（なぜ）？」で詳細化・具体化して、深く掘り下げる。きちんと掘り下げることで、相手の本音や考えの背景、潜在的なニーズなども引き出すきっかけになる。

なぜ、どうして？（その理由を掘り下げる）
現状は？（現状の把握をする）
具体的にいうと？（具体例を挙げてもらう）
実例は？（客観的な数値、事例などを明らかにする）
〜ということですね？（整理、確認の質問）

ついやってしまいがちなのは、一度質問して回答を得たら次の質問に移ってしまうことだ。これでは相手の考えを引き出し切れない。また、ただ「Why」だけを意識しすぎると、相手をいらいらさせたり怒らせたりすることもある。相手の立場に立って質問をすることが大切だ。相手の立場に立つには、相手への配慮

を示す言葉を忘れないようにすればよい。

　以下の会話例をご覧いただきたい。波線部分があるのとないのでは、相手に与える印象がかなり異なる。

事例5　相手の立場に立った一言

相手　「～と今の人事制度については考えています」

自分　「なるほどそのように考えているのですね。そういったご意見を今後の制度改革に活かしたいと思いますので、もう少し詳しく具体的な改善点をお聞かせいただけますか？」

　ここまでインタビューの基本的なポイントについてご紹介してきたが、ベースになるリスニング・スキルがきちんとできてこそ成り立つものである。「聴く」ことを意識して行うだけでも、得られる情報量は変わる。そのうえで、目的に沿って「何を訊きたいのか？」を明確にし、事前の準備や関係構築、質問を工夫すると、より効果的ではないだろうか。

4　「話す力」を高める実践的スキル

❶　分かりにくい話し方とはどのようなものか

　円滑に仕事を進め、さまざまなビジネス・スキルを身に付けるうえで、大前提となる「相手の話を聴くこと」ができたら、次に自分の意見や考えを話す必要がある。その際、どのような話し方をするかによって、相手の受け止め方、さらに相手のとる行動に変化が生じる。分かりにくい話し方であれば、相手は理解できないだろうし、こちらの意図したようには動いてくれない。

　人事担当者にとっての「話す場面」とはどのようなものが考えられるだろうか？　学生向けの会社説明会、経営層への説明、社内へのインフォメーション……恐らく数え切れないくらいの場面があるだろう。しかし、「話す力」は日々の積み重ねによって形成されているので、日常のコミュニケーションで意識していない、できていないことを実践するのは大変難しいものだ。まず、日常のコミュニケーションにおいて［図表19］のようになっていないか、再確認してみてほしい。

図表 19 ● 分かりにくい話し方のチェックリスト

- ☐ 話が長い
- ☐ 言葉が理解できない（専門用語など）
- ☐ 早口すぎて、理解できないまま進んでいく
- ☐ ポイントが明確でなく何が言いたいか分からない
- ☐ 考えながらまとまりなく話す
- ☐ 口癖が多い（えー、あのー、まぁ、えっと）

図表 20 ● 説明力

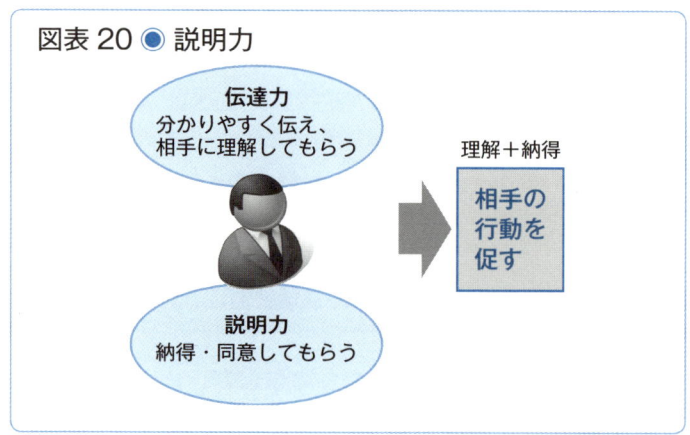

2 伝達力と説明力がポイント

　話すためのポイントは二つある［**図表20**］。一つ目が「**伝わる話し方**」である。「伝わる」とは、相手に理解してもらうことだ。二つ目は「**説明する力**」である。これは相手に自分の言いたいことを理解してもらったうえで、納得や同意をしてもらうことだ。この二つができて初めて、相手の行動を促すことができる。

1 伝達力〜相手に理解してもらうために分かりやすく伝える〜

　まず自分の言いたいことを相手に理解してもらわなければならない。言いたいことをただ漫然と話すのではなく、相手が理解しやすいように工夫することで、自分の話を聴いてもらえる。ポイントは大きく次の３点である。

①結論を述べてから理由を話す
②文章を短くする
③相手が分かる用語を用いる

① 結論を述べてから理由を話す

　分かりやすく伝えるためには、双方向のコミュニケーションであることを意識して、相手が理解しやすいように自分の最も言いたい結論やポイントは何かを整理してから話そう。思いつきで話すと、自分自身も整理しながら話すことになるので、「理由→結論」の流れになってしまいやすい。さらに、必要以上に長くなったり、言いたいことが最後まで分からなくなったりしがちである。それでは相手をいらいらさせてしまうだけだ。まずは、「結論→理由」の流れになるように心掛けよう［図表21］。

② 文章を短くする

　話をする際に最も注意すべき点は、文章を短く話すことである。主語と述語をできる限り近づけて一文を短くすると、明確で分かりやすい。

　「言いたいことが分からないのですが、要するにこういうことですか？」——と相手から言われたことのある方、要注意だ。これは多くの場合、話す内容全体

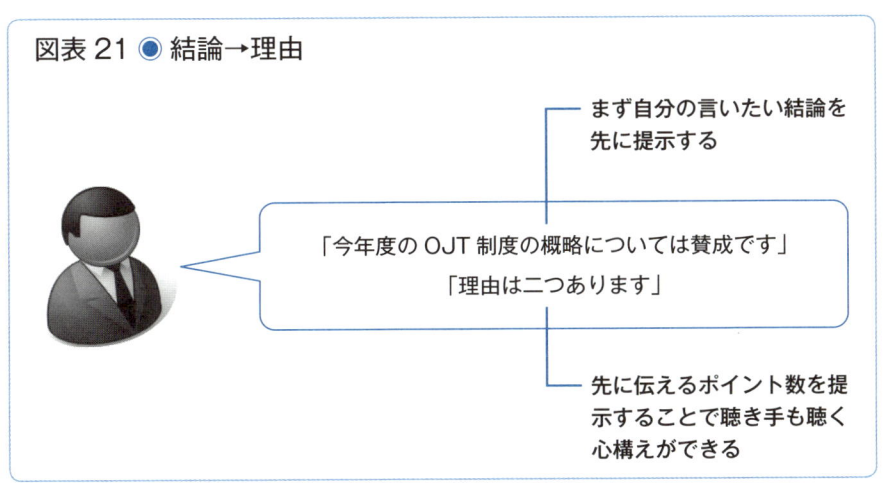

図表 21 ● 結論→理由

まず自分の言いたい結論を
先に提示する

「今年度の OJT 制度の概略については賛成です」
「理由は二つあります」

先に伝えるポイント数を提
示することで聴き手も聴く
心構えができる

の量が多いのではなく、一文が長いことが原因である。なかなか文章が終わらないため、相手は何を言おうとしているのかを探りながら聴いているうちに、結論が分からなくなってしまうのだ。さらに、長い話は、相手の聴く気を放棄させてしまうこともある。まずは、一文を短く話すことを心掛けると、分かりやすさは大幅に改善される。

> **事例6　「〜なんですけれども〜」は要注意**
>
> 　一文が長く、分かりにくくなる原因として接続詞の誤った使い方がある。「なんですけれども」「ですが」などの逆接の接続詞を順接的に使用してしまう場合だ。
>
> 正　「来月の全社会議は従来同様、大会議室を利用する予定です」
>
> 誤　「来月ですが、全社会議の場所なんですけれども、これまで同様に大会議室を利用する予定です」
>
> 　このような使い方では、最後まで肯定なのか否定なのか分からないし、一文も長くなる。しかし、実に多くの方が無意識に使ってしまっているようだ。

③相手が分かる用語を用いる

　相手のレベルに応じて、理解してもらえる用語、言葉を使い分けることが大切である。特に、カタカナ用語の多用は注意が必要だ。カタカナ用語や英語を多用すると確かに格好よくは聞こえるが、代わりに抽象度が上がってしまう。結果として、相手が理解できず、なんとなく分かった気になってしまうこともある。

　同様に、専門用語にも注意が必要だ。相手のレベルに応じて説明したり、別の言葉に置き換えたりして話すようにしよう。分かりにくい言葉や用語を多用して、相手に自分の頭の良さをアピールしても意味がない。ビジネスでは、抽象的ではなく具体的な話を意識しないと議論が噛み合わなかったり、ミスコミュニケーションを起こしたりしてしまう。伝わる話し方とは、イメージしやすく具体的に相手の立場で伝えることが大切なのだ。

②説明力〜相手から納得や同意を得られるように話す

　相手に一生懸命伝えたにもかかわらず、結果につながらなかった――という以下のような経験は、だれしもがもっていることだろう。

- 新しい制度について説明をした（けれども賛同を得られなかった）
- 会議で魅力的なアイデアを発表した（けれども採用されなかった）

　これは、相手に対し伝達はできていても、説明ができていなかったためだと考えられる。ここでは相手の行動を促すための話し方を「説明力」としてご紹介しよう。

　一般的に「説明」という言葉は "自分が伝えたい事柄を、相手に分かるように伝えること" を意味している。先ほどは伝達力の項で「結論→理由」が大切だと説明した。考えを整理して、相手が理解しやすいように話すことが大事だからだ。

　しかし、それだけでは相手は動かない。私たちは、自分にとってのメリットや恩恵、自分への配慮が感じられなければ、どんなに正論でも一方的なものと受け止めてしまうものだ。ビジネスにおける「説明力」は、ただ分かりやすく伝えるだけでなく、相手の行動を促すことが必要である。「伝達力」だけではなく、自分の意図したことを相手に理解・納得してもらう「説明力」を意識しよう。

■説明力のポイント

　ではどのような話し方をすればよいのだろうか？　相手の行動を促すために、「一番言いたい結論」を前後にして、その間に理由、根拠や相手のメリット、具体例を挟むのだ。また、自分がどうしたいのかという意思表示、さらに、相手への配慮を示す一言も必要だ。

　簡単な例で確認してみよう。部下のメンタルヘルスに関して、人事担当者が現場のマネジャーに「結論＋理由＋メリット＋結論（＋相手への配慮）」で伝えると以下のようになる。

> #### 事例7　「結論＋理由＋メリット＋結論」の活用例
>
> - **結論**
>
>   「部下のメンタルケアは早期発見が鍵になります。気になる部下がいたら人事に連絡をください」
>
> - **理由**
>
>   「メンタルヘルスへの対応は、皆さんだけの問題ではありませんし、皆さんのチームにも大きな影響があるからです」

- **メリット／具体例**

　「例えば、今でも忙しいのに、部下が1名抜けてしまったらチームの負荷は大きくなってしまいますよね。他のメンバーの負荷が増えると、さらにその負荷からまた別のメンバーが倒れるという事態にもなりかねません。そうなったら管理職としての皆さんにも大きな負担になります」

- **結論／相手への配慮**

　「ですから、少しでもいつもと異なる様子があったらすぐに人事部に連絡してください。連絡をいただければ最善の策を考え、サポートします。忙しい皆さんの負担を少しでも軽くできると思います」

３ 伝達力と説明力で話を構造化する

では、［図表22］で全体とポイントを確認してみてほしい。

伝達力にプラスして必要となるポイントは以下の3点である。

①メリットや具体例を伝える
②結論と意思表示を明確にする
③相手への配慮を忘れない

図表22 ● 話の構造化

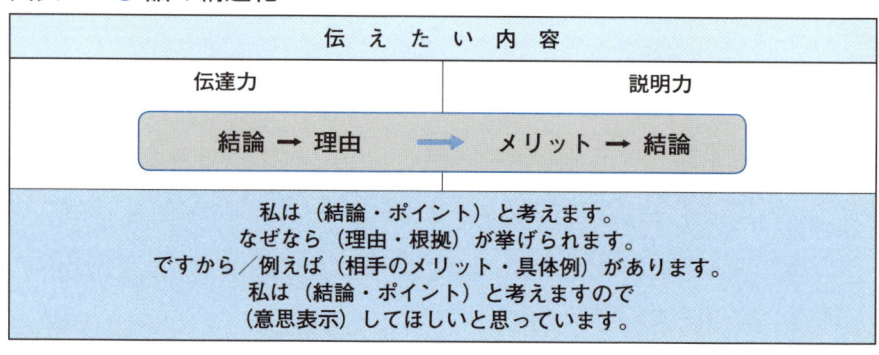

伝 え た い 内 容	
伝達力	説明力
結論 → 理由　　→　　メリット → 結論	
私は（結論・ポイント）と考えます。 なぜなら（理由・根拠）が挙げられます。 ですから／例えば（相手のメリット・具体例）があります。 私は（結論・ポイント）と考えますので （意思表示）してほしいと思っています。	

①メリットや具体例を伝える

　相手に納得、同意してもらうためには、説明した事柄が相手にとってどのようなメリットや影響をもたらすのかを伝えることが大切である。その際、メリットを相手にとってイメージできる具体例で伝えると、より実感しやすくなる。

　一方、ついやってしまいがちなのが、相手の立場ではなく自分側の立場だけで話してしまうことだ。相手の立場に立てないと、相手にとっては「だから何なのか？」「何ができるのか？」となってしまうため、相手の行動を促すまでには至らない。

②結論と意思表示を明確にする

　話の締めくくりに当たっては、話した内容の要約と、自分の意思を明確にする。特にビジネスでの説明は多くの場合、自分の考えや意図していることがある。説明の最後にその部分をきちんと明確に意思表示することが大切だ。

③相手への配慮を忘れない

　一方的にならないように、相手への配慮を示す言葉を忘れないことも大切である。特に最後の一言は相手の印象に強く残る。相手の行動につながるような一言を意識しよう。

■説明力を活用する場面

　説明力を活用する場面は日常的にある。ところが、「説明力」と聞くと「＝プレゼンテーション」というイメージをもつ方も多く、「説明力」は自分の仕事にさほど必要ではないと思っている方も少なくないようだ。

　しかし、説明力はプレゼンテーションだけを指しているのではない。日々の業務を振り返ってみると、上司に報告する、関係部署に説明や依頼をする、顧客など社外の人と調整する、後輩の指導をする、など実に多くの場面で活用している。まずは日々のちょっとしたコミュニケーションの中で、自分自身の話す力を振り返り、さらに高めるように意識してみてはいかがだろうか。結果として仕事をより効率的、円滑に進めるきっかけになるかもしれない。

〈スキルアップ編〉

4 労働関係法律は どのようにしてできるのか

法改正の具体例にみる、 審議から施行までの情報収集・分析・理解のポイント

吉田利宏　よしだ としひろ

1963 年神戸市生まれ。早稲田大学法学部卒業後、衆議院法制局に入局。15 年にわたり、法律案や修正案の作成に携わる。現在、大学講師の傍ら、法律に関する書籍の執筆・監修、講演活動を展開。著書に『法律を読む技術・学ぶ技術』（ダイヤモンド社）、『政策立案者のための条例づくり入門』（学陽書房）、『法令読解心得帖』（日本評論社）、『ビジネスマンのための法令体質改善ブック』（第一法規、2008 年 11 月）など多数。

Contents

1　本稿のねらい

1　法情報の「勘どころ」を知る

　現代は、明治維新、終戦後と並んで"第三の変革期"にあるといわれる。決して脅かすわけではないが、「これからどのような法問題に対応しなければならないのか」といった法務戦略を描くうえにおいて法情報の収集と分析は欠かせないものとなっている。特に法改正に関する情報は、頼りになる書籍はすぐに発売されないため、まずは自分で収集し、分析し、理解しなくてはならない。

　幸い、その情報はネット上で十分収集できる状況になっている。少し前までは中央官庁の官僚しか手に入らなかったような情報でも、ネット上で簡単に手に入る。しかし、逆に情報が多すぎて「さばききれていない」場面にもよく出くわす。

　そこで、本稿では法情報の分析と理解の「勘どころ」を解説していく。

2　法改正の未来予想図を入手しよう！

　人より先に法改正の情報を知ること。ネット上の情報を使えば実はかなりのところまで可能となっている。

　とはいっても…。法改正の未来予想図は、だれかがまとめて提供してくれたり、「あなただけにお知らせします」とメールが届いたりはしない。将来の改正につながる「金の情報」をネット上の情報素材の中から拾い上げるには、それなりの「視点」と「コツ」が必要である。

　本稿では、平成19年の第166国会において成立した「短時間労働者の雇用管理の改善等に関する法律の一部を改正する法律」（以下「改正パートタイム労働法」という）を材料にして、法律が成立するまでの流れの中で、その必要な視点

図表1 ● 改正パートタイム労働法の成立、公布後の流れ

区分		日 付	経 過	
① 審議会		平成18年7月20日	パートタイム労働対策について調査・審議を開始。その後10回にわたり審議を重ねる	
		12月26日	厚生労働大臣へ建議	
		平成19年1月16日	厚生労働大臣が法律案要綱を諮問	
		1月22日	諮問に対する答申	
② 国会	衆議院	2月13日	改正パートタイム労働法律案、国会提出	
		4月3日	本会議での趣旨説明後、厚生労働委員会で審議が開始	
		4月4、10、11、13、18日	厚生労働委員会で質疑	
		4月18日	厚生労働委員会で法律案可決	
		4月19日	本会議で可決。法律案は参議院に送付	
	参議院	5月9日	本会議で趣旨説明	
		5月10日	厚生労働委員会での審議が開始	
		5月15、16、17、22日	厚生労働委員会での質疑	
		5月24日	厚生労働委員会において可決（附帯決議が付される）	
		5月25日	本会議において可決成立	
③ 公布後			**省令の改正手続き**	**パートタイム労働指針の改正手続き**
		6月1日	改正パートタイム労働法が公布	
		6月14日	省令改正案についての意見募集（パブリックコメント手続）開始。7月13日まで	
		6月28日	省令改正の方向性が労働政策審議会（雇用均等分科会）の議題に挙がる	
		7月19日	労働政策審議会（雇用均等分科会）に省令改正案が諮問→「おおむね妥当と認める」と答申	労働政策審議会（雇用均等分科会）において、「事業主が講ずべき短時間労働者の雇用管理の改善等に関する措置等についての指針」（パートタイム労働指針）のたたき台が事務局より示され、議論される
		8月27日		労働政策審議会（雇用均等分科会）にパートタイム労働指針が諮問される→「おおむね妥当と認める」と答申
		10月1日	改正省令公布	パートタイム労働指針（告示）が出される
		平成20年4月1日	**改正法施行** （※一部の経過措置については平成19年7月1日施行）	

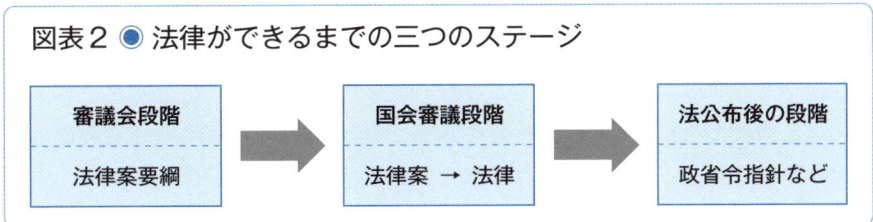

図表2 ● 法律ができるまでの三つのステージ

審議会段階	国会審議段階	法公布後の段階
法律案要綱	法律案 → 法律	政省令指針など

とコツをお伝えする [**図表1**]。

■3 三つのステージを意識する

　法律ができるまでの過程を考えると、①審議会段階、②国会審議段階、③法公布後の段階と、大きく三つのステージに分けることができる [**図表2**]。まずはこの三つのステージを意識することが大切である。

　主に、審議会段階ではどんな内容の法改正をするのかが議論され、国会審議段階では提出された法律案について問題点などが議論され、法公布後は成立した法に従って下位法令の整備などが行われる。以下では、それぞれのステージで、必要となる「視点」と「コツ」をみていくことにしよう。

2　審議会の情報から法改正の内容を予想する

■1 審議会は未来の情報の宝庫である

　政令や省令などについては、後述するように「パブリックコメント手続」の対象となっているので、だれもがあらかじめその案を知ることができる。ところが、肝心な法律案はその対象外だ。そこで審議会のワッチが必要となる。

> **改正パートタイム労働法とは？**　*Column*
>
> 　改正パートタイム労働法は、①労働条件の文書交付義務等、②均衡のとれた待遇の確保、③通常の労働者への転換の推進、④紛争解決手段の整備、⑤短時間労働援助センターの業務の見直しなどを主な内容としている。

法律の制定・改正に当たっては、その内容を先に審議会に諮問する場合が多いが、その審議会の情報公開が進んでいるからである。以前は「審議会での自由な審議ができなくなるから」といった理由で明らかにされなかった議事録でさえ、今では公開は当たり前のものとなっている。また、審議会で配られる資料がネット上からダウンロードできることも多くなった。

　審議会への諮問事項は将来の法令改正の青写真を示すものであるし、審議会の議論からその規定の趣旨や適用場面を知ることができる。こうした審議会の情報を無駄にする手はない。

2 審議会とは？

　審議会とは、大臣や知事などの行政庁から意見を求められた（これを「諮問[しもん]」という）案件を調査審議する付属機関のことであり、法律または政令を根拠に設置されたものを指す。ときには、審査会や調査会などといった名前の場合もあるが、ひとまとめにして「審議会」と呼んでいる。行政庁の諮問機関には、私的諮問機関というものもあるが、私的諮問機関は大臣などが任意に設置するもので法的な根拠を持たない。それに対して審議会は法令にその設置根拠のある公的な諮問機関という違いがある。ただ、行政庁にとって審議会は"公的な相談相手"といっても、一般的には審議会等の答申[とうしん]（諮問事項を調査審議し、その結果を報告すること）に必ずしも従う必要はない。尊重する義務があるだけである。電波管理審議会のように、諮問した行政庁がその答申に従わなくてはならない審議会もあるが、むしろたいへんまれなケースといえる。

3 審議会情報へのアプローチ

　各省庁に審議会は数多く置かれている。まずは、各省庁の設置法や各審議会令（それぞれの審議会の所掌事務や組織などを定める政令）などを見ながら関係する審議会に「めぼし」を付けることから始めよう。

　厚生労働省には13の審議会がある（平成22年5月1日現在）。このうち、労働政策の重要事項を調査審議する審議会が「労働政策審議会」である。パートタイム労働者についての調査審議もこの審議会が担当する。

　審議会情報へは各省のウェブサイトよりアプローチできる。試しに厚生労働

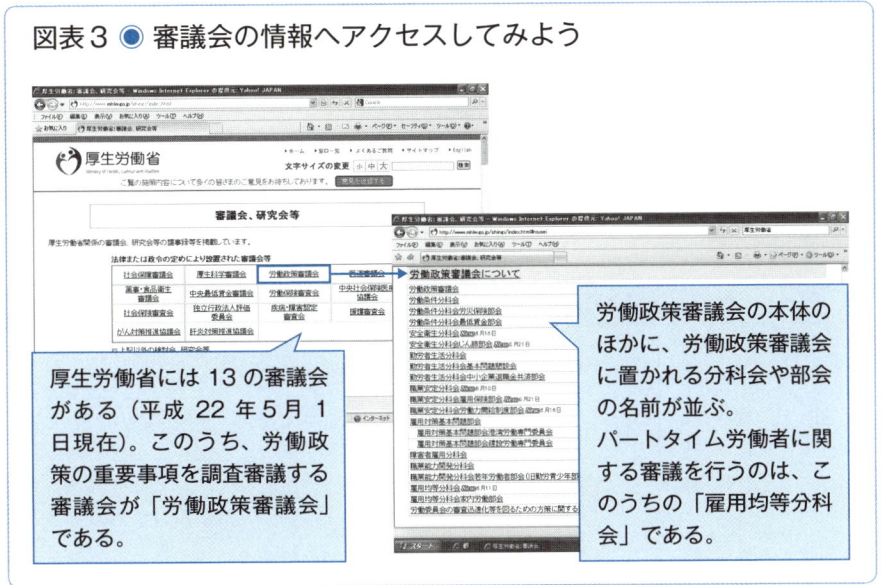

図表3 ● 審議会の情報へアクセスしてみよう

> 厚生労働省には 13 の審議会がある（平成 22 年 5 月 1 日現在）。このうち、労働政策の重要事項を調査審議する審議会が「労働政策審議会」である。

> 労働政策審議会の本体のほかに、労働政策審議会に置かれる分科会や部会の名前が並ぶ。
> パートタイム労働者に関する審議を行うのは、このうちの「雇用均等分科会」である。

省・労働政策審議会の審議会情報にアプローチしてみよう［図表3］。

厚生労働省のウェブサイトのトップ

→「審議会、研究会等」をクリック

→「労働政策審議会」をクリック

→「雇用均等分科会」をクリック

　審議会の情報が時系列に並んでいる。開催日、議題、議事録、配布・参考資料などを見ることができる。これだけの情報が手に入ってタダなのだから、利用しない手はない。

❹ 審議会での審議経過

　改正パートタイム労働法に関する労働政策審議会の審議経過をみると、［図表4］のようになる。

　次に審議経過の順を追いながら、アプローチできる法情報について考えていこう［図表5］。

```
┌─────────────────────────────────────────────────────────────┐
│ 建議 ─▶ 諮問 ─▶ 答申                                           │
│                                                               │
│   平成 18 年 12 月 26 日                                      │
│   7 月 20 日に労働政策審議会（雇用均等分科会）が、パートタイム労働対策について│
│ 審議を開始する。その後、10 回の審議機会がもたれ、検討を重ねて、12 月 26 日にそ│
│ の検討結果を厚生労働大臣に「今後のパートタイム労働対策について」として建議する。│
└─────────────────────────────────────────────────────────────┘
```

図表 4 ● 労働政策審議会雇用均等分科会での審議過程

区　　　分	開催回数	審　議　の　概　要
平成18年 7 月20日	第 61 回	改正均等法を受けた省令・指針策定、パートタイム労働対策についての議論が始まる
8 月28日	第 62 回	改正均等法を受けた省令案要綱・指針案等について諮問される
9 月19日	第 63 回	パートタイム労働者の均衡処遇、改正均等法を受けた省令案要綱・指針案等について議論が行われる
9 月29日	第 64 回	パートタイム労働者の均等待遇について、今後議論する項目（案）が示される
10月10日	第 65 回	改正均等法　省令案要綱・指針案の答申、今後のパートタイム労働対策について論点整理（案）が示される
10月23日	第 66 回	今後のパートタイム労働対策に向けての論点整理（案）について議論が行われる
11月 2 日	第 67 回	今後のパートタイム労働対策に向けての論点整理（案）についての質疑を終える
11月10日	第 68 回	パートタイム労働対策についてこれまでの議論の整理案が示され総括質疑を行う
11月29日	第 69 回	パートタイム労働法の見直しについて雇用均等分科会報告（素案）が示される
12月 8 日	第 70 回	パートタイム労働法の見直しについて報告（案）が示される、次回分科会で建議が取りまとめられる予定
12月26日	第 71 回	パートタイム労働法の見直しについて厚生労働大臣へ建議
平成19年 1 月16日	第 72 回	厚生労働大臣が法律案要綱を諮問
1 月22日	第 73 回	諮問に対する答申

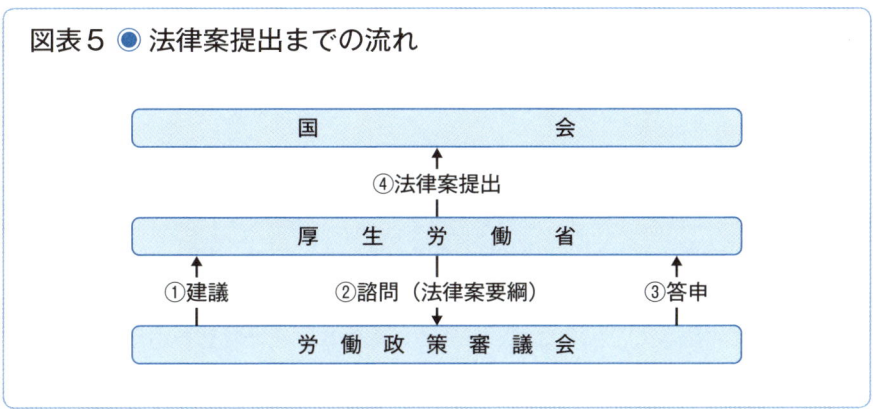

図表5 ● 法律案提出までの流れ

図表6 ● 労働政策審議会の権限（厚生労働省設置法９条）

①	厚生労働大臣の諮問に応じて労働政策に関する重要事項を調査審議すること。
②	厚生労働大臣または経済産業大臣の諮問に応じてじん肺に関する予防、健康管理その他に関する重要事項を調査審議すること。
③	上記①、②に規定する重要事項に関し、厚生労働大臣または関係行政機関に意見を述べること。
④	その他個別の法律の規定により権限とされた事項を処理すること。

⑤ 審議会の権限と審議

　パートタイム労働法の改正内容について調査審議したのは労働政策審議会である。厚生労働省設置法９条１項によると、この審議会は［**図表6**］に示した権限を有している。

　注目してもらいたいのは、③の権限のように諮問機関である審議会にも「諮問に応じる」ことなく意見を述べることがあるということだ。つまり、審議会は「自発的」に審議を始める場合がある。この「パートタイム労働対策」も③の権限に基づいて自発的に審議が開始されたものだ。

6 審議のスタート

　自発的な審議開始のきっかけは、どのようなものだったのだろうか？「自発的」といっても、審議会等が審議を開始するには「それなりの動機」があったはずである。

　実は、第164国会で男女雇用機会均等法の一部改正法（平成18年6月15日成立、平成19年4月1日施行）が成立したが、衆参の委員会ではパートタイム労働者に関する附帯決議が付けられた。附帯決議というのは、国会の委員会が法律案の可決に当たって付す運用上の注文のことである。男女雇用機会均等法の一部改正の可決に当たって、国会はパートタイム労働者と正社員との均衡処遇に関する取り組みをするよう政府に注文を付けたのである。さらに、平成18年7月7日に閣議決定された「骨太の方針」（経済財政運営と構造改革に関する基本方針2006）でもパートタイム労働者の「均衡処遇の推進等の問題に対処するための法的整備」といった内容が盛り込まれた。こうした事情を受けて、厚生労働省の担当局長が「秋口からでも本格的なご審議を開始していただいて、できれば年内を目途にその結果のお取りまとめをお願いできないかというように思っております」（平成18年7月20日　第61回労働政策審議会雇用均等分科会議事録）と発言し、審議の口火が切られたのであった。自発的といいながら、審議開始に当たっては厚生労働省の「振り付け」があったわけである。

7 雇用均等分科会での審議

　「労働政策審議会で審議がスタートした」といっても実際の審議は労働政策審議会に置かれる雇用均等分科会で行われた。審議会には分科会や部会が置かれることが多い。労働政策審議会でも、雇用均等分科会を含め七つの分科会が置かれている（平成19年10月1日現在）。また、審議会本体や分科会には別に部会を置くこともできる。

　ここで注意が必要なのは、分科会や部会で審議されたことは、必ずしも審議会本体で再審議されるわけではないということである。労働政策審議会令6条9項には「審議会は、その定めるところにより、分科会の議決をもって審議会の議決とすることができる」との規定がある（審議会に置かれる部会についても同様の規定がある）。

　つまり、分科会の結論を審議会の結論とすることができるわけだ。「また、審議会本体で議論されるだろう」などとのんきに構えているうちに審議が終わっているかもしれない。そのため、関心を持っている法改正がどの分科会で審議されているのかをまずは知ることが重要である。労働政策審議会令６条１項に、それぞれの分科会の所掌事務が規定されている。

❽ 審議の進め方

　審議会での審議の影の主役は事務局である。事務局はその法律の所管課などが担当するが、審議事項や審議の方法などを終始リードするのが普通である。忙しい委員たちに効果的に審議してもらうためには事務局の「振り付け」はある程度仕方がないことだが、ときには「やりすぎ」の場面もみられる。

　さて、三者構成の雇用均等分科会では、公益委員から選ばれた分科会長が事務局と綿密な打ち合わせの下に議事を取り仕切る。パートタイム労働対策についていえば、［図表７］の順序で審議が行われ、報告（建議）がまとめられた。

❾ 「建議」の意味と内容

　もう一度、［図表６］の労働政策審議会の権限を見てほしい。一般に、審議会が自発的に行政庁に意見を述べることを「建議」というが、③の権限に基づき、審議結果を行政庁に報告することが、まさに建議なのである。ただ、建議するこ

Column

三者構成

　審議会等の委員は一般に「学識経験者」から選ばれるが、労働政策審議会の委員は、労働者を代表する者、使用者を代表する者、公益を代表する者の三者から同数の委員を選ばなければならない（労働政策審議会令３条１項）。これを「三者構成」という。これも、労働政策審議会が三者の最終的な利害調整の場として期待されてのことである。ところが、2010年３月、その労働政策審議会の答申内容が一部分反映させない形で労働者派遣法改正案が閣議決定された。これも民主党のいう「政治主導」の表れであろうか？

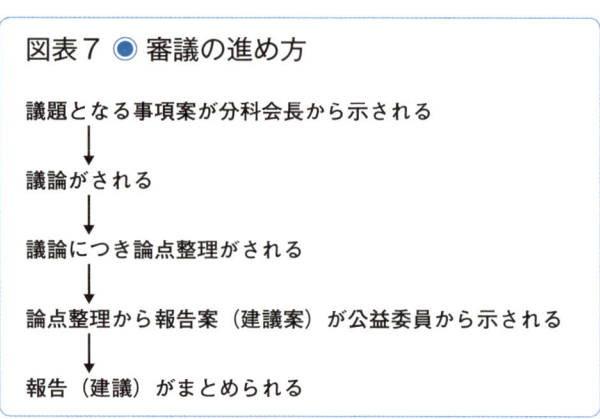

図表7 ● 審議の進め方

議題となる事項案が分科会長から示される
↓
議論がされる
↓
議論につき論点整理がされる
↓
論点整理から報告案（建議案）が公益委員から示される
↓
報告（建議）がまとめられる

とができる事項は、①、②の諮問事項に限られている。「この建議の権限が何を意味するか？」、もう分かったことと思う。建議はその後の諮問を受けるための予備的な権限ということができる。

　パートタイム労働対策に関しては、雇用均等分科会の報告がそのまま、労働政策審議会の建議となった。「今後のパートタイム労働対策について」と題する報告はA4判・4ページにわたるものである（http://www.mhlw.go.jp/shingi/2006/12/s1226-5.html）。

　前半は建議を行った背景を説明し、後半は問題となる事項別にどのような法改正などをするべきかを具体的に提言している。もちろん、この報告は審議会の資料の一つとしてネット上で見ることができるし、ダウンロードも可能である。

　建議に含まれたこの具体的な提言こそがその後の法改正案の骨格となる。厚生労働大臣は、この建議を受けて法改正すべき内容を選び出し、労働政策審議会へ法律案要綱の諮問を行うのである。

建議 ➡ 諮問 ➡ 答申

平成19年1月16日
　厚生労働大臣は、建議を受けて「短時間労働者の雇用管理の改善等に関する法律の一部を改正する法律案要綱」を作成し、労働政策審議会（雇用均等分科会）へ諮問する。

⑩ 諮問の対象となる法律案要綱とは？

　労働政策審議会の建議を受けて、厚生労働大臣はより具体的な事項を労働政策審議会に相談する。これが「諮問」である。諮問は法律案要綱の形で行われた。法律案要綱はこれから作成しようとする法律案の概略のようなものである。普通、法律案要綱というのは、閣議決定され、国会に提出された法律案のダイジェスト版であるから、法律案があって法律案要綱がある。ところが、この諮問の対象となる法律案要綱は、これから作成しようとする法律案の概略のようなものだから、言葉は同じでもその意味が違う。

　厚生労働省は、諮問に対する労働政策審議会の答申を受けて正式な法律案を作成することになる。

⑪ 内閣提出案と議員提出案

　法律になってしまえば同じだが、法律が生まれるきっかけは二つのパターンがある。

　一つは各省庁がリーダーシップをとって作成し、内閣から国会に提出する内閣提出案である。審議会での議論を通じてまとめられる法律案はこのパターンである。もう一つのパターンは、国会議員や国会の委員会（委員会で話がまとまれば委員長の名前で法律案を提出することができる）が提出する議員提出案である。

　内閣提出案は、各省が原案を作成し内閣法制局の審査を仰ぐ。一方、議員提出案については提案議員をサポートする形で衆参両院に置かれた議院法制局が作成する。内閣法制局は閣議決定される案を審査するが、実際上は早い段階から「下審査」を行っている。審議会の建議を受けて示された法律案要綱の段階ですでに「下審査」が行われているものである。審議会で諮問案を説明する政府側職員が「法制的に整理した」と建議と諮問案との違いを説明することが多くあるが、「下審査」の存在をうかがわせるものといえるであろう。

┌─ 建議 ➡ 諮問 ➡ **答申** ─────────────────────┐

　平成 19 年 1 月 22 日
　労働政策審議会が「短時間労働者の雇用管理の改善等に関する法律の一部を改正する法律案要綱」について諮問に対する答申を行う。

└──────────────────────────────┘

12 答申はたった1行

　審議会は諮問事項を調査審議し、その結果を報告する。これを「答申」という。「答申」は諮問に対する報告といえる。この答申の中身だが、法律案要綱についての労働政策審議会の答申を見ると「別紙『記』のとおり」とあり、別紙には雇用均等分科会長の名でたった1行の報告が記されているだけである。そこには「本分科会は、厚生労働省案は、おおむね妥当と認める」とある。

　「たった1行なの？」と思うかもしれないが、示された法律案要綱が「よい」か「悪いか」を諮問されたのであるから、長々とその答えを述べることをしなかったのだろう。ただ、この答申をよく見ると気が付くことがある。「妥当と認める」の前に「おおむね」が付いている。このあたりの事情を審議会の議事録（平成19年1月22日　第73回 労働政策審議会雇用均等分科会議事録）より確かめてみると次のような発言を見つけた。

　○分科会長

　「妥当」ではなく「おおむね妥当」としましたのは、前回の審議の中で出た意見や疑問点を十分に配慮して、法律案を取りまとめていただきたいという趣旨から「おおむね妥当」ということにさせていただきました。

　○厚生労働省の担当課長

　本日、厚生労働大臣あてにご答申いただければ厚生労働省としては、今後その答申を踏まえて「短時間労働者の雇用管理の改善等に関する法律の一部を改正する法律案」そのものを作成するという作業に入るわけでございまして、その作業の中に、今、分科会長にご指示いただいたことを反映させていくということで今後進めさせていただくことになります。

　「おおむね」とあるのは、審議会として法律案要綱の内容に少し注文を付けたことを意味している。議事録から審議会として法律案要綱に注文を付けた内容を探し出せば、国会に提出される法律案をほぼイメージすることができるというわけだ。

13 与党としての決定

　答申が出たからといって、すぐに内閣法制局に持ち込んで法律案を作成し、閣議決定するわけではない。与党でこれをどう法案とするのか判断する過程が当然

に存在する。

　長らく与党の座にあった自由民主党では、提出予定法律案は、まず政務調査会にある「部会」などで審議され、「政調審議会」の審議を経て、最高意思決定機関である「総務会」へと審議の場所が移った。この総務会の役割は重く、その決定事項は「党議拘束」がかかる。党議拘束がかかれば、所属議員はその決定に反する行為や意見表明ができなかった。

　ところが、「政策決定の政府への一元化」をうたう民主党政権では、現在のところ与党審査という手続きは存在しない。副大臣が主催して与党議員が参加する「政策会議」が各省に置かれているが、そこで検討されるなどして政府の態度が決定されている。

⓮ 審議会情報の「ここを読む！」

　審議会情報のうちもっとも重要な情報は、法改正事項に関する情報である。最終的には建議に盛り込まれない事項もあるが、議題として事項案が示された段階で法改正の項目が大体分かる。また、委員間の議論のやり取りの中で、法改正によって解決しようとする事例が明らかになったり、事務局が行った説明から現行法と法改正事項との整理が明らかになったりする。

　そうはいっても研究者ではないのだから、普通のビジネスマンが審議会の議事録をじっくり読むことは難しいかもしれない。ほかに片付けなければならない仕事が山ほどあるはずであるし、たまには早く帰って父親・母親としての役割も果たさなければならない。

　だから、「押さえ所」を知ったうえで議事録を読むことをお勧めする。まず、審議が始まったときに議題となる事項を押さえること、そして、建議や諮問された法律案要綱などの資料をコピーし読んでおくこと。最低限これらは行っておきたいものである。途中の委員間の議論などは、後々その規定の趣旨などを深く知りたいときにリサーチすればいいだろう。インターネットで関連する用語について「ページ内検索」をすれば読むべき議事録の箇所は明らかになる。こういったところもネット上の議事録の優れたところである。

3　国会の審議情報から法律案の内容を知る

1　国会への提出

　国会に提出された法律案は、委員会に付託され、審議される。その後、本会議で議決されるという手順を踏む。これを衆参2回繰り返し、法律案は晴れて法律となる。国会での法律案の一般的な審議の順番を示すと ［図表8］ のようになる。

　ここでいう「お経読み」というのは通称で、本当は「趣旨説明（提案理由説明）」という。法律案を提案する理由を提案者が述べるものである。ありがたいことを言っているのだろうが、聞いているうちに眠くなってしまうところから「お経そっくりだ」ということで、関係者は「お経読み」と呼んでいる。法律案は衆議院で先に審議される場合と先に参議院で審議される場合とがあるが、特に違いはない。

2　省庁が用意する資料「3点セット」

　国会に法律案が提出され、委員会の審議が始まると法律案審議の3点セットが委員である議員に配られる。3点セットとは、①提案理由、②法律案、③法律案要綱、それに④新旧対照条文表、⑤参照条文である。

　「3点ではない？」。そうなのだが、新旧対照条文表と参照条文はオマケ扱いなので、「ゴロがいい」ということもあって3点セットといわれている。

　この3点セットは政府から1冊の冊子としてまとめられ議員に届けられる。何の愛想もない白い表紙の本として合本されているが、この資料のことを「白表紙」と関係者は呼ぶ。

　この白表紙は議員のために作られたものなので一般の人は手に入れることができない。しかし、内閣提出案の場合は、ほぼ同じ資料を各省庁のウェブサイトから手に入れることができる。ためしに、改正パートタイム労働法の資料は、次の要領でダウンロードできる。

　厚生労働省のウェブサイトのトップ
　→「国会提出法案」をクリック
　→第166回国会（常会）提出法律案をクリック

→改正パートタイム労働者の要綱、案文・理由、新旧対照条文表、参照条文が
手に入る

後で述べるように、これらの資料は国会提出時の資料である。国会で法律案が
修正される場合があるので、その点は注意しておこう。

図表8 ● 国会提出後の流れ

国会提出
↓
委員会に付託（重要法案は先に本会議で「お経読み」がある）
↓
委員会で審議（「お経読み」→審議→採決）
↓
本会議で議決

①改正パートタイム労働法案の衆議院での審議経過

平成19年2月13日	改正パートタイム労働法案、国会提出
4月3日	衆議院本会議での趣旨説明後、厚生労働委員会で審議が開始
4月4、10、11、13、18日	衆議院厚生労働委員会で質疑
4月18日	衆議院厚生労働委員会で法律案可決
4月19日	衆議院本会議で可決。法律案は参議院に送付

②改正パートタイム労働法案の参議院での審議経過

平成19年5月9日	参議院本会議で趣旨説明
5月10日	参議院厚生労働委員会での審議が開始
5月15、16、17、22日	参議院厚生労働委員会での質疑
5月24日	参議院厚生労働委員会において可決（附帯決議が付される）
5月25日	参議院本会議において可決成立

③ 国会のウェブサイトのメリット

国会の法律案が提出されると衆議院・参議院のウェブサイトからも法律案の内容や審議経過を確かめることができる［**図表9**］。国会のウェブサイトからの情報で重要なのは「修正案」が可決されたかどうかの情報である。議案の審議経過を見れば、修正があったかどうかを確かめることができる。修正とは、提出された法律案の一部手直しのことである。与野党が歩み寄るなどして修正されたうえ、法律案が可決することがあるのである。

国会のウェブサイトから修正案も手に入れることができるのだが、修正案というのは、改正文そのものである。"団子をもらったら次はお茶がほしい"というのが人情である。修正による手直し後の法律案がほしいところだが、まだ、そこまでのサービスはない。修正後の法律案を知りたいと思ったら、法律案の新旧対照条文表を見ながら自分で修正案の案文を入れ込んでみるしかない。

とはいえ、国会のウェブサイトのいいところは、法律が成立しても法律案や審議経過の情報が消えずに残り続けるということである。必要なときに「振り返って」見ることができる。

④ 委員会での審議

議会運営において「委員会中心主義」という言葉がある。法律案の審議は議会に設置された委員会が中心になって行うという意味である。委員会では、法律案の趣旨説明（お経読み）→質疑→討論→採決の順で審議が行われる。

① 質疑

質疑を通じて法律案の問題点ばかりでなく、具体的な条文の趣旨や適用対象が明らかになることがある。

ただ、こんな大切な質疑が省かれる場合がある。それは法律案が「委員長提出法律案」の場合である。委員長提出法律案は、委員会の全委員がまとまって法律案を作り上げた議員立法のことである。「みんなで法律案を作り上げたのだからいまさら質疑の必要はない」ということなのであろうが、国民からすれば立法者意思を知る大事なチャンネルが失われることとなる。

② 討論

質疑が終わると討論が行われる場合がある。討論とは、委員が採決前に賛成、

図表9 ● 国会提出法案が見られる衆参のウェブサイト
（第174通常国会の例）

衆議院　http://www.shugiin.go.jp/index.nsf/html/index_gian.htm

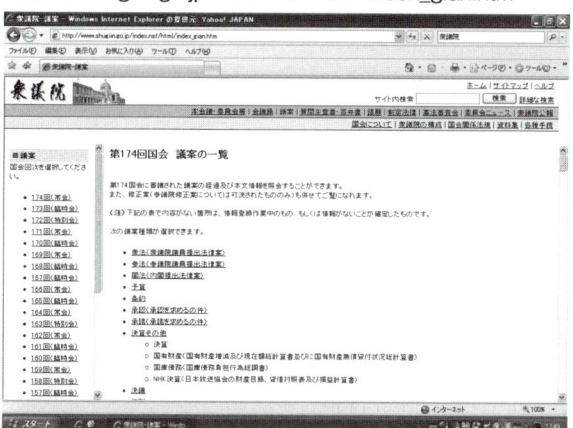

参議院　http://www.sangiin.go.jp/japanese/joho1/kousei/gian/174/gian.htm

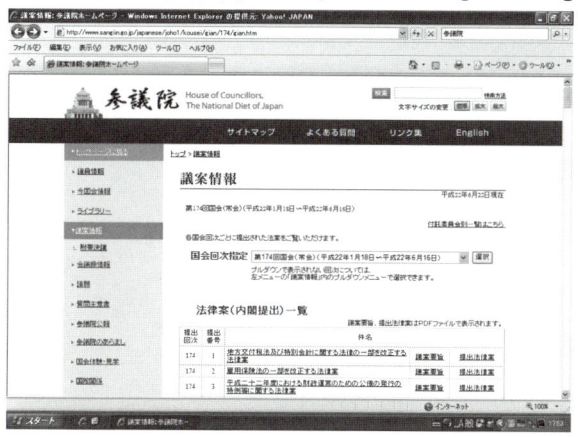

新旧対照条文表と審議対象

　国会の審議対象はもちろん法律案である。一部改正法の場合には「第○条中『A』を『B』に改める」などという条文が長々と続くが、これこそが審議対象なのである。そのため法改正が頻繁で複雑な近ごろでは、新旧対照条文表は法律案審議に欠かせない資料となっている［**参考**］。この表は上下２段に分け、上の段に改正後の条文を、下の段に改正前の条文を示したものである。これなら、改正内容が一目瞭然^{りょうぜん}である。

　新旧対照条文表はその「分かりやすさ」が受けて大流行の兆しをみせている。一部の自治体では、条例改正案の新旧対照条文表こそを議会の審議対象とするところも出てきている。しかし、国会では縦書きの伝統とともに、改正文を審議対象とすることをかたくなに守っている。

［参考］新旧対照条文表

改正案と現行が上下に分かれ、改正される箇所（下線）が付いているので、現行との比較で分かる。

短時間労働者の雇用管理の改善等に関する法律の一部を改正する法律　新旧対照条文表

短時間労働者の雇用管理の改善等に関する法律（平成五年法律第七十六号）（第一条関係）

改　正　後	改　正　前
（業務） 第十五条　短時間労働援助センターは、次に掲げる業務を行うものとする。 一　短時間労働者の職業生活に関する情報及び資料を総合的に収集し、並びに短時間労働者の雇用管理の改善等の援助を行うための業務その他の短時間労働者の福祉の増進を図るために必要な業務を行うこと。 二　次条第一項に規定する業務を行うこと。 三　前二号に掲げるもののほか、短時間労働者の…… （短時間労働援助センターによる短時間労働者雇用管理改善等事業関係業務の実施） 第四十六条　厚生労働大臣は、短時間労働援助センターを指定したときは、短時間労働援助センターに労働者災害補償保険法（昭和二十二年法律第五十号）第二十九条の社会復帰促進等事業又は雇用保険法（昭和四十九年法律第百十六号）第六十二条の雇用安定事業のうち、短時間労働者を雇用する事業主又はその事業主の団体に対して支給する給付金であって厚生労働省令で定めるものを支給する事業及びこれに附帯……	（業務） 第十五条　短時間労働援助センターは、次に掲げる業務を行うものとする。 一　短時間労働者の職業生活に関する情報及び資料を総合的に収集し、並びに短時間労働者の雇用管理の改善等の援助を行うための業務その他の短時間労働者の福祉の増進を図るために必要な業務を行うこと。 二　短時間労働者の雇用管理の改善等に関する調査研究を行うこと。 三　短時間労働者及び事業主その他の関係者に対して、短時間労働者の雇用管理の改善等に関する情報及び資料を総合的に収集し、並びに短時間労働者及び事業主その他の関係者に対して提供すること。 四　次条第一項に規定する業務を行うこと。 五　前各号に掲げるもののほか、短時間労働者の…… （短時間労働援助センターによる短時間労働者雇用管理改善等事業関係業務の実施） 第四十六条　厚生労働大臣は、短時間労働援助センターを指定したときは、短時間労働援助センターに労働者災害補償保険法（昭和二十二年法律第五十号）第二十九条の社会復帰促進等事業又は雇用保険法（昭和四十九年法律第百十六号）第六十二条の雇用安定事業のうち、次の各号のいずれかに該当する業務に係る事業主又はその事業主の団体に対して支給する給付金であって、厚生労働省令で定めるものを支給……

（傍線の部分は改正部分）

- 1 -

308

反対の立場を明らかにすることをいう。討論では「どうしてその法律案に賛成なのか、反対なのか」ということが述べられるので、それぞれの政党の法律案に対する立場がハッキリ分かるし、問題点として考えていることも分かる。

⑤ 本会議での審議

　「委員会中心主義」ということもあり、本会議では法律案の審議はあっさりしたものである。改正パートタイム労働法でも、委員長が委員会の様子を報告し、反対討論、そのまま採決という流れで可決している。

⑥ 附帯決議に注目！

　参議院での法律案審議は衆議院と同じような経過をたどるため、詳しく説明しないが、一つだけ注目してほしいことは、委員会採決の際に「附帯決議」が付されたことである。

　附帯決議とは、その法律案を所管することとなる行政機関に対する要望や運用上の注文のことである。今回の改正パートタイム労働法では、衆議院では附帯決議が付されなかったが、参議院では附帯決議が付されている。「附帯決議」は法令そのものではなく委員会の決議にしかすぎない。しかし、附帯決議に書かれたことが次の法改正のきっかけとなったり、補助金や助成金を支出しやすくしたりするという効果もある。法律案の修正を勝ち取ることができなかった野党が「せめて附帯決議に盛ってくれ」と与党サイドと相談するのにはそんな事情がある。パートタイム労働法に付された附帯決議は、[図表10] のようになっている。

⑦ 廃案と継続審査

　国会は活動する期間が定まっている。この活動期間を「会期」という。会期内に衆参両院の議決がなされなかった案件は後の国会に引き継がれることがないのが原則（会期不継続の原則）である。そのような案件は「廃案」となる。ところが、議院の議決で特に付託された案件だけを委員会は閉会中も引き続いて審査することができる。これを「閉会中審査」とか「継続審査」という。

　ただ、衆議院の解散があると、継続審査案件も吹っ飛んでしまい、すべてが廃案となる。そのため、野党からすれば、問題ある法律案は継続審査にし、さらに

> **図表 10 ● 参議院厚生労働委員会での附帯決議**（一部抜粋）
>
> 政府は、本法の施行に当たり、次の事項について適切な措置を講ずるべきである。
>
> 一、本法の内容について、事業主、労働者等に対する周知徹底に努めるとともに、均等・均衡待遇の確保のためにとるべき措置等について具体的かつわかりやすい事例を示す等、事業主に対する指導を行うこと。特に、差別的取扱い禁止の対象となる短時間労働者の要件については、雇用の実態を踏まえ、労使双方にとって公正な運用が行われるよう十分配慮しつつ、その範囲が明確となるよう、判断に当たって必要となる事項等を示すこと。また、短時間労働援助センターによる助成金の支給等により、事業主に対し、十分な支援に努めること。
>
> 二、短時間労働者と通常の労働者との均等・均衡待遇の確保を更に進めるため、参考となる先進的な雇用管理事例のほか、職務分析の手法や比較を行うための指標（モノサシ）について内外の情報を収集するとともに、事業主に対し、それらを提供することにより、その取組を支援すること。
>
> 三、法の実効性を高める観点から、都道府県労働局の雇用均等室においては、事業主に対する報告徴収をはじめとする行政指導の強化や調停の活用を図ること。また、本法の円滑な施行を図るため、都道府県労働局の雇用均等室等について、専門家の配置を含めた体制を整備すること。
>
> 四〜八　略

は解散で廃案に持ち込みたいと考えるわけである。

4　法公布後の情報はしっかりチェックする

1　公布後、施行までに省令や告示が出される

　法律を国民に知らしめることを「公布」という。公布は官報に掲載されて行われる。公布によって、法律が示されたわけであるが、まだまだ情報収集を怠ってはいけない。

　法律が具体的に動き出すことを「施行」というが、公布と施行の間は普通、一定の時間が置かれる。その間に国民に法律の内容を周知し、必要な準備をしてほしいと考えるからである。ところが、この時間は政府の側にとっても必要な準備

期間なのである。

　ここでは、パートタイム労働法の改正に伴って必要となる「短時間労働者の雇用管理の改善等に関する法律施行規則」（省令）と「事業主が講ずべき短時間労働者の雇用管理の改善等のための措置に関する指針」（告示）の改正の動きを見ていこう［**図表11**］。行政手続法に基づくパブリックコメント手続と審議会の動きに注目してほしい。

❷ パブリックコメントで省令の制定・改正の概要をつかむ

　省令の制定・改正は、行政手続法に基づくパブリックコメント手続の対象となる［**図表12**］。この点が法制定・改正と違うところである。パブリックコメント手続では、省令改正案などを示して広く一般の意見を聞く。もちろん、意見を取り入れて案を変更することもある。

Column

参議院の "お宝ページ"

　本当は教えるのが惜しいくらいなのだが……。参議院のウェブサイトには、まだ多くの人に知られていない「お宝ページ」がある。それが「立法と調査」のページである（http://www.sangiin.go.jp/japanese/annai/chousa/rippou_chousa/index.html)。『立法と調査』は参議院の調査室が編集・発行している参議院議員向けの調査情報誌である。平成18年4月からそれをネット上で公開している。ここでは国会ごとに主な法律案の解説などがまとめられている。

　法律の解説書といえば、法律が成立してしばらくして書店に並ぶが、これはまだ審議中の法律案について解説が行われているのが「すごい」ところである。参議院議員のために書かれたものであることを考えると当たり前だが、法律案提出の背景や内容などを理解するにはたいへんよい解説となっている。ただ、すべての提出法律案について解説があるわけではなく、残念ながら、本稿で取り上げている改正パートタイム労働法の解説はない。しかし、時々のぞいてみるだけの価値あるページである。

[**図表 11**] の経過のとおり、省令改正についてパブリックコメント手続と審議会による審議がほぼ同時並行的に行われている。少しパブリックコメント手続が先になったので、パブリックコメント手続は「省令案概要」（要綱より少し粗い内容のもの）で行い、審議会の顔を立てて審議会への諮問は「省令案要綱」で行っている。なかなか「芸の細かい⁉」ところを見せている。

どちらにしても、この概要や要綱から省令改正案の内容を知ることができる。議事録を読むと労働政策審議会（雇用均等分科会）も省令案要綱に「おおむね妥

図表 11 ● 改正パートタイム労働法公布後の省令・指針等の改正手続き

①省令の改正手続き

平成19年6月1日	改正パートタイム労働法が公布
6月14日	省令改正案についての意見募集（パブリックコメント手続）開始。7月13日まで
6月28日	省令改正の方向性が労働政策審議会（雇用均等分科会）の議題に挙がる
7月19日	労働政策審議会（雇用均等分科会）に省令改正案が諮問→「おおむね妥当と認める」と答申
10月1日	改正省令公布

②パートタイム労働指針の改正手続き

平成19年6月1日	改正パートタイム労働法が公布
7月19日	労働政策審議会（雇用均等分科会）において、「事業主が講ずべき短時間労働者の雇用管理の改善等に関する措置等についての指針」（パートタイム労働指針）のたたき台が事務局より示され、議論される
8月27日	労働政策審議会（雇用均等分科会）にパートタイム労働指針が諮問される→「おおむね妥当と認める」と答申
10月1日	パートタイム労働指針（告示）が出される

当と認める」と答申したようであり、実際の省令が要綱と大きく違ったものとはならないと予想をすることができたはずである。

「え〜指針を定めたり改正する際にも審議会の意見を聴くの？」と思ったかもしれない。もう一度［**図表6**］の労働政策審議会の権限の表を見てほしい。④に「その他個別の法律の規定により権限とされた事項を処理すること」とある。パートタイム労働法には「短時間労働者対策基本方針」や「パートタイム労働指針」を定めたり、変更しようとするときには、あらかじめ労働政策審議会の意見を聴かなければならないと定められている。

❸　告示の性格

パートタイム労働指針は厚生労働省告示である。告示とは、公の機関が決定した事項を一般の人に知らせるものである。政府が正式なお知らせとするときには「○○省告示第××号」などとして官報に記載される。一般的には「お知らせ」

図表12 ● パブリックコメントで省令改正の動きをつかむ

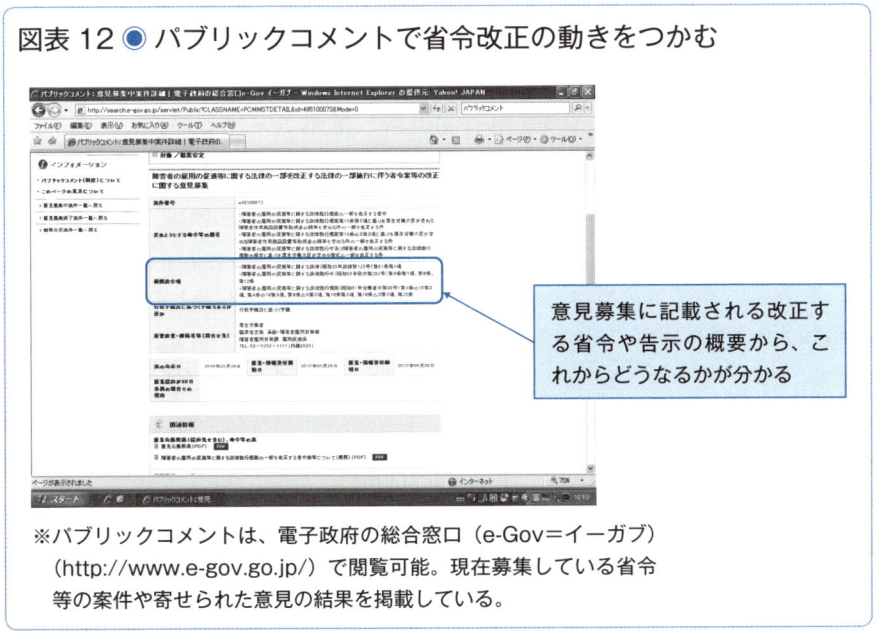

意見募集に記載される改正する省令や告示の概要から、これからどうなるかが分かる

※パブリックコメントは、電子政府の総合窓口（e-Gov＝イーガブ）
（http://www.e-gov.go.jp/）で閲覧可能。現在募集している省令
等の案件や寄せられた意見の結果を掲載している。

にすぎない告示であるが、法律の委任を受けて、あたかも政省令のように「法律を補う内容」を含むことがある。

　例えば、JAS法に基づく食品表示のルールは、法律でも政省令でもなく、農林水産省告示に規定されている。それがいいのかどうかは別にして、こうしたことがあることを覚えておかなければならない。そのためもあって、行政手続法では、国民の意見を聞く対象を政省令だけに絞らずに、法令に近いような役割を果たす基準や指針なども「命令等」の内容に含めて対象としている。こうした基準や指針は「告示」の形をとることも多い。

　振り返って、パートタイム労働法にある「短時間労働者対策基本方針」と「パートタイム労働指針」を考えてみると、前者の方針はパートタイム労働者対策の大枠にすぎないから命令等とはいえないようである。しかし、後者の指針はこれに基づいて大臣などが助言、指導、監督できるのだから、命令等の一部である「行政指導指針」に当たる。

④ パートタイム労働指針とパブリックコメント

　「パートタイム労働指針」は、その内容を見ると行政手続法でパブリックコメント手続が必要とされる「命令等」の一つのようである。ところが、パートタイム労働指針は一向に「パブリックコメント手続」にかけられる気配がないまま、10月1日に告示された。不思議に思っている人も多いだろうが、パートタイム労働指針がパブリックコメント手続にかけられない理由もまた、行政手続法の中にあった。

　行政手続法39条4項では、命令等ではあってもパブリックコメント手続が適用除外される場合を定めている。

　その中の一つに、「相反する利害を有する者の間の利害の調整を目的として、法律又は政令の規定により、これらの者及び公益をそれぞれ代表する委員をもって組織される委員会等において審議を行うこととされているものとして政令で定める命令等を定めようとするとき」というのがある。

　このパートタイム指針は、行政手続法施行令4条1項15号でパブリックコメント手続にかける必要のない「命令等」の一つとして挙げられている。

　「三者構成の委員会等の場合で合意形成することとされている場合について

は、当該委員会等の場で合意形成された内容を尊重すべきことが求められていると考えられるため、これに加えて意見公募手続を実施すべき必要性は認めがたい」(『逐条解説　行政手続法』行政管理研究センター編　ぎょうせい)というのが理由である。

5 仕上げの「施行通達」

　情報収集の仕上げは、いわゆる「施行通達」である。施行通達は「改正法の趣旨や解釈のポイント」を伝えるもので、施行日が近づくと出される。もちろん、通達は、上級行政機関が下級行政機関に出すもので、国民に向けられたものではない。しかし、事業者などからこの施行通達は引っ張りだこである。オフィシャルな解説書代わりに使うことができるからである。

　改正パートタイム労働法の施行通達が出されたのは10月1日だった。このタイミングで出されたのには理由がある。その日に改正省令が公布され、「パートタイム指針」が告示されたからである。本格施行を半年後に控え、施行のための準備の一つとして出されたのであろう。今回の施行通達の正式名は「短時間労働者の雇用管理の改善等に関する法律の施行について」というものである。労働基準局長や職業安定局長などから各都道府県労働局長あてに出された。一般に通達は国民向けでないという建て前があるため、各省庁のウェブサイトで確認することは難しい。

　「そろそろ出るころかなぁ？」と思ったら、改正法の題名に「施行について」という文字を加え、検索サイトで検索してみることである。思わぬところから条文を手に入れることができるかもしれない。

6 法公布後の情報収集のポイント

　法律の制定・改正が公布されてから施行までの間に、政省令など下位法令の整備が行われることを覚えておこう。また、必要な基準や指針などが告示として出されることもある。審議会情報やパブリックコメント手続からの情報を使って、これらの内容をいち早く知ることができる。施行が近くなったら、施行通達が出されることも忘れてはいけない。

5 終わりに

　法律が成立するまでの過程での法情報のとり方の視点やコツが分かっていただけただろうか？　一つだけ言い忘れたが、こうした知識を活かすためには、まず「どんな情報がほしいか？」ということをしっかり押さえておくことが大切である。自分が何を知りたいのか分からないまま探しても、情報の海におぼれ、無駄な時間ばかりたくさん使ってしまうことになりかねないからである。

　みなさんの仕事に役立つ情報を少しでも届けることができていれば、幸いである。

5 労働法の見方・読み方

人事担当者として必要となる法令・条文を読み解くスキル

吉田利宏　よしだ としひろ

1963 年神戸市生まれ。早稲田大学法学部卒業後、衆議院法制局に入局。15 年にわたり、法律案や修正案の作成に携わる。現在、大学講師の傍ら、法律に関する書籍の執筆・監修、講演活動を展開。著書に『法律を読む技術・学ぶ技術』（ダイヤモンド社）、『政策立案者のための条例づくり入門』（学陽書房）、『法令読解心得帖』（日本評論社）、『ビジネスマンのための法令体質改善ブック』（第一法規、2008 年 11 月）など多数。

Contents

1 本稿のねらい

1 労働法の役割

「社会あるところに法あり」というが、「格差社会是正」や「少子化の歯止め」など社会的な問題解決のためにも労働法の見直しが議論されている。

「合意（契約）は守られなければならない」という法格言がある。しかし、使用者と労働者の間の契約は自由に結べるものではないし、労使関係のいざこざに法は立ち入ってくる。それは、法の適正な保護がなければ、労働者は使用者と対等な関係を築くことができないからである。

私法の基本原理に、自分たちの法律関係は自分たちで決めることができるとする「私的自治の原則（契約自由の原則）」というのがあるが [図表1]、労働者保護の点からはその修正がなされる必要がある。たとえ「最低賃金以下で働きたい」と労働者が申し出ても、そうした契約は結ぶことができないのもそのためだ。

また、「私的自治の原則」からは、自分が決めたことだからその責任を自分で負うという、「過失責任の原則」も導かれる。つまり、「わざと」や「わざとと同視される過失」があるような場合には責任を負うが、それ以外の責任は負わなくてよいとする考え方である。しかし、労働法では、この「過失責任の原則」の修正もみられる。労働基準法の災害補償の規定（具体的には労災保険法がそれを実現している）は、労働者本人の落ち度とは関係なく業務上の災害について「無過失賠償責任」を使用者に求めている。

使用者にとっては「厳しい」内容に映るかもしれないが、こうした視点からみると納得できるものだ。長い目でみれば労働者が安心して力を発揮できる環境を作り上げれば、使用者はもとより社会全体にとっても利益が多いからだ。

2 条文を読み解くスキルを磨く

さて、働く場面について細かく注文を出す労働法であるが、法の趣旨も含めての理解がないと思わぬ落とし穴に陥る危険性がある。コンプライアンス（法令順守）は型どおり条文を知るだけでは達成できず、その趣旨や背景にある考え方を理解して初めてなし得るものといえるのだ。「悪法もまた法なり」と諦めるので

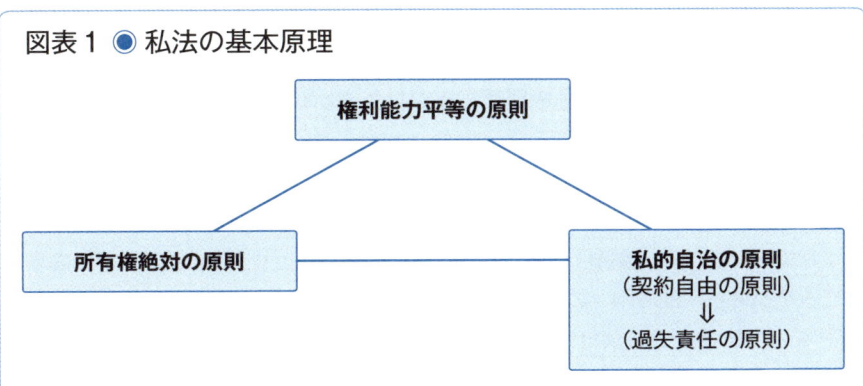

図表1 ● 私法の基本原理

```
              ┌──────────────────────┐
              │  権利能力平等の原則  │
              └──────────────────────┘
             ╱                        ╲
┌────────────────────┐      ┌──────────────────────┐
│  所有権絶対の原則  │──────│    私的自治の原則    │
└────────────────────┘      │  （契約自由の原則）  │
                            │          ⇓          │
                            │  （過失責任の原則）  │
                            └──────────────────────┘
```

(1)権利能力平等の原則

　すべての人が国籍・階級・職業、年齢・性別によって差別されることなく、等しく権利義務の主体となる資格（権利能力）を有する

(2)所有権絶対の原則

　所有権は何人に対しても主張でき、国家や他人が所有物の支配に干渉することはできない

(3)私的自治の原則

①契約自由の原則

　個人と個人の間で結ばれる契約については、国家が干渉せず、それぞれの個人の意思を尊重しなければならない

②過失責任の原則

　過失（故意を含む）がなければ損害賠償責任を負わされることがない

はなく、なぜ、そのような法律が必要なのかを積極的に考える姿勢こそが、法を利用し味方につける唯一の手だてなのかもしれない。そこで、まず条文を読み解くスキルの必要性が問題となる。

2 条文の構造を知る

最初に法令のパーツの名称を確認しながら条文の構造をみていこう。

1 題名

[図表2] では、①と⑨が法令の「題名」と呼ばれるものだ。法律名という人も多いが正式には「題名」という。⑨のように一部改正法の場合には、題名に「の一部を改正する法律」の文字が入る。A法とB法を本則で同時に改正する場合には「A法及びB法の一部を改正する法律」となり、3本以上の法律を本則で同時に改正する場合には「A法等の一部を改正する法律」となる。その意味で一部改正法は題名からその内容を推し量ることができる。

新規立法や"もと法"（一部改正法が溶け込んだ後の法律をこう呼ぶ）の場合には、題名が長いと略称で呼ばれることも多い。例えば、「労働者災害補償保険法」が正式な題名だが、普通は「労災保険法」とか「労災法」などと呼ばれる。略称に正式なものはないため、人によってはいろいろな呼び方をするものだ。

2 法律番号

どの法律にも「法律番号」というものがある。法律番号は人でいえば戸籍のようなものだ。②（以下、○番号は [図表2] の○番号を示す）のように、法律番号は公布された年と公布された順番を示す番号との組み合わせによる。昭和46年法律第68号とあれば、昭和46年の68番目に公布された法律ということを示している。正式な法律番号はこのように公布年と公布順の組み合わせで決まるが、六法全書などでは「昭和46年5月25日法律第68号」と日付まで加える場合も多い。公布日を示すことで官報の原本に当たる便宜を図る意味があるのだろう。

法律番号の目的は法律の特定にある。例えば、近ごろは地方分権が進み、地方自治法が毎年のように改正されている。つまり、「地方自治法の一部を改正する法律」や「地方自治法等の一部を改正する法律」はいくつも存在する。このように同じ題名の法律の中から、ある一つの法律を特定するには、法律番号は欠かせない。⑩にあるように、改正したい法律の題名の後に法律番号を添えれば特定す

図表２ ● 条文の構造（パーツ）

≪新規立法・もと法≫

①題名　　　　高年齢者等の雇用の安定等に関する法律　（昭和46年法律第68号）　②法律番号 公布年と順番の組み合わせ

③目次

目次
第１章　総則（第１条－第７条）
第２章　定年の引上げ、継続雇用制度の導入等による高年齢者の安定した雇用の確保の促進（第８条－第11条）
第３章～第９章　略
附則

④章名　　　　第１章　総則

⑤見出し　　（目的）

⑥条 条名　第１条　この法律は、定年の引上げ、継続雇用制度の導入等による高年齢者の安定した雇用の確保の促進、高年齢者等の再就職の促進、定年退職者その他の高年齢退職者に対する就業の機会の確保等の措置を総合的に講じ、もつて高年齢者等の職業の安定その他福祉の増進を図るとともに、経済及び社会の発展に寄与することを目的とする。

（定義）
第２条　この法律において「高年齢者」とは、厚生労働省令で定める年齢以上の者をいう。

⑦項 項番名 ※１項には項番号は付けない

２　この法律において「高年齢者等」とは、高年齢者及び次に掲げる者で高年齢者に該当しないものをいう。

一　中高年齢者（厚生労働省令で定める年齢以上の者をいう。次項において同じ。）である求職者（次号に掲げる者を除く。）

⑧号 号番名　二　（略）

≪一部改正法≫

⑨題名（一部改正法）　　高年齢者等の雇用の安定等に関する法律の一部を改正する法律　⑩改正される法律を特定する

第１条　高年齢者等の雇用の安定等に関する法律（昭和46年法律第68号）の一部を次のように改正する。

第17条の見出しを「（求職活動支援書の作成等）」に改め、同条第１項を次のように改める。

事業主は、厚生労働省令で定めるところにより、解雇（自己の責めに帰すべき理由によるものを除く。）その他これに類するものとして厚生労働省令で定める理由（以下「解雇等」という。）により離職することとなつている高年齢者等が希望するときは、その円滑な再就職を促進するため、当該高年齢者等の職務の経歴、職業能力その他の当該高年齢者等の再就職に資する事項（解雇等の理由を除く。）として厚生労働省令で定める事項及び事業主が講ずる再就職援助の措置を明らかにする書面（以下「求職活動支援書」という。）を作成し、当該高年齢者等に交付しなければならない。

（中略）
第２条　高年齢者等の雇用の安定等に関する法律の一部を次のように改正する。

（以下略）

ることができる。ただ、一部改正法の題名の後には、法律番号を付けないルールがある。一部改正が成立と同時にもと法に溶け込む存在であるからという理由による。ただ、先に述べたように、一部改正法だって法律であるから法律番号はある。

③ 目次

　題名の次に置かれるのが「目次」である。目次は章が置かれるような条文数の多い法令だけに置かれる。労働基準法をはじめとした労働関係の法令にはほとんど目次が付いている。書籍の目次もそうだが、目次を見れば探し求める条文がどこにあるのか、すぐに見つけることができる。さらに、目次は法令の全体構成を眺めるのにも大変便利である。「あらすじで読む日本の名作」などという本があるが、法令の目次を目で追うだけで、法令の「あらすじ」を理解することができるのだ。それなのに、六法全書では目次が省略されることが多い。

Column

横文字略称に気を付けろ！

　「略称は知っていても正式な題名が分からず六法全書が引けない」。そんな経験をした人も多いだろう。ガラスケースの向こうに「ごちそう」があるようでなんとも歯がゆいものだ。近ごろは横文字略称が増えているので、こうした経験が多い。DV防止法ぐらいだとなんとなく分かるかもしれないが、JAS法はどうだろうか、ADR法となると内容は分かっていても正式な題名を答えられる者は少ないかもしれない。

DV防止法	配偶者からの暴力の防止及び被害者の保護に関する法律
JAS法	農林物資の規格化及び品質表示の適正化に関する法律
ADR法	裁判外紛争解決手続きの利用の促進に関する法律

　なお、横文字略称に限らず、六法全書の目次や総務省のネット上の六法である「法令データ提供システム」（http://law.e-gov.go.jp/cgi-bin/idxsearch.cgi）には「略称法令名一覧」がある。正式な題名を探す手掛かりとなるはずだ。

④ 章名

　④を「章名」という。新しい章が始まる最初に付される章の看板のようなものである。なお、章の下にはさらに「節」「款」が置かれることがある。なお、身近な労働法令としては、雇用保険法、健康保険法、労働者派遣法などで「節」「款」が置かれている。また、とてつもないボリュームのある法律（民法や刑法）の場合だと、章の上にさらに「編」が置かれる。

⑤ 見出し

　⑤を「見出し」という。見出しは条文の前にあって、その条文の内容を要約したものである。ただし、いくつか注意事項がある。例えば、労働関係調整法を六法全書で引くと、[図表３]のような「へんてこ」な見出しが付されていることがある。これは編集者が「親切心」で付けた見出しである。

　もともと古い法令では見出しを付ける習慣がなかった。そのため見出しがないまま現在に至っている法令がある。労働関係調整法もその一つだ。しかし、見出しがないと不便であることから六法全書の編集に当たって出版社が便宜を図っている。さらに、六法全書を開いた際、労働基準法の条文の見出しにも注目してほしい。本来の見出しと編集者が付けた見出しが混在しているはずだ。新たに加えられた条や改正がなされた条には見出しがあるが、そうでない条文には見出しが存在しないためだ。

　老婆心ながら注意しておくと、そうした本来見出しのない条文を引用する場合には見出しなしで引用しなければならない。また、各社の六法全書を比べてみると出版社の付けた見出しが微妙に違うことがある。「僕の見出しと君の見出しが違う！」なんてトンチンカンな発見に声を上げないように気を付けなくてはならない。

図表３ ●「へんてこ」な見出しの例

パターン１	パターン２
第１条［目的］　×××………	［目的］ 第１条　×××…………

⑥ 条

　法令の基本的な単位は条である。⑥の部分を「条名」という。一部改正法の本則では、改正する法律ごとに条を立てるのが普通である。例えば、「Ａ法及びＢ法の一部を改正する法律」の場合、第１条にＡ法の改正が、第２条にＢ法の改正が続く。

　なお、[図表２] で例に挙げた「高年齢者等の雇用の安定等に関する法律の一部を改正する法律」は、第１条も第２条も同じ「高年齢者等の雇用の安定等に関する法律」の改正規定である。これは同じ法律でも第１条の改正と第２条の改正とを時間差で（施行期日を異ならせて）行うときに使う手法である。これを一般に「２段ロケット式改正」と呼んでいる。

⑦ 項

　⑦が「項」と呼ばれる部分である。項は条の段落だ。項番号は普通、算用数字（２、３、４…）で表される。なお、２項以下は項番号があっても、１項には項番号を付さない。項番号も古い時代には付されなかった。しかし、これまた、親切心から編集者が付けてくれている場合が多い。丸で囲った数字の項番号がそれだ。

⑧ 号

　⑧の部分を「号」という。この号を指し示すときには２条２項１号と表現する。号はいくつかの事項を列記したいときに使う。号番号は普通、漢数字（一、二、三…）で表される。

❸　法律の全体構造を知る

　ここでは、法令の目次や目的規定から法令の「あらすじ」を理解する方法を紹介しよう。また、あわせて各章での「目の付けどころ」を解説することにする。

❶ 法令の全体構造

　新規立法やもと法の場合、法令の全体構造のパターンと主な規定事項は [図表４] のようになる。この中で「実体的規定」こそが、その法律のメインになる。

図表4 ● 法律の全体構造

総　　則	目的規定・定義規定・基本理念・責務規定など法全体に関係する規定
実体的規定	その法の中心的な規定（規制法などの規制手段など）
雑　　則	実体的規定を補うような雑多な規定
罰　　則	義務規定や禁止規定に違反した場合の処罰規定。罰則がない法律もある
附　　則	施行期日・経過措置など

図表5 ● 短時間労働者の雇用管理の改善等に関する法律（パートタイム労働法）の目次からみた全体構造

○短時間労働者の雇用管理の改善等に関する法律

総　則 ← 第1章　総則（第1条－第4条）

第2章　短時間労働者対策基本方針（第5条）

第3章　短時間労働者の雇用管理の改善等に関する措置等

第1節　雇用管理の改善等に関する措置（第6条－第16条）

第2節　職業能力の開発及び向上等に関する措置（第17条・第18条）

実体的規定

第4章　紛争の解決

第1節　紛争の解決の援助（第19条－第21条）

第2節　調停（第22条－第24条）

第5章　短時間労働援助センター（第25条－第41条）

雑　則 ← 第6章　雑則（第42条－第47条）

罰　則 ←

附　則 ← 附則

パートタイム労働法には罰則がない

試しに、「短時間労働者の雇用管理の改善等に関する法律」（以下「パートタイム労働法」という）の目次を見てみよう **［図表5］**。このうち、実体的規定は第2章から第5章までである。これらの章名からだけでも、パートタイム労働者対策について国が方針を定め、事業者が行うべき雇用改善のための措置を規定し、紛争解決のための手伝いをする「しかけ」が定められていることが分かる。さらに、罰則のない法律であるから、雇用改善のための措置などは比較的緩やかな方法で実現されるのであろうことも読み取れる。

２ 総則
１ 目的規定

　多くの法令の最初に置かれるのが「目的規定」である。目的規定は目次以上に、その法令の「あらすじ」を理解するのに最適だ。多くの目的規定が、①法律を必要とした背景、②目的を実現するための手段、③第一義的な目的、④究極の目的といった構成になっており、その法律の規定内容を「ぎゅっと圧縮」した作りになっている。パートタイム労働法の目的規定について、上記の①から④の視点から分解すると　[**図表６**] のようになる。

２ 定義規定

　目的規定の次に置かれるのが「定義規定」だ。その法令の"主な登場人物"については、２条あたりに定義規定が置かれることが多い。ただし、注意が必要なことがある。総則では法全体を通じて必要となる言葉の定義は行うが、ある章やある節だけで使われる言葉の定義は必要となる場所で行われることが多い　[**図表７**]。こうした言葉の定義を見落とすと、法令の正確な解釈は難しくなる。定義以外の場所で重要な定義規定を見つけたら、六法全書が汚れても「印」を付けておくのがよい方法だ（もちろん、他人の六法全書でこんなことはしてはいけない！）。

　なお、当然ながら、ある法律での定義は他の法律に及ばない。例えば、労働組

図表６ ● パートタイム労働法の目的規定の分解

①**法律を必要とした背景**	我が国における少子高齢化の進展、就業構造の変化等の社会経済情勢の変化に伴い、短時間労働者の果たす役割の重要性が増大していることにかんがみ、
②**目的を実現するための手段**	短時間労働者について、 　• その適正な労働条件の確保、 　• 雇用管理の改善、 　• 通常の労働者への転換の推進、 　• 職業能力の開発及び向上等に関する措置等を講ずることにより、
③**第一義的な目的**	通常の労働者との均衡のとれた待遇の確保等を図ることを通じて短時間労働者がその有する能力を有効に発揮することができるようにし、
④**究極の目的**	もってその福祉の増進を図り、あわせて経済及び社会の発展に寄与する

> **図表7 ●** パートタイム労働法にみる定義規定と条文に出てくる
> 　　　　　用語の定義
>
> （定義）
> 第2条　この法律において「短時間労働者」とは、1週間の所定労働時間が同一の事業所に雇用される通常の労働者（当該事業所に雇用される通常の労働者と同種の業務に従事する当該事業所に雇用される労働者にあっては、厚生労働省令で定める場合を除き、当該労働者と同種の業務に従事する当該通常の労働者）の1週間の所定労働時間に比し短い労働者をいう。
>
> （通常の労働者と同視すべき短時間労働者に対する差別的取扱いの禁止）
> 第8条　事業主は、業務の内容及び当該業務に伴う責任の程度（以下「職務の内容」という。）が当該事業所に雇用される通常の労働者と同一の短時間労働者（以下「職務内容同一短時間労働者」という。）であって、当該事業主と期間の定めのない労働契約を締結しているもののうち、当該事業所における慣行その他の事情からみて、当該事業主との雇用関係が終了するまでの全期間において、その職務の内容及び配置が当該通常の労働者の職務の内容及び配置の変更の範囲と同一の範囲で変更されると見込まれるもの（以下「通常の労働者と同視すべき短時間労働者」という。）については、短時間労働者であることを理由として、賃金の決定、教育訓練の実施、福利厚生施設の利用その他の待遇について、差別的取扱いをしてはならない。

合法と労働基準法のどちらも「労働者」の定義をしているが、両者の内容は微妙に違っている。

　労働組合法では主として労働組合の構成員として労働者が登場する。そのため、現在は直接仕事に就いていない者（失業中の者など）も含めて労働者としている。一方、労働基準法では、まさに「働いている場面」での労働者保護が問題となるため、「事業に使用される者」や「賃金を支払われている者」などの要件が求められている　[図表8]。

3　実体的規定

　実体的規定は法律によって千差万別だ。ただ、そういってしまっては「身も蓋もない」ので、一つだけ読み方のポイントを示しておこう。

図表8 ● 同じ用語でも法律によって定義が異なる例

労働組合法3条	労働基準法9条
この法律で「労働者」とは、職業の種類を問わず、賃金、給料その他これに準ずる収入によつて生活する者をいう。	この法律で「労働者」とは、職業の種類を問わず、事業又は事務所（以下「事業」という。）に使用される者で、賃金を支払われる者をいう。

図表9 ● 法律を所管する大臣が複数存在する場合の規定

○特定独立行政法人等の労働関係に関する法律

第7章　雑則

（主務大臣）

第36条　第27条第5号及び第33条第5号に規定する主務大臣は、厚生労働大臣並びに特定独立行政法人を所管する大臣（当該調停又は仲裁に係る特定独立行政法人を所管する大臣に限る。）及び農林水産大臣（国有林野事業を行う国の経営する企業に関するものに限る。）とする。

　実体的規定は、目的規定の手段の部分で示された順序で規定が並ぶのが普通であるが、それぞれの「措置」においては「時系列の原則」に支配されている。もし、「今日1日の仕事を報告しろ」と上司に言われたら、出社してから現在に至るまでに行っていたことを順番に話すだろう。ある意味、法も同じなのである。

　例えば、パートタイム労働法第4章は「紛争の解決」について定めている。この章では、紛争が起きたときはできるだけ事業所内の苦情処理機関で処理し、それでも解決しない場合には都道府県労働局長へ援助を求め、紛争解決に必要があると認めるときは調停に付されることが定められている。条文もこの流れに従い規定されている。

4 雑則

　雑則の章に置かれる規定も実体的規定に合わせてさまざまであるが、しばしば置かれる規定としては主務大臣の規定がある。労働法の場合はあまりないが、法律によっては1人の大臣だけではなく、その法律を所管する大臣が複数存在する

場合がある。こうした法律を「共管の法律」という。そうした場合に必要なのが主務大臣の規定である。その法律のうち「第○条に規定する主務大臣は A 大臣、第×条に規定する主務大臣は B 大臣」と権限を交通整理しておくのである［図表9］。その事項に関する省令などを発する権限も当然、主務大臣を踏まえたものとなる。

5　罰則
1　罰則の種類

　実は「罰則」には、正式な刑罰とそうでないものがある。何が正式な刑罰かというと、刑法9条に定められた「死刑、懲役、禁錮、罰金、拘留、科料」（これらの刑と併せて「没収」という刑も科せられることがある）がそれだ。

　刑法に挙げられている刑罰メニューを「正式な刑罰」といったが、講学上の言葉では「行政刑罰」と呼んでいる。こうした正式な刑罰は刑事裁判を経て科されることとなる。つまり、刑事訴訟法の適用も受ける。その意味でも正式である。ただ、労働法ではさすがに「死刑」の規定はない。そこで、それ以外の正式な刑罰の種類を示すと［図表 10］のようになる。簡単に説明すると、自由を奪われる「自由刑」とお金を払うよう求められる「財産刑」に大きく二つに分かれる。さらにいえば、自由刑のうち、懲役だけに刑務作業が科される。

　これに対して罰則の章に規定されていながら、正式な刑罰ではないのが「過料」である。お金を科すという点では罰金や科料と同じであるが、「したことの反社会性を問う」というほどの強い意味はなく、軽いペナルティとして科されるものだ［図表 11］。軽いペナルティであるから刑事裁判を経るという大げさなことはしない。国の法令違反の場合には非訟事件手続法という法律に従い地方裁判所などが簡単な手続きで科す。条例違反などでも過料に処されることはあるが、こちらは長（知事や市町村長）の行政処分としてなされる。

図表 10 ● 自由刑と財産刑

自　　由　　刑			財　　産　　刑	
懲役 （刑務作業あり）	禁錮 （刑務作業なし）	拘留 （刑務作業なし）	罰金	科料

> **図表 11 ● 罰則に過料が記されている労働法令の例**
>
> ○雇用の分野における男女の均等な機会及び待遇の確保等に関する法律
>
> 　第33条　第29条第1項の規定による報告をせず、又は虚偽の報告をした者は、20万円以下の過料に処する。
>
> ○高年齢者等の雇用の安定等に関する法律
>
> 　第57条　第16条第1項の規定による届出をせず、又は虚偽の届出をした者（法人であるときは、その代表者）は、10万円以下の過料に処する。
>
> ○障害者の雇用の促進等に関する法律
>
> 　第88条　第36条の規定に違反した者は、20万円以下の過料に処する。
>
> 　第89条　第59条第3項の規定により厚生労働大臣の認可を受けなければならない場合において、その認可を受けなかつたときは、その違反行為をした機構の役員は、20万円以下の過料に処する。
>
> 　第89条の2　第74条の3第14項の規定に違反して財務諸表等を備えて置かず、財務諸表等に記載すべき事項を記載せず、若しくは虚偽の記載をし、又は正当な理由がないのに同条第15項各号の規定による請求を拒んだ在宅就業支援団体は、20万円以下の過料に処する。
>
> 　第90条　第23条の規定に違反したもの（法人その他の団体であるときは、その代表者）は、10万円以下の過料に処する。
>
> 　第91条　在宅就業障害者が次の各号のいずれかに該当するときは、5万円以下の過料に処する。
>
> 　1～2　略

②罰則規定の読み方

　家内労働法をモデルにして罰則の読み方を解説しよう [**図表12**]。

　罰則規定は「重い順」で並ぶ。死刑、懲役、禁錮、罰金、拘留、科料の順で重い。家内労働法では33条に「懲役」があり、家内労働法では一番重い罰則に当たる。34条と35条はどちらも「罰金」だけだが、同じ罰金なら額が高いほうが当然に重い。

　さらにレベルの高い罰則の読み方を説明しよう。34条の規定を見てほしい。最低工賃の適用を受ける家内労働者に対しては最低工賃以上の賃金を支払わなければならない。これに反すると家内労働法14条違反となるが、具体的にいくらの罰金を科すかについては犯情などを勘案して1万円以下の範囲で裁判所が決め

> ### 図表 12 ● 家内労働法にみる罰則の記載
>
> ○**家内労働法**
> 　　　　第 7 章　罰則
> 　第 33 条　第 18 条の規定による委託をすることを禁止する命令に違反した者は、6
> 　　月以下の懲役又は 5000 円以下の罰金に処する。
> 　第 34 条　第 14 条の規定に違反した者は、1 万円以下の罰金に処する。
> 　第 35 条　次の各号の 1 に該当する者は、5000 円以下の罰金に処する。
> 　　一　第 3 条第 1 項、第 6 条又は第 17 条の規定に違反した者
> 　　二　第 3 条第 2 項の規定による記入をせず、又は虚偽の記入をした者
> 　　三～七　略
> 　（両罰規定）
> 　第 36 条　法人の代表者又は法人若しくは人の代理人、使用人その他の従業者が、
> 　　その法人又は人の業務に関して、前 3 条の違反行為をしたときは、行為者を罰
> 　　するほか、その法人又は人に対しても、各本条の罰金刑を科する。

ることとなる。

　しかし、少し法律に詳しい者だと、この説明をスンナリと受け入れてくれない
かもしれない。刑法 15 条で「罰金は、1 万円以上とする」と最低額が定められ
ているからである。この刑法の規定と家内労働法の罰則規定を併せ読む必要があ
るのだが、家内労働法 35 条では「5000 円以下の罰金」とあるのだから、そもそ
も刑法の最低額と矛盾することが明らかだ。これは家内労働法が古い時代に定め
られ、その後十分な改正がなされなかったことに原因がある。

　原因はともかく、なんとかしなければならない。そこで登場するのが、罰金等
臨時措置法という法律である。この法律では、罰金の多額（上限）が 2 万円に満
たないときはこれを 2 万円と読み換えることが規定されている（同法 2 条 1 項）。
結果として 34 条も 35 条も「1 万円以上 2 万円以下」の範囲で裁判所が具体的な
罰金額を決めることになる。

　罰則一つとっても、刑法総則や罰金等臨時措置法と併せて読まなければならな
いと聞くと「トホホ」な気分になるが、一度覚えてしまえば大したことではな
い。これも「スキル」のうちである。なお、刑法総則に定める刑罰の範囲は [**図
表 13**] のようになる。この規定を頭に置いて各法律の罰則規定を読むとよい。

図表 13 ● 刑法に定める刑罰の範囲

懲　役	無期・有期（1カ月以上 20 年以下）
禁　錮	無期・有期（1カ月以上 20 年以下）
罰　金	1 万円以上
拘　留	1 日以上 30 日未満
科　料	1000 円以上 1 万円未満

［注］　一定の場合には刑の加重・減軽がある。しかし、懲役や禁錮の長期（上限）は 30 年を超えることはできない。

3 両罰規定

　再び家内労働法 36 条を見てほしい。このような規定を「両罰規定」という。会社などの事業活動において違反行為をしたときは、その違反者ばかりでなく法人も罰するとの規定である。違反行為の利益を最終的に得ているのは法人である。違反者だけが罰せられるだけでは公平ではないし、罰則の効果も期待できない。そこで定められたのが両罰規定というものだ。ただし、会社に懲役刑などの自由刑は科すことはできないので、違反者と同時に科されるのは財産刑だけである。

　「十分注意していたのにうちの社員が違反をしてしまって…」。会社は決まってこんな言い訳をするものだが、この両罰規定による会社の責任は無過失責任ではない。つまり、言い訳ではなく、本当に違反行為をしないように注意し、社員を監督していたことが証明されれば、会社は処罰を免れることもできる。判例（最高裁大法廷　昭 32.11.27 判決）も「事業主として右行為者らの選任、監督その他違反行為を防止するために必要な注意を尽さなかつた過失の存在を推定した規定と解すべく、したがつて事業主において右に関する注意を尽したことの証明がなされない限り、事業主もまた刑責を免れ得ない」としている。こんな点からも、社内のコンプライアンス教育というものの重要性が分かるというものだ。

4 不利益処分としての企業名の公表

　「法違反などをした企業名などの公表」という手法も法律に定められることがある　[図表 14]。例えば、障害者雇用促進法 46 条 1 項では、雇用する障害者数が法定雇用障害者数未満である事業主に対して雇い入れに関する計画の作成を命

図表 14 ● 企業名公表を記した主要な労働法令

○**障害者の雇用の促進等に関する法律**
　　（一般事業主についての公表）
　　第 47 条　厚生労働大臣は、前条第 1 項の計画を作成した事業主が、正当な理由が
　　　なく、同条第 5 項又は第 6 項の勧告に従わないときは、その旨を公表すること
　　　ができる。

○**雇用の分野における男女の均等な機会及び待遇の確保等に関する法律**
　　（公表）
　　第 30 条　厚生労働大臣は、第 5 条から第 7 条まで、第 9 条第 1 項から第 3 項ま
　　　で、第 11 条第 1 項、第 12 条及び第 13 条第 1 項の規定に違反している事業主に
　　　対し、前条第 1 項の規定による勧告をした場合において、その勧告を受けた者
　　　がこれに従わなかつたときは、その旨を公表することができる。

○**労働者派遣事業の適正な運営の確保及び派遣労働者の就業条件の整備等に関する法律**
　　（公表等）
　　第 49 条の 2 略
　　2　略
　　3　厚生労働大臣は、前 2 項の規定による勧告をした場合において、その勧告を受
　　　けた者がこれに従わなかつたときは、その旨を公表することができる。

じることができるとしているが、同法 47 条は作成したこの計画の実施の勧告に
事業主が理由なく従わないときには、その旨を公表することができるとしてい
る。ただ、このような措置の法的な性格は罰則というよりも法を守らせるための
不利益処分としての性格が強い。そのため、障害者雇用促進法でも罰則の章では
なく実体的な規定の章の中に置かれている。

6 附則

1 附則の表現の仕方

　施行期日や経過措置などを定めるのが「附則」である。附則は普通、本則とは
通し条数となっていない。本則が何条あろうとも、附則は 1 条から始まるのが一
般的だ。そのため、本則の 1 条と区別するために附則の 1 条は「附則 1 条」と表

現する。

②附則の内容

　結婚当初は「これからずっと一緒だよ」というようなことを言うものだが、限時法（期限を限って効力を有する法令のこと）でない限り、法令の本則も「これからもずっと続く」ことを一応想定した規定が並んでいる。これに対して附則は新法施行に伴って必要となる規定が並ぶ。結婚でいえば、「いつ籍を入れるか」から始まって、新しい生活を「どこで暮らし始めるか」などが当面の問題となるだろう。新しいマンションで新婚生活を始めるのなら、今まで夫が借りていたアパートの賃貸契約を解約する必要も出てくるだろう。法令も同じで、いつから施行するかが最初の問題としてあり、新法の新しい制度が始まったときに、古い制度をそのままやめてしまうのか、それとも期限を決めて新しい制度に乗り換えるか、などの問題に答えを出しておかなければならない。これらの処理を定めたのが附則の規定といえる。

③改正法附則

　誓い合ったはずの結婚でも離婚があるように、「ずっと続く」はずの法令の規定も改正されることがある。その場合には、また、改正に伴う措置が必要となる。だから、一部改正法にも附則が置かれる。こうした一部改正法に付けられる附則を「改正法附則」という。ただ、何度も改正される法律では改正法附則といってもたくさんある。そのため改正年度を呼び名に加えて「平成20年改正法附則」などと呼んで特定する。

　改正されると、一部改正法の本則はもと法に溶け込んでしまう。そのため、一部改正法の附則だけが残ってゆく。これらは過去の改正の記憶をとどめる改正の年輪のようなものといえる。ただ、一般の六法全書では一部改正法附則は全部掲載されていない。

④附則の規定順序

　附則の規定の並びは、［図表15］のような順序が一般的である。新規立法の附則も一部改正法附則も同様である。なお、網掛けの部分だけが「改正の年輪」として残される一部改正法附則である。このうち、経過措置は対象がなくなると失効し、人知れず消えてゆく。例えば、「新たに営業の許可制が導入され、今まで同種の営業をしていた者は施行の日から1年に限り許可なく営業ができる」と

図表 15 ● 附則での主な規定と順序

・施行期日	施行期日を定める政令以外は必須事項
・既存法令の廃止規定	内容が「かぶる」ため廃止しないといけない法令の廃止はこの場所。ある法令を廃止することが一つの政策判断なら本則で廃止する
・経過措置	過去の制度と新しい制度との調整規定など
・他法令の改正	「条文が移動した」とか「法律の題名が変わった」など機械的な改正は附則で行う。他法令の改正が一つの政策判断なら本則で改正する

いった内容の経過措置があったとする。施行の日から 1 年を経過すれば対象がなくなるので、この規定も対象を失い意味のない規定となる。

4　法令の階層構造を知る

1 法令の階層性

　法令の階層構造は、憲法→法律→政令→省令（内閣府の場合は府令）の順となっている。ただ、憲法は法令のトップに位置するというよりも、すべての法令がよって立つ土俵のようなものということができるかもしれない。憲法を“土俵”として、各法令の階層性と制定権者を示すと ［図表 16］ のようになる。

Column

代表なければ課税なし

　アメリカ独立戦争の契機となった有名なスローガン。1765 年にイギリスがアメリカ東部の 13 植民地に対して印紙税を制定して増税を行ったことに対して、ヴァージニア植民地の政治家パトリック・ヘンリーが、植民地の議会に代表を送っていないイギリスによって行われる課税は不当であり、植民地人の権利と自由を侵すものとして、租税を払う必要はないと唱えた。

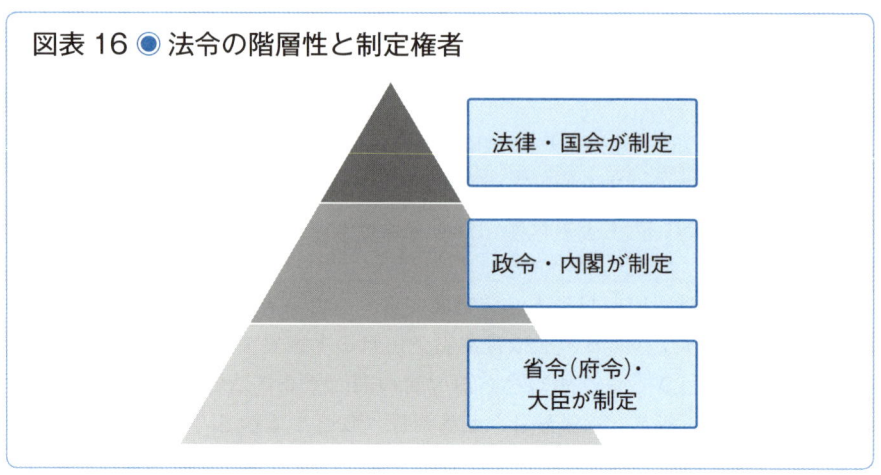

図表16 ● 法令の階層性と制定権者

法律・国会が制定

政令・内閣が制定

省令（府令）・
大臣が制定

2 政省令への委任

　憲法を除けば法令の中で一番上位にあるのが法律である。何が「重い」といって国民を代表する国会により制定されたことほど「重い」ものはない。そのため、法律と政令以下の法令との間には大きな隔たりがあるといってもいい。「代表なければ課税なし」という言葉を聞いたことがあるだろう。税金は国民に義務を課す最たるものだが、国民の権利を制限したり、義務を課したりするには法律によらなければならない。

　もちろん、政令や省令・府令（以下「政省令」という）で国民の権利義務に関する規定を置く場合もある。しかし、その場合には法律に「○○については政令（省令・府令）で定める」といった規定が必要となる。こうした規定を「委任規定」という。

　国民の権利や義務を政省令に委任する場合には、いわゆる「白紙委任」は許されない。やる気のない殿様が「よきにはからえ」というように政省令に任せることはもってのほかだ。古い法律などを中心に雑な委任規定も見受けられるが、行政が勝手に政省令を定めてしまうことを防ぐためにも、国会がきちっとした法律を制定することが重要となる。

❸ 政省令への委任事項の振り分け

　政令に委任するか省令（府令）に委任するかの基準はあるようでない。しかし、一般論でいえば、政令への委任事項のほうが省令（府令）への委任事項より重要ということはできる。社長が部長に命じることと課長に命じることではおのずと重要度が違うであろうが、それと同じである。

　なお、政省令は、国民の権利義務に関することでなければ、委任規定がなくても法律を施行するうえで細かい事務的なことを定めることはできる。部長や課長だって社長に命じられなくても、自分の権限でできる仕事もあるはず。それと同じである。

❹ 施行令・施行規則以外の政省令

　その法律の施行に必要な政令や省令は「施行令」や「施行規則」としてまとめられていることが多い。例えば、労働者災害補償保険法の政令には「労働者災害補償保険法施行令」が、省令には「労働者災害補償保険法施行規則」がある**[図表 17]**。

図表 17 ● 政令、省令のパターン

ケース１：法律、政令（施行令）、省令（施行規則）のパターン
　　［法律］　労働者災害補償保険法
　　［政令］　労働者災害補償保険法施行令
　　［省令］　労働者災害補償保険法施行規則

ケース２：ケース１以外の政省令のパターン
　　［法律］　労働基準法
　　［政令］　労働基準法第 37 条第 1 項の時間外及び休日の割増賃金に係る率の最低限度を定める政令
　　［省令］　労働基準法施行規則
　　　　　　　• 労働基準法の災害補償に相当する給付に関する法令を指定する省令
　　　　　　　• 労働基準法第 76 条第 2 項の規定による常時 100 人未満の労働者を使用する事業場に使用される労働者に対して行う休業補償の額の改訂及び改訂後の休業補償の額の改訂の方法の特例に関する省令
　　　　　　　• 労働基準法第 18 条第 4 項の規定に基づき使用者が労働者の預金を受け入れる場合の利率を定める省令

ただ、労働基準法のようにこうした「施行令」や「施行規則」とは別に政省令が定められることもあるので、見落としに注意が必要だ。

5 条例と規則

　自治体の法令としては条例と規則がある。条例は地方議会を経て成立するもので、規則は知事や市町村長などが定めるものだ。条例の委任を受けて、細かい定めをするのもこの規則である。その場合の規則を条例施行規則と呼ぶ。

6 通達（通知）

　通達は国民に向けられた法令ではない。上級行政機関の下級行政機関に対する命令にすぎない。

　平成12年の分権改革で機関委任事務が廃止され、国と自治体は対等関係に立つことが明らかとなった。そのため国が自治体へ出す通達は現在では「通知」と名前を変え自治体へのアドバイスの形をとっている。

Column

通達の略称と番号のルール

　通達の略称は慣れないうちはピンとこないものだ。例えば、労働基準法関係の代表的な通達の略称には次のようなものがある。

基発	労働省（現厚生労働省）労働基準局長名通達
発基	労働基準局関係の労働事務次官（現厚生労働事務次官）名通達
基収	労働省（現厚生労働省）労働基準局長が疑義に答えて発する通達

　通達を識別する番号は各省庁でバラバラである。もっといえば、同じ労働関係であっても時代によりそのルールが異なる。現在（平成14年以降）は「平成20年1月23日　基発第0123004号」というように示されている。「基発第0123004号」というのは、1月23日に厚生労働省労働基準局長名で発せられた、その年の4番目の通達であることを示している。通達番号から通達の発せられた日付と順番まで分かるこの方式は、慣れさえすれば便利である。

5　労働法を通じて法令用語を読む

1　法令用語学習の意味

　少し前まで「法令を学ぶこと」は「法令用語を学ぶこと」であった。現在では、法令用語以前に法令全体の構造の把握が求められているが、法令用語を知っていれば条文の正確な理解が進むことに変わりはない。

　法令用語を解説する書籍は多いので、ここでは詳しく説明しないが、多くの人が苦手意識を持っている「又は・若しくは」と「及び・並びに」の関係だけは実際の条文を引きながら解説しておこう。この2対の用語は条文の構造を知るうえで欠くことができない用語である。

2　又は・若しくは

　「又は・若しくは」は、どちらも英語でいえば「OR」に当たるが、ただ、少し使い方のコツがある。

　選択する内容が一つのグループである場合には最後だけに「又は」を使い、そ

送り仮名に困ったら…　*Column*

　会社で使われるオフィシャルな文書は公文書の用字や用語に従って作られることも多いだろう。用字や用語の中でも特に難しいのが「送り仮名」だ。公文書の送り仮名のルールは「送り仮名の付け方」（昭和48年内閣告示第2号）に定められている。これによれば、例えば動詞だと「取り扱う」だが、名詞になると「取扱い」となる。しかし、「事務取扱」といった「慣用が固定していると認められるもの」については送り仮名が消えてしまう。ただ、「慣用が固定している」かどうかなんて誰に聞いてよいか分からないことだ。こんなときに頼りになるのが文化庁のウェブページ上の「国語施策情報システム（http://www.bunka.go.jp/kokugo/）」だ。国語表記の基準のページに「送り仮名の付け方」の内容が公開されているから、迷ったときには参考にするに限る。

れ以外の場所では「、」でつなぐ。「A、B、C又はD」といったようにだ。

しかし、選択する内容にいくつかのグループ分けができる場合には、「又は」は一番大きなグループ分けだけに使い、その他のグループ分けには「若しくは」を使う[図表18]。

図表18 ● 「又は・若しくは」の構造を図で理解する

○雇用の分野における男女の均等な機会及び待遇の確保等に関する法律
（報告の徴収並びに助言、指導及び勧告）
第29条　厚生労働大臣は、この法律の施行に関し必要があると認めるときは、事業主に対して、報告を求め、又は助言、指導若しくは勧告をすることができる。
2　略

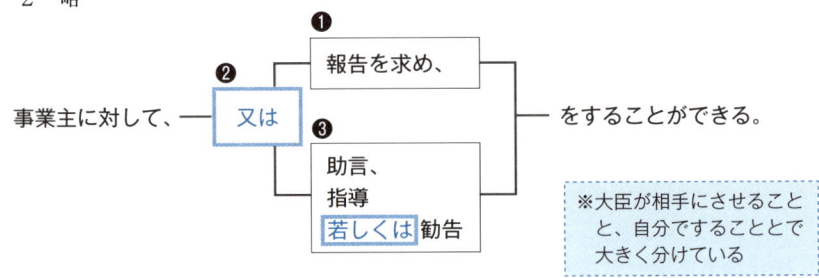

○労働者災害補償保険法
第8条の4　前条第1項の規定は、障害補償一時金若しくは遺族補償一時金又は障害一時金若しくは遺族一時金の額の算定の基礎として用いる給付基礎日額について準用する。（以下、略）。

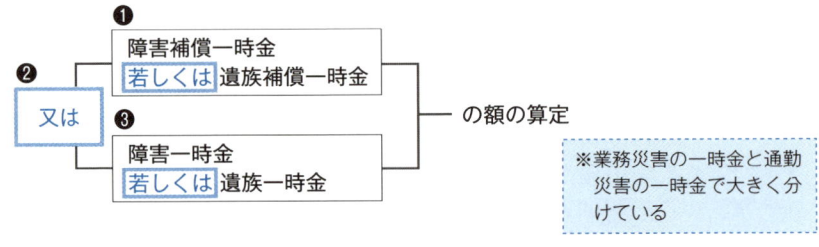

3 及び・並びに

「又は・若しくは」と似たような関係にある用語に「及び・並びに」がある。こちらは英語でいえば「AND」だ。

加えようとする内容が一つのグループである場合には最後だけ「及び」を使い、それ以外の場所では「、」でつなぐ。「A、B、C及びD」といったようにだ。

しかし、加えようとする内容にいくつかのグループ分けができる場合には、「及び」は一番小さなグループ分けのためだけに使い、ほかの部分は「並びに」を使う [図表 19]。

図表 19 ● 「及び・並びに」の構造を図で理解する

○**労働安全衛生法**
　（財務諸表等の備付け及び閲覧等）
　第 50 条　登録製造時等検査機関は、毎事業年度経過後 3 月以内に、その事業年度の財産目録、貸借対照表 及び 損益計算書又は収支決算書 並びに 事業報告書（略）を作成し、5 年間事務所に備えておかなければならない。
　2 〜 4　略

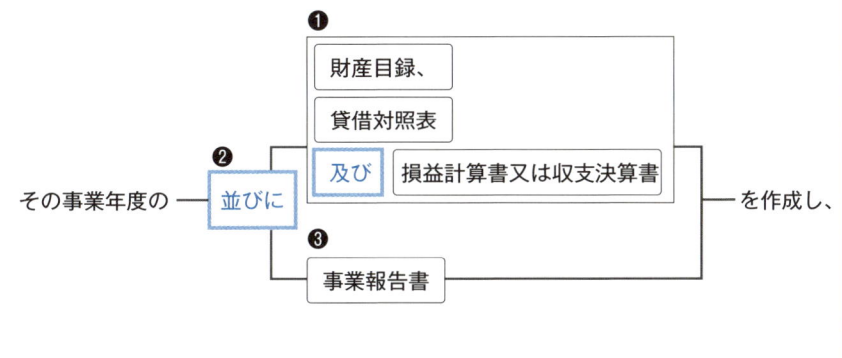

6

労働判例の見方・使い方

裁判の流れから判決文の読み方まで、実務上押さえるべき基礎知識

廣石忠司　ひろいし ただし　　**専修大学経営学部　教授**

1956 年横浜生まれ。79 年一橋大学法学部卒業後、日経連（現：日本経団連）事務局、長銀総合研究所、慶應義塾大学大学院経営管理研究科博士課程などを経て、96 年専修大学経営学部助教授、2001 年同教授、2006 年より 2008 年まで経営学部長。

Ｃｏｎｔｅｎｔｓ

1　労働法を理解するとは

　判例という言葉は実務家なら必ず目にする言葉である。裁判でかくかくしかじかという判決が出された。これは重視すべきだ。あるいは、この判例は古いけれど今でも重要なものだなどなど。それではなぜ裁判例を我々は注目せねばならないのだろうか。そこからまず検討を始めよう。

1　法律の文言と参照条文

　法律を守らねばならない、ということは言うまでもない。しかし法律にすべてのことが書かれているとは限らない。労働基準法をひもとくと、37条1項、2項で時間外労働をさせた場合には割増賃金を払わねばならないとされているが、その利率は「政令で定める率以上」としか書かれていない。それではその政令を探すと「労働基準法第37条第1項の時間外及び休日の割増賃金に係る率の最低限度を定める政令」というものがあり、そこで時間外割増賃金は2割5分以上、休日割増賃金は3割5分以上と定められている。法律を理解するにはこのように政令、また労働基準法施行規則のような省令を参照しなければその意味することが分からないことも多い。

　さらに、労基法9条で「『労働者』とは、職業の種類を問わず、事業又は事務所（以下「事業」という。）に使用される者で、賃金を支払われる者をいう」とされている。それでは、だれが労働者であって、労働者ではないか、この文言ではっきり分かるだろうか。微妙なところは分からないのである。この点については、政令・省令でも明確に示されていない。こうなるとトラブルになった場合、1件1件裁判で争わざるを得ない。しかも背景事情がそれぞれ異なるため、裁判所の判断も変わってくる。例えば、労基法で定める「労働者性」について争われた事案において、**山崎証券事件**（最高裁一小　昭56. 5.25判決）では労働者性が否定されたのに対し、**大平製紙事件**（最高裁二小　昭37. 5.18判決）ではこれを肯定するなど、裁判例は分かれてしまっている。

2　労働法の特徴

　特に、労働法分野では法律の条文がない分野もあり、トラブルになる場合が多

い。例えば、「出向」の問題に関していえば、労働契約法 14 条で出向の規定ができたが、その内容というと「出向の命令が、その必要性、対象労働者の選定に係る事情その他の事情に照らして、その権利を濫用したものと認められる場合には、当該命令は、無効とする。」というものである。それではこの「事情」とは何か。労働契約法本文では何も書かれていない。このような場合に参照されるのが過去の裁判例である。過去の裁判ではどのような判断がなされたのか、それを参考にして実務で取り扱うこととなる。

　労働法を理解するには、このように政令・省令をひもとき、さらに法律の条文がそもそも存在しない分野も多いため裁判例を参照する機会が多く、裁判例を理解しないと労働法全体が理解できないという状況になってしまっている。法律の条文を埋めるもの、もしくは条文の意味を明確にするもの、それが判例のもつ意味なのである。

2　裁判・審判の流れ

1　通常の民事裁判

　裁判例と一口にいっても分かりにくい。そこで裁判がどのような流れとなっているのか、簡単に紹介しよう。そもそも裁判とは「権利関係を確定するもの」であり、損害賠償請求権の有無、また雇用関係存在の有無といった権利関係について判断を行っている。したがって、賃上げについて例を挙げると、賃上げの実施では労使ともに意見の一致をみているが、いくらで妥結するかで折り合いがつかない、といったケースは裁判にはなじまない。これは「利益紛争」という言い方をするが、裁判は「権利紛争」を扱うものであり、利益紛争はそれ以外の機関（例：労働委員会）で扱うものと考えてほしい。

　さて、こうした裁判は、労働者側からまず地方裁判所に提起されることが多い。訴額が 90 万円を超えることが多いからである（簡易裁判所では 90 万円以下）。すると以下のような流れを経ることになる。

地方裁判所→（控訴）→高等裁判所→（上告）→最高裁判所

　当事者の一方が判決（決定）に納得しなかったら上級裁判所に控訴（抗告）す

ることができるので、地方裁判所で判決が出たからといってそれを最終判断とするのは早計でもある。特に同種の裁判が各地で行われているような場合にはA地裁では使用者が勝訴し、B地裁では労働者が勝訴する、ということは少なくない。これは、裁判官独立の原則があり、各裁判官は「自らの良心」に基づいて判断を下すからである。

とはいえ、最終的な判断は最高裁が下すことになる［図表1］。例えば、同種の事案においてA高裁とB高裁の判決が異なった場合、最高裁が最後の判決を下すのであり、これには何人も異議を唱えることができない。つまり、最高裁は一種の法律を創造する機能を果たしているといえよう。そのため、最高裁が判決を自ら下したということになると、当事者だけでなく各裁判所までもが注目をする。もちろん厳密にいえば最高裁判決に法的に拘束力があるというのではなく、

図表1 ● 民事裁判の流れ

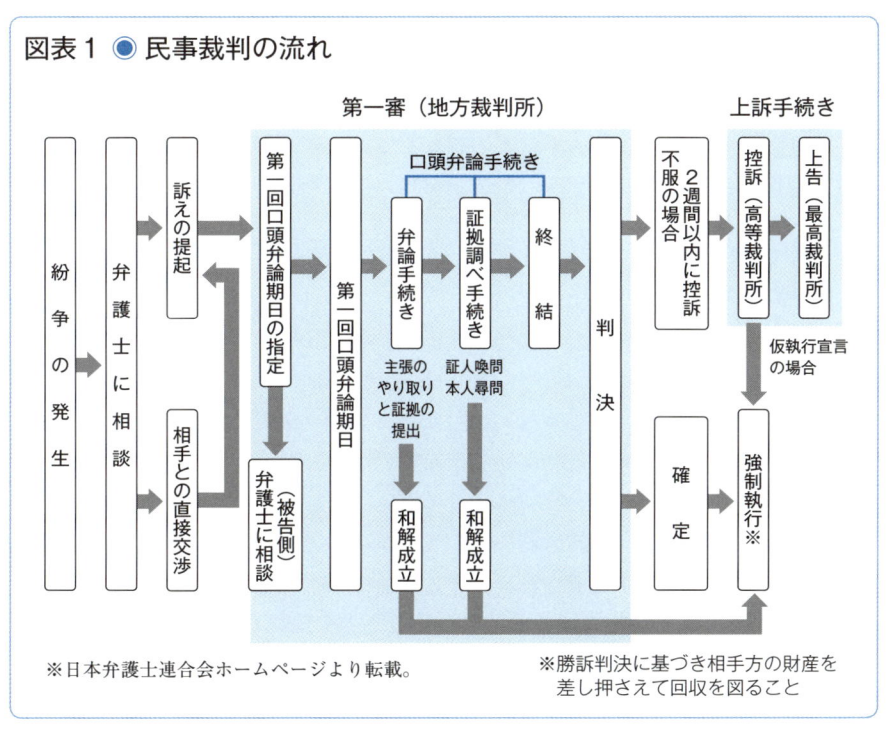

※日本弁護士連合会ホームページより転載。

※勝訴判決に基づき相手方の財産を差し押さえて回収を図ること

下級裁判所がこれと異なった判決を下したとしても最高裁で否定される可能性があると考える、とする事実的な拘束力をもつ、ということになろうか。地裁判決が高裁で逆転し、さらに最高裁で再逆転するということもあり得るが、こうした判決は我々にとって大変興味深い内容を提起するものとなる。

❷ 最高裁判決のとらえ方

　しかし、同じ最高裁でも同種の事件に対して異なる判断を下しているようにみえるときもある。その場合には、裁判所が認定した事実をよく分析してほしい。事実関係が異なることが分かるであろう。例えば、労働条件の不利益変更を取り上げた**みちのく銀行事件**（最高裁一小　平 12. 9. 7 判決）と**第四銀行事件**（最高裁二小　平 9. 2.28 判決）とでは、結果において使用者が勝訴したものと敗訴したものに分かれているが、その事実関係をとらえると理由が分かってくる。具体的には、賃金水準の減額幅や労働者への対応などの違いをとらえてほしい。

　さて、下級審はこうした最高裁の判断を前提として判断を下すことになる。最高裁によって否定される可能性がある判断は下しにくい。もっとも最高裁の判断は一判断として下級審が別個の自らの判断を下し、それが最高裁に認められる可能性もないとはいえない。

判決と決定　　　　　　　　　　　　　　　　　　　　***Column***

　裁判所が下す判断としては、判決も決定も本質的には変わらない。ただし、仮処分など民事保全手続きの場合には民事保全法で裁判を「口頭弁論を経ないですることができる」（3条）とされ、民事訴訟法 87 条 1 項ただし書で「決定で完結すべき事件については、裁判所が、口頭弁論をすべきか否かを定める」としている。結果としてスピードを要する仮処分については「決定」で、通常の口頭弁論を経る裁判は「判決」で終結することが多くなるのである。もちろん仮処分を「判決」で下すケースも存在する。

　なお、判決は「控訴」できるが、決定は「抗告」するということで手続きも異なる。

　万が一、会社で労働問題が発生し、労働者から訴えられた場合、どのようにしたらよいか。問題は最高裁の判決が存在せず、地裁や高裁レベルのものしか参考になるものがない場合である。この場合には弁護士を交えてその判決を基に検討せざるを得ない。事実関係は我が社とどこが同じでどこが違うのか。判決の論理は妥当なものか、詳細な分析が求められる。

　いずれにしても、さまざまな裁判例は最終的に最高裁の判断にゆだねられる。そして最高裁の判断は下級審を事実上拘束し、ひいては企業実務を拘束することになる。

❸ 不当労働行為における行政訴訟（取消訴訟）

　裁判の流れといっても、不当労働行為について労働委員会が発した命令に関する裁判の流れはまた異なる。使用者が命令を不服とした場合には以下のような流れになり、かなり複雑な形態をとるのである。

---

❶パターン　都道府県労働委員会命令→（再審査申し立て）→中央労働委員会→（取消訴訟）→東京地裁→（控訴）→東京高裁→（上告）→最高裁判所

❷パターン　都道府県労働委員会命令→（取消訴訟）→各地方裁判所→（控訴）→高裁→（上告）→最高裁判所

　つまり、都道府県労働委員会命令に対して不服な場合、使用者は中央労働委員会に再審査を申し立てるか、当該都道府県を管轄している地裁に行政訴訟（取消訴訟）を提起するか、どちらかの道を選択することができる [図表２]。ただし、ここにおいては"労働委員会の命令を取り消せ"という裁判を求めるものであるため、原告である当事者は当該命令を不服とした使用者側（もしくは労働者側）であるのに対し、被告は命令を下した労働委員会となる。それでは一方当事者であった使用者側もしくは労働者側（要するに当該労働委員会命令を肯定する立場）はこの訴訟に関与できないかといえばそうではない。労働委員会をめぐる裁判で当事者のところに「補助参加人」という項目があるが、これに該当し、訴訟に参加することができるのである。

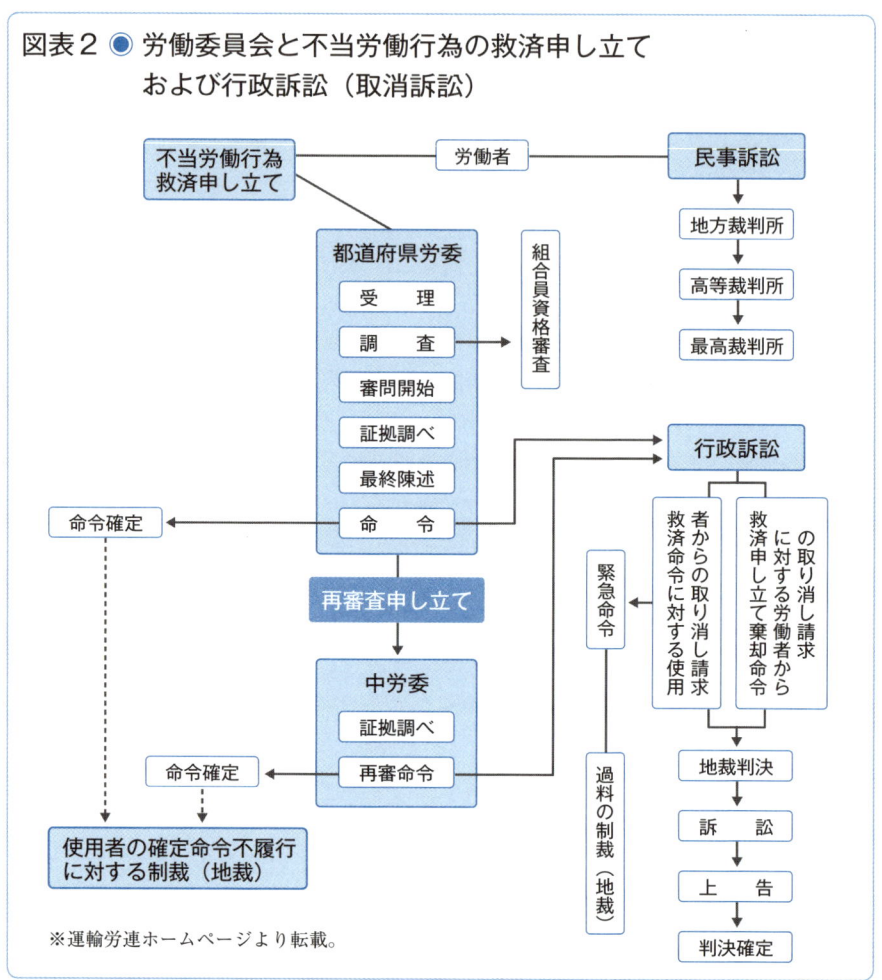

図表2 ● 労働委員会と不当労働行為の救済申し立て
および行政訴訟（取消訴訟）

※運輸労連ホームページより転載。

4 不当労働行為に関する審判

　以上、裁判の流れについて述べたが、「労働委員会における命令」という言葉に戸惑った読者も多いかもしれない。労働委員会とは労使紛争解決に関与する行政機関と理解してほしい。その中で労働組合の弱体化や組合への不利益取り扱い

などを禁じた不当労働行為について、労働組合は労働委員会に対して救済を求めることができる（労組法7条）。この救済申し立てに対して労働委員会は審査を行い、理由があるとすれば救済命令、理由なしとすれば棄却命令、要件に当てはまらないとすれば却下することとなる。

　この命令も裁判と同じように企業実務としては大きな意味をもつ場合がある。事案と同様のことをすると不当労働行為と認められる、という可能性があるからだ。しかしながら、多くの場合には、その命令を不服とする当事者が取消訴訟を提起する。したがってその訴訟の結末を待って企業実務は動き出す、ということが通常であろう。

　なお、この労働委員会の命令は行政機関が発するものであるから、司法機関である裁判所が発する内容とは根本的に異なる。労働委員会は今後の労使関係の安定のために必要な命令を発する。極端にいえばそこでは権利義務といった観念より、必要性が優先されるといってよい。そのため、「謝罪文の掲示」「解雇した労働者の原職復帰」「被差別労働者への昇格命令」など非常に広範囲な命令が発せられることは留意していただきたい。

3　判例の実際例と実務への影響

"労働条件の不利益変更・解雇権濫用の法理・安全配慮義務・採用の自由"の4テーマから読み取る

　それでは、判例がどのように実務に影響を及ぼしたのか、四つのテーマに絞って見てみよう。いずれも最高裁の判決である。それにより判例が実務にいかに大きな影響を及ぼしたのか分かるであろう。

1 労働条件の不利益変更

秋北バス事件（最高裁大法廷　昭43.12.25判決）

1問題の所在

　労働条件は個別の労働契約によって決まることはいうまでもないが、通常は就業規則で一律に決定している。一人ずつの労働契約で別々に決定することは手間ばかり掛かるからである。しかし、よく考えるとどうもおかしい。就業規則は使

用者が一方的に決定できるものである。それが契約に取って代わるということは、どのように論理的に説明できるのであろうか。特に、労働者にとって有利に労働条件を変更する場合には問題はないが、不利に変更する場合にはどのような理屈が立てられるのであろうか。学説では多様な議論がなされており、それに対して裁判所が判断を下したのが本判決である。

2 事件の概要

事実関係は簡単である。従来定年制が存在しなかった会社において55歳定年制を就業規則の改定により導入することの可否が争われたものである。そもそも、就業規則とは何か。法規だとするなら、企業が一方的に法規を定めることができるのだろうか。契約だとするなら、当事者の一方（通常は労働者であろうが）が反対していたら、それを強行してよいのか、ということになる。特に、定年制がなかった企業において定年制を導入することは労働者にとって不利益な変更ともいえ、「就業規則で労働者にとって不利益な変更はできるか」として争われたのである。

3 判決の概要

この点、最高裁は「就業規則の変更による労働条件の不利益変更は原則としてできない」と判断したが、一方で労働条件は統一的・画一的決定が必要であるとして次のように判示した。「就業規則は、一種の社会的規範としての性質を有するだけでなく、それが合理的な労働条件を定めているものであるかぎり、経営主体と労働者との間の労働条件はその就業規則によるという事実たる慣習が成立しているものとして、その法的規範性が認められるに至っている（民法92条参照）ものということができ…、当該事業場の労働者は、就業規則の存在および内容を現実に知っていると否とにかかわらず、また、これに対して個別的に同意を与えたかどうかを問わず、当然にその適用を受けるものというべきである」とした。この部分は一般論として述べているので、一種の法創造ともいえる部分であろう。

4 実務へのインパクト

この判断に対して学説では、この判決を「事実たる慣習説」を採用したのか、あるいは「法規範説」なのか「契約説」なのか、多くの議論がなされてきたが、企業実務では「合理的な内容であれば労働者にとって不利益な労働条件の変更も

可能である」と認識された。そのため「合理的な内容とは何か」がいろいろな方面から議論されることになったのである。具体的には、不利益の程度、不利益変更の必要性、代償措置の有無、労働者へ理解を求めたか否かなど…。そして、その後さまざまな裁判例の集積を経て、労働契約法 7 条、9 条以下の条文が生まれた。これらの条文は裁判例ですでに固まった部分を文言化したものといってよい。特に 7 条本文では「…労働契約の内容は、その就業規則で定める労働条件によるものとする。」と明言したので学説上の争いはもはや実務上意味のないものとなっている。

　ただし就業規則の変更等実際の運用については、例えば労働契約法 10 条本文で「使用者が就業規則の変更により労働条件を変更する場合において、変更後の就業規則を労働者に周知させ、かつ、就業規則の変更が、労働者の受ける不利益の程度、労働条件の変更の必要性、変更後の就業規則の内容の相当性、労働組合等との交渉の状況その他の就業規則の変更に係る事情に照らして合理的なものであるときは、労働契約の内容である労働条件は、当該変更後の就業規則に定めるところによるものとする。」と定められたように一見明確になったように見える。ところがよく考えると、条文中の「合理的」とは何なのだろうか。どの程度なら合理的なのか、この条文ではまったく分からない。それまでの判例の蓄積を条文化しただけだからである。実務上は合理性の線引きについて引き続き判例の分析が必要なのである。極論すれば労働契約法ができたからといって、実務的作業はまったく変わらないといっても過言ではない。

2 解雇権濫用の法理

日本食塩製造事件（最高裁二小　昭 50. 4. 25 判決）

1 問題の所在

　解雇については 2003 年に改正した労基法 18 条の 2 によって「解雇は、客観的に合理的な理由を欠き、社会通念上相当であると認められない場合は、その権利を濫用したものとして、無効とする」と定められたが、その規定が条文化されるまではまったく解雇の要件について述べるところがなかった（形式的要件については 19 条から 21 条までが存在したが）。たしかに契約の一般的な理論によれば、契約は一方当事者から破棄することは可能であるから、退職の自由が存在す

るのと同じように解雇の自由も存在することは間違いない。しかしながら、この
ことを貫徹し使用者が自由に解雇できるとするなら、労働者の生活は極めて不安
定なものとなってしまう。極端にいえば「あなたがきらいだから解雇する」とい
うことも可能になってしまうのである。

　これに対して昭和20年代から下級審が解雇に関して相次いで判決を出し、「解
雇権濫用の法理」すなわち"解雇には正当な事由が必要"とする方向が出されて
きた。これについて最高裁が判断を下したのが**日本食塩製造事件**（最高裁二小
昭50.4.25判決）である。

2 事案の概要

　この事件は、本来ユニオンショップ協定に関する事件である。ユニオンショッ
プ条項を結んだ労使関係のもとで組合員が除名された事例である。高裁では組合
員の除名処分自体が無効かどうか争われ、除名処分が無効であっても、企業には
解雇の自由があるから解雇は有効と判断したのであった。これに対し、最高裁は
次のように判断を下した。

3 判決の概要

　最高裁は「使用者の解雇権の行使も、それが客観的に合理的な理由を欠き社会
通念上相当として是認することができない場合には、権利の濫用として無効にな
る」と判断を下した。これは解雇権濫用の法理の存在を明確に定めたものとして
解釈され、その後**高知放送事件**（最高裁二小　昭52.1.31判決）では普通解雇事
由がある場合でも、社会通念上「相当」でない場合には解雇権の濫用になると確
認されている。

4 実務へのインパクト

　こうした一連の解雇権濫用に関する判例が集積しても、解雇に及ぶような事件
は事件ごとに状況が異なる。そのため、この一般論だけでは問題の解決にはなり
にくい。したがってさまざまな判例がその後も頻発し、どの程度の要件を満たし
たら解雇が有効なのか、分析を進めつつ手探りで境界事例を検討しているのが企
業実務の現状である。ただし、一連の判例により、「使用者は自由に解雇を行う
ことはできない」という感覚はおそらく企業実務に定着し、解雇に当たって証拠
の収集など慎重に行うことはもはや常識といってよいであろう。

　こうした問題状況を基に、労基法では前述したとおり18条の2を新設し解雇

権濫用の法理を明確化した。そして、新たに制定された労働契約法では16条で同じ文言が引き継がれている。この条文では日本食塩製造事件の文言をそのまま持ち込んだような体裁となっており、必ずしも明確化には役立っていないという批判があるが、今まで法律（労働法）に疎い人々には解雇権濫用の法理といっても理解させることが非常に難しかったことから考えると、判例法を明文化することの意味は大きい。

③　安全配慮義務
陸上自衛隊八戸駐屯地事件（最高裁三小　昭50. 2.25判決）
1 問題の所在

　企業は、労働者に対する健康や安全をどこまで配慮すればよいのであろうか。この点、労働諸法では、労働安全衛生法で健康診断など形式上のことは明記されているが、具体的な作業現場でどこまで行えばよいのかは必ずしも明らかでない。しかしながら、こうした形式上のことだけでよいのか否かといえば、それでよいとも言い切れない面がある。一般的に危険から労働者を保護する必要はあるようにも考えられるからである。こうした問題に一定の判断を下したのが**陸上自衛隊八戸駐屯地事件**（以下「陸上自衛隊事件」という）（最高裁三小　昭50. 2.25判決）である。

2 事案の概要

　陸上自衛隊八戸駐屯地内の車両工場において事故が起こり、自衛官が死亡した事件である。ここで遺族が国は事故を未然に防ぐ義務があったとして損害賠償を求めて国を訴えたのが本件である。

3 判決の概要

　判決では「安全配慮義務は、ある法律関係に基づいて特別な社会的接触の関係に入った当事者間において、当該法律関係の付随的義務として当事者の一方又は双方が相手方に対して信義則上負う義務として一般的に認められるべきもの」とした。もっとも、この判決は国と自衛隊員という公務員との関係についての判決であり（後述する「射程距離」の問題である）、民間企業と一般私人との関係の最高裁判決は**川義事件**（最高裁三小　昭59. 4.10判決）まで待たねばならなかった。

353

4 実務へのインパクト

　この陸上自衛隊事件の判例は、大きな広がりをもつようになった。すなわち、陸上自衛隊事件は自衛隊員すなわち公務員（＝国）の勤務関係について判断されたものだが、その勤務関係が労働契約関係に基づくいわゆる民間企業についても適用された。ここでは、安全配慮義務について特段の規定のない自衛隊員の勤務関係について、いわば事実たる慣習としての「安全配慮義務」を認めたものとして注目されている。この適用について、具体的に示されたのが川義事件であり、判決では宿直従業員が強盗に殺害されないような配慮を企業に求めたのである。

　また、陸上自衛隊事件の判例では「ある法律関係」としか述べていないので雇用契約に限定されることなく、請負、賃貸、売買等、その他の契約についても広く当てはめられるようになった。しかも、同判決では「信義則」という甚だ不明確な「保護義務」としているため、企業は従業員に対して「何を」「どこまで」配慮すればよいのか明確になっていなかった。こうした状況の中で、最近では従業員が喫煙に伴う副流煙にさらされないための「健康配慮義務」（**江戸川区事件** 東京地裁　平 16.7.12 判決）や、従業員がセクシュアルハラスメントに遭わないようにするための「環境保護義務」も判例でみられるようになってきた。

　こうした事態に対処するため労働契約法では 5 条で、「使用者は、労働契約に伴い、労働者がその生命、身体等の安全を確保しつつ労働することができるよう、必要な配慮をするものとする。」という文言が制定された。しかし労働契約法の他の条文と同じく「必要な配慮」とは何か、条文では答えてくれない。やはり判例の集積を分析するしかないのである。

　また、やや専門的になるが損害賠償を求める場合、不法行為（民法 709 条など）で行うのか、債務不履行（民法 415 条など）で行うのかによって要件が異なるが、この判例によって債務不履行責任に基づく損害賠償請求がなされるようになってきたともいえる。

　こうした内容は、すべて法律の明文に述べられているわけではなく、判例で示されている。したがって、企業の現場では常に判例の動向を配慮すべき点であり、判例に注意することの重要さを教えるものとなっている。

❹ 採用の自由

注意すべき判例の読み方：三菱樹脂事件（最高裁大法廷　昭48.12.12判決）

　時間的には前後するが、実務に大きな影響を与えた判決として**三菱樹脂事件**（最高裁大法廷　昭48.12.12判決）を挙げておこう。この判決は、さまざまな観点から分析することができるが、採用の点に絞って議論しよう。

1 問題の所在

　採用について労基法では特に定めていない（なぜなら労基法は採用後の労働者の労働条件について規制する法律のため）。したがって、採用はまったく自由なものであるのか、何らかの法規制は個別法を除いては明確ではない（現時点でいえば男女雇用機会均等法で男女平等を定めたものや、障害者雇用促進法で一定比率の障害者雇用を義務付けているものがあるが…）。そのため、だれを採用しようがしまいが自由だという考え方も成り立つ。この判決は「採用の自由」に触れたものである。

2 事案の概要

　この判決は、試用期間中の労働者に対して身上書の虚偽記載などを理由として本採用を拒否した事件である。ちょうど学生運動が華やかだった時代背景もあり、使用者側として幹部候補者としての適格性を問題にしたものである。

3 判決の概要

　本判決は、憲法で経済活動の自由を基本的人権として保障していることを前提として、「企業者は、かような経済活動の一環としてする契約締結の自由を有し、自己の営業のために労働者を雇傭するにあたり、いかなる者を雇い入れるか、いかなる条件でこれを雇うかについて、法律その他による特別の制限がない限り、原則として自由にこれを決定することができる」とした。そのうえで「企業者が特定の思想・信条を有する者をそのゆえをもって雇い入れることを拒んでも、それを当然に違法とすることはできない」としている。

　そして「企業者が雇傭の自由を有し、思想・信条を理由として雇入れを拒んでもこれを目して違法とすることができない以上、企業者が、労働者の採否決定にあたり、労働者の思想、信条を調査し、そのためその者からこれに関連する事項についての申告を求めることも、これを法律上禁止された違法行為とすべき理由はない」としている。

４ 実務へのインパクト

さて、この判決文をどのように解釈すべきであろうか。思想・信条の調査を可とする読み方もできるだろうが、現段階において企業実務では思想・信条の調査を正面から行うべきとする企業はどれほどあるだろうか。裁判・判例は生き物である。この当時はたしかにこうした考え方が妥当したかもしれないが、今の世の中でこれを妥当とする見方は少数であろう。この判例の考え方を世間は受け入れなくなっているかもしれない。判例を金科玉条のものとして維持してよいか、世間の常識と反していないか、企業実務としては振り返ってみる必要があろう。

４ 判決文の読み方 [参考]

ここでは、読者でも簡単に労働裁判の判決書がホームページ上で閲覧できる「裁判所ウェブサイト」の裁判例情報（http://www.courts.go.jp/search/jhsp0010?action_id=first&hanreiSrchKbn=01）から、以上のことを踏まえて実際に判決文を読んでみよう。

１ 形式上の問題

まず、どの判決がどのようなことを述べているか、特定するためには何かの名前を付けるのが最も分かりやすい。その場合、民事・刑事の一般的な法律では「判決日、事件番号、事件名」の順で一般的に並べられるがこれでは分かりにくい。そこで、労働判例では相手方となった企業名を付して、○○事件と呼ぶのが通常である。例えば、「昭和43年12月25日判決　昭和40(オ)第145号（編注：左記の符号については [図表３] 参照）就業規則の改正無効確認請求事件」というより、「秋北バス事件」といえば、就業規則の変更（とりわけ不利益変更）の有効性に関するリーディング判決だとすぐに理解できる。こうした名称が付いているのが労働判例の特徴といえよう。

さて、出版社などが作成する判例集に登載された裁判例をみるとまず事件名、裁判所名、判決年月日（例・秋北バス事件　最高裁大法廷　昭43.12.25判決）が掲載されている。裁判所名については適宜省略されていることもある。高裁は「高」、地裁は「地」となるが、裁判所には支部が置かれている所もあり、そうし

た所では例えば「仙台高秋田支判」などと記載される。地名については省略しないことが通例だが、引用されるときなど、高裁は日本に8カ所しか存在しないことから、「東高判」などと略している論文も散見される。最高裁は一つしかないが、小法廷まで明記することが少なくない。

　以下では、「年俸制の社員の時間外手当が基本給に混在していても、勤務実態、報酬額等から適法」と判断された**モルガン・スタンレー証券事件**（東京地裁平17.10.19判決）の判決書［**参考**］（次ページ参照）を用い、判決書の主要な箇所の読み方を簡単に説明しよう。

■1 主文

　この部分が判決の結論である。請求を認容したのか、棄却したのか、それとも却下したのか、それがここで分かる。訴訟の要件に当てはまらなかったとして裁判の内容に踏み込まなかったものは「却下」、裁判の内容を審理して請求に理由がないとして訴えを斥けるものが「棄却」として区別している。

　ものによっては一見請求を認容し、原告勝訴ととらえることができても、実際に「理由」を読むと必ずしも一方的に原告が勝っているとはいえない事例もある（例えば、極めて少額の慰謝料しか認めなかった場合など）。そこが判決の読み方の難しいところである。

■2 事実及び理由

　結論に至った理由を縷々述べている部分であり、前半は当事者の主張をまとめ、後半で裁判所が認定した事実を述べ、それに対して裁判所がいかに判断したかを論じている。ここが判決を読むうえでの重要なポイントとなる。

①当事者の求める裁判

　当事者（「原告：一般的に労働者」と「被告：一般的に使用者」）がどのような裁判を求めているのか表す部分である。請求を認容しているような判決の場合には、請求額と認容額が大きく異なることもあることが分かる。

②事案の概要

　当事者の主張を取りまとめた部分である。最近の判決文はこの最後に争点をまとめているので理解しやすいが、その半面簡単にまとめすぎている傾向も少なくない。より突っ込んで議論してほしい部分や事実関係を詳しく認定してほしいと

参考 モルガン・スタンレー証券事件（東京地裁　平 17.10.19 判決）の判決書の見方

❶判決言渡日

平成 17 年 10 月 19 日判決言渡　同日判決原本領収　裁判所書記官
平成 16 年(ワ)第 23338 号　超過勤務手当請求事件

口頭弁論終結日　平成 17 年 8 月 24 日

❷正式な事件名（番号）。実務上はあまり関係ない

判　　　決

原告　　　　　　　　　　　　A
上記訴訟代理人弁護士　　　　杉浦幸彦
被告　　　　　　　　　　　　モルガン・スタンレー証券会社こと
　　　　　　　　　　　　　　モルガン・スタンレー・ジャパン・リ
　　　　　　　　　　　　　　ミテッド（日本における代表者）B

上記訴訟代理人弁護士　　　　岡田和樹
同　　　　　　　　　　　　　片山昭人
同　　　　　　　　　　　　　木南直樹
同　　　　　　　　　　　　　山川亜紀子
岡田和樹訴訟復代理人弁護士　西 美友加

❸当事者名。弁護士名以外の個人名・所在地は仮名にすることが多い

❹被告会社名。労働事件ではこれを「事件名」とすることになる

主　　　文 　❺判決の結論部分

1　原告の請求を棄却する。
2　訴訟費用は原告の負担とする。

事実及び理由

❻原告、すなわち労働者が請求した内容

第1　請求
　　被告は、原告に対し、金 799 万 5181 円及びこれに対する平成 16 年 11 月 10 日から支払済みまで年 6 分の割合による金員を支払え。

❼裁判所がまとめた事件の概要

第2　事案の概要
　　本件は、被告の従業員であった原告が、平成 14 年 11 月から同 16 年 4 月までの間、別紙計算書記載のとおりの日数、平日の午前 7 時 20 分から同 9 時までの間超過勤務をしたとして超過勤務手当 799 万 5181 円の支払及びこれに対する遅延損害金の支払を求めたところ、被告は、原告は労働基準法（以下「労基法」という）41 条 2 項の管理監督者に当たる、超過勤務手当は原告の年俸に含まれており支払済みであるなどと反論し、支払を拒否している事案である。

1　争いのない事実
　(1)　当事者等
　　　ア　被告は、国際的な総合金融サービスグループであるモルガン・スタンレーの日本拠点として、企業・機関投資家を対象とした株式・債券のセールス及びトレーディング業務並びに資金調達や M&A アドバイザリー業務を中心とする投資銀行業務、投資関連

情報の提供サービスなど幅広い金融サービスを提供している平成16年4月末現在資本金約667億円の外資系証券会社である。

（以下、(2)～(4)と当事者の主張が続くがここでは略す）

❽裁判所がまとめた争点。これに対する労使の主張をまとめている

2　争点及び当事者の主張の要旨

(1)　原告は超過勤務をしたか（争点1）。

【原告】

ア　原告は、平成14年11月から同16年4月までの平日の午前7時20分から同9時までの間、本件ミーティングに参加するなどして所定時間外の超過勤務をした。

（中略）

❾第2の争点。❽と同様に各争点に対する主張が続く

(2)　原告は労基法41条2号の管理監督者か（争点2）。

【原告】

原告は、労基法41条2号の管理監督者に該当する。その理由は、以下のとおりであり、したがって、被告は、原告に対し、超過勤務手当を支払う義務はない。

ア　判断枠組み

労基法41条2号の管理監督者に該当するか否かを判断するに当たっては、近時の勤務形態の一層の多様化によって管理監督者の範囲が変化してきたことに鑑み、次の3要素に着目して判断すべきである。

①　労働時間等に関する規制の枠を超えて活動することが要請されざるを得ない、重要な職務と責任を有しているか否か（第1要素）

②　現実の勤務態様も、労働時間の規制になじまないような立場にあるか否か（第2要素）

③　その地位に見合った相当な待遇を受けているか否か（第3要素）

（中略）

(3)　被告は、超過勤務手当を支払っているか（争点3）

（中略）

(4)　原告の被告に対する超過勤務手当支払請求は、権利濫用ないし信義則違反に当たるか（争点4）

（中略）

❿上記の争点に対して裁判所の判断。裁判所がいかなる事実を認定したかを述べている

第3　争点に対する判断

1　判断の順序等

(1)　本訴請求の要旨は次のとおりである。原告は被告の社員であるが、被告の就業規則によれば、社員の労働時間は平日の午前9時より午後5時30分まで（但し、1時間の休憩時間を除く）とされているところ、原告は平成14年11月1日から同16年4月30日までの間の平日、前記所定の労働時間のほか午前7時20分から同9時までの間労働したので、労基法37条に基づき、別紙計算書のとおり超過勤務手当の支払を求めるというものである。

（中略）

(2)　（中略）

2　争点3（弁済の成否）
(1)　被告の主張の要旨（中略）
(2)　認定事実（中略）

❶以上認定した事実に基づいて、裁判所が判断した部分。判決の中心となる部分である

(3)　**当裁判所の判断**

以上の認定事実によれば、①原告はこれまで東京銀行、メリルリンチ証券、被告に勤務していたところ、東京銀行時代は超過勤務手当の支給を受けており、所定時間外労働をすれば超過勤務手当が発生することを知っていたこと、②しかるに、原告は、外資系インベストメントバンクであるメリルリンチ証券、被告に勤務しているときには、超過勤務手当名目で給与の支給を受けていないことを認識しながらこれに対し何ら異議を述べていないこと、③被告が原告に対し入社の際交付したオファーレターによれば、所定時間を超えて労働した場合に報酬が支払われるとの記載はされていないこと、④原告の被告での給与は高額であり、原告が本件で超過勤務手当を請求している平成14年度から同16年度までの間、基本給だけでも月額183万3333円（2200万円÷12＝183万3333円）以上が支払われていること、⑤被告は原告の勤務時間を管理しておらず、原告の仕事の性質上、原告は自分の判断で営業活動や行動計画を決め、被告はこれに対し何らの制約も加えていないこと、⑥被告のような外資系インベストメントバンクにおいては、原告のようなプロフェッショナル社員に対して、所定時間外労働に対する対価も含んだものとして極めて高額の報酬が支払われ、別途超過勤務手当名目での支払がないのが一般的であることが認められる。

以上の事実に、被告の原告に対する基本給は毎月支払われ、裁量業績賞与は、支払の有無、支払額が不確定であることに照らすと、原告が所定時間外に労働した対価は、被告から原告に対する基本給の中に含まれていると解するのが相当である。そして、原告は、被告から、毎月、基本給の支給を受け、これを異議なく受領したことにより、当該月の所定時間外労働に対する手当の支給を受け、これに対する弁済がされたものと評価するのが相当である。

（中略）

❷主文に至った最終的な結論

3　**結論**

以上によれば、原告が、仮に、平成14年11月から同16年4月までの間、別紙計算書記載のとおりの日数、時間給で、1日当たり70分間所定時間外の労働をしたと仮定しても、被告は、原告に対し、毎月183万3333円を超える基本給を支給し、原告もこれを異議なく受領しているところ、原告の前記所定時間外の労働の対価は、前記毎月の基本給の中に含まれて支払われたというべきである。そうだとすると、原告の本訴請求はその余の点を判断するまでもなく理由がないということになる。よって、原告の本訴請求を棄却することとし、主文のとおり判決する。

東京地方裁判所民事第36部
　　裁判官　難波孝一　　❸担当した裁判官名

360

図表3 ● 労働裁判で主に使用される事件記録符号の説明

区分	民　　事　　裁　　判			行　政　裁　判
地　方裁判所	通常訴訟事件 平○年(ワ)△号 通常、地裁判決は(ワ)になる	保全命令事件（仮処分および仮差し押さえ事件） 平○年(ヨ)△号 通常、地裁決定は(ヨ)になる	民事雑事件（通常訴訟事件および保全命令事件に関する付随事件） 平○年(モ)△号 まれに地裁判決で出てくる	行政訴訟事件 平○年(行ウ)△号
高　等裁判所	民事控訴事件 平○年(ネ)△号 通常、高裁判決は(ネ)になる	民事抗告事件 平○年(ラ)△号 通常、高裁決定は(ラ)になる		行政控訴事件 平○年(行コ)△号
最　高裁判所	民事上告事件 平○年(オ)△号 ／ 民事上告受理事件 平○年(受)△号	民事許可抗告事件 平○年(許)△号		行政上告事件 平○年(行ツ)△号 ／ 行政上告受理事件 平○年(行ヒ)△号

事件記録符号とは…裁判所で、事件を受け付けた後、事件記録の表紙に、事件の種類ごとに、年度（暦年）・符号・番号（毎年1号から始まる）を表記したもの。

抗　告	下級裁判所の出した決定または命令に対して、上級裁判所になされる不服申し立て、あるいはこの申し立てにより開始される上級裁判所における審理・判断の手続きをいう
上告受理	原判決に判例違反がある、その他法令解釈に関する重要な事項を含むことを理由として、最高裁判所に対して上告審として受理されたもの
許可抗告	高等裁判所の決定および命令に対する抗告のうち、法令の解釈に関する重要な事項を含むとして高等裁判所に対して抗告の許可を求めて行うもの

ころを簡単に済ませている感もある。一方でかつての判決文ではどこが重要なのか読み解くのが難しいものもあり、一長一短なのかもしれない。

3 当裁判所の判断

ここが争点に対する裁判所の判断部分である。必要な限りで裁判所の認定した事実を述べているのでここを読み解くのが判例を分析する主たる作業である。

❷ 判例理論の射程距離

　さて、この「判断」をじっくり読むと、何が問題となり、それに対して裁判所がどう考えたのか、明確になってくるであろう。そこで思考を終えてはいけない。その判断をどうとらえるのか、とらえ方が重要になる。

　裁判というのはいうまでもなく１件１件の事案に対する解決である。つまり、ある案件については妥当な解決であっても、別の案件については同じような判断が妥当するとは限らない。したがってある判決が出されたとしても、それが他の案件、例えば自社の事例に妥当するかは慎重な検討を要することになる。具体例を挙げると、前出の陸上自衛隊事件（最高裁三小　昭50. 2.25判決）は、国と公務員たる自衛隊員との訴訟であって、民間人と民間企業との間の訴訟に該当するとは限らない。しかし、この判決で注目すべき点は、一般的なすなわち民間の訴訟でも通用する枠組みを述べていると思われる部分があることである。高裁以下の下級審では判断を慎重にしなければならないが、「一般的にはかくかくしかじかと考える。この点本件では…」と議論しているところの一般論はかなり判断が固まった部分も多く、参考になるからである。

　こうした見方から、ある裁判例がどこまで適用可能か判断するときの言い方として「射程距離」ということがある。具体的には、"こうした案件までは妥当するが、ここまでは無理だろう"、などという表現がこれに当たる。この射程距離はどこまでか、実は判断が難しい。研究者が種々議論するのも往々にしてこの部分である。

　射程距離として比較的分かりやすい例が最高裁判決である。最高裁判決が一般論を論じる場合には、それを下級審が採用するケースが通例であるから、一種の法律を創造するのと同じ意味をもつ場合がある。その例は後述するが、その場合には最高裁が論じている一般論の意味をどのように理解すべきか、法律の条文と同じように議論を行うことになる。

❺ 　判例を読む際の留意点

　これまで判例の読み方を取り上げてきたが、ここで疑問を生じるかもしれない点についていくつか指摘しておこう。

1　裁判の終結について

　裁判が判決をみたからといって終わるわけではない。控訴もされれば上告もされる。ところが、控訴されたはずなのに控訴審の判決が一向に下りない、また訴訟が提起されたのに判決が出されないことも多い。こうした場合は訴訟を取り下げた場合もあるが、和解で終了したことも十分考えられる。訴訟において1回は和解勧告されると聞くこともあるが、和解において結果は公表されないため、どのようなことになっているのか、部外者からは判断できない。

2　「本筋」と傍論

　判例を読んでいて一番問題となるのがこの点である。何が本筋なのか、そしていろいろ論じているが果たして必要な部分はどこなのか等々、読み分けることが重要なのである。当事者が一生懸命議論しているが、裁判所は最終的に「独自の議論であり採用しない」と判断されたりしているとそれまで読んだ時間が無駄と感じられることも少なくない。

　どこが重要で、重要でないのか。『労働判例』などの判例雑誌では重要と思われるところに傍線が引かれており、読者にとってはそこを重視することも参考になるが、率直に言って筆者は傍線の箇所に疑問をもつこともある。最終的には自分で読み込み、再構成することが必要となる。もっとも経験を積んでくると重要なところが向こうから目に入ってくるような感覚を覚えることもあり、要は「慣れ」というべきであろう。

3　論理の追い掛け－初心者のために

　判決とは論理の積み重ねである。したがって、❶前提事実は何か、❷それに基づいて当事者双方がいかなる主張をしているのか、❸その主張における争点は何か、❹その争点に対して裁判所がいかなる判断をしているのか、❺その判断は一般論なのか、それともこの事例に特有の判断なのか——を分析してみると判決の構造が分かってくる。

　法律解釈学の大学院生（気の利いた学部学生も）はこうした作業を積み重ねる。その結果、判例の解釈、研究が効率的にできるようになる。法学部出身者以外の読者にとっては厳しいかもしれないが、判例を本格的に勉強するためには必

要な作業と理解してほしい。

6 判例解説を読むうえでのポイント

1 裁判例と「判例」

　さて、ここまで筆者は「裁判例」、あるいは「判決」という用語と「判例」という用語を使い分けていたことにお気付きだったろうか。さまざまな判決が全国でおびただしく出されている。しかしながら我々が本当に参考となり、必要とするような判決はさほど多くない。多数の判決は参考にもならずに判例集にも登載されないのである。こうした考え方から筆者は多種多様な判決や裁判例の中から、我々が「先例」として参考にすべき裁判例を「判例」として呼びたいと考える［図表4］。もっとも、法的には中野次雄氏のように「裁判所が個々の裁判の理由の中で示した法律判断」（『判例とその読み方』（有斐閣刊））と定義されることもあり、異なった使い方をしていることに留意していただきたい。

　そこで実務家にとって参考になるのは判例解説である。『労政時報』や『労働判例』『ジュリスト』などで取り上げられた判例は実務上重要なことも多い。そのような解説論文・記事を読むことは重要なポイントでもあろう。

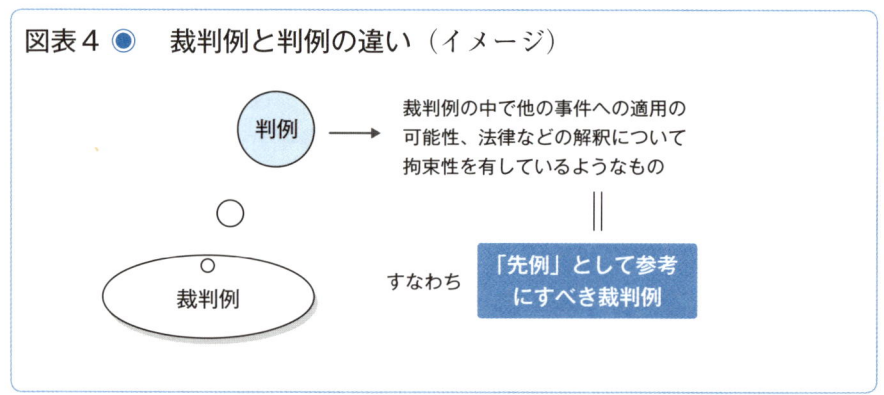

図表4 ● 裁判例と判例の違い（イメージ）

判例 → 裁判例の中で他の事件への適用の可能性、法律などの解釈について拘束性を有しているようなもの

裁判例　すなわち　「先例」として参考にすべき裁判例

❷　解説を読むうえでの五つのポイント

　判例がこれだけ多く出てくると解説も多く出てくる。しかし、その解説を鵜呑_{うの}みにすることは注意したほうがよい。ポイントは五つある。

　第1に、リードをどうとらえるか、である。さまざまな判決が全国の裁判所から発せられる。その中で判例集を編集している出版各社は実務に影響のある判決は何か、数多くの判決から判例として取捨選択して掲載している。いずれの雑誌においても「○○に関する例」という見出しとともに事件の概要が簡単にまとめられている（込み入った事件などはこの概要自体を読み解くのが難しいこともあるが…）。筆者は、これを新聞記事と同じように「リード」と呼んでおく。注意する点は、これらのリードはその雑誌の編集部がまとめたものであり、企業実務としては別の視点から読み解く必要があることである。編集部が重要と思った部分と現場が必要とする部分が異なるというイメージである。場合によっては文字どおり読者を「ミスリード」するものもあり得る。

　第2に、判例を正しく読んでいるか、である。ポイントがずれた判例解説になっていないか（例えば、参考判例として対比する判例を適切なものとしているか）。また、重要な点を抜かしていないか。その逆に重要でない部分に力を入れて解説していないかなど、注意して読まなければならない。

　第3に、本人の主観・主義主張が出過ぎていないか、である。当然、判例解説であり研究であるから、主観・主張が入ることは差し支えない。ただし、判決を無視して解説者の法解釈の主張を行ってしまうと、「判例のポイント」「判例の論理の誤り」「判例の限界」の指摘を超えて「自分の論文」になってしまうケースも散見される。

　第4に、実務に対して示唆がある解説かどうか、である。理論上の問題点をいくら論じられても、企業の実務家としてはあまり意味がない。この判決を基に実務の場面で何をどうすればよいのか、参考になるものでないと単なる研究論文になってしまう。

　第5に、だれが筆者であるか、注意する必要がある。第3のポイントと多少重なるが、例えば弁護士が判例解説を書く場合である。弁護士は、労働者側・使用者側のどちらの立場に立つかはかなりはっきりと分かれている。労働者の立場にある弁護士は日本労働弁護団に加入していることが多く、使用者の立場にある

弁護士は経営法曹会議に属することが多い。どちらの立場から解説を書くかによって、判例の評価は180度変わってしまうので、解説を読む際には注意が求められる。

　同様のことは、研究者の判例解説にもいえることである。著者の立場によって判例の評価が変わることも珍しくない。可能であれば判例解説を読むときには複数の解説を読むことを勧めたい。

③ 判例の評価における具体例

　例えば、判例の評価については研究者によってもかなり異なる。古い文献ではあるが、理論的に大変興味深いものに下井隆史・保原喜志夫・山口浩一郎共著『論点再考 労働法』（有斐閣刊）ではロックアウトに関する丸島水門事件（最高裁三小　昭50. 4.25判決）について論者によって異なる見方をしているし、前述した労働条件の不利益変更に関する秋北バス事件になると判例研究も枚挙にいとまがない（『ジュリスト』の「判例百選シリーズ」に掲載されているさまざまな文献を参照いただきたい）。

　著者によって見方が異なる判例研究であれば、実務家はどうすればよいのか。次項で「心構え」を簡単に述べておこう。

④ 自分の立場を明確にしておくこと

　判例解説を読むと、どうしても著者の論拠に引っ張られてしまう。それは致し方ないことではあるが、「企業実務への示唆」を述べている部分については企業実務の立場になるとどう考えるべきか、見えてくるところがある。これには3パターンが挙げられる。

①**企業実務上も納得できるパターン**

　企業実務からみて無理だと思われる判例の論旨について反対しているものや、常識的に受け入れられる判例の評釈がこのパターンである。これに対しては、従来の実務上の対応を続けていくことになる。

②**実務上の取り扱いを修正するパターン**

　判例の動向からして、また判例解説においても実務上の取り扱いを変更せざるを得ないと思わせるものもあろう。解雇に関する多くの対応や労働条件の不利益

変更については、このパターンが多いものと考えられる。判例を分析し、人事部内部で対応を検討せねばならない。場合によっては経営判断を要するものもあるかもしれない。

③ **企業実務上受け入れがたいパターン**

　判例解説そのものでも議論されることがあるが、その例の一つとして出向に関する判例解説がある。労働協約などの出向協定を制定する場合において、「出向先を明示すること」といった項目を述べる解説がある。趣旨は分かるが、あらかじめ定める出向協定において出向先を列挙することができるだろうか。取引先・関係先をすべて表示することは無理だろう。こうした「解説」に対しては、それを明示した判例が現れるまで「様子を見る」ことになろう。

　このように、解説を読むときには、実務上の取り扱いの容易さ・簡便さだけでなく、それが社会からどのような評価を受けるのか、コンプライアンスの観点をもつことが重要である。コンプライアンスは総務などの法務部門だけに限らない。ある意味、人事部門は法的な感覚を最も要求される職場かもしれない。

7　判例の探し方

　判例を検索する場合、大きく分けると二つの目的がある。

　一つは、判決の年月日や判決を出した裁判所が分かっていて、その内容を調べたい場合である。この場合は、判例雑誌の索引欄や特集号をみてそこから調べていく。

　二つ目は、ある事案に遭遇したときに同じような事案に関して判例があるかどうか、あるとすればどのような判例かを調べたい場合である。当然この場合は、判決の年月日や裁判所が分からない場合なので、先のような検索の仕方はできない。

　そのため、市販されている判例コンメンタールや注釈書・概説書などでその論点を当たり、そこで引用されている判例を調べることになる。

　ただし、書籍の都合上引用されている判例が限られているうえ、著者の立場や主張に沿った判例だけが引用されていて、反対の立場の判例が引用されていない場合がある点に注意すべきだろう。

また、現在では、判例がDVDなどに収録されており、キーワードをいくつか入力することによって、判例を絞って検索することができる。

　さらに、労働法でいえば、『労働法の争点』（ジュリスト増刊）や『労働判例百選』（別冊ジュリスト）といった雑誌も2〜3ページ程度で論点ごとに簡単に判例の解説がされているので、十分利用に耐え得るものである。

　最近では、パソコンの急速な普及により、インターネットによる判例検索も容易になっている。判例検索に関するサイト一覧については［図表5］を参照してほしい。

図表5 ● 判例検索に関するサイト一覧

最高裁判所判例集
http://www.courts.go.jp/search/jhsp0010?action_id=first&hanreiSrchKbn=02

高等裁判所判例集
http://www.courts.go.jp/search/jhsp0010?action_id=first&hanreiSrchKbn=03

下級裁判所判例集
http://www.courts.go.jp/search/jhsp0010?action_id=first&hanreiSrchKbn=04

行政事件裁判例集
http://www.courts.go.jp/search/jhsp0010?action_id=first&hanreiSrchKbn=05

労働事件裁判例集
http://www.courts.go.jp/search/jhsp0010?action_id=first&hanreiSrchKbn=06

中央労働委員会（中労委）
http://web.churoi.go.jp/m_index.html （命令一覧）
http://web.churoi.go.jp/h_index.html （判例一覧）

全国労働基準関係団体連合会（全基連）
http://www.zenkiren.com/jinji/taikei_r/index.html

労働政策研究・研修機構
http://www.jil.go.jp/hanrei/index.htm （テーマ別）
http://www.jil.go.jp/kikaku-qa/hanrei/index.htm （事件別）

※有料サイト
TKC（LEX/DB インターネット）
http://www.tkclex.ne.jp/

Column

判例専門誌あれこれ

❶『**労働判例**（略称「労判」）』（産労総合研究所刊）：労働関係では一番紹介判例が多いであろう。検索のための DVD も発行されており、検索にも便利である。

❷『**労働経済判例速報**（略称「労経速」）』（日本経団連刊）：他の判例集に掲載されないような興味深い判例を掲載することがある。また、労働委員会の命令で実務に役立ちそうなものも掲載されることがあり、労委命令を把握するのに便利である。

❸『**労働法律旬報**（略称「労旬」）』（旬報社刊）：掲載される判例数は必ずしも多くないが、詳しい解説が載せられている。

❹『**判例タイムズ**（略称「判タ」）』（判例タイムズ社刊）、『**判例時報**（略称「判時」）』（判例時報社刊）：いずれも一般的な判例誌。労働判例の比率は少ない。

❺その他判例解説誌：『**ジュリスト**』（有斐閣刊）は、ほぼ毎号労働判例解説を掲載しており、別冊として『**労働判例百選**』、同じく増刊として『**労働法の争点**』を刊行している。また、季刊労働法（労働開発研究会）は実務家としては一歩進んだ研究雑誌である。

なお、**公的な判例集**としては以下のものを挙げておく。発行はいずれも法曹会。

民　集＝最高裁判所民事判例集：最高裁判所の民事関係の裁判例で先例的価値が高いものを掲載。

高民集＝高等裁判所民事判例集：同じく高裁の裁判例で先例的価値が高いものを掲載。

労民集＝労働関係民事裁判例集：97 年まで刊行された地裁・高裁の裁判例。現在では裁判所のサイトによる検索に移行している。

★判例専門誌ではないが、**労務行政研究所発行**の『**労政時報**』では、毎月出される労働判例および命令を一覧で紹介し、主要な事件については、事件の概要・判断・実務上のポイントの構成で解説する「実務家のための労働判例」を毎月 1 回定期掲載している。

　このほか、毎年 9 月に**労政時報の別冊**として『**年間労働判例命令要旨集**』を発行している。

8 裁判以外の各種労働紛争処理 ［図表６］

　裁判は大変長期の時間がかかる。そのため裁判に代わる各種の労働紛争処理制度が整備されてきた。個別労働紛争解決促進法によって各労働局に「紛争調整委員会」が設置され、前に述べた「利益紛争」も対応できるようになっている。また、例えば東京都では労働情報相談センターが都内各所に設置され、労使の仲立ちをして紛争解決に大きな役割を果たしている。このように自治体が対応して解決されることも多い。

　なお、労働基準法では労働基準監督署、労働組合法では労働委員会が対応することになり、公的機関も十分活用されるべきであろう。また特筆すべきなのは労働審判制度が創設され、2006 年 4 月から施行されたことである。これは基本的に紛争を 3 回の審判で終了させるもので、月 1 回の審判が予定されているから結局 3 カ月で紛争を終了させることになる ［図表６］。

図表6 ●裁判以外の個別労働紛争類型に対応した解決手続き

区分	当事者の合意による解決手続き			公的機関の裁定による解決手続き	
解決手段	①厚生労働省の都道府県労働局による相談・斡旋（あっせん）手続き	②地方労働委員会による個別労働紛争の調整手続き（斡旋が一般的）	③都道府県の労政主管事務所による労働相談（地域によっては簡易な斡旋も実施）	④裁判所による労働審判手続き	⑤都道府県労働局の実施を監督する行政機関による行政指導
法律	個別労働紛争解決促進法	地方自治法180条の2 個別労働紛争解決促進法20条	—	労働審判法	—
解決手続きのプロセス	労働局の総合労働相談コーナーにおいて相談・情報提供（ここで、労働関係の法規違反とみとめられる場合、所轄の行政機関にゆだねる⇒⑤） ↓ 紛争当事者の一方から解決の援助を求められた場合、助言・指導を実施 ↓ 当事者の一方から申請があり労働局長が必要と認めた場合に斡旋を委任 ↓ ◎中立的な紛争調整委員による簡易迅速な斡旋サービスを提供 ・当事者双方の意見を聴取したうえで、当事者による自主的な解決を促進 ・当事者双方から斡旋案の提示を求められた場合、斡旋案を提示 ・斡旋案に沿って合意が成立⇒民法上の和解契約（裁判外の和解）が成立 ・斡旋案を拒否し斡旋案の合意が成立しない場合、斡旋手続きは打ち切られ、当事者は裁判所に提訴して労働紛争の解決を図ることができる	2001年の個別労働紛争解決促進法の制定以前から、労働相談として行政サービスを実施。都市部では簡易な斡旋も行っていた ↓ 左記①と同様なプロセスを経る	都道府県の労政主管事務所で労働相談を実施 ↓ ◎労働委員会の公労使委員による、労使関係を踏まえた斡旋サービスを提供 個別労働紛争解決促進法の制定以後、さらに同法の手続き（②）と連携して、都道府県による斡旋解決システムを形成	◎3回以内の期日で審理を終結など、迅速な解決を目指す ↓ 紛争当事者は地方裁判所に申し立て ↓ 裁判官1名と労使1名の専門家（非常勤）からなる労働審判委員会が事実の調査・証拠調べを実施 ↓ 判断材料を調べ以後、調停として、委員会の過半数の意見により解決を目指す ↓ 調停が成立しない場合、委員会は過半数の意見による解決案を決議（労働審判） ●労働審判は裁判上の和解と同一の効力を持ち、強制執行が可能となる ↓ 労働審判に不服のある当事者は異議申立によれば審判は効力を失い、その場合は審判は効力を失い、当該地方裁判所での訴訟手続きに移行する	労働関係紛争が、労働法規違反の形をとる場合 ↓ 労働法規の実施を監督する行政機関が、罰則を背景にするなどの行政指導を通じて使用者に法違反を是正させる ↓ ●代表的な労働法規とそれを監督する行政機関 ・労働基準法 ・労働基準監督署 ・男女雇用機会均等法、育児・介護休業法 ・都道府県労働局雇用均等室 ・職業安定法 ・公共職業安定所

〈スキルアップ編〉

7 労働組合・労使関係対応の基礎知識

増加・複雑化する労使紛争への備えと対処法を専門家が伝授

向井　蘭　むかい らん　狩野・岡・向井法律事務所　弁護士

1975 年生まれ。97 年東北大学法学部卒業。2001 年司法試験合格、03 年弁護士登録（第一東京弁護士会）、同年狩野法律事務所（現・狩野・岡・向井法律事務所）に入所し、企業法務、特に、使用者側の労働事件を数多く手掛ける。経営法曹会議（使用者側の労働事件を扱う弁護士団体）会員。日本法令『ビジネスガイド』（09 年 4 月号）「非正規雇用社員の『組合化』進行と団体交渉への企業対応」をはじめ、各種専門誌・新聞等への寄稿・講演多数。
＊事務所ホームページ「労務ネット」　URL = http://www.labor-management.net/

Ｃｏｎｔｅｎｔｓ

はじめに

増加する個別労使紛争と最近の傾向

　労働組合全体の組織率は、年々減少の一途をたどり、大規模な労働争議は、近年ほとんど起きなくなった。

　一方で、従業員が、個別労使紛争（解雇、残業代の不支給など）によって労働組合（**合同労組**［※］）に駆け込み、労使トラブルに発展することは、むしろ増えているように思われる。

　法律には書いてあっても、判例があっても、特に、中小企業においては、従業員に知識がないために、これまでは残業代の不払いや解雇問題、年次有給休暇の取得拒否などを問題にすることは、多くなかった。まして、従業員が労働組合に加入したり、労働基準監督署に駆け込んだりすることは、少なかったのではないだろうか。

ところが、インターネットの発達により、情報を容易に取得できるようになったこと、日本人の権利意識が高まったことなどから、従業員が突然労働組合に加入したり、労基署に相談したりするケースが、年々増えていると感じる。従業員が労働組合に加入し、労使紛争に発展した経験をお持ちの企業担当者の方も、少なくないと思う。

　そこで、本稿では、労働組合・労使関係にまつわるトラブルへの備え・対応の仕方を、実務的な視点から分かりやすく解説する。まず、前段で、実務担当者として最低限知っておきたい基礎知識（近年増加している、合同労組への対応の仕方を含む）を説明したうえで、後段では、ケーススタディを中心として、具体的に「どのような場合に、何を・どうしたらよいのか」について、詳しく触れることとしたい。

※**合同労組**とは、従来の企業別組合とは異なり、労働者が個人で加入し、企業の枠を超えて組織される労働組合である。解雇や賃金引き下げ、本人の意に添わない配転など、各種処遇の不利益変更に不満を持った労働者が、その問題を解決するために加入するケースが多い（なお、以下の内容は、特記のない限り、従来の企業別組合、合同労組を問わず該当するルールである）。

1　基礎知識編

押さえておきたい労働組合・労使関係対応の実務ポイント

1　不当労働行為にかかわる実務知識
1 再点検──労働組合法７条は、何をどう規定しているか
　労働組合法（以下「労組法」）７条は、その１〜４号において、次の各行為を禁止している。
- ［１号］　労働組合の結成・加入、および労働組合活動を理由とする解雇、その他**不利益取り扱い**、および黄犬契約^{おうけん}（労働組合への非加入、もしくは労働組合からの脱退を雇用条件とすること）
- ［２号］　**団体交渉拒否**

- ［3号］ **支配介入**と**経費援助**（経費援助も支配介入に該当する）
- ［4号］ 労働委員会への申し立てなどを理由とする解雇、その他不利益取り扱い

　　以下、［1］**不利益取り扱い**、［2］**団体交渉拒否**、［3］**支配介入・経費援助**──について説明する。

［1］不利益取り扱い（労組法7条1号）

　具体的には、①労働者が労働組合活動などを行ったこと、②そのことのゆえをもって、③労働者に対する解雇、その他不利益な取り扱いがなされたこと──の3点が成立要件となる。

　しかし、実際に、いかなる場合が、同条1号が禁止する「不利益取り扱い」となるかは、難しい問題である。当然、労働組合員に対する能力や実績などを理由とした解雇・配転等は、不当労働行為にならない。したがって、上記②「そのことのゆえをもって」との要件が、労働委員会や訴訟（**2**で後述）などで激しく争われる。使用者の言動、他の同種事例との均衡、当該行為（＝労働組合活動など）の必要性の有無・程度、従業員の被る不利益・受ける利益、労働組合活動に与える影響などを考慮して判断されることになる。

［2］団体交渉拒否（労組法7条2号）

　具体的には、①使用者が、②雇用する労働者の代表による団交申し入れを、③正当な理由なしに拒むこと──が成立要件である。

　一見すると、いかなる場合が「団体交渉拒否（以下「団交拒否」）」に当たるか否かは明白であるようにみえるが、実務上は、そうではないケースが多い。

　団交拒否は、

イ．まったく団体交渉のテーブルにつかない場合

ロ．団体交渉のテーブルにはついたものの、これに誠実に対応しない（不誠実団体交渉〔以下「不誠実団交」〕）場合

──に分けられる。

　したがって、労働組合が「不誠実団交である」と主張するのは、労組法上、「団交拒否に当たる」と主張することと同義である。

⑴まったく団体交渉のテーブルにつかない場合

　まったく団体交渉のテーブルにつかないときでも、単に「使用者が団体交渉を行うのを嫌がって、まったく団体交渉に応じない」というケースは、希である。実際は、①使用者の担当者が多忙で、結果として団体交渉開催時期が遅れてしまった場合、②労働組合が、遠方地に団体交渉開催場所を設定して、使用者が都合を合わせられなかった場合、③使用者と労働組合の主張の隔たりが大きく、何度も団体交渉を行ったが、使用者がこれを途中で打ち切って、その後団体交渉を開催しなかった場合——などについて、労働組合が「団交拒否である」と主張していることが多い。

⑵不誠実団交に当たる場合

　まず、不誠実団交についての正確な定義を知っておく必要がある。

　使用者は、労働組合の要求や主張に対して、

①回答や自己の主張の根拠を具体的に説明し、あるいは、必要な資料を提示する
②結論において、労働組合の要求に譲歩できないとしても、その論拠を示して反論する

——などの努力をすべき義務があるとされている（**カール・ツアイス事件**　東京地裁　平元.9.22判決　労働判例548号）。

　使用者が、労働組合の要求や主張に対し譲歩しないと、労働組合から「不誠実だ」などと指摘されることがあるが、上記のとおり、使用者が、労働組合の要求や主張に対し譲歩しないこと自体は、不誠実団交でない。日本の労組法は、使用者に対し、労働組合の主張や要求に対して、譲歩し、あるいは合意することを要求するものではなく、使用者の回答や主張の根拠を具体的に説明し、または必要な資料を提示すること等を要求しているにとどまる。

　また、「団体交渉において合意事項の労働協約化を拒否すること」「団体交渉を経ないで労働条件を一方的に変更すること」も、不誠実団交に当たると解されている。

［3］支配介入・経費援助（労組法7条3号）

　「支配介入」とは、

イ．労働者が労働組合を結成し、もしくは運営することを支配し、もしくはこれに介入すること
ロ．労働組合の運営のための経費の支払いにつき、経理上の援助を与えること（経費援助）
——を指す。

(1)「支配介入」行為

支配介入行為には、多種多様な形態がある。「労働組合結成の妨害」「労働組合を敵視する使用者の発言」「労働組合からの脱退勧奨」などは、支配介入行為に当たる。

また、労働組合が、使用者が管理する施設を利用して組合活動を行おうとして、使用者がこれを拒んだ場合、それが支配介入行為に当たるかが問題となる。この点、「労働組合が、使用者の許可なく、使用者の施設を使用してよいか」について、最高裁判例（**国労札幌支部事件　最高裁三小　昭54.10.30判決　労働判例329号**）は、以下のとおり判断している。

- 労働組合またはその組合員であるからといって、使用者の許諾なしに、その物的施設を利用する権限を持っているとはいえない
- 利用の必要性が大きいことから、①労働組合またはその組合員において、企業の物的施設を組合活動のために利用し得る権限を取得し、また、②使用者において、労働組合またはその組合員の組合活動のためにする企業の物的施設の利用を受忍しなければならない義務を負う——とすべき理由はない

要するに、上記最高裁判決は、「労働組合は、原則として、使用者の許可なく使用者が管理する施設を利用できない」と判断したわけである。

ただし、例えば、「社内にある他の労働組合には掲示板を貸しているにもかかわらず、別の労働組合の利用申請については拒否した」といったケースでは、組合間差別となり、支配介入行為に当たるので、注意しなければならない。

(2)経費援助

労組法7条3号は、使用者の労働組合に対する経費援助を禁止する一方、その但し書きにおいて、

- 「労働者が、労働時間中に、時間または賃金を失うことなく使用者と協議し、または交渉すること」を使用者が許すこと
- 「厚生資金または経済上の不幸、もしくは災厄を防止し、もしくは救済するための支出に実際に用いられる福利その他の基金」に対する使用者の寄附
- 最小限の広さの事務所の供与

――については、ここで禁止する「経費援助」から除くとしている。

　現実的には、労働組合は、使用者に対してさまざまな便宜供与を求め、使用者がそれに応じるか否かが問題になるのであって、「使用者が労働組合に対して経費援助を行ったことが、不当労働行為に当たるかどうか」が問題になることは、ほとんどない。

　むしろ、「労働組合結成時に、使用者が労働組合の求める便宜供与（掲示板の貸与、組合事務所の貸与など）を拒否することが、支配介入行為に当たるか」が問題となることが多い。

　同条3号をみても明らかなとおり、使用者が労働組合に対し、便宜供与を行わなければならない義務を定めているわけではないので、使用者が労働組合の便宜供与を断ったとしても、それ自体は原則として、不当労働行為には当たらない。ただし、合理的理由なく、これまで行っていた便宜供与を一方的に中止したり、先述のように、複数組合が併存する場合に、一方組合にのみ便宜供与を行ったりすることは、支配介入行為となり得るので、注意すべきである。

② 不当労働行為の救済制度

　使用者が不当労働行為を行った場合（もしくは、労働組合または労働者が「使用者が不当労働行為を行った」と考えた場合）、労働組合または労働者は、各都道府県の労働委員会に対し、不当労働行為の救済申し立てを行う。もっとも、使用者が労働組合員に対する解雇など、不利益取り扱いの不当労働行為を行った場合は、裁判所に対し、地位確認・賃金支払い請求訴訟を起こすこともある。

［1］救済機関とそれぞれの概要

■各都道府県［地方］労働委員会（地労委）

　各都道府県の労働委員会（以下「地方労働委員会」）は、使用者委員、労働者

委員、公益委員の 3 者によって構成される。

　地方労働委員会は、不当労働行為の救済申し立てを受けた後、使用者に対し、不当労働行為救済申立書の写しを送付する。使用者は、それに対する答弁書、およびその理由を疎明するための証拠を提出しなければならない。

　使用者は、申立書の写しが送付された日から原則として 10 日以内に、答弁書を提出する必要がある。この期間が非常に短く、被申立人である使用者は、この答弁書の作成に苦労することがままある。そのため、使用者は、この段階で弁護士を代理人として申請することが多い。

　地方労働委員会は、遅滞なく調査を行い、必要があると認めた場合は、審問<ruby>審問<rt>しんもん</rt></ruby>を行う。労使双方は、それぞれの主張を準備書面などにまとめ、その主張を裏付ける証拠を提出する。調査期日において、労使双方は、地方労働委員会などから事情聴取を受け、同委員会に対し、これまでの経緯、和解の可能性などについて説明する。

　なお、裁判所の場合は、争点整理手続きを行い、当事者の主張を整理して争点を絞り、証人尋問を集中して行う。裁判所は、当事者が申し出た証人申請を認めないことも多い。これに対し、労働委員会（後述の中央労働委員会も含む。以下、この項において同じ）は、調査手続きは短期間で終了させ、審問手続きに時間を掛ける。裁判所に比べると、労使双方が申し出た証人申請を尊重し、複数の期日にわたって証人尋問を行う。審問手続きが終了すれば、通常、審問結果を踏まえて、労使双方が最終準備書面を作成し、労働委員会に提出する。

　労働委員会がいつ命令（救済命令、もしくは申し立ての棄却命令）を出すのかは、事前には分からない。裁判所は、あらかじめ判決期日を指定するが、労働委員会は、命令の交付日を前もって言わない。そのため、ある日突然、労働委員会から「命令を交付する」との連絡が来ることになる。

■中央労働委員会（中労委）

　地方労働委員会の命令に不服な使用者、または労働者・労働組合は、原則として命令書の交付のときから 15 日以内に、中央労働委員会に再審査を申し立てることができる（ここでは、同委員会での手続きは省略する）。

■**行政訴訟**（地労委命令・中労委命令を受けての裁判所への提訴）

　使用者、労働者・労働組合は、地方労働委員会の命令、中央労働委員会の命令に不服である場合、命令の取り消しの訴えを地方裁判所に提起することができる（各労働委員会の命令も、行政行為の一種であるため）。さらに、この地方裁判所の判決にも不服であれば、高等裁判所、最高裁判所へと上訴することができる。

　労働組合と会社の労使紛争が長期化する理由の一つは、「地方労働委員会→中央労働委員会→地方裁判所→高等裁判所→最高裁判所」と、事実上の５審制になっていることが挙げられる。

［２］労働委員会（地労委、中労委）の救済命令に従わないとどうなるか

　救済命令の全部、または一部が確定したにもかかわらず、使用者がそれに違反した場合、１年以下の禁錮（きんこ）もしくは100万円以下の罰金を科され、あるいは両者を併せて科される。使用者が行政訴訟を起こさないで、救済命令が確定し、それに従わない場合は、50万円［※］以下の過料に処せられる。

> ※ただし、作為命令（**編注**：「〜せよ」との命令。なお、「〜してはならない」とするものは、禁止命令）のときは、命令日の翌日から起算して５日を超える不履行の日数１日につき10万円。つまり、確定した命令を無視した場合は、１日当たり最高で10万円の過料を支払わなければならない。

② 合同労組など、社外の労働組合からの団交申し入れにどう備えるか
── 押さえておきたい四つのチェックポイント

　それでは、実際に労働組合結成通知、あるいは団体交渉申入書が届いた場合、具体的な交渉に入る前に、どのような点に留意すべきだろうか。

　まず、ほとんどのケースでは、前触れもなく、会社に労働組合結成通知［**書式１**］や労働組合加入（加盟）通知［**書式２**］、団体交渉申入書（交渉を要求している場合。議題、団体交渉日時、団体交渉開催場所、団体交渉出席者について記載）［**書式３**］が届く。郵送の場合もあれば、労働組合の上部団体のスタッフと自社の従業員が、労働組合加入通知書と団体交渉申入書を直接持参することもある。

　なお、［**書式１**］は、企業内に支部や分会を結成した際に作成される一般的な

書式1 ● 労働組合結成通知の例

労働物産株式会社
代表取締役　○○○○殿

平成○年○月○日
○○○労働組合
執行委員長　○○○○
○○○労働組合労働物産支部
支部長　○○○○

労働組合結成通知

　このたび、私たちは、労働物産株式会社の社員をもって、労働組合の結成をいたしました。ここにご通知いたします。
　なお、労働組合を結成したことをもって、労働組合員に対して不利益な取り扱いを行うこと、団体交渉の申し入れを拒否することなどは不当労働行為として労働組合法上禁止されておりますので、あらかじめ申し添えます。

以上

例である。[**書式2**] は、従業員個人が労働組合に加入し、支部や分会を結成しない場合のものである。
　以下、合同労組など、社外の労働組合からの団交申し入れがなされた場合を例に、まずは押さえておくべきポイントをみていこう。主に、労働組合結成通知書をチェックすることで、ある程度対応の目安をつけることが可能である。

☑ポイント1：すでに退職した従業員が、労働組合に加入したか否か

　退職者や被解雇者など、会社を一度退職した（少なくとも、会社が「退職した」と考えている場合）元従業員が、合同労組など社外の労働組合に加入し、団交を申し入れてきたときは、残業代、解雇問題など、いずれの議題でも、金銭で解決することが多い。金銭面で合意できれば、団体交渉の開催回数も比較的少な

書式2 ● 労働組合加入通知の例

労働物産株式会社
代表取締役 ○○○○殿

平成○年○月○日
○○○労働組合
執行委員長 ○○○○

労働組合加入通知

　貴社の従業員である○○○○氏が当労働組合に加入しましたので、通知いたします。

　なお、貴社が、当労働組合員に対して不利益な取り扱いを行うこと、団体交渉の申し入れを拒否することなどは不当労働行為として労働組合法上禁止されておりますので、あらかじめ申し添えます。

以上

くて済み、短期で終わることがままある。

　ただし、労働組合が法外な金銭を要求してきたり、元従業員が職場復帰を強く求めたりするケースでは、団体交渉を何度も開催しなければならなくなり、場合によっては、訴訟に発展することもある。

☑ポイント2：支部や分会を結成したか否か

　労働組合の上部団体が、「○○支部」「○○分会」と称して、支部や分会を結成した場合は、労働組合員を増やし、あわよくば組織拡大を図りたいとの意欲を有していることが多い。こうしたケースでは、支部や分会が1～2カ月程度で消滅することはまずなく、長ければ何年にもわたって活動を続けることがある。

　労働組合結成後も、社内の従業員に対して、組合員になるよう勧誘活動を行う。ただし、労働組合の上部団体は、その支部や分会を結成する前に、ひととおり勧誘を終えていることが多く、支部や分会結成後に、大幅に労働組合に加入す

書式３ ● 団体交渉申入書の例

労働物産株式会社
代表取締役 ○○○○殿

平成○年○月○日
○○○労働組合
執行委員長 ○○○○
○○○労働組合労働物産支部
支部長 ○○○○

団体交渉の申し入れ

表記について下記のとおり申し入れます。

記

1 議題
  • 未払い残業代について
  • 年次有給休暇について
  • 組合事務所の貸与について
  • その他便宜供与について

2 団体交渉日時
  平成○年○月○日、午後５時から

3 団体交渉開催場所
  当労働組合事務所内会議室

4 団体交渉出席者
  貴社社長は必ず出席すること

以上

る従業員が増えた、という事例は少ない。したがって、送付されてきた労働組合結成通知をチェックし、支部や分会を結成したかどうかを把握することで、労働組合の今後の活動をある程度予測することは可能である。

☑ ポイント3：執行委員長またはリーダーは誰か

　支部や分会が結成されたのであれば、特定の社内の従業員が、「執行委員長」「分会長」といった名称で役職に就いていることが多く、その旨を結成通知に記載しているはずである。支部の執行委員長や分会長（リーダー）が誰であるかは、重要なポイントである。支部の執行委員長や分会長に人望があれば、組合員の勧誘活動も円滑にいくことが多く、結成後に組合員数が増えることがある。また、労働組合は、結成して終わりではなく、継続して活動するために、さまざまな雑務をこなさなければならない。支部長や分会長が、組合の雑務や組合本部との連絡などを担当することになるので、率先して手間の掛かることや、面倒くさいことを引き受ける人でなければ、組合活動は長続きしない。

　また、労働組合の活動は、執行委員長や分会長の意向に左右されることが多く、執行委員長や分会長が、会社に対して強い不満を持っている人物かどうかも、大きなポイントである。執行委員長や分会長が交代することで、活動が過激になったり、協調路線に転換したりすることがある。

　したがって、ポイント2と同様、労働組合結成通知をチェックし、執行委員長や分会長が誰であるかを確認しておくことで、労働組合の今後の活動をある程度予測することが可能である。

☑ ポイント4：上部団体はどこか

　社内に支部や分会が結成された場合は、上部団体に加盟しているはずである（結成通知には通常、上部団体名が記載されている）。しかし、よほど労働組合について知識を有していない限り、この上部団体がどのような団体であるかは、その名称だけでは分からない。

　こうした場合は、インターネットで上部団体の名前を検索してみることである。こうした団体は、たいていホームページを開設しており、掲載されている記事や写真などから、その団体の考えなり思想なりを随所にうかがうことができる

だろう。

　また、ホームページを見つけたら、リンクの部分をチェックする。リンク先には、その上部団体が加盟している、さらに上部の団体などが載っているはずである。労働組合は、大きく分けて、連合系、全労連系、全労協系などに分かれる。合同労組にも、独立系の労働組合があるが、大体は、これらのいずれかに加盟しているはずである。どの団体がどのような性格を有しているかは、ここでは触れないが、リンク先のホームページを見ることで、その団体がどのような思想を有しており、どのような活動をしているかは、分かるものである。

　したがって、この点についても、労働組合結成通知を基に、上部団体のホームページを確認すれば、労働組合の今後の活動をある程度予測することが可能である。

2　実務対応編

いざ企業内労組・合同労組との交渉に臨む
──対応に迷わないためのケーススタディ 15

ケース❶
団体交渉を会社施設で行うよう求められた

【解説】労使双方で協議のうえ決定するものであり、必ずしも応じる必要はない

　団体交渉の開催場所は、労使双方協議して決めるものであり、労働組合の求めに応じ、会社施設や労働組合事務所で行う必要はない。

　会社施設で団体交渉を開催してしまうと、そのままなし崩し的に、「次回から組合活動に会社施設を使用してもよい」などと受け取られかねない。団体交渉と労働組合活動は異なるものの、労働組合活動および団体交渉は、すべて会社施設外で行うという原則を徹底することが望ましく、そのためにも、団体交渉は会社施設外で行うよう、労働組合に申し入れるべきである。

　また、労働組合事務所でも、団体交渉を開催すべきではない。まったく関係のない者まで団体交渉に参加することがあり、無用の混乱を招くおそれがあるからだ。

ケース❷

団交場所として、社外施設を借りることに。
使用料は労使折半とすることでよいか

【解説】 **企業実務としては、使用者が開催場所についての費用をすべて負担するのがよい**

　会社外の施設で団体交渉を開催する場合、外部の会議室を借りることがある（商工会議所の貸し会議室など）。こうしたケースでは、金額の多寡はともかく、会議室の使用料が発生する。使用者によっては、会議室の使用料を労使双方で折半したいと主張することがある（労組法上は、この取り扱いでまったく問題ない）が、ここはあえて使用者が、団体交渉の開催場所についての費用をすべて負担すべきである（同費用の会社全額負担は、労組法上も問題ない。377 ページ「(2)**経費援助**」の項参照）。

　使用者が、団体交渉の開催場所についての費用を負担することで、団体交渉の開催場所、開始時刻、開催時間について、主導権を握ることができるからである。もちろん、労働組合にとって、団体交渉に赴くのが著しく負担に感じられるような場所・時間でないことが前提である。そうでないと、実質的に団体交渉を拒否したことになり、不当労働行為であると認定されるおそれがあるので、注意すべきである。

ケース❸

団体交渉を就業時間中に行うよう求められた

【解説】 **団交中の賃金支払いの有無が問題になることもあり、就業時間中の開催には応じないほうがよい**

　労働組合が、就業時間中に団体交渉を開催するよう要求してくることがある。しかし、これを認めてしまうと、仕事を中断して団体交渉を開催することになり、後に、団体交渉中の賃金を支払うべきか否かが問題となることがある。

　使用者は、従業員が、団体交渉や労働組合活動に費やした時間に対して、賃金を支払う必要はない。就業時間中に仕事をせず、労働組合活動をしたのであれ

ば、その時間部分については、賃金カットをしても問題はない（ノーワーク・ノーペイの原則）。

　しかし、ひとたび就業時間中に団体交渉を開催してしまうと、結果として賃金カットを行うことができず、団体交渉開催時間については、仕事をしていないのに賃金を支払ってしまうことにもなり得る。

　一度でも慣例を認めてしまうと、その後、団体交渉をしても賃金が支払われることになり、今後の労務管理に支障を来すことがある。就業時間中に団体交渉を開催する必要はなく、したがって、こうした要求にも応じないほうがよいと考える。

ケース❹

　団体交渉の時間は、どれくらいみておけばよいか。
　1回の交渉で5～6時間を超える例もあると聞いたが

【解説】議題にもよるが、2時間は確保しておくべき

　議題によっては、団体交渉開催時間が1時間で足りることもあれば、3時間掛かることもあり、一概にはいえない。ただし、団体交渉の開催時間が、5～6時間を超える場合は、一度交渉を中断し、別の日に改めて行うべきである。

　また、「団体交渉の時間を1時間に限りたいが、可能か」という相談を受けることがある。もちろん、議題にもよるが、2時間は確保しておかないと、議題の途中で時間切れとなってしまう可能性もある（明らかに1時間程度ではまとまる見込みがないのに、合理的な理由もなく、一方的に「1時間しか交渉に応じない」などと通告し、交渉の途中で勝手に交渉を打ち切ることは、不当労働行為とされるおそれがある→［ケース⓬］も参照）。

　一般論としては、団交のための時間として、2時間は予定しておく必要がある。また、議題によっては、2時間では足りないことがあるので、その際は、時間を延長するなどして柔軟に対応するべきである。

団体交渉に社長の出席を求められた

【解説】応じる必要はない。労働条件等につき、社長や代表者と同程度の決定権
限を持つ人事・総務の課長クラスが出席すれば足りる

　労働組合は、社長や代表者が団体交渉に出席するよう求めてくることがあるが、そもそも、こうした立場の者が、交渉に対応する必要はない。人事や総務の課長クラスが、団体交渉に出席することで足りる（後述）。

　むしろ、会社は、社長や代表者を出席させないほうがよいこともある。社長や代表者が出席すると、やはり会社に対する思い入れが強いだけに、不規則発言、不当労働行為発言をしてしまいがちである。また、労働組合によっては、社長を集中攻撃して、社長を煽（あお）り、その失言を誘おうとすることがある。

　もっとも、その代わりに、人事課長や総務課長が出席する場合は、社長や代表者と同じくらい労働条件などについて決定できる権限を有していることが前提となる。

　「社長に聞かないとまったく分からない」「自分では答えることはできない」などと答えることは許されない。そのような交渉は、不誠実団交となり、不当労働行為とされるおそれがある（もちろん、突然新たな要求を聞いた際は、「いま聞いたばかりなので、社内に持ち帰って検討したい」と返答することは構わない）。

　また、社内に複数の労働組合がある場合は、他の労働組合との団体交渉への出席者の均衡も図らなければならない。

団交に当たり、労働組合の上部団体の役員が同席してきた。
社外の者であり、交渉への参加を拒否したいが、問題ないか

【解説】上部団体の役員の団体交渉への参加を拒否すべきではない

　会社の従業員ではない、社内労働組合の上部団体の役員が、団体交渉に出席することはよくある。むしろ、出席しないほうが希である。

　団体交渉の議題は、会社と会社従業員の間の労働条件などであるため、会社担

当者は、「自社とは何ら関係のない労働組合の上部団体の人間と、なぜ協議しなければならないのか」と思うようである。

　しかしながら、労組法は、「使用者は、労働組合の上部団体による団体交渉の申し入れには、応じなければならない」と定めており、たとえ支部や分会と会社との団体交渉であっても、会社は、上部団体の役員の参加を拒めない。

　会社担当者が、明確に団体交渉への上部団体の役員の参加を拒んだ場合、労働組合は猛烈に抗議する。その時点で、会社担当者は初めて、自分の行った行為が違法であることに気づくことが多いようである。その結果、労働組合は、会社に対し、団交拒否行為について謝罪を求めるなどして、自分たちのペースで団体交渉を進めることになる。

　余計な紛争を抱えず、スムーズに団体交渉を進めるためにも、上部団体の役員の団体交渉への参加を拒否することなく、団体交渉を行うべきである。

ケース❼

話し合いが行き詰まりをみせ、状況打開のため、労働組合が大人数の団交参加を申し入れてきた。どう対応すればよいか

【解説】数十人の参加を申し入れてきた場合は応じなくてもよいが、使用者側よりも人数が若干多い程度では、拒否すべきでない

　団体交渉は、労使双方の代表者、および委任を受けた者が出席して行うものであり、「誰でも」「何人でも」出席できるものではない。特に、労働組合が、多数の支援者を団体交渉開催会場に呼び、団体交渉に大人数で臨もうとすることがある。過去の裁判例は、「60〜100人の支援者参加による団体交渉に応じる義務はない」と判断している。いわゆる大衆団交に、使用者は応ずる義務はない、ということである。

　もっとも、大衆団交に当たるかどうか（組合側出席者の人数規模）は、判断が非常に難しい。議題や労使慣行にもよるが、使用者側よりも人数が若干多いという理由で、団体交渉を拒否することは、紛争を拡大させる可能性があるため、なるべく避けるべきである。

　団体交渉出席者が大声を出して威圧したり、侮辱的な発言をしたりする場合

は、その都度注意し、それでも直らない場合は、文書で警告書を出す。それでも改まらなければ、場合により、団体交渉を拒否することに正当性が認められる。

　ただし、団体交渉中の発言が、名誉毀損罪、侮辱罪、脅迫罪に当たるかどうかは、前後の発言の経緯から、慎重に判断する必要がある。身体に害悪を加えるような言動を改めない場合は、団体交渉を拒否し得る。

ケース❽

受け入れている派遣社員が、派遣元の労働組合に加入した。
当社は派遣先として、派遣元・派遣社員間の団体交渉に出席すべきか

【解説】団交のテーマが、派遣労働者の勤務時間、労務提供の態様、作業環境等に関するもので、派遣先が、それらの割り振り、支配・決定につき、派遣元企業と同程度の権限を有する場合は、出席すべき

　派遣元は、派遣労働者を直接雇用しているため、労組法7条2号（375ページ「［2］団体交渉拒否」の項参照）の団体交渉に応じなければならない「使用者」に当たる。

　では、派遣先は、同条同号にいう「使用者」に当たるのだろうか。

　この点について参考になる判例があるので、以下に紹介する。

> ### 朝日放送事件判決（最高裁三小　平7.2.28判決　労働判例668号）
>
> ［事件の概要］
>
> 　放送会社から、アシスタントディレクター、音響、照明など、放送関連の技術業務を請け負っている3社の従業員が、発注者である別の放送会社に団体交渉を申し入れたところ、雇用主でないことを理由に、これを拒否されたもの。
>
> ［判決のポイント］
>
> 　一般に、使用者とは、労働契約上の雇用主をいうが、労組法7条が、団結権の侵害に当たる一定の行為を、不当労働行為として排除・是正し、正常な労使関係を回復することを目的としていることからすれば、雇用主以外の事業主（受け入れ先企業）であっても、雇用主から労働者の派遣を受けて自己

> の業務に従事させ、その労働者の基本的な労働条件等について、雇用主と部分的とはいえ同視し得る程度に、現実的かつ具体的に支配・決定できる地位にある場合には、その限りにおいて、この受け入れ先企業は、同条の「使用者」に当たると解すべきである。

　本件は、いわゆる請負契約における事例であるが、発注会社が派遣労働者の勤務時間の割り振り、労務提供の態様、作業環境を支配・決定していた事案であるので、これを派遣契約に類推して考えてみる。同判決の議論に従えば、派遣先企業が、派遣労働者の勤務時間の割り振り、労務提供の態様、作業環境を支配・決定していた場合は、その限りにおいて、派遣先企業は、労組法7条2号の「使用者」に当たる、といえる。

　すなわち、通常の派遣契約では、派遣先企業が、派遣労働者の勤務時間の割り振り、労務提供の態様、作業環境を支配・決定することが多いので、その限りにおいて、団体交渉には応じたほうがよい、ということになる。

（団交テーマが、派遣契約の中途解約に伴う派遣社員の地位にかかわる場合）

　一方で、現在生じているほとんどの事例では、こうした派遣労働者の勤務時間の割り振り、労務提供の態様、作業環境などは、団体交渉の議題でなく、その多くが、派遣契約の中途解約に伴う派遣社員の地位にかかわるものである。では、このような議題についても、団体交渉には応じたほうがよいのだろうか。

　この点、「派遣先企業が、派遣契約を中途解約しなければ、派遣労働者の雇用契約も終了しなかった」のであるから、派遣先企業も、雇用主である派遣元企業と同様に、基本的な労働条件を決定できる地位にあり、派遣社員の雇用契約上の地位に関する団体交渉には、派遣先企業も応じなければならない――という見解もあるかもしれない。

　しかし、あくまでも、「派遣労働者・派遣元企業間の雇用契約」と「派遣先企業・派遣元企業間の派遣契約」は、別個のものである。派遣先企業と派遣元企業が派遣契約を解約し、結果として、派遣社員の雇用契約上の地位が影響を受けたとしても、派遣元企業が、派遣社員に別の派遣先企業を紹介したりすることもある。「派遣先・派遣元企業間の派遣契約の中途解約＝派遣労働者と派遣元企業間

の雇用契約の解消」ではない。

　したがって、派遣契約の中途解約に伴う派遣社員の地位に関して、派遣先企業は、「その労働者の基本的な労働条件等について、雇用主と部分的とはいえ同視し得る程度に、現実的かつ具体的に支配・決定できる地位にある」とはいえないと考える。この議題についての団体交渉には、派遣先企業は参加する義務はないといえるだろう。

　ただし、理論上は上記のとおりであっても、労働組合の団体交渉申し入れを頑に一切拒絶することで、かえって紛争解決が難しくなるケースもある。場合によっては、団体交渉という形はとらなくとも、派遣先企業が労働組合と話し合いの機会を持つよう努力したほうがよいこともある。

ケース❾

労働組合が結成されたが、加入者の範囲が気になる。組合員名簿の提出を求めてよいか。誰が加入したか把握できるまで、団交には応じたくないのだが

【解説】組合員名簿の提出を求めても、直ちに不当労働行為とされることはないが、組合加入者の範囲が不明であっても、まずは、団体交渉に応じるべき

　新たに労働組合が結成された場合、その直後は、誰が労働組合員なのか不明なときがある。

　この場合、実際の労働組合員の範囲を完全に把握・特定できなくとも、まずは団体交渉に応じるべきである。

　例えば、このケースのように、会社が労働組合に対し、「誰が労働組合に加入したのかどうしても気になるので、組合員名簿を提出してほしい」と求めることがある。さらに、「どの従業員が労働組合に加入したかが分かるまで、団体交渉には応じない」と主張することもある。ところが、労働組合は、必ずしも労働組合員が誰であるかを明らかにする義務を負わない。

　したがって、「組合員全員が誰であるか分かるまで団体交渉を行わない」ことは、団交拒否として、不当労働行為となるおそれが強い。組合加入者の範囲が分からなくても、まずは、団体交渉に応じるべきである。

　なお、一般的に、使用者が、個々の労働者につき、組合員であるかどうかを知

ろうとしたというだけで、直ちに支配介入に当たるものではない（36協定の締結資格を確認するためになされた、記名式の用紙による組合加入の有無に関する調査が、「不当労働行為には当たらない」とされた事例として、**オリエンタルモーター事件**〔最高裁二小　平7.9.8判決　労働判例679号〕がある）。

　もっとも、労働組合員が誰であるかは、当初は不明であっても、団体交渉の出席者などから、時間がたつとともに分かることが多いため、労働組合の結成当初は、あまり神経質になるべきではない。

ケース⓾

団交終了後、労働組合から議事録（覚書）へのサインをよく求められる。拒否しているが、よいか

【解説】**どのような文書であっても、団体交渉の場では、サインすべきではない。「持ち帰って検討する」などと応対すべき**

　労働組合によっては、団体交渉終了後に、議事録（覚書）と称した書類に、会社出席者のサインを求めることがある。会社担当者としては、「議事録（覚書）だから、まあいいか」などと思って安易にサインしてしまうかもしれない。

　しかし、「議事録」「覚書」など、文書の名称は何であれ、労使双方の代表者が、労働条件その他の労働者の待遇に関し、同一の文書において、署名もしくは記名押印すれば、それは、労働協約としての効力を有することになる。労働協約とは、労働組合と会社との約束事であり、その文書に記載されている事項を、会社は守らなければならなくなる。

　団体交渉の終了直後で、頭に血が上っていたり、組合の圧力に押されていたりする場合は、通常であれば、「同意しない」旨の文書にサインするものであるが、労働組合は、自分に有利なように文書を用意していることが多い。交渉後の興奮した、冷静な判断力を欠く状態では、よほど気をつけてサインするようにしないと、会社に不利益を与えることになりかねない。

　したがって、まずはどのような文書であっても、「いまもらったばかりで、内容をよく把握できていないので、持ち帰って検討したい」などと言って、団体交渉の場ではサインしないようにしたほうがよい。合意できる内容であるかどうか

書式4 ● 労働組合が、団体交渉において作成する議事録の例

```
            第1回　団体交渉議事録

平成○年○月○日　第1回団体交渉出席者
会社側　○○○○　○○○○
労働組合側　○○○○　○○○○


  下記のとおり決定事項を確認致します。


  1　労働条件の変更、配置転換、解雇などについ
    ては労働組合の同意がなければ行わない。

  2　会社は賃上げについては前向きに検討する。


                                  以上

平成○年○月○日

                          株式会社○○○
                  代表取締役社長　○○○○
                          ○○○労働組合
                  執行委員長　○○○○
```

> 「1」は、労働契約法、労働基準法以上の制約を使用者に課するものである。使用者としては、安易にサインすべきでない。

> 「前向きに検討する」の意義は、読む人間によって異なり、後々トラブルを招く危険が高い。こうした表現・文言のまま、「確認」の合意（サイン）をすべきでない。

は、改めて冷静に、弁護士や社会保険労務士などの専門家と相談しながら検討することである。その内容で特に問題なければ、そのまま合意し、修正・削除を加える必要があれば、改めて対案を労働組合に提出すればよいのである。

　なお、労働組合が、団体交渉において作成する議事録の例を、[書式4] に示した（したがって、会社側からみて、必ずしも合意〔サイン〕すべき内容のものではない点に、留意いただきたい）。

　同書式中の「1」は、労働契約法、労働基準法以上の制約を使用者に課するものである。このような議事録に使用者がサインした場合は、今後の労務管理に多大な支障を来すことになる。

　同じく「2」は、一見すると何ら問題ないようにも思えるが、「前向きに検討

する」の意義は、読む人間によって異なり、トラブルを招く危険が高い。労働組合からすれば、「前向きに検討する」とは、「会社が、労働組合の要求に譲歩することを約束した」と解釈することになる。

このように、（特に）第1回団体交渉においては、労働組合が提出した議事録や覚書に、その場でサインすることは、後々問題になることが多く、注意が必要である。

ケース⓫

団交上のやり取りにつき、正確を期すため、録音機器で記録したいが、問題はあるか

【解説】相手方の同意があれば問題ないが、録音することは薦められない

労働組合によっては、団体交渉の際、ICレコーダー等の録音機器で、団体交渉の様子を録音しようとすることがある。また、同様の提案を、使用者から持ち掛けるケースもある。

まず、録音自体、相手方の同意があれば、どちらか一方、もしくは双方が行うことは問題ない。逆に、会社として録音の必要性を認めず、労働組合からの提案を拒否することも可能である（その逆も同様）。もちろん、相手の許可なく録音を行うことは、信義誠実の原則に反することになり、避けるべきである。

しかし、筆者は、原則として、団体交渉の様子を、ICレコーダー等の録音機器で録音することを薦めない。その理由は、以下の2点による。

■理由1：録音内容を紙に反訳しなければ、証拠として提出できず、そのために膨大な労力を要する

ICレコーダー等の録音機器で録音したとしても、裁判所や労働委員会に証拠として提出する場合、もしくは、打ち合わせに使用する場合、録音したものを紙に反訳（テープ起こし）しなければならない。一度、反訳作業を行えば分かると思うが、その作業負担・作業時間たるや、相当なものである。それよりも、書記役の団体交渉担当者を1人置いて、団体交渉の場で筆記してもらったほうが、手間も掛からない。筆記したものでも、団体交渉の内容は十分分かる。

■**理由２：訴訟等では、発言そのものではなく、それがなされた意図がより問題となるため、録音における筆記以上のメリットは薄い**

　仮に、IC レコーダー等の録音機器で録音したとしても、訴訟や労働委員会で問題になるのは、発言そのものではなく、どのような意図でその発言をしたのか（例えば、組合の活動を阻害する目的で述べたのか、職場秩序を維持するために述べたのか——など）、すなわち、前後の文脈がどうであったかであるため、録音したからといって、紛争を未然に防げるものではない。むしろ、書記担当者が団体交渉の場で記録したもののほうが、前後の文脈も明確であることが多い。

　もっとも、労働組合が会社に対し、侮辱的・名誉毀損的な発言を行うことがよくあるのなら、証拠を残すためにも、録音を行ったほうがよい。また、労働組合も録音しているのであれば、録音記録の正確性を確認するために、こちらも録音するのがよいだろう。

ケース⓬

　団交が行き詰まり、これ以上の進展は見込めそうにない。
　見切りをつけ、交渉を打ち切りたいのだが

【解説】労働組合と使用者が双方、意見や資料を出し尽くすまでは、使用者から一方的に打ち切るべきではない

　労使双方の主張に隔たりが大きく、団体交渉が膠着（こうちゃく）状態に陥ることがある。労働組合から団体交渉を打ち切る場合はよいが、使用者から、一方的に団体交渉を打ち切ることはできるのだろうか。

　使用者が団体交渉に応じなければならないとしても、特定の事項について、際限なく応じなければならないものではない。ただし、どのような場合に団体交渉を打ち切ってよいかは、非常に難しい問題である。少なくとも、１回や２回の交渉で打ち切ってよいものではなく、労働組合と使用者が双方、意見や（提出し得る）資料を出し尽くすまでは、使用者から一方的に打ち切るべきではない（不当労働行為となり得る）。

　使用者が団体交渉を打ち切ることで、労働組合が訴訟や不当労働行為の救済申

し立てを行うならまだしも、さまざまな運動（代表者の自宅や顧客・取引先等に押し掛けるなど）を行うきっかけを与えることになりかねず、労使紛争の解決がさらに困難となる。極力使用者からは、打ち切るべきではない。

　なお、仮に、団体交渉を打ち切っても、それ以降に事情が変更した場合（例えば、被解雇者が再就職したため、今度は退職を前提とした解決を求めてきた場合など）には、改めて応じなければならない（応じたほうが紛争の解決に資する）。

ケース⓭

団体交渉を重ねたが、それでも労働組合の要求は受け入れられない。
拒否することは不当労働行為となるか

【解説】　会社が受け入れられない労働組合の要求であれば、具体的な資料や論拠に基づき説明したうえで、拒否することは問題ない

　労組法は、使用者に対し、団体交渉に応じ、誠実に交渉する義務を課している。これについて、「労働組合の要求をのまないと、不当労働行為になってしまう」と勘違いしてしまう会社担当者もいる。

　もちろん、会社は、労働組合の要求に対して、会社の主張を裏付ける資料を提出したり、具体的な事実を説明したりする必要がある。しかし、それ以上に、会社が、組合のいうことをそのまま受け入れないと、不当労働行為になってしまう——というわけではない。

　会社が受け入れることのできない要求であれば、具体的な資料や論拠に基づいて説明したうえで、要求を拒否しても構わない。

ケース⓮

団体交渉の末、ようやく妥結に至った。
回答は文書ではなく、口頭で行ってもよいか

【解説】　口頭でも差し支えないが、簡単でよいので文書を作成・交付すべき

　団体交渉を開催するに際して、労働組合から要求書が出されることが多い。これに対し、団体交渉において口頭で回答することは問題ない。ただし、口頭で

書式5 ● 団体交渉の回答書の例

○○○労働組合
執行委員長　○○○○殿
○○○労働組合○○○支部
執行委員長　○○○○殿

平成○年○月○日
○○○株式会社
代表取締役　○○○○　㊞

平成○年○月○日付け「要求書」に対する回答書

1　「組合事務所および組合掲示板の設置」について
　「組合事務所および組合掲示板の設置」をする予定はありません。当社には「組合事務所」を設置するスペース、予算はありませんし、「組合掲示板」についても連絡事項があれば、組合員同士で連絡を取り合えば足りる（メール、携帯電話などで）ことだと思いますので、「組合掲示板」を設置する予定はありません。

2　「組合会議等のための貴社施設の使用」について
　当社には、施設のゆとりはなく、「組合会議等」に当社施設を使用させることはできません。

3　「大会・中央委員会等、機関会議への参加の有給での保障」について
　「大会・中央委員会等、機関会議への参加の有給での保障」が何を指すのか不明ですが、就業時間中に「大会・中央委員会等、機関会議への参加」を行い、その時間について「有給での保障」を求めるのであれば、就業時間中は職務に専念していただきますので認めません。

4　「団体交渉は時間内での開催」について
　就業時間中は職務に専念していただきますので、団体交渉を就業時間中に開催することはできません。

5　「労使双方の交渉窓口担当者」について
　当社社長に連絡ください。

6　「その他、労働組合活動に必要な事項」について
　前回団体交渉において、貴組合はチェックオフをするよう求めましたが、事務手続きが煩雑でありますので、チェックオフを行うことはいたしません。

以上

は、なかなか使用者の言い分を伝えることができず、また、後々、「言った・言わない」の問題が生じる可能性もある。

　こうしたトラブルを避けるため、簡単でもよいので、[書式5]のような回答書を作成したほうがよい。そして、団体交渉の冒頭で読み上げるべきである。回答書を作成することで、議論が脇道にそれたり、話をすり替えられたりすることを防ぐことができる。

　[書式5]は一例にすぎないが、①労働組合あての文書であること、②作成日付、③会社名・代表者名・押印——を明記するとともに、④「いつの」「何という題名の」要求書に対する回答書であるか——を明確にしておく必要がある。

ケース⓯

従業員が労働組合に加入しないよう、働き掛け・説得を行いたいと考えているが、問題か

【解説】労組法が禁じる支配介入行為に当たる。会社への攻撃材料を与えるに等しく、厳に慎むべき

　労働組合結成直後、会社が、労働組合員に対し、労働組合から脱退するよう説得しようとすることがある。もちろん、このような行為は、労働組合の運営に介入するものであり、支配介入行為として禁止されている。労働組合員は、いろいろ考えたうえで労働組合に加入しているため、会社が同人に対し、労働組合を辞めるよう求めたからといって、「はい、分かりました、脱退します」と、これに応じるようなことは、まずない。むしろ、このような発言を行うことで、労働組合が会社を攻撃する材料を与えてしまうことになり、厳に慎むべきである。

人事担当者が知っておきたい、
8の実践策。7つのスキル。
（ステップアップ編）

2010年8月10日　初版第1刷発行
2013年6月4日　初版第4刷発行

編　集　一般財団法人 労務行政研究所
発行所　株式会社 労務行政
　　　　〒106-0044　東京都港区東麻布1-4-2 朗生ビル
　　　　TEL：03（3584）1231
　　　　FAX：03（3584）0126
　　　　振替00180-9-122551
　　　　http://www.rosei.jp/